قصائد في

عشق النساء

(شعر)

مختارات من أكثر من ١٠٠ كتاب مطبوع من أعمال الشاعر

خالد مصباح مظلوم

الإهداء

هذا الديوان هو كنوزٌ من قصائد العشق المتنوعة والمنتقاة من أكثر من مئة كتاب مطبوع ومن كتب كثيرة لم تُطبع بعدُ لوالدي الشاعر خالد مصباح مظلوم الذي نظم قصيدته الأولى وكتابته النثرية الأولى متأثرا بجبران خليل جبران وبأغنيات أسمهان الفصحى عندما كان في رحلة صيفية مع أهله إلى قرية الدريكيش السورية الشهيرة بمياه الشرب المعدنية العذبة عام ١٩٥٤م وكان عمره آنذاك حوالي أربعة عشر عاماً ومن يومها تفتحت موهبته التي لم تنضب في كتابة الشعر والأدب. إن أول ديوان نُشر للشاعر كان في إبريل نيسان عام ١٩٦١ م تمت طباعته بعنوان حديقة الشعر مناصفة مع زميله الأستاذ أنور الشريف بجامعة القاهرة التي تخرج فيها وحاز منها شهادة ليسانس في الآداب في عام ١٩٦٢- ١٩٦٣م. ، لكن الأوساط الأدبية لا تعرف شيئاً عن هذا الديوان ولا تعرف إلا أنّ أول دواوينه هو قمم الحب الذي طبع في دار العودة بلبنان وتكررت طباعته في دار أخرى.

واستمر الشاعر بكتابة الشِعر والنثر والقصة والرواية والخواطر والمذكرات في مواضيع وأغراض متنوعة وكان جريئا كريما في الطباعة لدرجة أنه طبع مئة وعشرة كتبٍ خلال ثلاثة عقود منذ عام ١٩٨٠م. حتى عام ٢٠١٠م. ثم توقفت طباعة كتبه بسبب الحرب الجحيمية في سورية.
من خلال قراءتي لمؤلفات والدي وجدتُ فيها إرثاً ثقافياً مُهِمّاً وإبداعاتٍ أسِرة ذواتِ أسلوب شاعريٍّ متميز وفريد، ووجدْتُ أنه أسهم بدعم وتطوير

رشاقة الفكر والتعبير الكونية، فأخذْتُ بتنسيقها وجمع أجمل ما فيها مما هو مطبوع ومما لم يطبع وبدأتُ بشعر العشق، ثم سأواصل نشر إبداعاته الأدبية في شتى المجالات التي خاضها لتخرج للنور بإذن الله وتوفيقه بعدة مجلدات ضخمة مختصة.
هذا هو الديوان الأول من سلسلة جديدة شاملة ستصدر لوالدي أسميته: قصائد في عشق النساء أهديه إلى كل عاشق وعاشقة و أهديه بشكل خاص إلى العاشق المتميز المتربع على عرشٍ أدبيٍ فريد إلى والدي الشاعر خالد مصباح مظلوم (أبي فراس) الذي أَحَبَّ المرأة في كل مراحل عمره وقدّرها وتفانى في خدمتها ومنحَها كل ما يملك تطبيقا لقول الشاعر جميل بثينة:

سليني مالي يا بثينةُ إنما　　　　يُبَيَّن عند المال كلُّ بخيلِ

وهو الفتى العاشق والرجل العاشق والكهل العاشق المُسَمِّرُ عينيه وجميع جوارحه على المرأة متبادلاً الحيوية معها ومتفاعلاً بوفاء نادر مع حنانها وإخلاصها للرجل بحبٍ لا ينضب، وسيموت وهي مَصَبُّ أنهاره ومحور اهتمامه ولب حياته ومماته.

هو شاعر الكون الذي أهدافُهُ　　　　إسعافُ جُرْحِ الكونِ فهو يسيلُ

تراث خالد مظلوم

مقدمة

هذا الديوان وما فيه من موضوعات ومواقف وأحداث وتفاعلات ورؤى كابدَها الشاعر يُعَدُّ كتاباً شاملاً في العشق ومرجعا للعاشقين.

وقد صُنِّف بحسب موضوعاته إلى تسعة فصول:

الفصل الأول : مناهجُ في عشق النساء..
قصائد في حب نساء الأرض، وفي تقديرهن والدفاع عنهن..

الفصل الثاني: أحبكِ لكن..
هالات شعرية تتموّج في نهر الحب العذري والحب من طرف واحد..

الفصل الثالث: عاشقان نحن فمَن مثلنا؟..
في التغني بالحبيب وتجسيد أجمل لحظات الغرام.

الفصل الرابع: بعد الفراق..
قصائد في الخصام و الوداع والشوق ورثاء الحبيب.

الفصل الخامس: آنساتي ملهماتي سيداتي..
في ذكريات مع فتيات ونساء أحبُّهنَّ وأثّرْنَ فيه..

الفصل السادس: أبيات في أجسام النساء..
في أشعار العشق العميقة ووصف جسم الحبيب ولذة وصاله.

الفصل السابع: في هجاء النساء..
في هجاء برود المشاعر والتسلط والكذب والغرور والتلاعب والتكبر وغير ذلك..

الفصل الثامن: تجارب وعجائب..

قصص غريبة في نساء مختلفات، وقصص طريفة مدهشة وتجارب أخرى ذات صلة.

الفصل التاسع: وردة عمري..

في الزوجة الحنون والمربية الفاضلة وفي وصف الحياة الزوجية وأحداثها المختلفة من وفاق وخصام وشوق وعتاب وغير ذلك.

الفصل الأول

مناهجُ في عشق النساء

ينطلق الشاعر في قصائد هذا الفصل مِن عاطفته التي تقضي بأن براءة النساء إحدى مقدسات الوجود، ومن شغفه الذي يعدُّ وجودهن مِن أهم نِعم الوجود، فأحبَ الشاعرُ المرأة وقدَّرها لأنها أنثى فحسب، لا يرى أنثى دميمة فكتب عن عشقه واشتهائه لكل نساء الأرض، وكان صريحاً في تعبيره عن رغباته المتدفقة تجاههن فرادى ومجتمعات في امرأة واحدة يبادلها حباً لا ينضب..

بالنسبة للشاعر كل النساء ذوات فضل وهن مستحقات الشكر والوفاء على هذا الفضل، فكتب في عشق كل أنثى لها فضل في الاسهام بإرواء أي ذكر في مرحلة الطفولة أو الصبا أو الكهولة متحملة بجرأة أو بجبن نتائج ذلك من سعادة أو تعاسة..

لقد نظم الشاعر لنا قصائده المختلفة في العذارى وحتى في الغانيات، وكتب لنا عن الحب وعن كيف يتخيل نفسه والأنثى يسبحان بتناغم متناهٍ في فلكِ بعضهما البعض، وباح لنا باختلاجاته وهواجسه بشفافية الشاعر الهائم المتصالح مع نفسه واحتياجاته الطبيعية، القانعِ بالمتاح تارةً والمعترضِ على المحظور تارةً أخرى..

في هذا الفصل قصائدُ مديح وعشقٍ لكل النساء، وهجاء لكل متهاون أو حقير يهضم حقوقهن أو يستغل ضعفهن وعواطفهن ليخدعهن..

لـيس فـي عينـي ولا أنثـى قبيحـةْ	حسْبُها أنثـى لكـي تبقـى مَليحـةْ
لُطْفُهـا يكفـي لأن أدْنُـوَ منهـا	وأُغَنّيهـا بأشـعار فصـيحةْ

النســاء

الســافكاتُ الحــزنَ بــالنظراتِ الراســماتُ الخُلْــدَ بالبســماتِ
المشــعلاتُ الفكــرَ بــالخطراتِ المُوقظــاتُ الــوعيَ بالوَمضــاتِ
الكاســباتُ العطــفَ بــالعبَراتِ الغــامراتُ الكــونَ بالرَحَمَــاتِ
المنعشــاتُ القلــبَ بــالقُبلاتِ الشــافياتُ السُّــقْمَ باللمَسَــاتِ
المالكــاتُ الحــبَّ بالحَسَــناتِ الــدافعاتُ الــنشءَ للنهضــاتِ
الحــاملاتُ النســلَ دون هــوادةٍ لــم يســترحْنَ العُمــر لــوْ لحظــاتِ
مــاهنَّ غيــرُ الأمَّهــاتِ الحانيــا تِ وغيــرُ زوجــاتٍ لنــا وبنــاتِ
هــنَّ اللــواتي خيــرُهُنّ يَعُمّنــا مِــنْ قبــلِ مولــدنا ليــوم مَمَــاتِ
هــنَّ النســاءُ الحــاملاتُ لِعِبْئِنــا ولهــنَّ جــلُّ الفَضْــلِ فــي الخُطُــوَاتِ
مهمــا يكُــنْ جَهــدُ الرجــالِ، فجَهْــدُهنَّ يزيــد، هُــنَّ أحــقّ بالــدرجاتِ..

إنَّ للأنثى مقاماً خالداً

أيّ أنثــى أنــا لــم أعجــب بهــا ؟ كــل أنثــى مِــن صــميمي تُشْــتَهى
إنَّ للأنثــــى مقامــــاً خالــــداً عَلمــاً يخفــق فــي أعلــى السُّــهى
أنــا منهــا ثــمَّ مــن فضــل أبــي وكلانــا مُنْــتِجُ أبهــى المَهــا
هــو مثلــي عاشــق أنثــى لــه مثلمــا قــيسٌ بليلــى دُلِّهــا
رســمتْ ليلــى إلــى قــيسٍ رؤىً وفَعَلْنــا ورسَــمْنا مثلَهــا

نسخة بشرية أنثوية أخرى لي وحدي

إلهـي ليـت لـي مـن كـل أنثـى　　حنــونٍ نسـخةً أخــرى لوحــدي
فلســتُ مُزاحمــا غيــري عليهــا　　ولسـت بغـائظٍ مَـن كـان ضـدي
فــأترك للبرايــا الأصــلَ منهــا　　أقــوم بســعدها وتقــيم ســعدي
إلهــي ليــت لــي مجــداً تليــدا　　تكــون بــه الأنوثــةُ كـلَّ مَجـدي

أنعمْ بها مِن نجمــة خفاقــة

أنعـمْ بهـا مِـن نجمـــة خفاقــة　　فـي أفـق دولتهـا مـدى الأزمــانِ
رمـزٌ لطيبــة دولــة مشهـــورة　　فـي خدمـة الإنسـان بالإحســانِ
حقَـنَ الإلـه هُداه عبـر ضـميرها　　وخلاصـةَ الأديـان والإيمــان ..
وبــراءة الأطفــال فــي أوصــافها　　وجمــالُ ربِّ النــاس فــي الإنســانِ
ســبحانه الــرحمنُ أودع سِــرّه　　وجلالــه فــي وجههــا النــوراني
مــا مــريمُ العــذراء أكثــرَ روعــة　　منهــا ولا مــن عطفهــا الربــاني
مهمـا أقصّـرْ فـي مـديح صـفاتها　　فالصـفحُ خيـرُ طبـائع النسـوانِ..

ها هو الحب

ها هو الحب يغنّي طالباً كلَّ إنسان حكيم يبتغيهْ
يزرع الأنغامَ ورداً ناشراً في الفضا أرواحَ عطر نشتهيهْ
من جمال الحب نبني هيكلا يقطنُ العشاق فيه هائنين
إنه سحر لذيذ منعشٌ تنتشي منه العذارى والرجالْ
يلمس القلب بعطفٍ هادئٍ يجعلُ الأوقاتَ بحراً من خيالْ

القصيدة الثالثة التي نظمها الشاعر في بداية تفتح موهبته..

يا عذارى

ياعذارى يتمنَّى قلبُهنَّ أن يضمَّ الحُبَّ لو ضحَّى بهنَّ
قد سلبتُنَّ من الشبَّان عقلا مثلما هم سلبوا مِن فِكْرِكنَّ
فكلانا يشتهي الثاني حبيباً لو أنا استكبرت أو أنتنَّ .. فنّا
وكلانا لهواه مستجيبٌ لا يغيب السرّ عنكنَّ وعنَّا

*****

كأسُ خمرِ الحب تُغري عقلكنَّ ثم تثملن وتصبحْنَ سُكارى
ليس في جنس البرايا أي فرْقِ بين بِنْتٍ أو فَتِيٍّ يا عذارى

*****

إنني أعرف شيئاً عندكنَّ هو ضعفٌ كامِنٌ طيَّ القلوبِ
نقطة الضعف لديكنَّ أراها غَيْرَةٌ فِيكنَّ تشوي كاللهيبِ

دربكيش عام ١٩٥٤ م

أموت بتقبيل أيدي النساء

أمـــوت بتقبيــــل أيـــدي النســـــاء لأمـــــنحهنَّ أقَـــــلَّ الوفـــــاءِ
وتســـعون*١ منـــه اْحتـــرامٌ وطُهْـــرٌ ولـــي فـــي البقيَّـــة بعـــضُ اشـــتهاءِ
إذا أنـــا قبَّلْـــتُ مثنـــى ثلاثـــاً تُســـاعاً.. فـــذلك أدنـــى عطـــائي
إذا أنـــا قبّلـــتُ أبقِـــي التصـــاقي بمـــن أنـــا قبّلْتهـــا بـــالغِراءِ
كمثـــل كـــؤوس الهـــوا قُبُلاتـــي وأنهـــش نهـــشَ الجَـــرادِ فتـــاتي
فـــلا يتبقّـــى بهـــا مِـــن رحيـــق وتصـــبح مِـــن رِفْعهـــا كالعصـــاةِ
ولا يتبقـــــى لهـــــا أي لحـــــم وترجـــع للأهـــل مثـــل الفُتـــاتِ

الله أكبر كيف أتقَنَ خَلْقَه

الشـــعر مـــرآةٌ تُصَـــور سِـــرّي فـي كـل مـا يجـري ومـا لا يجـري
والحُسْـن سِـرُّ تفتُّحـات زهورنـــا من حيث لا يدري الفتـى أو يدري
لــولا الجمــالُ لــه قــوىً مجهولــةٌ لـم تحمـلِ الأجـواءُ قـرصَ البـدرِ
بــين الســما والأرض غــيمٌ هاطــلٌ وبــذي الصــبابة كهربــاءٌ تســري
لــولا كُــراتُ الجــذب بــين عشــيقة وعشــيقها فالفلْــك ليســت تجــري
الله أكبـــر كيـــف أتقَـــنَ خَلْقَـــه فــي كــل بَــرٍّ كــان أو فــي بحــرِ

---

(١) *أي تسعون في المئة.

أرملـة

(اِزدهـــارُ) الأمـــس نـــارٌ
إنهـــا اليـــومُ رمـــادْ

إنهـــا تـــذرف دمعـــاً
يصـــهَرُ الصـــخرَ الجمـــادْ

إنهـــا تبكـــي خلـــيلاً
صـــار فـــي أرض الخلـــودْ

قـــد ســـلا نـــدب (ازدهـــارِ)
وتـــوارى فـــي اللحـــودْ

اســـمعي يـــا (زهـــر) منِّـــي
واشـــتري قلبـــاً جديـــدْ

تَبْعِـــدي عـــن كـــل حـــزن
واكتئـــاب وكُمـــودْ

انشُـــدي البِشْـــرَ تَحـــوزي
كـــل شـــيء فـــي الوجـــود

مـــن فصـــول حـــاملاتٍ
روعـــةَ العيـــد الســـعيدْ

أو إذا شـــاهدتِ ظـــلاً
ســـائراً أو فـــي ركـــود

اخلعـــي لـــون الليـــالي
والبســـي لـــونَ الخـــدودْ

إن هـــذا لـــيس إلاّ
بعـــض أعـــراف الجـــدود

امرحـــي يـــا نـــورَ عينـــي
غـــرّدي مثـــلَ القصـــيدْ

افرحـــي مثلـــي وكُـــوني
مرتـــعَ الفكـــر الحميـــدْ

اكســـري الأحـــزان كســـراً
إنهـــا أقســـى القيـــودْ

واهزئـــي بـــالحزن هـــزءاً
مثلمـــا تهـــزا الرعـــودْ

أريد يكون منها الاهتمـامُ

أريـــد يكـــون منهـــا الاهتمـــــامُ لكـــي تقـــوى أحاسيســـي العِظـــامُ
لأشـــعر أنني رجـــل يلبّـــي أحـــ ـــــتياجاتِ الحبيـــــب فـــلا ألامُ
أمـــوت بكـــل أنثـــــى تشـــتهيني فمنهـــا اللحـــم إذْ منـــي العظـــامُ
أخـــافُ أنـــا إذا أبـــديتُ شـــوقي أعَـــدُّ كخـــائنٍ منهـــا يُضـــامُ
وأخشـــى إنْ أنـــا أبـــديتُ شـــوقي يـــواجهني التكبُّـــرُ والغُـــرامُ
أريـــد أنـــا التأكُّـــدَ مِـــن هواهـــا أريـــد بمـــلء رغبتهـــا تنـــامُ
ولســـت أرى لكـــل العمـــر معنـــى إذا هـــو لـــم يُعَمِّـــدْه الغـــرامُ
ولـــولا الحـــبُّ يزخـــر بالمعـــاني لما انـتصبتْ على الأرض الخِيـامُ

كلٌّ هـاوٍ

كـلُّ هـاوٍ فـي غـرام مَـعَ بنـتِ هكـذا طَبْـعُ البرايـا كـلَّ وقـتِ
يـا فتـاتي أنـت أهـداف حيـاتي لـو أنـا أخفيتُ أسراري.. وأنتِ..
وكلانـا يشـتهي الثـاني حبيبـاً لـو أنـا استكبرتُ أو أنـتِ نَفَـرْتِ
لِـمَ تجـزينَ انـدفاعي بصُـدودٍ؟ وأنـا مثلـك إن أنـتِ انـدفعت ؟؟
إنمـا غَيْرتـك الكبـرى مكـان نحوه يعدو ازدرائي حيثُ غِرْتِ..
اسـتري الغَيـرةَ بـالثوب فتـاتي مـا أُحَيْلَـى الثوبَ في سَتْرِ العُراةِ

قدَري أشُمُّ العطر دون عِناقهِ

قلبــي يودعهــا ويعــرف أنهــا ليسـت إلـيّ ولـو بنصـف نصـيبِ

قــدَري أشــم العطــر دون عِناقــهِ وأدوم مرضـــانا بــــدون طبيـــبِ

أمضـــي بعيـــدا ســـامعا لهفاتهـــا تجـري ورائـي تسـتجير طيـوبي

مــا لــي مــن الرنّــات فــي أصواتهــ ـنّ سـوى اسـتماع كـآبتي و نحيبـي

أنــا مــن دفنــتُ الـنفس بـين شـفايف وترائـــبٍ وهْمـــاً بــدون حبيـــب

بـــالعين بالأشـــواق بالترحيـــب بتصـــافح يُـــذكِي أُوارَ لهيبـــي

فـــأعود بيتـــي ظـــافرا بوســـادة وتخَيُّـــلٍ فيـــه امتيـــاحُ قَلِيبـــي

تتحــدث الحســناء عنــي تشــتهي لكنهــا مثلـــي تخـــاف دروبـــي

تهــوى التغــزل دون فعــل عــاهر فيهـــا مخافـــة خـــالقٍ أو نِيـــبِ..

الكــون أنغــام وحــالتيَ الصَّــدَى والحُسْنُ ضـدي فـي جميـع حروبـي

سِــيّان بــين مخضــرم أو عــاجز إنْ يُمنعـــا عـــن لثمـــة وركـــوب

حالة المُحِبّ

يركـــب الفضـــاء والكواكبـــا مـــن فـــور أن يـــرى الكواعبـــا

وتغتـــدي أعينُـــه منـــائرا مـــن فـــور أن يشـــاهد المراكبـــا

ويغتـــدي زَنـــداهُ ألـــفَ آلـــة تُشَـــغِّلُ الأثـــداء والحواجبـــا

النساء ضحايا أحوالنا

وجربــــتُ النســـاء ولـــم أشاهـــدْ ... ســوى فيهـــــنّ تكـــرارَ المَشاهِـــدْ
فمـــا أيٌّ اختـــــلاف غيـــرَ وهْـــمٍ ... لدينـــا أنهـــــنَّ لظـــى المواقــــــدْ
ومـــا مـــنهنّ يـــأتي البــــردُ لكــنْ ... مــن الرجــل الــذي فــي العمــق بــاردْ
فمِنّــــا مَــــن لــــديهم بعــضُ دفءٍ ... رضُــوا فيمــا يرونــه فــي المراقــدْ
وأمّــــا مَـــن يكــون الـــوهنُ فـــيهم ... يصُــبّون الهجـــوم علـــى الطرائـــدْ
ومـــا انتقـــدوا مصـــائدهم ولكـــن ... قــد انتقــدوا اللـــواتي فــي المصـــائدْ
ورغـــم الـــوهن فـــي نفــس البرايـــا ... يريـــدون الوصـــول إلـــى عُطـــارِدْ..
ومَــن فــي الشــعر لــيس لديــه بــاعٌ ... عليــه الكــفُّ عــن نظــم القصـــائدْ
ومـــا حـــالُ النســـاء ســوى انعكـــاسٍ ... لمـــا عنـــد الرجـــال مـــن المــــوارِدْ
فـــلا نعتـــبْ علـــى مـــن هُـــنّ دومـــاً ... ضـــحايا حالـــنا نحــن "الأماجـــدْ"
ولــــولا حكمــــةُ الرحمـــن فينـــــا ... بتخفيــــف اللظـــى فَشَـــتِ المفاســـدْ
ولـــو جعـــل الإلـــه الجـــنس قُرنـــاً ... لشـــاهدْنا الحرائـــق فـــي المســـاجدْ

إذا صدَّ عنّي الجمال

إذا صـــدَّ عنّــــي الجمـــال أغيـــبُ ... عـــن الـــوعي حتـــى يلـــينَ الحبيـــبُ
ومـــا أنـــا أهـــوى الحبيـــبَ المُـــدِلَّ ... ولكـــــنْ أحـــب الـــذي يســـتجيبُ
ألا إنّ أســـــبابَ حِرْمـــــانِ قـــــومي ... هـــو الانفصـــام الخفـــيُّ المريـــبُ
رأيـــتُ الســـمواتِ تمطـــر عطفـــاً ... علـــى كـــل مَـــن لـــم يغِثْـــهُ الحبيـــبُ

الفخر الجديد

تنازعـــتِ النســـاء علـــيّ حتـــى غـدوتُ إلـى الأنوثــة كـلَّ شـاغلْ
بِــيَ النظـرات تجـذب كـلَّ قلـب فيبقــى القلــبُ طـول العمـر مائـلْ
وبالبسَـــماتِ أصطـــادُ الصـــبايا ويُتْـرِعُ منزلــــي ســربُ الأيائِـلْ
وتـــزدحم الملائـــكُ مثـلَ نحـلٍ بغابـــاتي وتمتــصُّ الخمائـــلْ
وواصـلتْ النســاء بكـلِّ شـــوق ولـم أشبـــعْ كـأنِّي لم أُواصِـــلْ
ولـــيس بمُقْنِعِـــي مليـــونُ حُـــبٍّ ولا يُرضِــي شـــراعي أيُّ ســـاحلْ
وإخلاصـــي لهـــنّ ســـما لِأوجٍ يُحَيِّــرُ كـــل تخطـــيط العـــواذلْ
إذا عميـــتْ فتـــاةٌ عـــن ضـــيائي طواهـا الـدهر فـي عـضِّ الأنامـلْ
ومـــا بنـــتٌ حباهـــا الـــدهر وصـــلا معـــي إلا وعنّـــي لا تُزايـــلْ
ولســـت أطيـــقُ إن أشْـــهدْ فتـــاةً أغـضُّ الطَّـرْف أو أنْ لا أحـاولْ
ولـــم أتـــرك مـــن الـــدنيا فـــؤاداً ولـــم أســكُنْه محبـــوبَ الشـــمائلْ
وأيسَــرُ فعلتـــي هـــي تَـرْكُ طيـفٍ يشـــاركهنَّ فـــي كـــل المســـائلْ
فـــإنْ أحبَـــبْنَ لا يحْبِـــبْنَ إلا فتـىَ هـو فـي الشـمائل لـي مُمَاثِـلْ
ويُعْجِبُنـــي علـــى تـــاريخ حَـــوّا أسَـــجِّلُ كنـــتُ محبوبـــاً و شـــاغلْ
ولـــم أصـــبرْ علـــى حـــيضٍ ومَـــضٍّ وأقتحـــم الأواخـــرَ والأوائِـــلْ
ويعجبنـــي العجـــوز بـــذِكْر حبـــي تقـــولُ إلـــى الصَّـــبِيَّة: كـــان قاتـــلْ

الأنثى طهورة

كل أنثى هي في رأيي طهورَةْ ... طالما تملك عطفا كالذخيرِةْ
ضعْفُها يمسح كل الإثم منها ... فليسائلْ كلُّ إنسانٍ ضميرهْ
أ وَ ما الله براها لركوب ... ما عليها عندما تُرضي الذكورةْ؟
أخطأ العالَمُ اذ سمى خطايا ... ما به العلياء و الدنيا فخورةْ
إنّ كفْر المرء بالنِّعْمَى دعاه ... بعد أن يشبعَ إلقاءَ الفطيرةْ
كل أنثى هي أوفى من فتاها ... وهي بالإخلاص و النعمى جديرةْ
إنَّ في قلبيَ للأنثى غراماً ... ليس تُنهيه افتراءاتٌ حقيرةْ
بطِرَ الإنسانُ لما أشبعتْهُ ... من هواها فجزى الأنثى كفورَةْ
قبل أن يطفي لظاه كان يجثو ... لخُطاها ثم أعطاها نُفُورَةْ
يغدر الزنديق بالأنثى دواماً ... إنه شخص أنانيٌ السَّريرةْ
عقدة التقصير والعسف لديهِ ... ظَلَمَتْها منذ أن شامَ قصورَةْ
إنما الطيِّب لا يخدع أنثى ... بل يُفدِّيها و يؤويها ضميرَةْ
أرفع الأنثى شعاري بعد ربي ... أمْرُها من بعدِ أن أقضي أمورَةْ
أ وَ ليستْ كل أمٍ هي أنثى ... ولأجل الأمِّ لا أخشَى الخطورَةْ ؟

مَن العاهر؟

قولوا لمن وصفَ النساءَ :عواهرا
ظُلْماً وعدوانا بأنه عاهرُ
إنَّ النساءَ لأشرفُ الخلق الألى
ربَّيْنَ أطفالَ اللذين تآمروا
أ وَ لَسْن هنَّ بناتِنا أخواتِنا
يا مَن بهذا العار بات يفاخرُ
وبحسْب رأيي كلُّ مَن وَصَفَ النِّسا
هذي الصفات هو الكذوب الفاجرُ

الساقطون همْ

ما إن يرون شريفة يُغْرونها	يتلطّفون لها بألف وسيلةِ
يتقربون لها بوجه باسمٍ	ومشاعرٍ ملغومةٍ بالحيلةِ
وبألف وعد بالزواج وغيرِهِ	وبِرقَّة ورسائل معسولةِ
تأبَى ولكنْ في النهاية ترتضي	تدعى بساقطة بكل قبيلةِ
والساقطون الحق هم مَن واصلوا	إطراءها حتى ارتضت بالرِّيبَةِ
المجرمون الحقُّ هم زرعوا البلا	فيها وجرُّوها لسوء السيرةِ
والحدّ محتوم عليهم وحدِهِمْ	آذَوْا عذارى في تمامِ الطيبةِ

يا ويلَ مَنِ انتقدَ الأنثى

يـــا ويلــــه منتقـــــدُ الأنثـــى ... فثَمينــــــه تجعلــــــه غثّــــا

وعليــــه المــــدحُ لهـــا دومـــاً ... ليحـــثَّ محاسنَهـــــا حثّـــا

الأنثــــى أفضـــل معطــــاء ... لولاهـــا رضَعُـــــنا غَرْثَـــى

وبرأيــي أمْـــرأةٌ أفضـــل مـــن ... ألـــفٍ مِمَّـــن يدعـــــى ليثـــا

أنـــا أكـــره رجـــلا يزعجهـــا ... ويســـوق لعيشـــتها البَثّـــا

الأنثــــى أعظـــمُ كائنــــةٍ ... وحقـــــولٍ نحرثهـــا حرثـــا

وخلـــودٌ يبعـــث مـــا رَثّـــا ... ونـــــذرت حيـــاتي للأنثـــى

إذا ما مررتُ بجبّانة (مقابر)

إذا مـــــا مــــــررتُ بجبَّانَــــــة

دعـــــوت لكـــــل النســــاء بخيـــرْ

وبعـــضِ الرجـــال دعــــوتُ بِشَـــرّْ

****

إذا مـــــا مــــــررتُ بجبَّانَــــــة

أحَيّـــي النســــاء بعطـــف ولطـــفْ

وأمـــا الرجـــال بأشـــباه عنـــفْ

وأدعـــو مـــن القلـــب للغانيـــاتْ

وأمـــا الرجـــال فمـــن نصـــف عطـــفْ

عيونهـــنّ

ترنـــــو إلـــيَّ عيونُهـــنّ رُنُـــوّا   تهـــدي إلـــيَّ سعـــادة ونُمُـــوّا
أبحـــارُ أعيـــنهِنّ تقـــذف موجـــة   فـــي إثـــر أخـــرى كـــي أزيـــد سُمُـــوّا
مـــا أروع النِّســـوان حـــين يُرِدْننـــا   ويَغُصْـــنَ فـــي حضـــن الغـــرام دُنُـــوَّا
إنْ لسْـــنَ يَنْسِـــينَ الغـــرامَ وغَمَّـــهُ   إنـــي لهـــنّ أنـــا استطعـــتُ سُلُـــوّا
أنفقـــتُ فـــي أحضـــانهن ذخيرتـــي   ومـــلأتُ قلـــبَ الفاتنـــات حُنُـــوَّا
ولأجلهـــنّ رهنـــتُ كـــل ملابســـي   وخسِـــرْتُ شلـــواً مـــن دمـــاي فـــشِلْوا
مـــن أجلهـــنَّ فقـــدت جـــلَّ مكـــانتي   وحبـــوْتُ أســـفلَ مـــا أردْتَـــه حَبْـــوا

حبي الغريب

رميـتُ فأقصـدتُ المـرام مُولّعـا..   وجرّبـتُ نـزع السـهم لكنْ تَمَنَّعـا
جـذبتك يـا خلّـي ولسـتَ بنـائلي   فليتـك لـم تفـتح لسـهميَ موقعـا
طريقـة إبصـاري لكـل جميلـة   كمـا لـو بهـا حقـا تعلّقتُ مُولعـا
أنـا يـا خليلـي لست أعشق مرة..   يظلّ شراع الحبّ عنديَ مُشْرعا
سـواحل حبـي لا حـدود لأفقهـا   فكل شراعٍ جاء يشهدُ موضعا
وأُطْري وأُغري بالهدوء سفائني   لأضمنَ دومـا أنْ بشطّيَ تهجعـا
وكـلُّ أليـف جئتـه لأودّعـا   ينـوح ويرجـو أن أحـنّ وأرجعـا
أنـا كلمـا جـاءت إلـيّ جديـدةٌ   يصير فـؤادي للألـوف مُوسَّعَا
وإمّـا استقالتْ مـنْ حيـاتي حبيبـةٌ   أقاسـي فراغـا يعترينـيَ مُفْجِعـا
فإن كنتَ لا ترضى الفراق فمرحباً   وكُنْ عالِماً أنْ لي بغيرك مَطْمَعَا..

عوَّضتُ بالجنس

مـن حبهـا لزواجـي أصـبحتْ أسـدا إذْ شـاهدتني أسـيراً بـينَ أصـفادِ
ورغـم ذلـك إنـي فـوق مزبلتـي ديـكٌ أصـيحُ مليـكَ التـلِ والـوادي
إنـي كَصُـوصٍ وزوجـي قِرْقـةٌ دفعتْ عنّـي الخطـوبَ كجيـش أو كآسـادِ
إذ إنَّ عنـديَ شـيءٌ مـا يولَهها يسـقي ثمـانيَ مـرات ثـرى الـوادي
لمـا يمُـرُّ نسـيم فـوق أنسـجتي يهـزُّه فيقـوّي عـزف أعـوادي
فـي الصـحو والنـوم دومـاً قـائمٌ أبـداً حتى ربطتُ عليـه خيْـطَ مِنطـادِ
عوَّضتُ بـالجنس عن وهْنٍ بأسلحتي فلستُ في الحزب أو محروسَ أجنادِ
لـولا أخـاف إلـه النـاس أهجـره إلـى عذارى المحيط الأبيض الهادي
قـالوا الجميلـةُ قـد تَـزْري بخالقهـا لكـنَّ خارقَهـا فـي قلبهـا الشـادِي

حجمي صغير

ترانـي الغانيـاتُ بـلا عيـون تَـرَيْنَ، كـأنَّ حجمـي لا يَرَيْنَـهْ
يرانـي الله ذا حجـم صـغير بـرغم فحولـة تكفـي مدينـةْ
فلـو وَفْـق الفحولـةِ كـلُّ حجـمٍ لغـار الطُّـود منـي والسـفينةْ
ووجهـي، ذو اعتـدال، لا جميـلٌ ولا بشِـعٌ، ولـي روح حنونـةْ
ولكـنّ التـي قـد جرّبَتْنِـي أحبَّتنـي، وعاشـت لـي أمينـةْ
وأشـهر قولهـا للنـاس عنـي كفـاني منـه قوَّتُـه الدَّفينـةْ
كفـاني منـه اكـرامٌ وفـنّ كضـوء الشـمس لا أنسَـى عيونَـهْ
ومـا حجـمُ امـرِئ يُجْـدي فتـيلاً إذا كانـت قـواهُ فـي سـكينةْ

بيــن الصبايا

بـــين الصـــبايا أقبـــر الأحزانـــا
لـــولا الصـــبايا لا أطيـــق مكانـــا

وأعـــوم فـــوق حنـــانهنّ كـــأنني
فـــي الجـــو أســـبح أسـبِقُ العُقْبانـــا

لـــولا ابتســـاماتٌ لهـــنّ أغثننـــي
مـــا كنـــت أعـــرف للحيـــاة أمانـــا

لـــولا ابتســـاماتٌ لهـــنّ فرَشْـــنَ لـــي
ريـــشَ النعـــام لمـــا رأيـــتُ حنانـــا

أحلـــى الحيـــاة علـــى جنـــاحٍ طـــائرٍ
فـــوق الوجـــود ينـــوّع الأوطانـــا

وأَصـــاب لـــولاهنّ بـــالمرض الـــذي
يُـــدْعَى اكتئابـــا يقبـــر الإنســـانا

العمـــر لا يحلـــو بـــدون خمائـــل
مـــن عطفهـــنّ تُفَجّـــر الأغصـــانا

مـــا عُـــدَّ يـــوم مـــن حيـــاتي إن يـــزُل
هـــدراً ولســـت أداعـــب النِّسْـــوانا

ســـأزيد إخلاصـــي لهـــنَّ ورحمتـــي
بمحبـــة لا تعـــرف النُّقْصـــانا

يـــا ليـــت أحلـــى الكائنـــات بصـــحبتي
مـــا كنـــت يومـــا أكـــره الأزمانـــا

دعاء في موضوع النساء

أيـــا ربِّ لخّـــصْ جميـــع النســـاءِ
بـــأنثى تحقـــق أوفـــى الرجـــاءِ

فتســـقي دمـــي مـــن جميـــع الغـــذاءِ
وترفعنـــي لعَنـــان الســـماءِ

وأبشـــع أنثـــى برأيـــي تضـــاهي
جمـــال الزهـــور وســـحرَ المســـاءِ

وأبشَـــعهنّ لـــديَّ تضاهـــي
قـــواريرَ عـــذْن ذواتِ البهـــاءِ

إلهـــي أسـقِ كـــلَّ احتيـــاجٍ لـــديَّ
أوِ اْقْـــضِ علـــيَّ تمـــام القَضـــاءِ

لو أبَحْنا

لــــــو أبحنــــا لَاســـــترحنا
وأرَحْنـــــــا وفرِحْنـــــــا
وأعْتَـــــــدَلْنا وعَقِلْنـــــــا
وانفجرنـــــا وانفرَجْنـــــا

موعد الطائرة وتجديد الفيزا

بـالرغم عنّـي جـدّدوا لـي الفيـزا ... فلـمَ البقـاء بِـلا بثيـنَ وليـزا؟؟
كيـف الهنـاء ولا أنـيسَ بجـانبي ... وفـقَ احتيـاجي يتقـن التجهيـزا
عنـدي اضـطراباتٌ بغـدة خِصْـيتي ... لا تشـتفي دون الهـوى والبيتْـزا
إن كنـت أمكـث دونهـنّ سـأغتدي ... كلبـاً عقـوراً يجْهـل التمييـزا
ويعَـضُّ صـاحبَه ويغفـلُ أنـه ... قـد عـضَّ عائلَـهُ الفتـى الجِنْكيـزا
أنـا لسـتُ أسـمع أي شـيىء مـبهج ... إلا إذا أنـا أسمـع "التجـويزا"
عشـتُ الحيـاةَ علـى الغـرامِ مُرَكِّـزاً ... وعلـى سـواه أجهـل التركيـزا
قلبـي يشـاهد فـي النسـاء معادنـاً ... وجـواهراً والتِبْـر والإبريـزا
فأمـارس الغـوص العميق إلى الهُـوى ... وأجانـب التفـريش والتطريـزا
إنْ لـم يُـؤدِّ الضـمُّ والتلثـيم للـ ... أقصـى فـإني أفقـد "التَّلْـذيزا"
هــاتوا إلـيّ بالاتهـامِ جميعِـهِ ... لا أقبـل التغميـز والتلميـزا
مهمـا احتللـتُ مواقعـاً حساسـة ... فلغيرهـا أسـتقدم التعزيـزا
وأحِـبُّ فـي جسـم النسـاء مَطالعـاً ... ومَهاوِيـاً لاسيّمـا التغريـزا

أتاني الغـــــرام

أتـاني الغـرامُ عريضـاً طويـــلا ولكننـــــــي مـا أزال جهـــولا

حريصــاً علـى وصـل كـل قبيح وأبقـى أضـيع المُحِـبَّ الجميــلا

نتيجــة بخلــي أضـعتُ حبيبـــاً أتـانيَ يزحـف يرجــو المَقِـيلا

فيــا لأنوثــة أنثـــــى حُرِمـتُ مثيــلاً لهـا وضللــــتُ السـبيلا

أ يجمعنـــا الله بعــد الشتــــات وبعـد انقضـــاء الزمـان عـويلا؟

أنا في الصين الجميلة

أنــــا فـــي الصــين الجميلـــة أبتغـــــي ألفَـــيْ خليلـــــــةْ

لـــو يــــتمُّ الشـــيءُ هـــذا هـــــل ســـــتكفيني الفحولــــةْ؟

هكـــــذا طـــاف خيــــالي باشـــــتهاءات طويلـــــــــةْ

أَكثِــــرُ القـــولَ لأن الـــــ ـــــفعلَ لا يملـــــك حيلـــــة

كثـــــرة القـــول دليــــلٌ أننــــي المكبـــوت غِيلَـــــةْ

بتقاليـــــــــدَ تُعـــــــادي كـــــلَّ أبنــــاءِ الفحولــــةْ

أنـــا فـــي الصــين ســعيد حـــين أحظـــى بالرذيلـــةْ

جئـتُ والأحـلام تشــــــدو جُلّهـــا أمســـت قتيلـــــةْ

أشمشم كلَّ النساء

أشمشـــم كـــل النســـاء وأصـــبو ... إلـــيهن صـــبوة ديـــك الـــدجاجْ
وفـــي كـــل أنثـــى أداةُ جَمـــالٍ ... فريـــدٍ بهـــا يتصـــفّى المِـــزاجْ
وتـــالله أخلـــص للكـــل حتـــى ... ألاحِـــق شـــكلَ ريـــاحِ العَجـــاجْ
لكـــل النســـاء أنـــا فـــي احتيـــاج ... لأمـــزج نفســـي بهـــنّ امتـــزاج
وأحـــتجّ كيـــف لـــديَّ احتيـــاجٌ ... كثيـــفٌ ولكـــن عليـــه السِّـــياجْ
ووا أســـفي لـــيس إلا خيـــالي ... يحقـــق للـــنفس هـــذا النتـــاجْ

المفاتن الطبيعية المخلوقة

هـــذي المفـــاتن كلهـــا موجـــودة ... لكنهـــا ليســـت تريـــد دخـــولي
هـــذي المقاســـات الدقيقـــة كلهـــا ... وَفـــق احتيـــاجي، إنمـــا لا تُـــوْلي..
فِـــرَقُ التقاليـــد البليـــدة حصّـــنتْ ... أركـــانهنَّ لكـــي تعيـــق وصـــولي
حسبي البكاءُ فقط وضَعفُ تصوُّري ... حتـــى أمـــارسَ فـــي المنـــام ميـــولي

سَلَبْنني عقلي

هـــذي المفـــاتن تشـــتهي استبســـالي ... لكنهـــا حُظِـــرتْ علـــى أمثـــالي
الفـــرن يحيـــا وحـــده متحرقـــاً ... للخـــابز المقـــدام والفعّـــال
الســـاحرات يـــنَمْنَ دون قرابـــة ... مِنّـــي وقـــد لا يســـتغْنَ خيـــالي
الســـاحرات الغانيـــات سَـــلَبْنني ... عقلـــي فصـــار أقـــلَّ مـــن أطفـــالي

ليس تهز أركاني الجيوش

مُحـــالٌ أن أشـــاهدَ أيَّ بِنْـــتٍ ولا يغْشَـى عَلـيَّ.. وقـد أعـيِشُ

ولـيس يجـيش فـي نفسـي اشـتياق لشـــيء غيـر للأنثـــى يجـيشُ

فكـم نصـبتْ أحاسيســي خيامــا إذا صـادت أحاسيســي الرمــوشُ

وقــد أهتــز مــن حــب شــديد ولـيس تهـز أركـاني الجيـوشُ

يحق للشاعر ما لا يحِقٌّ لغيره

لا تجعلـي الشـكَّ سـيفاً تسـفكين بـه رأسـي ورأسـك بـل رأس الخلافـاتِ

تجـرُّك الغَيْـرة العميـاءُ عـن نظـرٍ إلـى السَّـماح وحـبِّ الغيـرِ كالـذاتِ

فـي كـل يـوم محيطـاتٌ مُهَيِّجـة مـن العتـــاب وذبـحٌ للمـودَّاتِ

تجْنـين دومـا علـى حـبٍّ لنـا ألِـقٍ بموجـةٍ مـن جنـون مذهِـلٍ عـاتِ

عـودي لرُشْدِكِ أنتِ اخترتِ مقتـرِناً بالشـعر والجِنّ مأسـاتي مَحَبَّاتـــي

كم أستعيض بمَصِّ الثديِ عن دَخَنٍ وعـنْ خمـورٍ بِريـقٍ مـن عشـيقاتِي

إنـــي وشِـعري لَمُلـكٌ للجمـيلاتِ لا أسـتطيبُ أنانيّـــاتِ زوجـاتي

أرجو اْغْفِري لي وأشعاري خطيئتنـا فالشـاعر الفحـل ينمـو بالخطيئـاتِ

أرجـو اقبَلِينـي علـى حـالي بـلا بَـرَمٍ مَهْمـا أخُنْـــكِ خيانـات بريئـاتِ

داء الخيانـــة داء لا نحاربُـــه مـا دام صاحبُـه ضـدَّ الفضـيحاتِ

وإنـه شـاعرُ الدنيـا يحـقٌّ لـــه أن يجمـع الشـهدَ مـن كـلِّ الخميلات

هذي تُحَرّكني

هذي تحركني فأصبح مائلا … فمتى أحركها لأصبح عادلا؟

من طينة عُذْريَّةٍ وبريئة … شاهدتُ حين طفولتي متماثلا

واليوم رغم الشيب قد شاهدتها … وَفقاً لأحلامي رؤىً ومناهلا

آمنتُ أنّ الحب أكبرُ دافع … للعيش إنْ كان الهوى متبادَلا

من أين ؟

من أين سأَحضر واحدة
بالكامل برءاً لجراحي ؟
تغدو بالضبط كما أرجو
في سعدي أو وقتِ نُواحي ؟
من أين سأحضر فاتنة
كي تَنْضُجَ فيها قطراتي وتشيدَ مئاتِ الأرواحِ
أذوي بالجسم وألقى الحتفَ فداءَ الحبِّ الذبَّاحِ
من أين سأحضر واحدة
فيها الراحُ لأقداحي ؟
طبقا للقالَب والنَّجْوَى، طبقا للشوق المجتاحِ
طبقاً للحلم بكاملهِ، لا تنقص لو رُبعَ الرَّاحِ
لا تهرب قطُّ منَ السَاحِ
تبقَى في حالةِ إصباحِ

كرهتُ الحيـــاة

كرهتُ الحيــاة وجـاء الخبــرْ بـأنَّ الخطيبـــة لـي تعتــذرْ

فلا تنتظرْ.... فلا تنتظرْ

أ هذي حيــاةٌ وفيهــا أعانـــي فراغـا وكبتـــاً ودون قمـرْ..؟

تقاليـدُ تمنـعُ شـخَّ الكـــلاوي فأصبــحَ للشـخِّ سعرُ الـــدُّررْ

وأغـبط أجنــاسَ كــــل البرايـا عـدا جنسِنــا الظالـمِ المحتكِــرْ

فكم مـن هـوىً قـد أضيم بسجْنٍ وكـم معْــوزٍ مـن هـواهُ انتحــرْ

تمنّيــتُ يـا ليتنـي كنـت تيسـاً.. ويـا ليتَني كنـتُ ديـــكَ الغجــرْ

لأذبَـــحَ يومــا وحيــدا ولكـــنْ أما عشتُ بين الدجاجــاتِ حـرُّ؟

أعـيش حيــاتي حزينــا مُضـاماً كأنـــي أعيــش بنـارِ سَقَـــرْ

ومــا حسـرتي غيــرَ أنَّ البرايــا كحالي ارتمَوا في اللظى المستعِرْ

يَسُــنُّ المشـــرِّع وفــق هـــواهُ قوانيـنَ ليســت تراعـي البشــرْ

يغــالي المُشَــرِّعُ يحمـل سـيفاً يحـارب كل فقيـــر عسِـــرْ

وأمــا الثّـــريُّ ففــوق الجميــع يقوم بمـا شـاء دون حـــذرْ

يلـــفُّ تعـــاليمَهم صندويشـــاً يقدِّمُهـــا رشـــوة تنتصِـــرْ

تعـــاليمَ ذاتَ انفصـــامٍ مَـــريضٍ أحالـــتْ معيشتنـــا مـن كـــدَرْ

فمـــا نحـــن نحيـــا الحيـــاة بحـقٍّ ولكــن فقـــط عائشـينَ الصُّـورْ.

محبوبي مجنونٌ

محبـــوبي مجنـــونٌ لكـــنْ … مِـــن طبعـــي أنْ أقْبــلَ عيْبَـــهْ
مهمـــا العيـــب يُعَذّبْنـــي … أقسِـــمُ لـــن أتـــرك طِبَّـــهْ
حـــظُّ العاشـــق منقـــوصٌ … مـــع هـــذا فليشكـــرْ ربَّـــهْ.

***

لا دمـــعَ لا تعقيـــدَ فـــي حبـــي … بَسْـــمٌ وإســـراعٌ وإشـــباعُ
إن شئتَ صِفْني أنني ذئبُ الهوى … عنـــد الفريســـةِ أو أنـــا (القعقـــاعُ)

ملائكة الجمال

ملائكـــة الجمـــال لهـــنّ ومـــضٌ … ينيـــر لنـــا فراديـــسَ الخيـــال
فلـــولا بِنْـــتُ حـــوّا لـــم نُهَنَّـــأْ … ولـــم نملـــك أحاسيـــس الكمـــال
فيـــا لَجميلـــةٍ مـــعَ خيـــرِ زوج … أقَـــرَّ اللهُ بـــالكمـــا وبالـــي

تحب النساء صفائي

تحـــبُّ النســـاءُ صـــفائي جميعـــا … كـــأنيَ مـــا زلـــتُ طفـــلاً وديعـــا
أثيـــرُ أمـــومتَهُنَّ علـــيَّ … وأصـــبحُ مـــن نسـلهنَّ فروعـــا
كعبـد الحلـيم الفتـى العندليب الّـ … ـذِي يستدرّ الهوى والـدموعا
برأيـــي بيـــومِ القيامـــة يغـــدو … حنـــانُ النّســـا للجميـــع شـــفيعا

الغراميُّون

ذاك الكـــريم بنســـلهِ وبمالِـــهِ
ذاك الغرامـــيُّ الـــدفوقُ كمـــا الحَيـــا

أَ وَ مـــا الغراميُّـــون أجـــوادٌ بمـــا
أعطـــى الإلـــه لهـــم فظلـــوا أغنيـــا ؟

مهما يُغَمَّسْ عقلهم في الجنس لا
يرضـــون للغيـــر الأذيَّـــة والعيـــا

يتزوجـــون بـــأربعٍ وبعشـــرةٍ
لـــو جـــاز مليـــونٌ لطـــاروا قَبْليـــا

الحـــب يأســـرهم لطيبـــة قلـــبهم
ولفطـــرةٍ عفويّـــةٍ تهـــوى الضِّـــيا

مـــا فـــي الغـــراميين فِـــيَّ أنـــا، ولـــم
أصـــبِحْ غرامـيـــاً فحظـــي فـــي عيَـــا

لكننـــي حقـــاً غرامـــيٌّ بمـــا
يحويـــه قلبـــي مـــن هـــوى للأنبيـــا

لـــي مـثلهم(.....) حديـديٌّ القـوى
لا يرتـــوي مـــن ذا التـــراب ولا الحَيَـــا

ويقـــوم محرومـــا حزينـــاً تائقـــاً
وينـــام خوفـــاً أن يـــراه الأتقيـــا

مهمـــا زَجَرْتُـــه كـــي يكـــون مؤدَّبـــا
فـــي السِّـــرِّ يغـــدو ثـــائراً ومُـــدَوّيا

مهمـــا تـــراءى وادِعـــاً ومســـالماً
فـــي الشـــوق يكنـــز شـــدة وتعـــدِّيا

أ وَ لـم أقـل بقصـائدي هـذا الجـوى
و معرِّفـــاً زوجـــي الحبيبـــة مـــا بيـــا

مـــن قـــال لـــك إنـــي مَلَـــكْ ؟
عينـــاك كَحَّلهـــا الحَلَـــكْ
لـــو أنـــت فتَّحْـــتِ الجفـــون لقُلْـــت لـــي : لـــن أقْبَلَـــكْ
إنـــي امـــرؤ بســـبيل حَكّـــهِ قـــد هَلَـــكْ
وغـدا سـيروي النـاس فيلمـاً شيّقاً يـا زوجتـي أرويـه لـك
روحي ستخرج من مكانٍ آخرٍ من درب عضوي للفلكْ

وأعـودُ يـا غـالي لـنفْسِ قصـيدتي
حتـــى أعـــود إلـــى التـــأدب والحيـــا

أنت يا قلبي

أنت يا قلبـي خُلقتَ	للحـاق الغانيـــاتْ
أنت يا قلبــي عشقتَ	ظَبيـةً ثـم المئــاتْ
يبـدأ الحـب شـرارا	ثـم يمسي جـذَواتْ
لـم يعـد يكفيـك ألف	كل ألـف كفتـاةٌ
أنت يا قلبــي أسيرٌ	لغـرام السـاحراتْ
خلـــق الله اقتـــدارا	فيـك دَفَّـاقَ الحيـاةُ

كلانا في الوداد له شعور

كلانا في الـوداد لـه شعورٌ	ولكنْ نجعـل السلْـوى شعارا
نفِرُّ مـن المحبـة حيـث حلَّت	لكـيلا حولنـا نُزْجـي غبارا
تقاليــد الظـلام لهـا انتصارٌ	دوامـاً فـوق مـا يدعى نهارا
فـإن زاد الخيـال أو التمنِّـي	يسبِّب فـي مشاعرنـا دُوارا

منكِ

منكِ أسبي الشمـس في فصـل الشتـاءْ	
عنكِ أطفـي البـدر فـي ليل البهـاءْ	
فاشـلٌ فـي كـل شـيء	مـا عـدا حـبِّ النسـاءْ

٣١

شغلت وجودي

شـغلتَ وجـودي الكبيـرَ جميعـا ... ومازَجْـتَ فكـري شـتاءً .. ربيعـا..
تباعـدْ - لَعَمْـرُك - عنّـي بعيـدا ... فـإنيَ لسـتُ الحبيـبَ المُطيعـا
أنـا لـيَ شـعب أعـيش إليـه ... فشـعري وشـغلي إلـيكم جميعـا
فـلا تحتكِرْنـي، ولا تـدّخِرْني ... لنفسـك وحـدك، تصـنعْ صـنيعا
وأطفـئْ طيوفَـك مـن مقلتـيَّ ... فـإني لـديها أذوب وُلوعـا
فسـبحانه كيـف يبْـرا البـديعا ... ويـزرع فـي الصـدر قلبـا وديعـا
تباعـدْ فـإنّ البعـاد مفيـدٌ ... بـه سـيكون السُـلُوُّ سـريعا
لأن اللقـاء يغـذّي الرجـاء ... يجـدّد فـي القلـب وجْـدا وجيعـا
تباعـدْ فـإنيَ لـن أسـتطيعا ... تباعـدْ وإلا تجـدني صـريعا
تباعـدْ، علـى الـرغم أنـي أحبّـك ... حبّـاً يـردُّ الخريـفَ ربيعـا..

بقوة الحب

بقـوة الحـب يغـدو الليـل ملتهبـا ... ويصبح القحط خصباً والأسى طربا
تبقَـى المحبـة فينـا خيـرَ فلسفـة ... منها نعمّرُ ما في الأرض قد خربا
لـولا المحبـة نمنـا عـن تحضـرنا ... وسـاد جـوع وأسقـام وسـاد غبـا
بالحـب نصـنع والإيمـانِ ملحمـةً ... من المكاسب تُغْني العلمَ والأدبا..
تبقـى المحبـة بيـن النـاس بوصِلـة ... تهدي العقول لتبني الأمن والحَسَبا

أنا والجمال حكاياتُ حُبِّ

أغــرد للحـــب بــين الحقـــولِ وفـــي المَرْكبـــاتِ وفـــوق السُّـرُرْ
وأنظـر مـن فـوق أعلـى الطوابــ ــق للصـدر والخصـر والمنحـدر..
أنـــخّ إلـــيهنّ نـــخّ البعيـــر إذا هــنّ يرضــين مثلــي السَّـفرْ
أغـوص بعينـي أغـوص بـأنفي أغـوص بروحـي إلـى المسـتترْ
أنـــا والجمـــال حكايـــاتُ حُـــبٍّ وغـــوصٍ عميـــق بعمـــقِ البُـــؤرْ
حنـــان الصـــبايا دواء مفيـــد ألـــذ لنـــا مـــن غـــذاء الثمـــرْ
أشمشـم حُسْـن الصـبايا وأسـخو علـــى رِيّهـــنّ كـــأني المطـــرْ
أشمشـم حسْـن الصـبايا وأمضـي لهـنّ ولـو طِـرْنَ نحـو القمـرْ
ألاحِـظُ لـم يبـق لـي مـن سـقام لأنـــي توغلـــتُ عبْـــرَ الـــوطرْ
وأنسـلُّ فـي خيـر دنيـا وأخـرى بنســـل بـــديع يغيـــث البشـــرْ
إلهـي أرمنـي تحـت رُمّـانهنّ وفـوق الصـدور وفـوق النّحَـرْ
فلـــن يـــتمكّنَ مـــن أيِّ مَجْـــدٍ فتـــىً عـــن حبيبـــهِ غَـــضَّ البصـــرْ
ولـــن يترقـــى مـــرورُ بـــلادٍ إذا لـــم يســـدّ جميـــعَ الحُفـــرْ
أنــا تحــت نهــد الصــبايا رضــيع أداعـــبهنّ وألَقِـــي الـــدُّرَرْ
وأقصـــى أمـــانيّ لـــو قطـــراتٌ إذا مـــا مُنِعـــتُ أخـــوضُ النَّهَـــرْ
يســـوح اشـــتهائي لهـــنّ علُـــوّاً وسُـــفْلا وأخـــرق كـــل مقـــرٌّ..
ويـــا فرحتـــي إن أفـــزْ بـــالثمَرْ ويـــا ترحتـــي إنْ أفـــز بـــالحجَر..
وحسْبيَ أن أشـتهي الحُسْـنَ دومـاً لكـــيلا أحـــاولَ أن أنتحـــرْ

أذا أخـذتْني الجديـدةُ أنسى القديمـ ـــة أنســى هـــدى وســمرْ..
وأنســـى فراســاً وأمَّ فـــراسٍ وبعـــد قليـــلٍ أعيـــد النظـــر
أحـــب القـــديم أحـــب الجديـــد ولا أتخلّـــى، فقـــط أســـتمِرّْ
أرانـــي أمـــام تجـــاذبهنّ مســاميرَ ذاتَ ارتجـاف خطِـرْ
تمنيـــت لـــو أننـــي جَـــزَراتٌ بـــأفواههن تقـــوّي النظـــرْ

خير هدية

إنـــي أحبـــك فاقبلـــي بمحبتـــي تلك التي في الكون خيرُ هديـةِ
جـودي علـيَّ بنبع عطفك والمنى إنـي لغيـرك لـم أبح بطويَّتـي
لهفي على لطف النساء فإنه الـ ـفردوسُ نفسُـهُ إنهـنَّ قضيتي
أحضـانهنَّ صـدورهنَّ مَطِيَّتـي أسـمو بإخلاصـي لهـنّ ونيّتـي
لـولا النسـاءُ فمـا لـديَّ مَهمَّـةٌ إنَّ النسـاء وحسـنَهنَّ هُـويتي
عنـدي النسـاء مقدَّسـاتٌ فـوق مـا عنـد النبـيِّ قداسـةٌ فـي الأمّـةِ
يُرضِـعْننا منـذ الطفولـة مثلمـا يحملننـا حتـى بلـوغ القـوّةِ
غــذّيننا بتبسُّـــم وتلطـــف حتـى زَهَونـا مثلَ روض الجنَّـة
تسـقي لنـا بسَـماتُهنَّ سـعادة وتلطفـاً، يَفـتحْن كـل شهيَّـةِ
إنـي أحـب السـيدات وأرتجـي ألقَـى علـى أحضانهـنَّ مَنِيَّتـي

تشجّعي

أرجـوكِ هيـا جربينـي تشـهدي واللهِ فعْلـي فـي المقـام الأوّل

حبـي يصـوغ المعجـزاتِ لحلـوةٍ لـم نجتمـع أبـداً سـوى بتخيّـل

أ وَ لـم يقـل "بشّـارُ بُـردٍ" حكمـةً: الأذن تعشـق قبـل عـين المُجْتلـي؟

سـأكون زوجـاً مسـعداً لـك صـالحاً فتشـجّعي وعلـى الإلـه تـوكلي.

أغرد فوق هامات الرواسي

أغرد فوق هامات الرواسي وتحسدني على مجدي النسورُ

يئنُّ النـاي شوقا لاستماعي وتغبطني على حظي الطيـورُ

أنادي للنسـاء كما تنـادي إلى الموتى الحفائر والقبـورُ

شُغِفن بي وبطيبتي

جُـل النسـاء شُـغِفن بـي وبطيبتـي ويُحِبُّهُـنَّ الشـاعر المجـدودُ

لهفـي علـى أحلـى النسـاء وعكـسِ ذا لهفـاً أصـيلا يفتديـه الجـودُ

لهفـي علـى كـل النسـاء كأننـي فـي حضـنهنَّ وليـدةٌ ووليـدُ

يـا ليـت كـل الفاتنـات بحـوزتي ويُرِدْن من ثغري الهوى وأريدُ

حدثيني بالهاتف المحمول

حدثيني بالهاتف المحمول   بالوحي بالأشعار بالترتيلِ

لأراك.. ما الهمسات تكفي مهجتي   الصوت يحرق بي حدائق فيلي

في الجو أسمعُهُ كجبرائيلِ   أرجوك قولي لي متى تقبيلي؟

أفرطْتِ يا مولات في تكبيلي   أرجوك رِقِّي كي يخفَّ غليلي

هل أنت من نوع الملائك لا نرى   أشكالهنَّ سوى مع التخييلِ؟

ما إن أشاهدُ أي أنثى أنحني   لجلالها وأجود بالتبجيلِ

والله لا أرضى أكون لحلوة   منكنَّ.. لكن للجميع ميولي

وتقدست كل النساء بمقلتي   عن أي قبح كلهن دليلي

ما أيُّ أنثى في الوجود قبيحةً   حسْبي أنوثتُها لجذب سيولي

يا ليت لي أقصى النساء قباحةَ   لملكتُ أنثى لي بكب سبيلِ

فقطِ القبيح يرى القباحة في النِّسا   ء ولا يرى فيهنّ أجملَ نيلِ

يا ليت كلَّ قبيحة في الكون لي   لَشَعرت بالجنات فوق سبيلي

ولَطِرْتُ من عشي لثان ثالثٍ..   لأفوز بالأحلام والتقبيلِ

وأزقُّهُنّ مآكلاً ومشارباً   وأضمهن إليَّ كالأسطول

وفتاة أحلامي العجوز ولم أزل   أرتادها في عرضها والطّولِ

يا رب قيّض لي أفوز بنصف ما   في الكون من ماء لغوث محولي

إني قضَيتُ العمرَ أهدر صحتي   وفق الرسوم ودون حق أصول

مارستُ جل الجنس وفق تخيلي   أما الحقيقة فهي في تضليلِ

إنَّ التقاليـــدَ العـــدوُّ لنفســـها	حســـد وحرمـــان مـــن التحليـــل
الكون يَغرق في الجهالـة والـدجى	لا يرتضـــي إلا انحســـار النّيــلِ
الكل محـروم سـوى عُشْرِ الـورى	فـــازوا بحـــق الوصـــل بالتفصـــيلِ
مهمـا يكـن جسـمي ضـئيلاً إنمـا	صـــيرتُ جُـــلَّ الكـــون لـــي كخيـــولِ
يـــا ليـــت أنّ العـــالمين جمـــيعهم	حـــولي ذواهـــلُ معجبـــون بطـــولي
لَحَيِيتُ أهنـأ عيشـة فـي عكـس مـا	أنـــا أكتـــوي الحرمـــان دون خليـــلِ
يـــا ليـــت أن لكـــل أنثـــى شـــهوةً	أحـــداً لأشـــبِعَ كـــلَّ مَـــن بســـبيلي..

الرُّقــيُّ في الأرواح

تـــدري الرقـــي يكـــون فـــي الأرواحِ	قبـــل الرقـــي بمعطـــف ووشـــاحِ
مـــن أجـــل هـــذا لـــم تُشِـــحْ عـــن شـــاعر	لـــيس الأنيـــقَ ولا عشـــيقَ الـــراح
يبـــدو أمـــام جمالهـــا كقمامـــة	تحتـــاج رمْيـــاً عـــن رصـــيف الســـاح

لم أتعود إغاظة أنثى

تولـــت وغابـــت حبيبـــة داري	ولـــم أرجُ يومـــاً عليهـــا انتصـــاري
فلـــم أتعـــوَدْ إغاظـــة أنثـــى	ولكـــن أعاملهـــا بـــالفِرار
أقـــدس أيـــة أنثـــى أ كانـــت	هـــوتنيَ أو بالغـــت فـــي احتقـــاري
وأجثـــو إليهـــا بِجِيـــد الوقـــار	ومـــا هـــي تفرضـــهُ مـــن قـــرار

بستـــان

هنا البستان أقطف منه ما أرجو

كما النسوان إذْ تنجو

إلى أعماقهنَّ يـــدي

فهن العمر مستنَدي

إلهي بين أحضان النساء أعِزّني بغدِ

فهذا اليوم والماضي قدِ ائتمرا على نكدي

خذيني يا مُدَوِّختي لوجه الحب لا المدد

أريد حبيبة تسمو عن الغايات والعقـــدِ

قدِ اهترأت من الأشواق بي يا حلوتي كبدي

هَبيني ذُروة عليا بقلبك تقتلي كمدي

سيحمي الرب جرأتنا ويجمعنا إلى الأبد

فنامي وفق أحلامي ومثل عقيدتي أعتقِدي

وكوني فلتة كبرى من الإسعاد والرَّشَـدِ

فقط يا حلوتاهُ لِدي

لنا ولداً ينير غدي

يفرق بين ظالمتي وبيني طيلة الأبد

تطلقني ونبقى سادة البلدِ

بعون الخالق الأحـدِ

نوع احتياجي

أنــت لا تـحتــاج لـلـحــب المُغَنّـي فـابـتـعد عـنـهـا ودعـهـا لـي وشـأني
أنــت إنســان تقــيٌّ لســتَ ترجــو مُنْكَـراً منهــا، وإنــي لسـتُ أزنــي
إنمـــا نـــوعُ احتياجـــاتي إليهـــا هــو أن يــزداد إلهــامي وأمنــي
أنــا أحـرى منــك بــالأنثى كثيــراً فهـــي إنعـــاشٌ لأشــعاري وفنّـــي

يسبح البحر إلى الشط الجميل

يسـبح البحــر إلــى الشــط الجميـلِ يغرس الأشـواق فـي عمق النخيلِ
لهفتــي لا تنتهــي فــي أي يــوم بــل تغنّــي أغنيــاتٍ كالهــديلِ
بعضُ عطفٍ من حبيبي ليس يكفي لـيس يحلـو العمـر فـي هـذا القليـلِ
أبتغــي كــالبحر والشــط ســويّاً طيلــة الــدهر اتصــالي بالخليــل

المكبوت

حــالي كــأي حصــان شــامَ حلوتَــــهُ فــنطّ حقــاً، وتبقــى نطّـــتي حلـُمـــا
مـن فـرط كبتــي وخــوفي اللهَ محــتقنٌ عنـدي الـدماغ يقاسـي الحـزنَ واللَمَمـا
مـن فـرط كبتــي بــلا أدنــى ممارســة إلا قلـيلا يفيـــض الشــعر مضــطرما

إنَّ بي عيباً وحيـدا

لـيس عنـدي أي داءْ   غيـر تقـديس النسـاءْ
رغـم هـذا أنـا أرمـي   بميـولي للفنـاء
أحـرم الـنفس لكـيلا   تشـهدَ الـزَّوجُ الشـقاءْ
دون تـزويج بـأخرى   راحمـاً منهـا البكـاء
أصـرف العمـر اشـتهاءْ   دون إشـباع الظمـاءْ
عطـش دون ارتـواءْ   مـرض دون شـفاءْ
شـكل روحـي حـين تسـخو   غيمـةٌ تحـت السـماءْ
ثـم تهمـي لسـحيق   بخيـالاتٍ خـواءْ
زوجتـي العصـماء غَيـرَى   تتقـي منـي الـبلاءْ
إنْ أنـا تطْـرِف عينـي   صـدفة تحـتَ رداءْ..
غيـرة تـنهش فيهـا   وتهـدّ الأقويـاءْ
إنـه الحـب المقـوّى   فـي طبيعـات النسـاء
ربمـا أسْعَـدُ أنثـى   زُوّجـتْ بالشـعراءْ
إنهـا تعشـق ظلـي   وحضـوري كالضـياءْ
تهجـر الـدنيا وتـأوي   فـي جنـاحي بهنـاءْ
يـا لهـا مـن خيـر أنثـى   نبـع حـب وولاءْ
أشـرف الزوجـات ملْـكٌ   لسـليل الشـرفاءْ
ألـف حمـد لـك يـا ربّـ   ـي علـى هـذا السـخاءْ

الحب السعيد

لا أطيــق الحــب إن كــان عــذاباً　　　إنْ يجـئْ بالـذلِ يعصـفْ كبريـائي
لا أطيق الحـب إن كـان مهينـاً　أيّ　　　عـاش رأسـي شـامخاً عنـد السـماء
حــب هــو هــذا يعترينــا　　　بالمآســي والشَّــجَى لا بالصــفاءِ!

***

إنّ عنـدي فكـرةً فـي الحـب فاسمع　　　لتنــال الحــب ســهلاً فــي هنــاءِ
سِرْ على الدرب وَهَبْها اللَّحْظ حلواً　　　لا فتــا للّحْــظ منهــا فــي خفــاءِ
أبْـدِ مـيلاً خافتــاً يشـعرها كـم　　　حُسْــنها .. ثــم تبسَّــمْ بــانطواءِ
ثــمّ بــالجهر فتحبــوك صــدوداً　　　واصـطبر حتـى تلاقـى بالرضــاءِ
وابتـــدرها بعبــوس أيّ يــوم　　　لتريهــا قدْرهــا وقــتَ الجفــاءِ
وابتعــد عنهــا بعــز كانتهــاء　　　للمنــى فهــي ستســعى للبقــاءِ
فتــردّ البسْــمَ والبســمُ مــلاكٌ　　　يجمـع القلبـين فـي مَـنْحِ الـولاءِ
نظــرةٌ بــدء الهــوى ثــم ابتسـامٌ　　　فســلامٌ، فوعــود للّقــاءِ
لا تُصِــرِّحْ أبــداً بالحــب إن لــم　　　هــي تَبْــدا هكــذا فــنُّ الــدَّهاءِ
لا تَـبُحْ مـا فيـك مـن حـبٍّ إذا لـم　　　تبسُــطا القلبـين فـي الوقـت السَّــواءِ
وإذاُحـــدّثْتَ إحـــداهنّ قلِـــلْ　　　مــن لقــا العــين لتظمــا لالتقــاءِ
واظهرنْ في المظهر الحسّان دوما　　　بانعطــافٍ فيــه بعــض الخُــيَلاءِ
لا تهــب كــل اهتمــام لصــبايا　　　لســن يبغـين سـواه مـن عطــاءِ
هَـبْ قلـيلاً منـه واخبِـئ مـا تبَقَّـى　　　فيطــاوعن عطاشَـــى لارتـــواءِ
ماعسـى يَرْجين مـن شيىءٍ إذا مـا　　　نلــن مــا يبغـين مـن كـل الرجـاء؟؟
مســتطيع أنــت قربــاً للنســاء　　　فــي أمــان إن تعِــشْ فــي كبريــاء
أنــت تــدنو بمــديح، بــاحترام　　　دون أن تســلو التحلّــي بالإبــاءِ
واحــذر المســعى لتهــوَى أيَّ بنــت　　　لــم تُــذِبْ فــي القلــب أضــواءَ البهــاءِ

ابتعد عن حب من لا تشتهيهـــــــا   منـذ بـدء كيـف فـي حــال انتهــاءِ؟
فمُحــالٌ أن تــرى الإســعاد منهــا   إنّ فــي عُسْــرٍ سُــراها فــي الــدماءِ
هكـــذا دربـــي بحبّـــي، فاتَّبِعْـــه   إنْ تَـــرُمْ حبًّـــا خصـــيباً بالهنـــاءِ

إني أرفّ على النساء أشعةً

الشـمس يلـثم ضـوؤُها العُبَّـادا   فتحُثّنـــي أن أبـــدع الإنشـــادا
وبـأنْ أرفّ علـى النسـاء أشـعةً   وأقبِّـــل الأرواحَ والأجســـادا
باللطف حبي يدخل الأكبـــادا   ويقيـــم لـــي ذرِّيَّـــة وعمـــادا
لا شــيء يفرحنــي كثيــراً مثلمــا   يُعطِينِنــي مِــن ســحرهنَّ مِــدادا
لهفــي علــى أجيــادِهنَّ تغلَّفــت   بالنــار تُشــعل مــا يكــون رمــادا
وبالإبتســام يــتمُّ شــحنُ ســعادتي   ويحيــل كــل كــوامني اســتعدادا
الإبتســـام وَقـــودُ بطـــارِيَّتي   فيحـــرك الإلهـــام والإســـعادا
لا شــيء يبهرنــي بعمــري مثلمــا   تُزْجيــه فـــيَّ الغانيــات جيــادا
وأبــيحُ مـــا يدعونـــه بمُحَـــرَّمٍ   وأحيل مغزى المنكَرات رشادا

المرأة غالباً أشرف من الرجل

إنْ خانــت فــي الألــف امــرأةٌ   مــا أخلــص فــي الآلاف رجُــلْ
هــي تخلــص مهمــا لــم يخلــصْ   إنْ رأيــي لــم يعجبــك فَقُــلْ
ولكــي تتأكــدَ مــن رأيــي أسـ   ـتَخْفِ هنــا وهنــاك وجُــلْ
تجِـدِ المــرأة أشــرفَ دومــاً   مهمــا يتشــارفْ أيُّ رجُــلْ

تغرد لي الملائكة

تغــرّد لــي الملائكــة الحِسانُ كمـا فـي الحقـل غـرّدَ أقحُـوانُ
تغنــي لــي غنــاءاً عاطفيّــاً تضــمّخُهُ الســعادة واللّيــانُ
صـبايا مـن جنـان الخلـد أحلـى لأنَّ بصــوتهنّ ســرى الحنــانُ
فيــا لِلـــه مَرْآهُـــنّ دُرٌّ ويــاقوتٌ، كســاهُ الأرجــوانُ
إلهــي الغانيــاتُ شَــغَفْنَ قلبــي ولا يكفــي لإشــباعي الزمــانُ
ومســتوياتُهنّ علــى الأعــالي وقــدْري قــربهنّ هــو الهــوانُ
فمـن أنـا فـي العُلُـوِ لكـي ألاقـي نقــاوة طــاهراتٍ لا تُشــان ؟
بُنَيّــاتٌ بجنبــي سِــرْنَ رقصــاً علـى الطرقـات يغمرُنـا الأمـانُ
يُغطّــي الكــونَ مــنهنّ ابتســامٌ ويصــدح فــي أمانينــا الأمــان
تغـار الشـمس مـن عينَـيْ ملاكـي وكـم مِـن عاشـقِين لهـا اسـتكانوا
حِسَـانٌ قـد مـلأن الأرض حُسْـناً وتنهــل مـــن نَــداهنّ القِيَــان
يواصــلْنَ الغنــاءَ بكـل فـنٍّ أنوثتُـــه الملائكـــة الحِســـانُ
حبــا البــاري إلــيهنَّ ابتســاما يــدوم كأنـــه النبـــع الهَتـــانُ
لأجــل حنــانهنّ أرفــقْ إلهــي بـــرفعتهنّ أنـــت المســـتعانُ
لأجـل بنـات حـوّاْ أرفـق إلهـي بكـل النـاس مهمـا النـاس كـانوا
جميـع الـدرب يمـرح مـن خُطانـا ويـرقص مـن غِنـاهنّ الحِصـانُ
وإنَّ لرقّـــةٍ مـــن عاشـــقاتي عذوبــةَ مــا يُسَــمَّى عنفــوانُ
ســأبقى شاخصــا حتــى المنايــا بصـورتهنّ يخضـع لـي البيـانُ
إلـــى أن أغتــدي شِــلواً هــزيلا بجـوف القبـر لـوني زعفـرانُ
وحتــى يــومَ أُصــبِحُ مــن تــرابٍ ســيدْعوني إلــيهنّ الحنــانُ

الحب الكبير

أنا بي حب كبيرْ
لدميمٍ ومثيرْ
لجديبٍ ونضيرْ
ليس لامرأة فحَسْبْ
بل إلى كل النساءْ
ذاتِ حُسْن وجلالِ
ذات قبح واعتلالِ
ليس عندي أي فرق
بين غرب بين شرق
أنتِ ميلي يا حبيبي
عالجيني يا طبيبي
أكمليني بزواجٍ
يتغاضى عن عيوبي
ابسمي لي بعيون
هي محقٌ لشقائي
عامليني باعتناءِ
وانقباضٍ وارتخاءِ
أسعديني باحتفاءِ
فيكِ علّقت رجائي
بين نهديك هنائي
وبقائي وفنائي
اِزرعي الرّمشَيْنِ قربي

عرّفينـــــــي أيـــــن دربـــــي

هـــــل تـــرُاهُ فـــوق عُشْــــبِ؟

أم تُــــراهُ تحـــــتَ شُهْــــبِ ؟

أنــــتِ أنْبَــــتِّ شعـــــوري

وانفعالاتــــي السعيــــدةْ

قــد كشفــتِ السـرَّ لــي عــن

كيــف تنظيــمُ القصيــدةْ

فَتَجَلَّـــى سـرُّ خلــق الفــن لــي

قـد أمَطْـتِ السـترَ لــي عــن

كنــزِ أحلامــي الرغيــدةْ

كـلُّ مــا بــي مــن هنــاء

بــات نفعـــاً للوجـــودِ

جَعَـــلَ الــدنيا وفاقـــاً

كعطـــــــــورٍ وورودِ

نحـــن نصفـــان سويَّـــاً

واحـــداً يصبـــح جَمْـــعُهُ

أيقِظينـــي مـــن هجـــودي

ساعدينـــي فـــي صعـــودي

قبـــل أن تزلـــق رجلـــي

نحـــو أنيـــاب القيـــود

ليس فضلي لحبيبٍ واحد

كـــلُّ حسنـــــاءَ ستأتـــي أنـــــا فيهـــــا داخـــــلُ
لســتُ مقصــوراً علــى أنــ ثـَـَـى ولــكــنْ شــامــلُ
مـــا وفائـــي ناقــصٌ بـــل للبرايـــــا كامـــــلُ
ليـــس فضلـــي لحبيــبٍ واحــدٍ... بـــل فاضـــلُ..
أتمنّـــى لـــو أنـــا للــ ــكـــون زوجٌ عـــــادلُ
أتمنّـــى.. إنمـــا حظّـــ ـي جـــديـــبٌ خـــاذلُ
مـــا تَمازجـــتُ كثيـــراً وغليلـــــي غائـــــلُ
كـــل حُسْـــنٍ أشتهيـــهِ هـــو عنّـــي غافـــلُ
فَـــرْطُ حِرمانـــي دعانـــي للمُنَـى...كـــم آمـــلَ!
اِحتياجاتـــي أُلُـــوفٌ هـــي عمّـــا نائـــلُ
كابِـــتٌ جُـــلَّ جِماحـــي مستقيـــمٌ عاقـــلُ
ربمـــا لـــو جـــاء حُلْمـــي قلـــت: إنـــي راحـــلُ

عناق خيالي

فـــي الصُّبـــح والمســـاءْ
أعانـــــق النِّســـــاءْ
وأرتـــــوي ارتـــــواءْ
مـــــن دون أي مـــــاءْ
(أي دونمـــا التقـــاءْ)

الإخلاص

وأخلِـصُ للغـرام ولـيس أمـرٌ سـواه حـائزٌ منـي ولائـي
طبَسْـتُ بـألف بنـت فـي حيـاتي أدمْـتُ لهـنّ حبِّـي كالضـياء
أعـيش لحـبهنَّ وحـبِّ زوجـي وعشـت العمـرَ مشـهودَ الوفـاءِ
فحِفْظُ الحب من شِيَمي صغيراً وشـيخاً والـزواجُ ذُرى بنـائي
تسلسـلتِ المحبـةُ منـذ خَلقـي إلـى عمـق الخلايـا فـي دمـائي
زواجـي اليـوم قمـةُ كـل حـب قـديمٍ أو حـديث الابتـداء
وفَيْـتُ لكـل إحسـاس نبيـل ولـم أطعنـه يومـا بـازدرائي
أصـون الحـب مـن قيـلٍ وقـالِ ومـن حسـد ومـن أي افتـراء
وأستر مـا استطعتُ ولـو أضَحِّي بنفسـي واقفـا قيـد القضـاء
فكـم مـن مـرة كـالوا اتهامـا لهـنَّ، وقلـتُ: لا هـاتوا جزائـي
فهـن رفضـنني ... منـي التعـدِّي بهـذا فـي الهـوى كنـتُ الفـدائي
وذقـتُ الويـلَ أحيانـاً وهـذا أخَـفُّ علـي مـن بُكْيَـا نسـائي
فـداء الحـب أفراحـي ومـالي ومـا قصَّـرتُ فـي سـاح الفـداءِ
تقاليـد الوجـود ذواتُ سُـخْفٍ بـه هـم عائـدون إلـى الـوراءِ
وتضـطهدُ القلـوبَ سجونُ بيـت كـأمراضٍ تسُـودُ بـلا دواءِ

لذائذ الدنيا

ألـذ لذائـذ الـدنيا النكـاحُ ولكـنْ مـا إليـه يُسْـتَراحُ
مخافـةَ خـالقٍ أو خـوفَ عبـدٍ فَعُقِّـدْنا وأصـبح لا يُتـاحُ
وأغـربُ مـا يجـيش بنـا سـؤالٌ: لِمَـا لا يُمنـعُ المـاءُ القَـراحُ؟؟

الاشتهاء

أوَ مــا حــرامٌ أن يمــوت حبيبُهــا
وتُــرِي لــه شــفَتينِ زانهمــا الْبَهــا

تهــوى ســعادتَهُ وتفــتح قلبهــا
وتُحِلُّــه فيــه وتشــبع شــوقها

مــا عُمْرُهــا لــولا حبيــبٌ قربَهــا
غرقــتْ بــه فــي لُجَّــة مــن حبهــا

لــو مــات خالــدُ دون أن يــروي بهــا
مــا تشــتهي، مــا نفْعُــهُ، مــا نفْعُهــا ؟؟

رســمت لــه ألفَــيْ هــلال فــي الــرؤى
شــفتين حمــراوين صــورة حُسْــنِها

مــن ألــف يــوم وهــي تَصْلَى ســرّها
وتــروم رؤيتــه لتكشــفَ ســرَّها

نظراتُــهُ انفتحــت وكــان مغمَّضــاً
ورأى المنــى مــن بعــد يــأسٍ شــلّها

ورأت بــه أحلامَهــا ورأى بهــا..
لكنــه واحســرتا، لكنَّهــا...

لكــنْ يُعَرقلــه بــدرب هواهمــا
عُــرْفٌ وقــانونٌ وأعــداءُ النُّهــى

ليسـت هــي الجُـدْران تحفظ سـرها
لكنهــا هــي فاصــلاتٌ للمهــا..

عـن ثورهـا عـن حَـق مَـن تحلـو لـه
بسـماتُها، عـن حـقِّ مَـن يحلـو لهـا

أ وَ مــا حــرامٌ أن يمــوت معلّقــاً
فـي ثغرهـا كـالطير حـوّم حولهـا ؟

هــو كــان مثــل أشــعة فــي ثغرهــا
أســنانها عكســتْ بريقــاً مُشْــبِها

أنــا مــن أنــا إلا مُــذاباً بــين مــا
عينيـك والثغـر البسـوم مُوَلَّهـا؟..

أنـا مَـن أنـا إلا دمـوع المشتهِي الـ
ـمكبوتِ فـي أرضٍ تضـنّ بنَخْلها؟

أنــا بــين وجهـكِ والفـؤادِ ودمعـةٍ
تـدعو إلـيّ بعـزم صـوتٍ مـا وهَـى

مَــن مثلهــا يــروي كيــاني؟ إننــي
رهـنٌ لِـذات الحـب روحـي مُلْكُهـا

مــا اللحــم مــا معنــاه يــا فتّــانتي
لو غبتُ عن وعيي انكساراً للمَها؟

من أين هذي الروح تطرق منزلي
صـبحاً وتـوقظني لفعـلِ المُشْـتَهَى؟

يــا خــالقي مــا آدمُ لمّــا اشــتهَى
زوجـاً لـه مـن ضِـلْعِهِ و أتـى بهـا

فـاق الـذي أنـا مُنْضِـجٌ فـي أضلعي
ومُخَلِّـقٌ إيـاك مـن ضـوء السُّـهى

نحيــا ونفنــى يــا حبيبــة مــا لنــا
إلا الصدى والطيفُ فالأصل انتهى

دنيـــا تُوحِّـــدُ لحظـــة مـــا بيننـــا ... لكـــنْ تفـــرق دائمـــاً مـــا بينهـــا
الشُّـــحُّ شـــيمتُها فلـــيس تفيـــدنا ... هـــي وهْـــجُ أوهـــام تُحَـــرِّق أهلهـــا
يـــا أكبـــرَ النجمـــات تســـكن مقلتـــي ... يـــا أوهـــجَ الجمـــرات تســـكن قلبهـــا
مـــاذا يفيـــد الجمـــرَ طـــولُ تـــأجج ... مـــن دون أكـــل للشـــواء المشـــتهى؟
لا يَخْـــذلُ الله اشـــتهاءً طـــائراً ... نحـــو الحبيبـــة فـــي اللقـــاء ببيتهـــا
إنـــي الربيـــعُ المســـتفيقُ بشـــهوتي ... أغْشَـــى الردَى بسبيل مكسبِ بعضـــها
أمضي أنا في نشوتي طول المدى ... حتـــى نيـــوبُ المـــوت تقْطـــعُ شـــملها
نضـــجت مشـــاعرنا لأعلـــى أوجِهـــا ... لكنمـــا الجِرْمـــان حـــرّم شُـــرْبَها
مرحـــى لمـــن نشـــر الســـعادة للـــورى ... مثـــلَ الســـراب يظـــل يجـــري خلفهـــا

بنات القرية

النـــور يبـــزغُ مـــن دمـــي كثْريَّـــا ... مِـــن فـــورِ مـــا إنْ يَبْتَسِـــمْـــن إليّـــا
أقضـــي مـــعَ الأديـــاك بعضَ دقـــائقٍ ... ومـــع الـــدَّجاجِ فمـــا أمَـــلّ المَحْيـــا
أحيـــا أنـــا "متباسِمـــاً" لـــذكورنا ... متبسّمـــاً لإناثنـــا ووفيّـــا
لهفـــي علـــى كـــل الإنـــاث فخـــافقي ... يُهـــدي إلـــيهنّ الهـــوى الكونيّـــا
لا أســـتطيع الارتهـــان لمـــوطن ... أحـــدٍ.. وأبقـــى فـــي الهـــوى دُوَليّـــا
مهمـــا أفارقـــهنّ هـــنّ بصـــحبتي ... بقـــوى التخيّـــل تستقيـــمُ الدنيـــا
آمنـــت أنّ الرِّيـــفَ أفضـــلُ دائمـــاً ... مـــن أهـــل مُـــدْنٍ بـــالتُّقى والـــدنيا

استعطافها

ما كان يحدث لي لـولاكَ تؤنسني   وَطيفك الحُلْوُ يُنْجيني من الشَّجَنِ؟

أمْ إنَّ مَنْشأ طيفٍ فـي محاجرنا   أسبابُ شوقٍ وكَبْتٍ مُذْبِلِ البَدَنِ

إذا شـهدتَ بـروقَ النور في دِيَمٍ   فـإنَّ ذلـك من شمسي ومِنْ مُزْني

ما دمتَ أنت حبيبي، شُدَّ أزر يدي   حتـى تُفجِّر عـندي طاقـة المُزْنِ

إن لستُ حلواً أما لُطْفي يُعَوِّضني   وقوةُ الشعرِ والإخـلاصِ والفِطَنِ؟

فيمَ البعادُ وفـيمَ الصَدُّ تُرْكِزْهُ   والجسمُ يبقى قليلاً في حَشَا الزَّمنِ؟

أ ينتهي العمرُ بَيْنَا نحنُ في شَطَطٍ   بـلا ولـوجِ فـراديسٍ مـن اللَّبنِ..؟

مـا الفرقُ بـين شعوبٍ دونما لَهَفٍ   وبيننـا، فهـل الأمـواجِ كالسَّكَنِ؟؟

ونعمـةُ الحـبِّ قـد ضـيَّعتَها بَـدَداً   سلبيُّ حبٍّ كـوأدِ الجسمِ في الكَفَنِ

لا تمنـعِ الشَّـهدَ عـن ثغرٍ لِتُشْقِيَهُ   وأنت أكثر من في الأرضِ يُفرحني

لا تمنـعِ اللحـنَ عـن قلبٍ يلحَنُـهُ   وأنت أعـذب مَن تُصغي لـه أُذْني

لـولا جمالُـكَ مـا وجَّهـتُ أفئـدتي   إليكِ مثـلَ اتجـاهِ الطيرِ للغُصنِ

لولا صفاؤك لم أقصِدْك مِنْ عَكري   وأمسحِ الدمعَ من خدَّيكِ أو بَدني

حتـى أفـرِّغ أشـواقاً مكدَّسـةً   تكديسَ شوقٍ صقورِ السّجنِ لِلْقُنَنِ

ارجعْ بحفظِ إلـه النـاسِ معتنقاً   حبي عساك ترى مجدي يؤهلني

إني أحبك في قربٍ وفي شَطَطٍ   ولستُ أشهدُ عيباً فيكَ يُفْزِعني

العيبُ أعشـقه إن كـان مرتبطـاً   بطيف وجهك ربطَ الرّيفِ بالمُدُنِ

ونظـرةٌ منكَ يـا محبوبُ عاطفةٌ   تُـذكي ربيعي كحقلٍ فـازَ بـالمُزْنِ

أهـوى عيوبك إنـي لستُ أرفضها   فـامْنُنْ علـيَّ بعيبٍ مـا يعَيِّرْني

آنستُ عيبـك تُحيينـي مخاوفـهُ   حياة طيرٍ شَدَا في الأمنِ والمِحَنِ

إنـي لَمُقْتَنِـعٌ فـي كـلِّ مَنْزلـةٍ   تحدو خُطـاي إليها لو إلى الكَفَنِ

آنستُ أنـي فَـراشٌ عاشـقٌ لَهَبـاً   يَفْنَى عليه ولا يعروه مِن جُبُنِ

إن كنـتَ منتعشـاً بالحـب مبتسـماً　　لا تمنعَـــنَّ سِـــباحاتي لِتُســـعدني

مـا دمـتَ تفعـلُ شيئا مـا، أحَـقُّ أنـا　　بـذلك الشـيء إنـي مـن بنـي الـوطنِ

إذا احترقنـا ولـو يومـاً كتجربـةٍ　　عسـاك تطلـب هـذا طيلـة الـزَمَنِ

الحـب يصنـع حُسْناً فـي الضمير إذا　　خَلا خارجُ النـاس من إبداعـه الحَسَنِ

وإن تَكامَـلَ حُسْـنٌ خـارجٌ وحَشَـاً　　تكامـلَ الحـب بـين البحـر والسُّـفنِ

مـا دمـتَ أنـت جمـيلاً مـعْ مُـوافقتي　　فـيم التكبـر والإخـلادُ للجُـبُنِ ؟؟

آن الأوان لنبــذ الجهــل، والهفــي　　ونُسْـلمُ الجسـمَ للتـرميم والفِطَـنِ ؟

حــاولْ فــإني وفــيٌّ طــائع أبـداً　　مـا ترتئيـه ولـن تلقـى سـوى مِنَنـي

روحـي فـداؤك خُـذها نحلـةً شغُفَتْ　　بـأن تَمُـصَّ زهـور الـروض والمُزُن

دعنـي طعامَـك لـو يومـاً بمأدبـة　　في عرش حبك لن تشقى مدى الزَّمنِ

شقـاء الشوق

هنالـك نقـص يـا حبيـبَ مشـاعري　　إذا أنـت لـي حققتَـه صـرتَ آمـري

وشيّدت فـردوس السعادة فـي الـدنا　　ونـوَّلتني أغلـى كنـوزِ الجـواهرِ

أحبـك مـا حسـنٌ أثـار غريزتـي　　وشـوقي لهـذا الحـد مثلـك سـاحري

ومـا أي حُسْـنٍ قـد أفـاد قريحتـي　　كمـا حسنك السـاري بكـل مشـاعري

ولـولا جمال الـروح عندك صـاهري　　لمـا يرتقـي شـعري لأرقـى المنـابر

إذا اشـتاقتِ الأذان تسـمع شـاعراً　　يكـون الهـوى للشـعر لا للـدفاتر

إذا اشـتاقتِ الآذان تسـمع مطربـاً　　يكـون الهـوى للصـوت لا للحنـاجرِ

أنـا اليـوم أغـدو يـا حبيـبُ مغـامراً　　مضـى يطلـب الإحسـان بـين الأسـاور

وأصبحت مأسورا لحبك طائعاً ومسترحمَ الإحسان من كف آسرِ
أ ما يُطْلِق الأسرى تكرُّم عاتق كما تطلق الأنوارَ عينُ المنائر؟
فأرجوك إنهاء الشعور المكابر وأرجوك إشباعَ المُحِبّ المؤازِرِ
فهل يا ترى الأشواق سوف تصدها بقولك: كلا، هازئاً بمشاعري؟
رجوتك أن جرّبْ سيسعدك الهوى لدى شاعر فحلٍ أصيل المآثر
فأرجوك إسراعا بتحقيق رغبتي ولا تحرمِ الأطيار جوبَ البيادر
أنوثة أنثى وابتسامةُ ثغرها جميع الذي نرجوه عند التباشرِ
رجوتك فعل الحب قبل جنازتي وأرجوك سكب النور فوق المنائرِ
فهل يا تُرانا سوف نطعن شوقنا ونسحق روض الزهر تحت الحوافِرِ؟
فما فرصة إلا وضاعت كطائر نراه فيخفى عن حدود البصائرِ
فهل يا ترى أنت خافي المشاعرِ ولو كنتَ مثلي غائصا في المحاجرِ؟
تشاهد في لبس القناع ملاجئاً تُناهض أشواقي برفع المناخرِ؟
فلا تقمعِ الإحساس يوم بريقِهِ فليس نبيلَ الروح هاوي التنافُرِ
ولا تجعل الوسواس فينا كحائل لأنَّ اتقّاء الشوق شرُّ الكبائر
أ نستهجن الإحساس فينا ونرتمي سُكارى لأنواع الأسى المتكاثرِ؟
أ نستهجن الحبَّ السليمَ ونلتجي لأسوإ قانون عديم البشائر؟
ولولا جمالُ الروح يغسل عشقنا لكُنّا قرِفْنا من وُلوج المغاور
بحجة شرع أو بحجة نخوة وها نحن شِخْنا دون سُكْنى المجامرِ
نمارس أفلام الخيال كواقع ونحسو زعافاً من نيوب المَهاجر

ونركب في بحر الخيال زوارقاً	ونفرغ فيها مـا بنـا مـن ذخائـر
إذا قـام إنسانٌ بحـق وظيفـة	مـن الله أسْمَوْهُ كبيـرَ الفـواجر
إذا قـام إنسان بحـق وظيفـة	مـع الحـب أدموه بطعن الخناجـر
وحتّـامَ نبقـى مـانعين عبورنـا	إلى الجنس طوعِيّاً ككـل المعابر؟
أمـا المنـع لا يُجْـدي ويجعـل حبّـةً	بنـا قبّـةً، أو قشـةً كـالبواخر؟
أمـا كـل ممنـوع يزيـد رغابنـا؟	أما الكفر إلا مِـن نتـاج الزّواجـر؟
سـيُفْتي إلينـا ذات يـوم نواعـقٌ	بـأن ذرى الخيـرات سكنى المقابـر
ويفتـي إلينـا ذات يـوم نواهـقٌ	بـأن ذرى الإمتـاع سكنى الحظائـر..
سـيفتي إلينـا ذات يـوم "عبـاقرٌ"	بـأن ذرى الأخـلاق بيـعُ الضمائـر
أ لـم يصبـح الجنسُ المباح تجارة	تـدرُّ على التّجَـار أغلى الجواهر؟
ومـن حيـث نـدري أو بـدون درايـة	غـداً أثمـنَ الأشياء حضنُ العواهر
وصارت فنون الجنس أكبـر سلعة	تبـاع خفـاء فـي جميـع المتـاجر
نخالـف مـا فينـا من الحق والهدى	نحالـف مـا يـدعو لفكِّ الأواصـر
ونصنـع مـن سـوء النظـام إدارة	من الجهل والفوضى وفقء البصائـر
لقد جعلوا أوهى الحـواس بموطني	هي اللمس خوفـاً من سقوط العمائـر
وتصبح - يا ويلي - الحواس جميعها	معطّلـةً.. إلا حـواس المخـاطر
ونقنـع مـن أصل الجمـال بظلـه	ونقنـع بـالمعوجِّ مـن كـل سـائر
ونرضى من الأصل الخيال نرى به	مطـافئ أشـواق ومجلى بصائـر..
نمـارس عـادات تضـرُّ بحالنـا	ونُفنـي ضياء العمـر خلف الستائـر

فتــزداد أطبــاع الحميــر ســلامة عـن النـاس، والأطيـارُ فـوق البيـادرِ
لمـاذا الأفـاعي والطيـور وغيرُهـا تعـيش طبيعيـا سـوى (أبـنِ التـآمرِ)
هـلِ الـرب يعطينـا الجمـال محرّمـاً نلامســه أم تلــك بدعــة ســاخرٍ؟؟
هل الـرب يعطينـا الحـواس جميعهـا لنقمـع شـوق الحـب تحـت الحـوافر؟
إذا النـاس كـانوا قـادرين علـى الهـوى فــذلك فضـــل الله ربّ التكـــاثرِ
أ نبقــى جميعــا هــادرين هناءنــا بــوحي محــاذير وخشــية قــاهر؟
كلانـا يُميت الحـس مـن وحـي نفسـه ونبقـى أسـارى فـي وجـودٍ محاصَـرِ
ونحـرق روض الزهـر عبـر قلوبنـا ونَعْمـى عـن الأنـوار ذات البشـائر
فكـم يقتـل الإنسـانُ أحلـى حياتِـهِ فـداء التـداري فـي لبـاس المظـاهرِ
وكــلّ صــغير لائــذٌ بالصــغائر وكـــل كبيـــرٍ لائـــذ بالكبـــائرِ
ويبقـى وجـود الخـوف أكبـر نـاحر لكـــل هنـــاء مســـتقيم مباشَـــرِ
أ لـم يحفـرِ الجهـل العتيـد مقـابراً لكـل جمـال ضـمن كـل المقـابر؟
أ لـم ينصـب الجهـل العتيـد حـواجزاً تقـــوم بتـــذبيح الزّنـــاة ببـــاترِ؟
جميـع البرايـا تختفـي فـي براقـع ومـا واحـد مـنهم جـريء التحـاوُرِ
علـى الـرغم أن الجـنس أكبـر نعمـة تجنَّبهـا الإنسـان خـوف المنـابرِ
يُصـيِّره الإنسـان مـن فـرط جهلـه وجـودَ فضـاءاتٍ بـدون طـوائر
وكـم مـن غـرام حـاز للفعـل فرصـةً ولكنـــه أوذي بقمـــع المُحاصِـــرِ
يحـارب أغبـى النـاس بالشـرع نفسـهم كـأن وجـود الشـرع شـر الخسـائرِ
قـد اعتـاد جـل النـاس شـتم غريـزة إذا مـا انتهـوا منهـا لضـعف الضمائر

ولكننـــي أزداد حبــا إلـــى التـــي ... شـــربتُ وإياهـــا حليـــب الجـآذر
يزيـــد التصـــاقي بالحبيبـــة شـــدة ... وينمـــو وفـــائي وانتعـــاش أزاهـــري
وهم ينسجون الجنس وفق مزاجهم ... ونحتـــاج دســـتوراً جديـــداً للتعاشـــر
بحجـــة تنظـــيم أقـــاموا سلاســـلاً ... تفـــرّخ فـــي الأرواح ذلَّ الأوامـــر
وتفســـيرهم للـــدين حســـب ميـــولهم ... فـــلا فـــرق فـــيهم بـــين وافٍ وغـــادرِ
لقـــد فسَّـــروا الأديـــان وفـــق مـــزاجهم ... كمـــا يفهـــم (الخرمـــان) معنـــى السجائر
فكـــل كتـــابٍ صـــالحٌ لعصـــوره ... وينهـــل شـــعري مـــن خلـــود المصـــادرِ
كمـــا أن فعـــل البـــول أمـــرٌ مـــوقّر ... لمـــاذا يكـــون الجـــنس دون تـــوافر؟
كمـــا البـــول نعطيـــه بـــدون حوائـــل ... لمـــاذا فعـــال الجـــنس رهـــن محـــاذرِ؟
تجـــاوز قـــومٌ محنـــة الجـــنس واعتلَـــوا ... ونحـــن بقينـــا فـــي ســـحيق الحفـــائرِ
أ نقضـــي ملايـــينَ الســـنين لنرتقـــي ... لرتبـــة ديـــكٍ صـــادح فـــي الحظـــائر؟
شـــفافيّتي أضـــحت كقـــانون أمـــة ... وليـــدةَ قلـــب بالمحبـــة عـــامرِ
ســـتنهج يومـــا نفـــسَ نهـــجِ مشـــاعري ... وتفخـــر يومـــاً فـــي جميـــع مفـــاخري
فمـــا تـــم شـــيء فـــي الوجـــود وربمـــا ... بفردوس ربي.. تلك بعض خواطري

الدهرُ ضِدُّ الحب

الـــدهر ضِـــدٌّ الحـــب يفصـــل دائمـــاً ... شـــوق الحبيـــب عـــن الفعـــال الكامـــلِ
مـــرضُ التقاليـــد العقيمـــة لـــم يـــزل ... طغيانُـــــــهُ يجتثُّنـــــــا بمقاصـــــــل
لا بيتَ يخلو لا طريقَ ولا صُوَى ... مـــن لوعـــة الأشـــواق دون تبـــادُلِ

تهاويم

لــديّ الجــنسُ مــرتبط بإحساســي ووجــداني
فلســتُ أعُــدُّه ســفَهاً فمــا أنــا مــثلهم جــاني
فيــا لَلْنّــاس قــد ربطــوه – عــن جهــل – بــأدرانِ
وقــد فصــلوه عــن طهــر وغــذّوه بأضــغانِ
وســمّوا الشــهمَ والمصــداقَ والمِجــوادَ بــالزاني
فصــار الجــنسُ نوعــاً مــن تبــاريحٍ وأشــجانِ
وصــار الجــنسُ مقرونــاً بــأمراضٍ وأحــزانِ
لقد سمّوه حتى صار مسموماً وموضوعاً بأكفانِ
برأيــي الجــنسُ أجــودُ كــلِّ أنــواعِ النــدى الهــاني
و جُــودُ الجــنسِ فــاق الجــودَ فــي مــالٍ وأبــدانِ
ورِيٌّ عواطــفَ الإنســانِ أقصــى فِعْــلٍ إحســانِ
وفــي رأيــي الألــى انسجموا وشــهوتِهم بتحنــانِ
هــمُ الأبــرارُ والأخيــارُ مــا التقُّــوا كثعْبــانِ..
وخيــرُ الفعــلِ فــي رأيــي: زواجٌ صــادقٌ حــانِ
زواجُ المــرء مــن أنثــى حــلالاً خيــرُ إيمــانِ
ريــاض الجــنس بالحُسْــنَى بنيــتُ عليــه أركــاني
بــه انفجــرتْ أحاسيســي كمــا تفجيــرِ خــزّانِ
كمــا تفجيــرِ أزهــارٍ بأكمــامٍ وأغصــانِ
كتفجيــر الربيــعِ علــى مرابيــعٍ ووديــانِ
كتفجيــرِ الجمــالِ علــى مفــازاتٍ وخلجــانِ

أبذل حبي

وتركب عيناي عينيك أهوِي   ذبيحاً عليك وأبذل حبّي
وأغدو هُلاماً وقد كنت صخرا   وأرحل بعد الحياة لغيبِ
وأنفقتُ عمري بتدليك فخذ   وتقبيل ثغرٍ وخدمة شعبي
ففي الثقب تخلع روحي الإسار   وتطلق جسمي لبيدر شهْبِ
أبيع حياتي إلى الحب طوعاً   بكل اقتناع بلا أيِّ ريبِ
ولو مستطيعٌ إعادةَ عمري   أعود جديدا إلى نفس دربي
فما أجملَ الموتَ وقتَ الفِصالِ   وما أجملَ البعثَ ساعةَ قرْبِ
وما العمر والموت إلا جمال   يعشّش ما بين دلوٍ وجُبِّ
ومن شوَّهَ الحبَّ والجنس قِدْماً   تَجَنَّى على الخير في كل قلبِ
ودسّ السمومَ بقلب الطعامِ   ووزعَ شوكاً على كل صوبِ
ودسَّ المرارة في كل نفس   وحطَّم صرح الجمال بضربِ
لقد شوّهَ الخفقَ، مرَّغَ ورداً..   وأخنى على كل فردٍ وشعبِ
أعاق انسياب الحياة الجميل   وسدَّ جميعَ الدروب بتُرْبِ
فأسهل شيء قتالُ المُحِبِّ   وتسويدُ لون البياض الأَحَبِّ
لذلك يَسْهُلُ قتلُ الزهورِ   وتدميرُ زنبقة دون حربِ
علينا نحاربُ كلَّ (دخيلٍ)   على طيبة النفس صاحبِ خِبِّ
نُصَفِّي الثقافة من شر جهل   ومن كل وغدٍ يُسَمَّى مُرَبِّي
من السهل تسويدُ لون البياض   من الصعب تبييضهُ يا مُحِبِّي

لمن تثور العاصفة

هل تعلمين لمن تثور العاصفةٌ ؟ لتزيد من خفقات قلبي الخائفةْ
هل تعلمين لِمَا ضلوعي واجفةْ ؟ لأرى الزمان سحابةً متزاحفةْ
لِمَ أنت أيضا بامتثال واقفةْ ؟ اِمضي ولا تبقِي أمام العاصفةْ
كالغصن مُمْتثلا لريح جارفةْ لا تُسْقِطي أوراقَ حُلْمي الوارفةْ
دحَرَتْ أمانينا العواصفُ عاطفةْ أمواجَها فبكت بقلبي العاطفةْ
وكتبتُ الأفكار تخفق راشفةْ من مقلتيك رسالة لكِ هاتفةْ
ففقي سآتي في دقائقَ خاطفةْ أهديك إياها فليست زائفةْ
أوّاهُ طارت مثلَ طيرٍ طائفةْ فوق المنازل تشتهيها طائفةْ
فإذاً عرَفتِ لمن تثور العاصفةْ لتطير بالنجوى لتخلق عاصفةْ
سيذيعها الجيرانُ دون ملاطفَةْ للناس والأسرار تمسي كاشفةْ
سيرَونها كغنيمةٍ بمصادفةْ ويُضَرَّجون بلَكْمِ أيدٍ قاصفةْ
ماذا أحاول ها قفزتُ مجازفةْ خاب الرجا.. قفزاتها متضاعفةْ
فإذاً علمتِ لمن تثور العاصفةْ لتطير بالنجوى وتخلق عاصفةْ

صراخ الحب

يصرخ الحبُّ صُراخاً يتقوّى، يتراخى
يتولّى ثم يأتي وينادي: ألْحبُّ شاخا
لم يعد حبي بسيطاً واضحاً أمسى يعاني
صارت المهجةُ تُخفي دون أن يبدي لساني

الحب في الظل

قبلاتي باردةْ … مثلَ الثلجِ

نزواتي هائجةْ … فوق الأوجِ

قبلة من وهْمِ … هي كلُّ الحلْمِ

عيشةٌ في الظلِّ … هي معنى النبْلِ

أنا حبي من خيالْ … أنا عبدٌ للظلالْ

رغبتي مثل الشَّرَرْ … ومْضُها فاني الأثرْ

وغرامٍ يخلو … من بَغاء يحلو

طُهْرنا في الحبِّ … هو خير الكسْبِ

سماحا يا حبيباتي

صباح النور مولاتي

ولست أضيع أوقاتي

فعزمي ليس يكفيني

لإبداعي وإخباتي

وذِلاتي وثوراتي..

سماحا يا حبيباتي

لقد أنفقتُ عزْماتِي..

لم يعدْ عندي أحاسيسَ جديدةْ

لم يعدْ عندي أحاسيسُ جديدةْ

إنّني أصبحتُ صحراءً بديدةْ

لو تهبُّ الريحُ في أرجاء جسمي

لن تَرَى عنديَ أشجاراً مديدةْ

أنا لا أملكُ شيئاً غير أوهامٍ سعيدةْ.

الكبرياء الجريحة

قُبيلَ المساءِ يزول شقائي   أكون بصحبة أبهى النساء

وأغمرهنّ بلثم وضمّ   وأسعِدُهنَّ برُمح مضائي

وليس ادّعائي صحيحاً ولكن   أعبّر فيهِ عنِ الاستياء

من اللأحصول على أي غُنْمٍ   على الأرض هذي ولا في السماء

أحدّق في كل بنت أمامي   وتُطرِق ترنو فقط لحذائي

تراه عتيقا مغطّىً برمل   وشَعري كشِعري كثير الهُراء

فها أنا دون حبيبٍ جواري   يخفّف عني عذاب التنائي

عن الزوجة البضة العارضَينِ   وعن شعرها الفارع الكستنائي

ومهما أشِخْ لن أعاف الغرامَ   وإلا فقدتُ ذرى كبريائيِ

أنا محرومٌ

أنـــا محـــرومٌ وفـــي قلبـــي سِـــهامْ　　　مـــن يظـــن الثـــورَ هـــذا لا ينـــامْ؟
شـــهوتي أضـــعاف مـــا أحظـــى بـــه　　　جُلُّ جسمي ضاع في الدرب الحرامْ
بـــين حَلْـــبٍ بـــين ضـــغط والتحـــامْ　　　بينمـــا الأصـــل بعيـــدٌ كالغمـــام..
كـــم فتـــاةٍ أشـــتهيها لا تنـــامْ..　　　وفتـــــاةٍ تشـــــتهيني وتُضـــــامْ
ضـــيَّعت صـــحَّتها فـــي الاضـــطرامْ　　　والتنـــائي.. مثـــل حـــالي بالتمـــامْ
نحـــــن ينبـــــوعٌ وثغـــــرٌ إنمـــــا　　　لا شـــرابٌ بيننـــا بـــل لا طعـــامْ
كـم نُهَيـرٍ ضـاع فـي وسـط الفـلاةْ　　　دون أن يـروي لـدى النـاس الأوامْ
هـــي قـــد ضـــاعت أمانيهـــا ســـدى　　　وأنـــا ضـــاعت فمـــا هـــذا الوئـــام؟
هـــي تبكـــي لا تراني،أنـــا أبكـــي　　　لا أراهـــا.. مـــا لِهـــذا الانقســـام؟
لـــو تراءَيْنـــا عَرانـــا الانصـــدامْ　　　هكـــــذا عالمنـــــا دون انســـــجامْ
نشـــهد الصـــدمة مـــا بـــين الخيـــالْ　　　والحضـور الحـيِّ فـي لقيـا الغـرامْ

ضائع في الصيـن

واللهِ إنـي ضـائعٌ فـي الصيـن ذا　　　لـم ألـقَ إلا الصـدَّ والتقزيـزا
عشتُ المُنـى وهْمـاً بأصـفَى نيّـةٍ　　　كانـت مـودّاتي تـرى التعجيـزا
مِن فرط حرماني أخوض تعاسة　　　لا تنتهي من يومِ صرتُ عجوزا
بشبيبتي كنتُ العزيزَ على النِّسا　　　بعـد التقـوُّسِ مـا مـتُ عزيـزا

تَصَوُّر

لـولا أحـبُّ أ كـان عنـدَي رغبـة
في أن أضـمَّكِ لـي بـرغم مشيبي ؟

إنــي أتــوق لــذا، ولكنــي أرى
أنـي ضـعيفُ الخـوض دون طبيـبِ

إنــي أرى وأرى ولكــنْ لا أرى
لـي قـدرةً فـي أن أسُـرَّ حبيبـي

لا بد عندي - رغم عزمي – ثغرةٌ
خلـلٌ بسـيط فـي سـيورِ قضـيبي

مـا عـاد ذاك الـوحش مفترسـا كمـا
بـالأمس، يبـدو اليـومَ غيـرُ مجيـبِ

الجـنس فـي رأيـي يُعَـدُّ كقمـة
للحـب لـيس العكـس يـا محبـوبي

والعـيش دون الجـنس فيـه راحـة
للجسـم كالأزهـار دون الطِّيْـبِ

العجوز المتصابِي

عجــــوز متَصــــابِي
مُديــــــمُ الانتصــــابِ

تَــراه فــي ســهولٍ
تــراه فــي الرَّوابــي

تــراه فــي ســطوحٍ
تــراه فــي الأبــوابِ

ويكــــرع التهــــاني
مــن أضــخم الخــوابي

عســى يــرى إلهامــاً
كأفضــــلِ الكُتَّــــابِ

يواصــــل التغــــذي
مــن مطعــم الأحبــابِ

النضوج

عجوز غير أني ذو تصابِ
لكل جميلة رهنَ الشبابِ

لكل مُحبّةٍ لي ذات عظم
رقيق بات يقلقها اضطرابي

أحبّ حبيبتي حباً عنيفاً
يضاهي وُسْعُهُ وُسْعَ الرحاب

أنا كون خصيبٌ من سيولٍ
وأنهارٍ تفيض على التراب

شرايينٌ وأوردة وفكرٌ
وشوق لا يملّ من الطِّلابِ

أهيم برقة ورضا قلوب
واقبال وإدبار مُجَابِ

معاملتي بوُدٍّ واحترام
وأفئدة تحسّ بكل ما بي

أحبّ أحبتي حباً عميقاً
يتوِّجُني المليكَ على الرِّكابِ

عجوز غير أني ذو شباب
يجدده التغذّي بالرُّضابِ

أظلّ أشبّ إذ ألقى زنوداً
رقاقاً راضيات باقترابي

ألا شيخوختي منحت كياني
غراماً فاق حبي في شبابي

أنا العالي على الشبان طراً
وفوق النجم قد شمختْ قِبابي

أعيش كهولة من بعد شيبي
لها نضجٌ يَعِي سرَّ التصابي

فنضجي كلما يزداد سنّي
يزيد محبتي ويسنّ نابي

ومهما شِخْتُ أزدادُ احتدادا
واحضر في سواي مدى الغياب.

إذا متّ مغشيّاً عليّ من الهوى

إذا مـتّ مغشـيّاً علـيّ مـن الهـوى
فـذلك أمـر الله أن أسـتنفدَ القـوى

فلـم يبـق لـي صـبرٌ ولـم تبـق حيلـة
وأنهكـتُ قلبـاً بالخيـال قـدِ اكتـوى

وإنـي لَشـحّاذُ العواطـفِ عنـد مَـن
لديها اشتياقٌ لم تهبني سوى النوى

وإنـــي لَعبـــدٌ للجمـــال متـــيَّمٌ
بحُسْـنِ رؤومٍ تفـرز الحـب والـدَّوا

ومـــا أنـــا إلا بالخيـــال لَمُرْتـــوٍ
ومـا هـي إلا بالتخيـل فـي ارتـوا

حَيِينا على الحرمان والظل والصدى
فـداءَ غبـاءٍ فـي التقاليـد مُجْتَـوَى

فمـا واحـد منَـا يعـيش علـى السَّـوا
ولكن لسوء الفهم يحيا على الغِوى

أهـــيم بحســـناءٍ تهـــيم بطيبتـــي
وإنّـا لمنحـازان عـن سُـبُل التـوا

نقاسـي حيـاة تـؤلم الصـخرَ نفسَـهُ
لأنَّـا كمثل الصخر في حالة الطَّوَى

إذا شـاهدوا قبـري رثـوني تألُّمـاً
على حالة الحرمان والبؤس والجوى

إلى جنات عدن

إلـى جنّـاتِ عَـدْنٍ بـتُّ أمشـي
كمـا يمشـي الهِزَبْـرُ إلـى الحقـولِ

تحـيط أسـاور الأنثـى بحبلـي
بلمـسٍ مخملـيٍ ذي كُبُـولِ

أحـيط بمـن تحـبُّ أغـوص فيهـا
كحـوتِ البحـر أو خمـرِ العقـولِ

مـن اللمـس اللطيـف لعظـم حبلـي
أحـيط الغيـر بـالعطف الجزيـلِ

أنوثتهـا مصـانعُ للفحـولِ
تزيـد رجولـةَ الحـبِّ الجميـلِ

بتجديـد الفـراش شـفاءُ نفسـي
مـن الأسـقام واللهَـفِ الطويـلِ

ولـولا فـي التعـدُّد ألـفُ خيـر
لمـا سَـمَحَ المهـيمنُ للرسـولِ

ريثما الموت يجىء

ريثمـــا المـــوت يجيـــءُ لجميلاتــــــي أفيـــءُ
وأَقَضِـــي العمـــر نهـــلاً مـــن نجـــوم لا تضـيـءُ
هنَّ مُلْكُ الغيـــر، مرحـــى مـــا لمخلـــوق أسيـــءُ
مُحْســنٌ فـــي كـــل شـــيء وعفيــــــفٌ وبريـــــء
بخيــــالي أتسلّـــــــــى وبأشعـــــاري أبــــوءُ
وأشـــمُّ اللحـــم شمّـــاً حصـــتي أنـــي أمـــوءُ
آهِ لـــولا بعـــضُ خيـــــر كل ما في الأرض سوءُ
آهِ لـــولا الطفـــلُ يلقـــى عطـــف أم لا يجيــــئُ
آه لـــولا العـــين تحظـــى بابتســـــام لا تضـيـئُ
خطـــوة فـــي إثْـــر أخـــرى يـــُقبلُ المـــوت الهنيـــءُ

يا إله الناس أسْعِدْ كل أنثى

يـــا إلـــه النـــاس أسْـــعِدْ كـــلَّ أنثَـــى بفتاهـــا واهْـــدِهِمْ دربَ السّـــدادِ
خُلـقَ الإخـلاصُ فـي الأنثـى سـخيّاً ولـــدى الشـــبّانِ منقـــوصَ المِـــدادِ
ولـــذا قـــدّمتُ اكبـــاري إلـــيهنّ وإعجـــابي وآيـــاتِ اعتقـــادي
إنمـــا المـــرأةُ شـــيءٌ فـــوقَ مـــا يَقْـــ ـــدِرُ وصـــفٌ أن يوشّـــي كالضِّـــماد
ولهـــذا زيجـــةُ الإنســـانِ أجـــدَى عمـــلٍ مِـــنْ كـــل أعمـــال العبـــادِ
نَحْمَـــدُ الله علـــى كـــل زواجٍ نـــاجحٍ فيـــه وِقـــاءٌ مـــنْ فَســـادِ

أضغاث أفكار في عشق النساء

يــا ليــت أنَّ الله يخلــق نُسْــخةً		مـن كـل أنثـى خاصَّــةً بـي وحـدي
فتكـون نسـختهم لهـم موفـورةً		ونُسَــرُّ بــالتوزيع دون تعَــدِّ

****

تغار زوجي وتُقصيني عن الآتي		وذاك ينتــج سلبــا فــي علاقاتــي

****

تــأتي القرويــات أمامــي		فتنـــوح مزاميـــر غرامـــي

****

جرَّبْتُ كل متــاع الأرض لـم أجدِ		من متعة الحب في منظومــة الأبد
إنْ ألْــقَ غانيــة حسنــاءَ مرشفُها		عذبٌ، فكل متـاع الأرض مِلْكُ يدي

****

ليـت لــي مـن كـل أنثـى طيِّبةْ		نســخة مختصَّــة بــي معجبَــةْ

****

غيـري يحـب مـن الحبيـب تمنعـا		وأنـــا أحـــب تقربـــاً وتمتُّعـــا
مقـدار مـا يلغـي الحبيـب مسـافة		أزداد إجـــلالا لــــه وتضـــرُّعا

****

هــن انجـذبن ولـم يُـتِحْنَ وصــالا		يـــرْجين لكـــنْ يســـتَمِتْنَ دلالا

****

لـم ألـقَ طـول العمـر أيـة عــاهرٍ		لــو قلـتُ ذا سـأقول إنـي العــاهرُ

عيـب نشـين القانتـات أمـا كفـى هـن الأمومـة والوفـاءُ النـادرُ

****

وألـذّ وصـل البنـت وهـي بعشْـرة يمتـد حتـى الأربعيـن ختامُهـا

بـل خيـر لـذات الزمـان عجـوزة يهـوي عليـك حنانهـا وحطامُهـا

****

احفظـوا حـسَّ الهـوى لـن تنـالوهُ دَوامـا

فهـو فصـلٌ مـن ربيـعٍ مـرةً يأتيـك عامـا

****

يـأتي الجمـال وكلـه ترغيـبُ يـأتي الرقيـبُ وكلّـه ترهيـبُ

وأجيب صـوت الحـب دون تـأخرٍ وأخـالف الرُّقبـاء ثـم أَنيـبُ

****

قيـلَ: النِّحـافُ لهـم قلـوبُ تحاقُـدِ قيـلَ: السِّـمانُ لهـم قلـوبُ فراقـدِ

ليسـت بقاعـدةٍ ولكـنْ ربمـا فيهـا الصـواب ووِجهـةٌ للراصـدِ

****

بصـوتي الحنـون يـرفُّ الهـواءْ إلـى كـل عطـفٍ بقلـب النسـاءْ

أحـرِّك كـل شـعور رقيـق وأملـك منهنَّ أوفَـى الرجـاءْ

****

قتيـلُ الصـبايا مُحِـبُّ الغـواني ومـن كـل حُسْـنٍ شـقاءً أعـاني

هـواهنَّ تخـديرُ روحـي وعقلـي وأفقـد منهـنّ كـلَّ اتزانـي

****

هــذي الحيــاة كثيــرةُ الأتعــابِ   لــولا أتــاني الحــب يطـرق بــابي

ليخفـفَ الأتعــابَ عنــي والأســى   ويعيــدَ غســلَ ســريرتي وثيــابي

****

ســأَبْعَث حيّــــاً إذا أقبلــــتْ   إلــــيّ الحبيبــــةُ أو قبَّلــــتْ..

علــى كــل أنثــى لــديَّ حقــوقٌ   حقــوق النِّســا بِيَــدي سُــجِّلتْ

****

لـيس مـن فضـل الفتـى أن يعشـقا   هــو مــن فضـل الــذي قـد خَلَقـا

خَلِــقَ الأول قطبــا ســـالبا   خلــق الآخــرَ قطبــا مُشْــرِقا

الفصل الثاني

أحبك، لكن..

قصائد هذا الفصل هي هالات تتموّج في نهر الحب العذري والحب من طرف واحد، تنقلُ لنا مشاعر الشاعر الفياضة وبعض ما كابده من آلام حبه المستحيل لنساء لم يبادلنه الحب، لنساءٍ أحبهن في طفولته ولم يلحظنه لصغر سنه رغم حبه الكبير، أو لنساء هام بهن عبر مراحل حياته وانشغلن عنه لأسباب مختلفة، فشِعر شاعرنا صائت مثله لا صامت، تارة يناجي به الحبيبة معرياً كل أشواقه وتارة يتخيلها تناجيه في سيمفونيات حب تجسد أمنياته..

حاولـــتُ أصــــنعُ مثلَهــــا بالرســمِ　　　لــــم أســـتطعْ فَصَــــنَعْتُها بــــالحُلْمِ

مــاذا تفيـدنيَ الصـناعةُ فـي الكـرى　　　إنْ لـــم ترافقنـــي طـــوال اليـــومِ ؟

****

أحيا على صور الحبيب لأنـه المـ　　　ـشغول عنـي فـي صـداقـات البـشـر

الأصــلُ فيــه لشخصـــهِ و لشــغْلِهِ　　　وأنـا الـذي حظِّـي تحـنّطَ فـي الصُّـوَرْ

هنا أنتظر

هنـــــا أنتظـــــرْ ولا أفتكـــــــــرْ

بغيــــــرك أنـــــتِ ..

يمـرّ الأنـاس معـاً فـي جـواري وأبقـــى وحيـــداً هنـــا أنتظـــرْ

أراهـــم ذهابـــاً إيابـــاً لوعـــدٍ ولكننـــي هـــا هنـــا منـــدثرْ

وبحـرٍ مَهيـبٍ مـن الخَلْـق يطغـى غضــــوباً وينـــذر أن أســـتترْ

أخـاف العيـون تلاقـي عيـوني فتـــدري لمـــاذا أنـــا أنتظـــرْ

تشـــقّ الغياهـــبَ والمَرْكَبـــاتِ ســـهامُ لحـــاظي بطـــرف خفـــر

تتـــوق لمـــرآك بـــين الصـــبايا ولـم تـأتِ نحـوي ولـم أصـطبرِ

أ يـا مَـن وعدتِ وأخلفتِ وعدي أ يــا مَــن جعلــتِ المنــى تنكســرْ

نعـــــم، أنتظـــــر ولا أفتكـــــــــر

بغيــــــرك أنـــــت

ولـو قـد سـلوتِ ولـو قـد هجـرتِ ولـــو تطفئـــين اللظـــى المســـتعِرْ

ســـأفرح حـــين تجيئـــين حقـــاً وإن لـــم تجيئـــي كفـــاني الأثَـــرْ

أظـــل أرتّـــب قـــولا لطيفـــاً إليـــك وأســـعى لكـــي أبتكِـــرْ

أبثـك فـي النـاس مثـل مـلاك يطيـــر إلـــيّ بشـــوق عطِـــرْ

أظـن الصـبايا مـن البعـد أنـت ولمّـــا يجـــاورنني أعتكـــرْ

حسـبتكِ هـنّ، ومـا كنـتِ هُـنّ ... وطـال الغيـاب .. ولـم أصـطبرْ
فطـارت لحـاظي لغيـرك تصـبو ... وفـوق العـذارى غـدتْ تنتشـرْ
أنــا عــارف أنــت لا تُقْبِلــينَ ... لهــذا وعــدتك كــي أختبــرْ
إذا مــا ســألتك عــن غيبــة ... ســلاحك دومــاً : أنــا أعتــذر
بخطـو الصـبايا الرشـيق أحـسّ ... بخطــوك لكــنْ بســيرٍ عسِــرْ
فمـاذا يضـيرك إنْ جئـتِ أيضـاً ... بكــل الأمــاني لقلــبٍ نَخِــرْ؟
ويبقـى الزّحـامُ يعـذّب لحظـي ... وطيــف قُــدومك لا ينحسِــرْ
إذا بـك مـا جئـت حقّـاً إلـيّ ... إذا بــي وحيــداً هنــا أنتظــرْ
نعــم، أنتظــر ... ولا أفتكــر
بغيــرك أنــتِ ..
ولـو قد سلوتِ ولـو قد هجرتِ ... ولــو تطفئـين اللظــى المسـتعِرْ

مرضانَ جئت إلى الحبيبة أشتفي

مرضـانَ جئـت إلـى الحبيبـة أشـتفي ... فعســى لــديها مــن دواءٍ مُسـعِفِ
يــا ليــت أنــي قــابع فــي منزلــي ... فلقـد تعبـتُ مـن انتظـاري المُسْـرِفِ
هي لا تجيء سوى إذا انتصف الدجى ... لا شــيء مثـل الإنتظــار بمُتْلِفــي

عواطف موؤودة

موؤودة عواطفي

كمثل طير خائفِ

ومثـل قيس تالفِ

ما من حبيب عاطفي

في وحشتي مُلاطفي

نجيبة ضحية أحلامها

إذا كـان عمـرك خمسين عامـا
وعمـري أقـلّ بـبعض سـنينْ

فـإني أحبـك طـول حيـاتي
وأرجـو الـزواج فهـل ترتضـينْ؟

أجيبـي (نجيبـة) هـل تخلـدين؟
وهـل أنـا أخلـد طـول السـنينْ؟

أترضِـين عمـراً بـدون هنـاءْ
ونحيـا بعيـدَيْنِ دون التقـاءْ

إذا كـان بـي الإلتقـاء شـقاءْ

فبعـدا (نجيبـة) عـن طرقـي

و عيشـي بـدون غرامـي الشَّـقِي

نجيبة تعشقني

(نجيبـةُ) تعشـقني إنمـا
تراني صـغيراً ولـن تفهمـا

بـأني سأصـبح أيضـاً كبيـراً
ولكـن سـأبقى بهـا مُغْرَمـا

إذا هـيَ أكبـرُ مني كثيـراً
لمـاذا التكبّـر أيضـاً لِمَـا؟؟

حُسْنُ نسيبة

أغــازل عينيــك فــي كــل وقــت
ويهــدر مــوجي يُكَسّــر صــمتي

حبيبــةُ حُسْــنُك حطــم صــمتي
وأدخلنــي الشــعر فــي كــل وقــتِ

نســيبة عينــاك مــن نــور عينــي
وإنــك مــن نفــس ضــلعي أقتُطِعــتِ

لمــاذا التكبــر هــذا لمــاذا
أ لســتُ ولــو بعــضَ مــا قــد حلمْــتِ ؟

نســيبة قــد خنتنــي مــرتين:
فقبْلــي خُلِقْــت .. وعنــي صــدَدْتِ

لــئن كــان عمــرك أكبــر منــي
فبالقــدر والحســن أيضــا كبُــرْتِ

ومــا دمــتِ أكبــرَ فــي كــل شــيء
ألا تشــفقين علــى ضــعف صــوتي؟

وأســأل : لــو كنــتِ أصــغرَ منّــي
تُرانــي أكــون نصــيبك أنــتِ؟

ومهمــا الفــروق تفــرّقْ عُرانــا
إذا شــئتِ مــتُّ، وإن شــئتُ مــتّ

بعد فحصي ونجاحي

لـك درسٌ يـا ملاكـي مثلُ درسـي
والنجــاحُ اليــوم يــدعونا ســويّا

هو عار أن يكون الحب ضعفا ..
بــل طمــوحٌ يــدفع المــرء عَلِيّــا

يــا ملاكــي أنــت تــدرين غرامــي
أعهــد العهــد بــأن أبقــى وفيّــا

صـدقيني بعـد فحصـي ونجـاحي
ســوف أهــدي لــك تهيامــا سخِيّا

يــا إلــه الكــون وفِّقنــا جميعــا
لننــال المجــد والعــيش الهنيّــا

مهما يكن قلبي صبورا صامدا

مهمـــا يكـــن قلبـــي صـــبورا صـــامدا   سيصـــير يومـــاً مـــا ضـــعيفا هامـــدا

الصـــبر مفتـــاحُ القبـــور جميعِهـــا   ويعيش صاحبُـه المعيشةَ خامـــدا

فمتـــى أقـــرر أن أعـــيش حقيقـــة   في الحـب معبـوداً وأصـبح عابدا؟

حتـــى أعـــيش أنـــا بخيـــر ســـعادة   ويعيـش محبـوبي بحضـني راغـدا

قـرَّرتُ أن أهـوَى فهـل ألقـى يـداً   تحنـو علـيَّ تـــدرّ حبـاً صـاعدا؟

قـررتُ أن أهـوى ولسـت براغـدٍ   هل مَن تُحبُّ وليس تطلب عائدا؟

أيقنـــتُ أن الحـــبَّ حـــولي زهـــرةٌ   فوّاحـةٌ تلقـي العبيـــرَ مصائـــدا

تصـــطاد مـــن فـــي جعبتيـــه ثـــروةٌ   وتُهـين مـن مثلـي فقيرا زاهــــدا

مـــا الحـــب إلا دمعـــة فـــي دمعـــة   فـارجعْ أيـا قلبـي وحيـدا بائـدا

لـــن تلتقـــي حبـــاً نزيهـــا واحـــداً   مهمـا تُجوّدْ في الحبيبِ قصائـدا..

مفكِّـر بحبيبتي

قبـــل الطعـــام مفكـــرّ بحبيبتـــي   وقـت الطعـام وبعـدَ كـل دقيقـةِ

ســأحبها مهمــا حُرِمــتُ لقاءهــا   حتـى كـأن العمـرَ شِـبهُ حقيقـةِ

مــا واحــد منــا يعــيش كحُلْمِــهِ   لكـن بـألف تخيـل وطريقـــةِ

لا حُـبَّ فـي الـدنيا يـتم حقيقـة   إشـباعُه إلا بأصـعب حيلـــةِ

الحب المُعَاد

تحب بعنف جدارا عريضا   ولا تستطيع إليه الطلوعْ

تحب التي مستحيل رضاها   ولو قد أذبتَ جميع الشموعْ

فَغَيِّرْ أساليبك العاطفيَّـ   ـة كيلا تموتَ شهيدَ الولوعْ

وتصبو وتبكي تنادي وتزفـ   ـرُ تدعو وترجو ولا من مُطيعْ

فنهرك يبغي اجتياز الجدار   يريد المسارَ السريعَ الرفيعْ

تراجعْ، فخير إليك الرجوع   وإلّا حياتك سوف تضيعْ

حبيبي ألا تسمع النبع عندي   ينادي، وعشْ هوانا البديعْ؟

حبيبي أحاول عنك الرجوعْ   ولا أستطيع ولا تستطيعْ

وقوة عزمي تجوز الجبال   ولكن لدى الحب أهوِي صريعْ

رأيتُ النجوم تدور بحزن   لأن سناها بأفقٍ يضيعْ

رأيتُ الطريق انثنت لفروع   لأن صدود الجبال مُريعْ

حبيبي وحاجة قلبي تفوق   إلى الأمِّ حاجةَ طفلٍ رضيعْ

أعدتَ إليّ غرامي صريعا   فماذا يفيد الغرام الصريعْ؟

وداعا لحُبٍّ طواه الفؤادُ   بحزم وعزم كسرٍّ مَنيعْ

فما من حياة له في الربُوع   جفاه الشتاءُ وفصلُ الربيعْ

وأدتك يا حب بين الضلوع   فنم في ضريحك حيث الصقيعْ

يرفرف فوق ضلوعي السكوت   ويأسٌ مخيفٌ يغطي النجيعْ

فمهما تمرّ أمامي الجموع   فما مِن مُحِسٍّ ولا مِن سميعْ

أنا همت يا لبنى بحبك

إنـــي الشــغوف بحلــوةٍ لــم تهـوَني   تبقـــى هوايتهـــا صـــدودٌ هَـــدّني
يــا ليــت يَهــديها الإلــه لصــحبتي   ونعيش عصفورَيْنِ فوق الأغصُن ِ
أنــا همــتُ يــا لبنــى بحبك مثلمــا   قــيسٌ وليلـــى فـــي الهيــامِ المــدمنِ
أنـــا لا أحـــبُّ تـــدللاً وتـــذللاً   أنــا عــارضٌ نفســي عليـك لتُـذعني
وعليــك يــا لبنـــى ولادة رائـــعٍ   كأخيـك لــي قبــل الــدخول لمـدفني
أرجوك قولي لــي: (أوافقُ) أزدهرْ   فــوراً بعطفـك مــن جمالــك أجتنــي
إن شــئتِ تغييــر المســير لتُرْكِيــا   أمضـــي إليهـــا راضـــياً بتـــوطّني
وأحيــل ســير مرتبـــي لـــبلادكم   حيــث الإقامـــة والحيـــاة تسُـــرُّني

ذليلٌ في هواك

ذليــلٌ فــي هـــواك أيــا ملاكــي   ولــم أَخْضِـعْــكِ يومــا لامتلاكـــي
لأنـــي جاهـــلٌ فـــي فَهْـــمِ حَـــوّا   بـــرغم تفـــوقي فـــي الاحتكـــاكِ
ومحتـــاجٌ إلـــى الأسـلوب حتـــى   أمـــارسَ فـــنَّ إلقـــاء الشـــباكِ
ومـــا يومـــا ســـلكتُ ســـبيل غـــش   وجهري مثـل سري فـي العـراكِ
وتـــــزداد الفتـــــاةُ علـــيَّ دَلا   ولا ترضـى الخضـوع إلى مِلاكـي
فمـــا هـــي ذات تقـــدير لشـــهمٍ   يقـــدّرها، وتهـــزأ بانهمـــاكي
وتجـــري خلـــف مـــن لا يشـــتهيها   وتجعلنـــي أمـــوت مـــن التبـــاكي

مهما تخوني

ركبـتُ الفضـاءَ ببـدر حـزينِ
جَعلْـتُ الشـهابَ شِـراعَ سـفيني

شـراعاً يلبـي جميـع مُنـاك
بـذكرى غـرام خـلا مـن ظنـوني

أمـام عيونـك يمتـد صـفحي
يضـمُّ أمانيـك مهمـا تخـوني

أحبـك يـا قمـراً ذا بـزوغٍ
ينيـر الجـوانح رغـم الـدجون

هلمي اشربي من نهور السماح
وأُنهـي الكفـاء وعهـد الجنـونِ

تهـبُّ مآقيـكِ تسـقي الوجـود
وتمتـد أعمارنـا فـي القـرونِ

وَتَـرْنين لـي تشـكرين السـماح
فيغمـرك اليـوم فـيضُ حنينـي

أنـا لـم أخُنْـكِ طـوال حيـاتي
وعهدي مصـونٌ ولـو لـم تصـوني

إذا اللحـم زال فلـن تفقـديني
سأحضـن عظمـك لـو فـي المنـونِ.

خذِي قلبي

خُـذي قلبـي وسَـلِّيهِ
عسـى ريَّـاكِ تُحْيِيـهِ

تولَّـت كـلُّ نُعْمـاهُ
بِحُبّيـك تولِّيـهِ

كفـاه الـدهر إرهاقـاً
بحـقّ الله قوّيـهِ

فمـا كالحـبِّ مـن نِعَـمٍ
عـن الحاجـات يغنيـهِ

خـذي قَلْبـي بـلا لـومٍ
فـإنَّ اللـومَ يُضْنـيهِ

بِغَيْـرك أنـتِ لا أرضَـى
ولا أسـعى لأرضـيهِ

ومن الشعر جنون

أوّاه في قلبي تشبُّ حرائقي لِبِعادِ حُبّي عن عبير حدائقي
حبِّي يفوز على دمي المتسابقِ ويطير أَضعافَ الخيالِ اللاحقِ
أجهِزْ أيا حبّي على متحشرِجٍ يحيا كمجنون بكم أو عاشقِ
إذهب فآبارٌ من البترول في قلبي تشب ولستُ منك بواثقِ
أهملْتَني، وتزيد إهمالي فقد أصبحتَ ذا مَجْدٍ جديدٍ شاهِقِ
إني أغار عليك دون هوادة أرضاك تُسْجَنُ في سياج حدائقي
حَطّمْتَني إذْ قيل راحَ لجبلةٍ فارَقْتَني، يا ويل ظُلْمِ مُفارقي
أخشاك يا حبّي، و إنَّ مودّتي قيدٌ رهيبٌ قد يكسّر عاتقي
نيران حبك ليتني أطفأتُها حتى أعيش بنجوة من حارقي
هل قلت لي يوماً تعالَ بصحبتي لصُلُنْفةٍ.. وقُرُلُقٍ... ومناطقِ؟
ما كنتَ إلا بالمُفارقِ لي، ولا تنوي ولا يوماً تكون مُرافقي
ذَرَفَ السحابُ دموعَهُ وشحوبَهُ والبرقُ جاد بغارةٍ وصواعقِ
اذهبْ فلست أريد أي صداقة معكم، وأختار الجنون مُصادقي
لو كان دهري عادلاً لم يُدْمِني شَغفاً، وأفرغكم ومزّقَ خافقي
عِشْ أنتَ يا حُبي بكل سعادة وأنا أعيش بِغَيْرَةٍ وتَضايقِ
عشْ أنت إنساناً كرهتَ صداقتي وأنا سأقبرها بقلبي الماحقِ
ما أكرهَ الدنيا على نفسي، أما آن الأوان لكي تَشُعَّ حقائقي؟
بَلْوى من الله الكريم محبةٌ مِن جانبٍ أحدٍ كنار بنادقِ

اِخط ما شئت

اِخــــطُ مــــا شئــــتَ علــــى جِسّــــي الـرهيــــفْ
خطـــــوَك الـهــــادئَ والخطـــــوَ العنيــــفْ
أو كـغيـــــمٍ طــــــار أو وهْــــجِ طيــــــوفْ
جــــوِّ صيــــفٍ أو شتــــاءٍ أو ربيــــعٍ أو خريــــفْ
ستـرانــــي كيفــما عـاملـتنــــي الشخــص الألـيــفْ
كم يثير الموج في بـحـري الـهوى الـسـامـي الشريفْ

رمــتْ نظــرة

رمـــت نظـــرة وتنـــاءَتْ بعيـــدا — إلهـــي لمـــاذا أعـــاني الصـــدودا؟؟
تـــوارت ولـــم تعطنـــي أيَّ وعـــيٍ — لتـــدركَ أنـــي أريـــد وعـــودا..
تســـمّرتُ أرقبهـــا هـــل تعيـــد — إلـــيَّ بـــأخرَى وتســـقي الـــورودا
تســـمّرتُ أرنـــو إلـــى أن تـــوارت — ومـــا عـــدتُ أشـــهد إلا وَقـــودا

أذوب حنيناً

أذوب حنينـــاً لســـيد قلبـــي — متـــى ســـأراه يرفـــرف قربـــي؟؟
ببيتـــي بقُطْـــري بزهـــري وعشـــبي — بفكـــري وشـــعري بأشـــرف حُـــبَّ؟؟
متـــى يـــا إلهـــي يقـــيمُ اللقـــاءَ — ويُفنـــي الجفـــاءَ ويُبْطـــل صـــلبي؟

ذكرتك فانتشى قلبي

ذكرتــــك فانتشــــى قلبــــي وهــــزّ الحــــبُّ أعمــــاقي
وبحــــثُ لمــــن يعــــاتبني مــــدى وجــــدي وأشــــواقي
إذا مــــا الليــــل قــــد أدجــــى فأنــــت شُــــموس إشــــراقِ
وأنــــت أجَــــلُّ مَــــن نظــــرتْ لــــه فــــي الحُسْــــنِ أحــــداقي

*   *   *

أحــــب لأجلــــك الــــدنيا وإن جــــارت علــــى حبــــي
وأشــــدو فــــي خمائلهــــا كــــأني كامــــلُ الكسْــــبِ
وحسْــــبي منــــك إلهــــام يضــــئ لمقلتــــي حسْــــبي
غرامــــي قــــد ســــما بــــالرُّو ح نحــــو كواكــــب الــــرّبِ

المستنقع

أنــا هــا هنــا النبــعُ الــذي يتجمــعُ أرواحــه ذهبــتْ وليســت ترجــعُ
ووقعــتُ فــي مســتنقعاتكِ ســابحاً فيهــا بــرغم ضمورِهــا أتوســعُ
أنــا كــل يــوم فــي انتظــاركِ حيثمــا عانقــتُ طيفــك ناشــطا أتتبــع
إنــي حُرمــت مــن الحنــان معــذّبٌ وأخــال أنــك للســعادة مَنبــعُ
أرجــوك عــودي لــي بــألف طريقــة لا أســتطيع أنــا لخطــوك أدفــع
مــاذا يفيــد تقــدمي إن تردعــي خطــوي وإمّــا جئتِنــي لا أردَعُ؟
حسْــبي أيــا مــولات قــد أعطيتنــي مــا أشــتهيه: هو الشــعور المُمْتــعُ

إذا ذُكِرَ اْسمُها

إذا ذُكِـر اْسـمها يسـري السـلامُ
وينعشــني انســجامٌ واْبتســامُ...
كمـا تسـري الـدماء بكـل عِـرْقٍ
مِنَ الأعضـاء يسري بـي الغرامُ
أعاتبهـا علـى المَنْـأَى ولكـنْ
أحِـسُّ تقـول: واصـلكَ الحِمـامُ
لقـد داسـت أحاسيسـي بعنـف
فـداس اليـأس قلبـي، والظـلامُ
أقضّـي العمـر مـزؤوداً كئيبـاً
وقـــوَّاتي يبـــدّدها اْالفصـــامُ
كثيـراً مـا اجتليـتُ الأفـق أرنـو
إلـى أطيافهـا ودمـي ضِـرامُ
وأسـأل كـل رُعيـان المواشـي
أ شـاهدتم حبيبـي يـا كِـرامُ؟
تـرِفّ جـوانحي فـي كـل وقـت
كمـا لـو كـان يقْطُنهـا الحَمـامُ
تشـبّثَ خـافقي بجميـع مـا قـد
يقرّبنـي لهـا لكـنْ أُضـامُ.

عساك تنيرين قلبي بضوء هواك

سـنبقى بعيـدَيْنِ لكـن عسـاكِ
تنيـرين قلبـي بضـوء هـواكِ
عسـاك تقـولين: إنـي أحبـ
ـكَ أقبِـلْ إلـيَ وعِـشْ فـي شِـباكي
وإنـي مطيـعٌ بـأمر يـديك
فهـاتِ بـأمرٍ لألـثمَ فـاك؟
أحبـك حبـاً فريـداً مجيـداً
يعـيش ولـو دون أيِّ امـتلاك
وقـد كنـت أرجـو يفيـدك حبـي
ولكنـهُ دون خـطِّ رضـاكِ

روضةُ أبياتٍ متفرقة

هــــا أنــــا كتبــــتُ إلــــى التــــي تحبنــــي
ومــــا لهــــا عاتبــــتُ لأنهــــا تعجبنــــي

****

لهــا عينــان ذاخرتــان بــالأحلام والحــبِّ
لهــا فكــرٌ تــراودهُ خيــالاتٌ مــن الغَيْــبِ

****

هــل ســألْتِ الشــوق عنــي ذات يــوم فــي المســاءْ؟
وســمعتِ القلــب يصــبو عاهــداً عهــد الوفــاءْ؟
أخبرينــي واكتبــي لــي هــل ودادٌ أم جفــاءْ؟

تنامين وحدكِ

تنــامين وحــدكِ دون حبيــب يعــاني لأجلِــكِ أقســى نحيــبِ
يُســاهمُ هــذا الزمــان الــردىءُ بتفتيــتِ وحــدةِ كــلِّ قريــبِ
أقاســي الليــالي اشــتياقاً إليــكِ وينــزفُ هــدراً دمــي وطُيــوبي
نخــافُ التقاليــد مــن كــل صــوبٍ ومــا فــي التقاليــد أي مُصــيبِ
تظــل التقاليــد ضــدّي وضــدَّ كِ حتــى زوالِ الزمــان اللعــوبِ
أحبــك بــالوهم لا يســتطيعُ مقاومــةَ الجهــل أذكــى أريــبِ
يســُدُّ التخيُّــل مليــونَ نقــصٍ يســاهم فــي قَمْــع بعضِ الكــروبِ
ولــيس يــتم نُمــوُّ الغــرامِ بــدون التحــام بصــدرِ الحبيــبِ

عالَم إحساسي

أحْبِيـــكِ بعـــالمِ إحســـاسٍ ... يُـــومِضُ كـــالبرق الهتّـــانِ
وأهـــيمُ لأجلـــكِ بالنـــاسِ ... مَـــنْ أخلـــصَ لـــي أوعـــاداني
أحببـــت لأجلـــك أحزانـــي ... ولأجـــل بـــلادك أوطـــاني
ولأجلـــكِ كـــلَّ الإنســـانِ ... وبـــذلتُ لهـــم مـــن إمكـــاني
أنعِـــمْ بالحـــب متـــى يســـري ... فـي الصـدر كروض الريحـان...

أشفقـــي علـــيَّ

أرجـــوك يـــا شـــقراءُ أن تترفقـــي ... أرجـــوك إشـــفاقاً علـــى قلبـــي الشَّـــقِي
إنـــي لإنســـانٌ تناســـت نفسُـــهُ ... حاجاتِـــهِ ليهـــيمَ غيـــرَ موفَّـــق
أرجـــوك نخّـــي لـــي كمـــا نخـــت قَطـــاً ... لحبيبهـــا الخـــافي بغصـــنٍ مـــورقِ
الصـــدُّ يجعلنـــي أواجـــهُ ميتتـــي ... أنـــا لا أحـــب الصـــدَّ فهـــو ممزّقـــي..
الصـــدُّ قـــد يجـــدي علـــى غيـــري إذا ... كـــان الأنـــانيُّ الـــذي لـــم يُشـــفقِ
أمّـــا أنـــا الغيـــريُّ أفعـــلُ عـــن رضـــاً ... وأحّـــس أنـــي بالشـــريكة أرتقـــي
إنَّ القبـــول محفّـــزي أن أنتقـــي ... مـــن ترتضـــي بشـــبابيَ المتـــدفّقِ
والله لـــم أعشـــق فتـــاة مـــرة ... إلا إذا هامـــت بحبـــي المطْلـــقِ
أمـــا إذا لـــم تـــرض أرمـــي عبئهـــا ... عنـــي وألجـــأ للخيـــال المـــورق..

عتاب على هامش الوداد

العيـد جـاء ومـا حبيبـي لـي أتـى ... زفَّ الوعـود ومـا وفَـى، وتعنّتـا
أقبِـلْ، هلـمّ، تعـال، هيّـا، فالرجـا ... يبقـى الرقيـقَ، ولـو فِعالـك قـد عتـا
أيـن الوعـودُ لقـد أذبـتَ حُشاشـتي ... شـوقاً لهـا، وزمامهـا قـد أفْلِتـا
صـرّحْ، ولمّـحْ كـل مـا لـي قلْتَـهُ ... كذبٌ .. ومـا السُّحُبُ الجَّهامُ لهـا شِتـا
أنـا هـا هنـا فـي ليلـة مجنونـة ... مـن بعـد سـبع قـد أذبـت الشـمعتا
أملي انتهى، عزمي وهى لم أستطع ... صـبراً، وأصـعب عيشـتي أن أكبتـا
والشـعرُ مثلـي صـائت لا صـامت ... فاسـمع إلـى شـعر عليـك تفتّتـا
شـتّتُ أشـعاري علـى كـل المَـلا ... مـا واحـد مـنهم علـيّ تشـتَّتا
أعطـي ولا أحظـى وأبقـى خاسـراً ... حتـى النضـوبِ، وأسـتريح مؤقّتـا
حتـى أعـودَ إلـى قـواي مجَـدَّداً ... وأعيـدَ سيفَ الحـب شـوقاً مُصْـلَتا
الحـب أثمـن مـا رأيتـهُ فـي الـورى ... أعنـي بـه الحـبَّ الصَّـدوقَ المُنْبِتـا
لا خيـرَ فـي حـبٍّ يكـون مزيّفـاً ... أو خائفـاً حـذَراً ويولَـدُ ميّتـا
أنـا واضـح قـولاً وفعـلاً دائمـاً ... حتـى سـبقتُ زماننـا المتزمّتـا
وغـدوت تشخيصـاً لكـل مطـامحٍ ... للنـاس فـوق الأرض أصـنعَ جَنّتـا

فـراغ

كـان فـي نفسـي فـراغ ... بخيـالاتي ملأتُـهْ
وانتهـى حتـى فـراغي ... بعدمـا قلبـي ذبحْـتُهْ
كـان بـي شـوق لحـبٍّ ... بعـد تجريـبٍ مللْتُـهْ

قد ابتدا الموعد

قد ابتدا الموعدْ
لو جاء لي سأراهْ
يشابه المياهْ
للظامي في الفلاةْ
أحضِرْهُ يا أللهْ
حتى يدي ترعاهْ
إنْ لم يجيءْ ويلاهْ
ستعود لي الأوّاهْ

شارف الموعد أن ينتهي

شارف الموعد مِن أن ينتهي
شارف الموعد لمّا أشتهي
شارف الموعد ما بَيني وهِيْ
شارف الموعد لكن لم تَجِيءْ
ودموعي قد جرت في المَهْمَهِ

سأطيرَ لبيتها

أنا في انتظار الوعد فوق الشَّوكِ … لأزورَ غيدائي التي لي تُبكي
لمَ لا أسارعُ أن أطيرَ لبيتها … ما دمتُ أعشقها ولو في النبْكِ؟
آليتُ هذا الليلَ أن أمضي لها … مهما شَعُرْتُ بدوخة وبضنْكِ

وداعاً لعهد وداد العيون

وداعاً لعهدِ وداد العيون ... فقد ناب عنه القِلَى والشُّجُونْ
لماذا توخيتِ لي أن أكونْ ... بدون هناء ثماني سنينْ ؟
سماحاً إذا كنتِ لا تقنعين ... وداوي شعوري بِحِلْمٍ ولينْ
وإن كنت لا تبتغين وجودي ... فوعدي غداةَ غدٍ لن أكونْ
أنا في انتظارٍ لِما ترتئينْ ... وأرجوكِ كُوني عليَّ الحنونْ
فإن شئتِ أبقى بحُرّ الحياة ... وإن شئتِ أبقى بسِجْنِ الجُنونْ
أنا كنتُ أحسد نفسي عليكِ ... فهبتْ عليّ شرورُ الشجونْ
لهذا خسِرتُك لم يبقَ عندي ... سوى أن أجود بدمعي الهتونْ
ألا ترحمين فؤاداً وجِيعاً ... لحبك يحيا ويبني الحصونْ ؟
ستدرين يوماً بأني أفدّيـ ... ـكِ بالروح فوراً متى تطلبينْ
وإني إذا أنا أخطأتُ يوماً ... بأسلوب حبي ألا تعذرين؟
إلهكِ يدري حقيقة أمري ... ويعلم ربك ما تُضمرينْ
إذا كنت خنتِ فلستُ أخون ... إذا كنتِ فرّطتِ سوف أصونْ
إذا الحزن زاد عن الحدِّ يخبو ... ضياءُ العيون فنلقَى المَنون
وداعاً لعطفك إني يئستُ ... رأيتُ فؤادكِ لي لن يلينْ
وداعاً وأرجوك ألا تنوحي ... على فقدِ حبي القويِّ الأمين
أنا بانتظارك طول السنينْ ... أطير إليك كطير "السنونْ"
أنا لست أخشى من الإنسلاخ ... إذا كنتِ أنت به تَسْعَدِينْ
(ودادُ) أطرديني بعيداً بعيداً ... فإني بذلّيَ هذا قَمِينْ
وأرجوك فوراً بأن تكرهيني ... وأن تطعنيني برمحٍ مَكِينْ

لأرتـــاح مـــن لهفتـــي لـــرؤاك
وأخـــرجَ مِـــن ســـاحة العاشـــقينْ

أحـــس حـــرارة قلبـــك يغلـــي
فكيـــف أعـــيش بـــدون الحنـــين ؟

أجـــل ســـامحينيَ مهمـــا أســـأتُ
فأنـــت الصـــفوحُ الطَّـهـورُ الحنـــون

فبعـــد ابتعـــادك عنـــدي فـــؤاد
يـــدقُّ بـــذكراك عـــذبُ الـــرنينْ

ينـــادي إليـــك ولا تســـمعين
ويرجـــو رضـــاك ولا تغفـــرين

أ يشـــفع لـــي أننـــي دون عقـــلٍ
وأحتـــاجُ عقلـــك كـــي أســـتعينْ.. ؟

تـــراقصَ شـــلالُ قلبـــي ابتهاجـــاً
بصـــفحك عنـــي ودكّ السُّـــجونْ

مضـــى الـدّمُ يجـري بسـائر جسـمي
أ يـــا مَـــن رتـــأتِ انقطـــاع الـــوتينْ

إلـــى نفـــس منزلتـــي أرجِعينـــي
بقلبـــك حيـــث الغـــرام الرَّصـــينْ.

سوف أصدق كل شعوري

أتوقَّـــــع أن يلقـــاكِ عَيـــاني
مـــن خيـــر نســـاء الأوطـــانِ

مَـــن تنقـــذني مِـــن أحزانـــي
وتُبَلِّغنـــــــي للشـــــــطآن

وحـــديثكِ ينشـــر هـــالاتٍ
للشـــمس بأعمـــاق كيـــاني

***

مـــن أجـــل هيـــامي بوجـــودِكْ
ولِنَضْـــرةِ وجهـــك وخـــدودِكْ

أتجـــرّأ أن أرفـــع صـــوتي
وأقـــودك فـــوراً مـــن جِيـــدِكْ

مـــن أجـــل هنـــائي لـــن أبقـــى
مأســـوراً بقيـــود صـــدودِكْ

قال لي قلبها

وَأدْتُـكَ يـا حـبُّ طـيَّ الصدورْ
رميتُـكَ خَلْـفَ وراء الشـعورْ
عيـوني تنـوح، تثيـر أمامـ
ـك بحرَ شعاع يذيب الصخورْ
أمـرّ أمامـكَ أشـلاء أُنثـى
تُرَجّيـك عطفـاً ولكـنْ تجـورْ
لمـاذا قسـوتَ ومزّقْـتَ قلبـي
أ يُسْـعِدُ قلبَـكَ كسْـرُ الصـدورْ؟
جمالـك علّمنـي أن أهـيم
ولـو بالتعنّـتِ ولـو بـالنفورْ
رجوتـك مـا كنـت أرجـو سـواك
وتسـحقني لا تحـبّ الزهـورْ
سَـجَنْتَ شعوري فكيـف سـأنجو؟
كسـرتَ جنـاحي فكيـف أطيـرْ؟
منعـت زهـوري مـن الإنبثـاقِ
وحوّلْـتَ مجـراي نحـو القبـورْ
سـأبقى الشّـقيّةَ حتـى تَحِـنَّ
ويـوم ودادك عيـدُ السُّـرورْ
وسـاعةَ تـدعو ألبّـي نـداك
وأُبعَـثُ مـن ميتتـي للنشـورْ
أرجّيـك بـالله أرجِـعْ هـواكَ
لسـابق مـا كـان قبـل الفتـورْ
و دَعْنـي أُرِحْ مقلتـيّ عليـك
إلـى أن أُغَيَّـبَ طـيَّ القبـورْ
حبيبـي، بجسـمي الـذي لا تحـبّ
فتـونٌ يشـعُّ كنـور البـدورْ
عَطُـوفي، لَعَمْـرُكَ واصـلْ حنـا
نَـكَ يـأجرْك ربٌّ علـيمٌ قـديرْ
حبيبـي شـهيقي يعبّـر عنّـي
ويشـرح سـرّي إليـك الزفيـرْ
حبيبـي أجبنـي أ ينبـت فـوقَ
خـدودِك والأنـفِ سِرُّ الحريـرْ؟
أ يُظْلِـمُ خـالٌ وتزهـو نجـوم
علـى سِـحْنة مـن كواكـب نـورْ؟
أ يحـدث هـذا ولا أغتـدي
أسـيرةَ عشـقك طـول الـدهورْ؟

ليس يدري

ليس يدري ما جرى لي   ليس يدري ما انْشغالي
ليس يدري أيّ شيء...   إنه يشغل بالي
ليس يدري لست أنسى   أنا لو أقتل نفسي
إنما قلبه أقسى   من تَسَلّيهِ بِتَعْسِي
لي حبيب ليس يدري   أنه ربّ بصدري
وصلاتي هي: آهْ   طَمْئِنوني عن هَناهْ
هو يهفو لجفائي   أنا أهفو لرضاهْ
اسألوه هل أمينٌ   في هواهُ أم رماهْ؟
واسألوه: هل هوانا   سوف يُبْقيهِ هوانا؟
سوف أفنى في هواهْ   بشِّروني بلقاهْ
قد تعوّدت عليهِ   وأنا أصبو إليهِ...
كم أنا عاتبتُ نفسي   قصد أن تنسى جفاهْ
إن سَلَا خِلٌّ خليلًا   لا تصّدِّقُ قد سَلَاهْ
كيف أسلوه وإني   أتمنى أن أراهْ؟
هُو مَن يُخرج نفسي   من دُجَاها لِضُحاهْ
هو لي العاشقُ حقّاً   ضِعْفَ عشقي، والإلهْ
أنا أحيا في فراغ   لست أدري مُنْتَهَاهْ
أنا أحيا في عذاب   لست أدري منتهاهْ
ليس يدري، ليس يدري   أنْ له عرش بصدري
وحياتي هي: آه   طمئنوني عن هَنَاهْ

كتبتْ لي من شعرها :

فراقـكَ يُـدمي صـميم وجـودي بِعـادُكَ يخرجنـي عـن حـدودي
فهل فُزتَ بالقلب كي تُفجِعَهْ؟

دمـاءَ القلـوب اهتفـي للحبيـبِ بأنــه أســبابُ كــل لهيبــي
وأهديـه قلبـي ولـو ضـيّعَهْ

لمـاذا حبيبـي اصـطفيتَ فراقـي وقلبـي ينـوء بعـبء اشـتياقي
ويهـوِي حطامـا بـلا منفعَـةْ ؟

ودهـري البخيـل رمـاني وحيـدةْ بــدنيا ظلامــي أعــاني كُمـودهْ
وقــال لقلبــيَ : لــن أجمعَــهْ

وكـم وردةٍ مـن عبيـر فـؤادي حبتـك ودادي ونجـوى سـهادي
وتعــرفُ أنــك مَــن لوّعَــهْ

قلـوبُ العـذارى تظـل تنــاجي قلـوبَ الشـبابِ بأصـفى مـزاج
لشرب كؤوس الهوى المترعَةْ

بمــرآك حزنـــي أنـــا ينجلـــي فيخفــق فوقــك مــن منزلـــي
غـرامٌ صـدودك كـم روَّعَــهْ

لــذلك حُلْمــي مضَــى لـم يـدُمْ ولـم يبـق غيـر الأسـى والألـمِ
عســاك تفكــر أن ترجِعَـــهْ

البدر الحزين

حبيبي أنت ضياءُ عيوني	وأنغامُ حب طويل الشُّطُونِ
حنانَيْك من قبل أنْ أتردّى	كشمس المغيب وراء المنونِ
حبيبي أجبني أ تهوى جنوني	وتهوى زهوري وتهوى فنوني؟
حبيبي أجبني ولا تُخْفِ عني	لماذا أراك كبدرٍ حزينٍ؟؟
متى سوف تعزف لي سيمفونّيا	تِ شمسِ الصباحِ وعذبَ اللحونِ؟
بتبرٍ ودرٍّ وألوان زيتٍ	ونورٍ وظلٍّ ودَمْعٍ هَتونِ..
حبيبي أنتشلني من الموت فوراً	فإنَّ عيونيَ ليست عيوني
حبيبي تنفستُ عطراً جديداً	به أكسجينٌ يبيدُ أنيني
وإنه ينقذ صدري من الغمّ	يرْوي دمائي ويرعى شؤوني
حبيبي أبتسم لي ولو دون حبٍّ	فإني شغوفٌ بمرأى الفُتُونِ
أعاني دُواراً عنيفاً برأسي	وتلّات نار تحيط جفوني
تُقرِّحُ جفني رمالٌ قُساةٌ	فحِنَّ عليّ، وخفِّف شجوني

بَوحُ مُحِبة لحبيبها

أحبك أنت وحدك في حياتي	لأنك أنت كاملُ أمنياتي
وعندك يا حبيبي عُشُّ روحي	إليك ملاجئي من كل عاتِ
بدونك كل أيامي ظلام	ووحدك مَن له كلُّ التفاتي
رهينة منزلي حتى تنادي:	تعالَيْ يا حبيبة ثم آتي
بكفّيكَ التحكّم في حياتي	أطيعكَ لو بتوديع الحياةِ
فكُفَّ عن التكبّر والتعالي	فإني منك يا تاريخ ذاتي
جفاكَ يثير بي يأساً عُضالاً	فدمت مراعياً دمع الفتاةِ

رجاؤها مني

سَتحبني يا خالدي ستحبني ... حبّاً يدوم وليس يوماً ينثني
كنْ لي صديقاً أو أخاً أو والداً ... ما تشتهي كنْ، إنّما لا تَنْسَني
لمّا ترقّ فإنَّ كلّ مشاعري ... تشدو كمثل الطير في الجوّ الهني
تتفتح الأزهار من أكمامها ... ينساب عزف جوارحي "كالأرْغُنِ"
خذني بعيداً نحو أرضٍ خصبها ... كجنانِ عدْنٍ بالسعادة تغتني
رُحْماك فلنذهبْ إلى أقصى مدى ... لا نلتقي مع أي ماضٍ محزنِ
نَقْرُو رياضاً دون أشواك بها ... بل كلّها من نرجسٍ من سوسنِ
أغدقْ عليّ بما استطعت تبسُّماً ... يا ليتني أحيا بحبك ليتني
إني طوال العمر لم أشهدْ فتىً ... شرواك يرفل بالشعاع الأفتنِ
الله يعلم يا حبيبي أنني ... ما ذقت طعم الحبِّ قبْلكَ فأسْقِني
أهواك حبّاً واقعيّاً إذْ أرى ... فيك المفاتنَ في الرُّؤى والمعدنِ
أملي بأنك في غدٍ ستحبني ... حُبّاً يُكَوّنُ فيك نَفْسَ تَكَوُّنِي

إنك لحني

همَسْتُ بسمْعِكَ إنك لحني ... وإلهامُ شعري وباعثُ فني
ينير جمالُ وجودِكَ كَوْنِي ... فيا عاشقاه احترس أنت منّي
لأني بحبك أفني كياني ... وأفنيك مثلي فأرجوك دعني

حبل اللقاء

لست أرضى أي حل لحياتي قد خلا منه اللقاءْ
فابتعادي عن حبيبي ليس حَلًّا، بل به كلُّ الشقاءْ
قالــــت الأم إليهــــا ببكــــاءْ :
لـــن تفـــوزي يـــا فتـــاتي بالرجـــاءْ
فنجـوم الكـون أدنـى لـك مـن حبـل اللقـاءْ
فجـرى الـدمعُ مـن العـين التـي ترعـى الوفـاء
عــزفَ القلـبُ أنينـا راجيـا عطـف السـماء
كلُّ همي أن أرى وجه حبيبي إنـه وجـه الضياء
ومآقيــــه كــــألوان الســــماء
ولـــه قلـــبٌ كبيـــر دأْبُـــه يُسْـــدي العطـــاءْ

أتصورها تناجيني:

حيـــاتي ظـــلام فـــأين الضـــياءُ وأيـــن وأيـــن العيـــون الـــرِّواءُ
لتـروي عيـوني بمـاء الحنـانِ ؟
خيـــالي يهـــيم إليـــك صـــباحاً ليلقـــى مُحَيـــاك يشـــفي الجراحـــا
ببســمة ثغـرِك ثغـرِ الأمـاني..
حــرامٌ علــى القلــب يهــوى ســواكا حـــرام لغيـــرك أغـــدو ملاكـــا
حـــرام لغيـــرك أهـــدي عِنـــاني
أســرْتَ ضــلوعي، ملكــتَ وجــودي فـــلا أســـتطيع اجتنـــاء ورودي
بغيـــر يـــديك طـــوال الزمـــانِ

ترجوني

دعنـــــي أســبَحْ فـــي أجـــوا ئـكَ يومـــاً أحـداً طَـوْعَ يـديْكْ
كـــم أهـــوى رائحـــة السـيجا رِ تفـــوح عبيـــراً مـــن رئتيـــكْ
أحرِقنـــي فـــي نـــار هـــواكْ لأشـــمَّ روائـــحَ طيـــبِ شـــذاكْ
أرجـــوك أيـــا غـــالي دعنـــي أغفـــو يومـــا فـــي دنيـــاكْ
دعنـــي أغفـــو حتـــى أصـــحو مولـــوداً أكمـــلَ صـــنعَ يـــديْكْ
دعنـــي أصـــنعْ يـــا محبـــوبي نفســـي أروع بعـــد الأيْـــكْ
أمتِعْنـــي دومـــا يـــا فتّـــاني بقصـــيدٍ عـــذبٍ مـــن شَـــفتيْكْ..
لا تـــذبحني دعنـــي حيّـــاً لا تَـــدْحرْني عـــن كتفيـــكْ
أ وَ لســـتَ ترانـــي يـــا فتّـــاني دومـــاً أســـبح فـــي عينيـــكْ؟
إنـــي سَـــمَكٌ إنْ تخرِجْنـــي مـــن أبحـــارك مـــتُّ عليـــكْ
إذ قلـــتَ بأنّـــا أصـــبحنا شخصـــاً أحَـــداً ذبـــتُ لـــديكْ
انســـابَ الـــدفءُ إلـــى عظمـــي وبقولـــك هـــذا صـــرت إليـــكْ
قـــد ســـطعتْ شمســـي فـــي أفقـــي ففصـــول حيـــاتي دون خريـــفْ
أســـعِفني بـــالأنوار وبالـــ أحـــلام وبالآمـــال فأنـــت ظريـــفْ

رفضٌ وثأر

طول هذا الوقت أحيا في انتظارِكْ لـــك روحٌ صَـــلَبْتِني قـــربَ دارِكْ
إننـــي وافقـــتُ هيّـــا نتهنـــأْ معَ بعضٍ في مسارات مطاركْ
أنـــت قـــد أشـــعلْتِني قبـــل فِـــرارِكْ كـــان هـــذا مِـــن بطـــولاتِ قـــرارِكْ
أنـــا أصـــبحتُ أســـيراً مســـتهاماً بك يـــا مـــن نلْـــتِ منّـــي كـــلَّ ثـــارِكْ

ذكرى الحب

(شعر حرّ)

استيقـــــــظ الحـــــــبُّ
ووجـهـهـــــا الـزَّنـبـــــقْ
هـــــبَّ أعتـــــلى ينطِـــــقْ
يـقـــول: مـــــن قـديـــــم
سلـــــوتَ يـــــا حبيبـــــي
صـــــديقةَ الطفولـــــةْ
وخِدنـــــةَ الرجولـــــة
وبيتنـــــا الزجـــــاجي
بســـــاحة الفضـــــيلَةْ
ورأســـــيَ الدَّجـاجـــــي
لـــــو أنـنـــــي نحيلـــــةْ
لـكـنـنـــــي جـمـيلـــــةْ
لـــديَّ عُـــرْف الـديـــكِ بهـــامتي الطويلـــةْ
يـصيـــــح فـــــي تـهـليلـــــة
يـدعـــوك أن تـهـــبَّ مـــن روحـــك الكـســولة
أمـــا تـحـــب هـدوئـــي ونـظـرتـــي الـعـطـوفْ؟؟
وخـــــافقي الشَّـــــغوف؟
وآهتـــــي العميقـــــة
وصـــــدري وشهيقـــــه؟
هـــــل أنـــــت لا تـحـــب

مـخـلـوقـــــــــةَ الإلـــــــــه

وحِسَّـهـــــــــا الـرهـيـــــــــف

وقـولـهـــــــــا اللطـيـــــــــف

هـــــــل أنـــــــت لا تـحـــــــب

أنـشــــــــــودةَ الأعـمـــــــــاق؟

أم تـحْـسِـــــــــبُ الـمظـهـــــــــرْ

أسـمَـــــــــى مـــــــــن الـجـوهـــــــــرْ؟؟

عقلي صغير

إنني أحزن جداً يا حبيبي

ليس لي عقلٌ كبيرْ

قد براني الله حلوا

إنما عقلي صغيرْ

أتمنى يا حبيبي لو معاني الحُسْنُ عندي في اكتمالْ

ليتني جَمُّ الجمال

ليت أنَّ الحبَّ في الواقع صفوٌ كالخيالْ

ليتني خالٍ تماماً من خَبالْ

إن أدنـــى الجســـم منـــي لـــيس حلـــواً كالأعـــال

إن أدنى الجسم مني يا حبيبي

كالضواري والصِّلالْ

لا أرى أي انسجام بيننا، ما مِن مجالْ

أنت أصلٌ للمعالي وأنا محضُ ظلالْ

غليل وعويل

كلمـــا كنـــتُ وحيـــداً لا أراكِ تُقْبِلـــــــــــــــــينْ
ويكـــون الصَّـــحْبُ عنـــدي صـــــدفةً إذْ تَعْبُـــــرين
لَمْ تَبـــوحي حـــين حانـــت فرصـــــةٌ جيمـــــاً لِســـــينْ
لـــم تجـــودي لـــي بوقـــت فيـــــه قربـــــي تجلســـــين
شـــاءتِ الأقـــدار هـــذا بيننـــــا طـــــولَ السّـــــنينْ
إنهـــا شـــاءت عـــذابي بـــــك يـــــا مَـــــن تمـــــرَحينْ
إنهـــا شـــاءت غرامـــاً ناقصـــــاً أمْ تُكملـــــينْ؟
أرهـــقَ الحـــبُّ فـــؤادي بحبيـــــبٍ لا يلـــــينْ
كيـــف لـــي أنســـى جمـــالا مســـــعدا قلبـــــي الحـــــزين؟
كيـــف أمضـــي عنـــك يـــا مَـــن أنـــــتِ يـــــا نبـــــع الحنـــــينْ
دائمـــا أنـــت بغـــابٍ فـــــي خيـــــالي تســـــكنين
ومـــلأتِ الغـــاب هـــذا بزهـــــور الياسَـــــمينْ..
كـــل شـــيء إن تغيبـــي فـــــي عويـــــلٍ وأنـــــينْ

ما إن لمحتُ حبيبتي

مــا إن لمحــتُ حبيبتــي أدركـتُ مـا ... عنـدي لهـا مــن عُــدّة كـي تأمِـنا

أخفيــت تـهيــامي لأنــي عــارفٌ ... كـم عشـت مأسـوراً بأقيـاد الضـنا:

عمْــرٌ، تقــاليــدٌ، وخـوفٌ دائــم ... ممّـن ستختــرق السعـادة بيننــا

لا مُلْكَ لي في الأرض يسعدني كما ... فــي لمحــة بعيونهــا أن أسكُنــا

هــي نــور روحــي، خـافقـي متعلـق ... بشعــاع بسمتهــا الطهـور كـربّنـا

حسْبــي مــن الـرب الكـريم أتـاح لـي ... أن أشـرب الــنبع الــذي لــن يأسِنا

حسْبي مـن الـرحمن ألهـبَ طيفَهـا ... فــي مهجتــي وأنــار فِــيّ الأعينــا

هــي مَـن تُحركنـي وتحرقنـي معـاً ... وتثيــر قلبــا للمحبـــة أدمنــا

لهفـي علـى حـب المحبيــن الألــى ... سـقطوا مثيلـي دون أن يُـدرَى بنـا

لا أستسـيغ العـيش دون طيوفهـا ... إذْ إنَّ واقــعَ رفضهــا لــي بُيّنـا

سأظــل محتفظــا بنظرتهـا إلـــى ... حبـي الحـزين المستميتِ بـلا منـى

سأظــل مُحْتكّـاً بنفســي وحدِهـا ... وغـداً تــرى أنـي قضيـتُ تأيُّنــا

علـّمــتُ نفســي أن تحـوز الممكنـا ... وتعــاف مــا يدْعونــهُ ألـلاّممكنــا

مــا الـذنب ذنبـك أن تغيثـي حـاجتي ... الذنــب ذنبــي أن أحـــب الأحسنــا

كـم جاهـلٍ بالحـب ضَـرَّ حبيبَـهُ ... بتداعياتـــه إنْ تصـــرّفَ أرعنــا

عبـر المنــام أحبهــا وبصحوتــي ... يــا ليــت أنَّ الــدهر وحّــدَ بيننــا

الدهـــر يظلمهــا ويظلمنـــي معــاً ... مــا أستاهَلَتْهــا الكائنــات ولا أنــا

صارت لغيري

صــارت لغيـري مـن أنـارت عقلـي　　　والحـــظ عنـــدي حافـــلٌ بالـــذلِّ
صــارت لغيـري وهـي لـي بالأصـلِ　　　إذْ هكـــذا الـــدنيا عديمـــةُ عـــدْلِ
أنـا كنـت أرجـو أن تكـون زهورُهـا　　　لـي رغـم أنْ وُلـدتْ برغمـي قبلـي
لـم نسـتطِعْ أبـداً نكـون لبعضـنـا　　　فـي الـوعر، هيّـا نجتمِـعْ فـي السـهلِ
مـا دام لا حظّـاً ولا شـرعاً سـعى　　　لإرادتَيْنــا لــم يعــد مِــن وصــلِ
ومـن النقيصـة أن أحـس بشـهوة　　　لحبيبـــة صـــارت نصـــيبَ البغـــلِ
ولسـوف تبقـى مُلْكَـهُ طـول المـدى　　　حتـــى ولـــو هـــي للطـــلاق تُـــوَلّي
لا أرتضـي حتـى الطـلاق يعيدُهـا　　　لـــي طالمـــا مُسّـــت بلمســـة نـــذْلِ

ألا تثقين بهذا المحبِّ؟

ألا تثقـــــين بهـــــذا المحـــــبِّ
لمـــاذا وضـــعتِ إشـــارة ضـــربِ
عليـــه ولـــم تشـــمليه بحـــبِّ؟
ألـــم تلحظـــي فرقـــه عـــن ســـواه
كمـــا الفـــرق بـــين مـــلاك وذئـــب؟
ولـــيس يـــؤثر حبـــك ســـلبا
علـــيّ ولكـــنْ يؤجّـــج لبّـــي

شُبّاك الحبيب

لــيس يحلــو الكــون إلا إن يـك المحبـوب فيــهِ
أشــكر الشــباكَ يُبْــدِي خيـرَ مخلــوق وجيـــهِ
إن أجــدْه فـــي منـــامي أشـتفي مـن رشـف فيـهِ
ربمـــا يغضـــب منـــي لسـلوكٍ لــي كريـــهِ
ربمـــا يصـــفح عنـــي راحمـــا حـال الولـــوهِ
ربمـــا يُزمـــع هجـــري كـــدلال أشتهيـــــهِ
قد أبيع الكون من أجـــــــل حبيـب أشتريـه..

شكراً غفرتِ تطاولي الهمجِيَّا

شـكراً غفــرتِ تطـاولي الهمَجِيّـا تـــدْرين مقـــدار الطفولـة فِيّـا
شـكراً غفـرت خطيئتـي برجاحـة فـي العقـل لا تـؤذين يومـاً حَيّـا
هــل شــاعرٌ إلا لديـــه جِنّــةٌ مــا إن يــرى فتّانــة يتهيّـــا؟..
أرنــو إليـك ولـيس تشـبع مقلتـي وأهـيج مثـل المـوج أرجـو العَلْيـا
قلبـــي محـــيطٌ زاخـــرٌ بقلوعـــه لكنــه فـــي الجـــوِ دومـــاً يعْيـــا
أ رأيــتِ بحــراً واصـلا لثريّـــا؟ أم إنــه فـي السفـح لـيس رضِـيّا؟
لمـا أهـيج أفـيض فـوق المستوى وأكــون فـــي إغــراقهم همجِيّـــا
أنــتِ الهنـاء لخـافقي أنـتِ الشـفا لكــنْ لمـــاذا تسـكنين قَصِيـــا؟

حبــــي الحــلال

ما طلعــةُ الشمــس الجميلة بالسّنا
أبهى من الوجه البشوش بوجهنـا

ما أحْمَــرَّ أفـقٌ ذو جمــال مُذهلٍ
معشارَ حُمـرةِ خدهـا من حبنـا

الغيـم يسقيهـا النضـارةَ والنّمـا
والحقـل يطعمهـا المسرّة والجنا

ليـس التـلاقـي كـافيـا بعيوننـا
بـل ننجب النسل الجميل الأحسنا

حبي الحـلالُ إليك حـبٌّ جـارفٌ
هو مُستحيـل منـكِ لا منّي أنـا

وذووك مثلُك يرفضـون زواجنـا
لفروق أعمـار تفـرّق بيننـا

تستنكـريـن البِكْـرَ تأخـذ أشيبـاً
نهِمَاً تـزوَّج قبلـها وتـغضّنـا؟

مـا ذا يضـرّ إذا تمـرن عاشـقٌ
حتى يكـون مؤهّـلا لأعزّنـا؟

أ يجوزُ هـذا فـي عقيـدة قريتـي؟
لا شـك يُفنـون الـرجاء الأرعنا

لكـن إذا كـنـا سألـنـا ربنـا:
هل كـان طـه ليـس يفعـل فعلنا؟

أ وَ ليـس قدوَتَنـا الرسولُ محمـدٌ
فيمـا يشرّعـه الإلـه لكلّنـا ؟؟

مـاذا سأفعـل فـي وُلوعـي كلـه
أرجـوك دلّيني لأبقـى مُحْصَنـا

الـكـل أنقلـه لملكـك ضامنـاً
منـك التفانـي في حماية ملكنا

الحب مـن طرفـي الوحيـدِ لطفلة
لا تستجيـب يُعَـدّ ظلمـاً بَيّنـا

أرجـو لهـا كـلَّ السعادة إن تكـنْ
لـي أو لـغيـري، لـم أزل متمدّنا

أبكـي على نفسي التي باحت بما
أنـويـه إخلاصـاً لهـا وتحنّنـا

ميلي عليَّ بوجهكِ المتهللِ

ميلـــي علـــيَّ بوجهـــكِ المتهلـــلِ ... لا أســـتطيب العـــيش دون تَغَـــزُّلِ
يـــا مَـــن نسـجتِ شـرانق القـزِّ التـــي ... حفظـتْ لـيَ الجمـرَ الـذي بـه أصـطلي
حسْـــبي ابتســـامةُ عاشـــق متبتـــلٍ ... لـــو لـــيس يقبلنـــي لِعمـــري الأرذلِ
فـــالعطف يكفينـــي لأجثـــوَ عنـــدها ... كالخـــادمِ الزنجـــيِّ ذي الخلُـــق العلـــي
لكنهـــا تـــأبَى الـــزواج لأنهـــا ... طفـــلٌ بعمـــر الياسَـــمين المُنجَلـــي
إنـــي منحتـــك مـــرتين قصـــيدة ... فتمتعـــي بملامســـي وتَـــدَللي
أنـــت الجمـــال جميعـــه يـــا حلـــوتي ... فـــابقي كحالـــك دون أن تتجمَّلـــي
إن التجمـــل لا يليـــق بغضـــة ... غرقـــت بأنهـــار الجمـــال الأمثـــلِ
أرجـــوك جِبينـــي كمـــا حَـــبَّ الشـــذا ... وجـــه الزهـــور بروضـــها المتهـــدِّل
إنـــي لَأغْـــبِط مـــن يكـــون نصـــيبَها ... متمنيـــاً مـــن خـــالقي لـــو جـــاد لـــي
إنـــي لأحســـد مـــن سيصـــبح زوجهـــا ... لـــولا أخـــاف علـــى الحبيـــب الأيّـــل
ويمـــر عمـــري فـــي فـــراغ دائـــم ... أهـــوي بحرمـــاني لقـــاعي الأسْـــفلِ
يمضـــي الزمـــان ولا أفـــوز حقيقـــة ... إلا ببعـــض تخيُّـــلٍ مُتَسلســـلِ

الحب المستحيل

مهمـا يكـنْ شـعري القـويُّ مُخَـوِّلي ... سـأرى البـرودة رغـم قلبـي المغتلـي
قَـدَري أعـيش علـى تـذكر طيفهـا ... وأشـمّ طيبتهـا كعطـر قَرَنْفُـلِ
وتـذوب كامـل صـحتي ومـداركي ... ويجـيء يـومٌ مـا ويخبـو جـدولي
محـرومُ حُـبٍّ مـن ألـذ جميلـةٍ ... إذْ طينتـي دون المـلاك المُنْـزَلِ ؟
أنـا عـارف قدْري ثـوى تحت الثرى ... وكـأنني مـن صـيقلٍ لـم يُصْـقلِ
حقـاً بنـى البـاري لنـا درجاتنـا ... قَـدَري الهبـوط إلـى المقـام الأسـفلِ
أنتِ المـلاك أعز من نفسـي علـى ... نفسـي وأَخشـى بالمـلاك تغزلـي
إنـي أكُـفُّ عـن النشـاط أمامهـا ... مهمـا أطِـرْ وقـت الكـرى بتخيُّلـي
أخشـى وربـي إن وصـفتُ جمالهـا ... وخصـالها أَنْمـى لأي تطفّـل
كذبابـة أنـا فـوق شـهْدٍ حوّمـتْ ... وتكوّمـت ملصـوقةَ بالمقتـلِ
النـاسُ حـول جمالهـا يتساقطـ ... ـون تسـاقطَ الثمـر القـديم المُهمَـلِ

حِنّي عليَّ

حِنّـي علـيَّ فربمـا سـأموتُ ... إن لـم تشـائي فـي حمـاك أبيـتُ
يمضي الزمان وقوّتي تمضي سدى ... فـوق الفـراش لأنني مكبـوتُ
الـرب أنشـأني شـعاعا سـابحاً ... فـي الأوكسـجين كـأنني كبريـتُ
أرجـوك حِنّـي فالمحبـة حلـوة ... إن غـاص فيمـا يشـتهيهِ الحُـوتُ
أرجوك حنّي جُلُّ ما عندي سدى ... يمضـي وإنـي ظامئـاً سـأموتُ

مَرَّ يعبس

قَدْ مَرّ يعبسُ لا يريدُك أن تراهْ

أو أن يراك، فإنه يُخفي هواهْ

قَدْ مَرَّ يعبسُ وابتسامٌ في حشاه

إذ مُذ رآك سعى لذلك مِنْ ضُحاهْ

قَدْ كان يسكن في الطريق لكي تراهْ

لكنَّهُ لمّا رآك أشاحَ عنكَ بلا انتباهْ

لكنْ أحَقَّاً لم يُعِرْكَ الإنتباهْ؟

كلا ففي هذا اشتباهْ

فتعالَ وانْظُر كيْفَ عاشَ هوَ الحياة

يَحْيَا غرامك في صباهْ

انْظُر دواويناً إليك تخطّها لَكَ مُقْلَتَاهْ

فالروحُ يزرعها بِغَابٍ أوْ فلاةْ

وَبِلَوْعةٍ فيها دواهْ

انظر نباتَ السَّنْدَيانْ

يعلو عليكَ بخارُهُ يحكي رؤاهْ

هُوَ من يراكَ على عيون الأقحوانْ

وعلى غيومِ البَحْرِ أوْ فوقَ الجِبَاهْ

يلْقَاكَ في أقصى مُناهْ

يَا مَنْ ملأَتْ مَدَى دُناه

هُوَ عاشقٌ ولهانٌ يَنْسِجُ من دماهْ
أَطْيَافَكُمْ يكْسُو بِها كلَّ الحياةْ ...

لا تقولي كلا

إن قُلتِ لي كّلاّ يكَلُّ القلبُ ... لكنْ إذا وافقتِ فهو يشُبُّ
أيقنت أنَّ (بلى) أعادتْ قوّتي ... وثْباً وأنَّ اللاّ رمتنيَ أحبو
أرجوكِ قولي لي (نعم) كي أنحني ... لكِ بالمحبة والوفاء وأصبو

تجلو المعاني لي كخير مترجمِ

انظر لوجهي يا حبيبي وأبسِمِ ... أنا لم أهِمْ بجمالك المتجهِّمِ
ابسِمْ قطعتَ نياط قلبي حسرة ... من هجرك الممجوجِ مثلَ العلقمِ
انظر لحقل القمح دونك يابساً ... وإذا حضرتَ يصير أطيبَ موسِمِ
حتى الهَزارُ بلا حضورك صامتٌ ... حتى السماء غدت بوجه أسحمِ
تلك (السراخس*) رغم قلة شأنها ... أضحت بعطفك ثروةً كالمِنْجمِ
أرجوك ساعدني لأصبح هانئاً ... بالياسَمين وزهره المتكوّم
بردى يغرد في الفجاج من الذرى ... ويسير نحو العمق دون تأزم
علّمتني لغة الطيور وغيرَها ... لغة الخرير وكل ذات ترنّم
لولاك لم أعلم ولم أتعلمِ .. ... ففهمتُ ما من قبل لم أتفهمِ

---

* السّراخس: نوع من النباتات الوعائية لديها سيقان وأوراق ريشية الشكل.

للعاشق في الذل حياة

إنـــــي أذل لحلـــــوتي أســـــتجدي ... خيـــرٌ إلـــيَّ مـــن البِعـــاد المُـــرْدِي
دومــــاً تجــــافيني وتطردنـــــي وإن ... عاتبتُهـــا ســـتزيد حِـــدَّة طـــرْدي
أرضَـــى بهـــذا الـــذل رغـــم تعاســـتي ... وأظـــل أنعـــم قربهـــا بالســـعد
ســـعدي أعـــيش بـــذلتي بجوارهـــا ... خيـــرٌ إلـــي مـــن الجنـــوح لبُعـــدِ
مهمـــا قســـت أبقـــى لهـــا أنـــا راحمـــاً ... شـــتان بـــين مُخاصـــمٍ ومُـــودِّ
بجوارهـــا تجثـــو ضـــلوعي فرحـــةً ... ويصـــير إحساســـي كطعـــم الشَّـــهْدِ
ارحـــم ضـــلوعي يـــا حبيبـــي قـــد نمـــا ... فيهـــا الحشـــيش مـــع الحنـــان الـــوردي
فـــي بحـــر قلبـــي ينبـــت العشـــبُ الـــذي ... مـــا عـــاش فـــي بحـــر ولا فـــي ســـدِّ
عينـــاي مـــن ذوبـــان غيمـــات السَّـــما ... يـــذوي ويهمـــى فـــي الجـــوى المشـــتدِّ
الصـــدر منـــي والمحـــاجر فـــي ارتخـــا ... كـــم للهـــوى فعـــل كفعـــل الغِمْـــدِ
خطـــوي تـــلألأ فـــي ميـــاه جُمّعـــت ... حـــولي فأصـــبح كـــلُّ شـــيء رِفْـــدي
أمشـــي وأبحـــث عـــن حبيبـــي هائمـــاً ... لا ينفـــع التجـــوال إن لـــم يُسْـــدِ
أنـــا عاشـــق و معـــذب يـــا حلـــوتي ... فترفقـــي حتـــى أغـــوص بلحـــدي
لـــولا المحبـــة لا نحـــسّ بغبطـــة ... فـــي كســـب رزق أو صـــيانة عهـــدِ
هل يستحق العطفَ أكثرُ من عشيـــ ... ـــقٍ هَـبَّ في الليلات كي يستجدي ؟
جودي بما في الحب من حُسْن وما ... فـــي القلـــب مـــن وُد فـــإني أفـــدي
طَلَـــعَ الصـــباحُ فبـــدَّلت أضـــواؤُهُ ... غصـــص الحنـــين ببســـمة كـــالورد
بقيـــت ثـــلاث دقـــائق للقائنـــا ... قلبـــي وروحـــي فـــي مشـــاعر خُلْـــدِ

قـد طــار طيـرُ الالتقــاء مرفرفــاً ... بجناحـــه يزجـــي نســـيم الـــوُدِّ
إذ نلتقــي فالشــمس تتــرك خِـدْرَهـا ... وتمـــور فـــي أفـــق جميـــل وردي
فنــرى الهــوى بأصــوله وجمالــه ... متحـــرراً مـــن ذلـــة أو قيـــد
الحــب دومــاً مثــل ليــل أســود ... ويليـــه صـــبحٌ ســـاطع كالعِقْـــدِ
نقضـــي الحيـــاة بنعمـــة وســـعادة ... إن فـــاق عهـدُ الوصـلِ عهـدَ الصدِّ
إنَّ الصــدود ممـــزق لشـــعورنا ... لكنمـــا الوصـــل الـــدواءُ المُجْـــدي
دامــت لنــا الأيــام فــي صـفو، فمــا ... كالعاشـــقين بحاجـــة للســـعد

قسوة حبيب

تســير اْختيــالاً وتُضــرِمُ نــاراً ... أيـــا أجمـــلَ الحـــورِ بـــين البَشَـــرْ
تَرَفَّــقْ بحــالي وكُــفَّ الصـــدودَ ... ودعنـــي بـــأُفْقِ الأمـــاني أَطِـــرْ
فـــإِنَّ نُضَـــارك يخلـــب لبّـــي ... ويقضـــي علـــيَّ بســـيفٍ خطِـــرْ
أحــس كــأني بــلا قيمـــةٍ مـــا ... وحـــولي ظـــلامٌ بـــهِ أنغمِـــرْ
تكبَّـــرْ، تجبَّـــرْ وقطِّـــعْ يـــديَّ ... وجفّـــفْ دســـائي فلـــن أَدَّخِـــرْ
خلقـــتَ لِتَقْتُـــلَ يـــا مُرْهِبـــاً لـــي ... وتَسْـــعَدَ بالقتـــل أو تفتخِـــرْ
خلقـــتُ لأشـــقى وأنـــتَ لتَهنَـــا ... فـــنحنُ كضـــدّين، طـــولَ العُمُـــرْ

إني أحبك يا ألــذّ جَمــال

إنــي أحبــك يــا ألـــذّ جمـــالِ في عالـَمٍ سَمحٍ يتيــح وصالي
بحبيبــة أرجــو تكــون قرينتــي عمّـــا قـريـــب دون أي دلال
فأنــا هوِيــتُ جمالهــا وخصالهــا وصفاءهــا وبـــراءة الأطــفــال
أرجــوك كــونــي لــي ألــذ قرينــة سأحِــقّ كـل خيالهــا بفعالــي...
أرجــوك أن لا تبخلــي أبداً علـى من صار حبك راسخاً في بالــي
حبــي إليــك أطــال عمــري فتـرة أخــرى أواصلهــا مــع الآصــال
أرجــوك قولــي لــي أحبك أنطلقْ فــوراً إليــك بـأصـغـريَّ ومالــي
فأفــوز حبــك بالحــلال كزوجــة عظمــى بديلا عـن حـرامِ خيالي
أحببــت حُسْنــك كلّــه وبــراءةً فــي مقلتيــك أزالتــا بَلبالــي
أحببـت عطفك والخصــالَ محبــة ليســت تتيــح أكون يومــا سالي

يا خيبة الآمال

يــا خيبــة الآمــال كــل دقيقــة تتغيّـــــر الآراء والأفكـــــارُ
يــا خيبــة الآمــال جئت أحبهــا لكنهـــا مـــا شـــاءتِ الأقـــدار
أسخو علـى الأنثـى بكـل نقاوتي لكنْ يخونـه قلبهـا المكّـــــــارُ
الـــدهر هـــذا شِقـــوةٌ وتكبّــدٌ ورؤىً تســيل ودمعنـــا مـــدرار
لـو خيَّرونـي بيـن عيـش أو ردىً رغــم الصــعوبة للــردى أختــار

ألست تحب أشعاري ؟

ألســــت تحـــبّ أشــعاري وأفكـــاري وأطـــواري ؟
فراقـــــي أم مصـــادقتي أ تهـــوى عـــزف أوتـــاري ؟
إذا أصــبحتَ تعشـــقني فصـــرّح دون أســـتارِ

يا رب حقق رغبتي بسهامِ

يــا رب حقــق رغبتــي بســهامِ حتــى أواصــلَ عيشــتي بســلام
إنــي لَمهــتمٌّ بكــل شــؤونها مهمــا رمتنــي رميــة الأيتــام
لأزيــد توضــيحي رمانــا دهرُنــا مــن دونمــا تحقيــق أي مــرام
غيــري مظــاهره تخــالف عُمْقــهُ وحقيقتــي أحلــى مــن الأحــلام
كــلُّ التقاليــدِ الحقيــرةِ ضــدُّنا وُضــعتْ لأجــل تعاســة الأقــوامِ
إن كــان عنــدك ذرّة مــن رحمــة نــادي إلــيّ تــريْ ألــذ ّغــرام
أرجــوك كــوني لــي أعــز صــديقة إن لا تريــدي يــا ســهامُ هُيــامي
إنــي أخَمِّــنُ أنّ ظرفــاً مانعــاً لــك عــن زواجــي صــرّحي بكــلام
إنَّ الحـرامَ هو الصيام عن الهوى هــو جعْلُنــا الإشــباعَ محـضَ حـرامِ

لا ردَّ منكِ

أرنــو إليــك كــأنني أرنــو إلــى فصــل الربيــعِ يفــيض بــالأفراحِ
لكنْ أغـضُّ الطـرفَ عنـكِ فلـم أعـد متأكــداً مــن نصــرة لكفــاحي
ماتـت عطـورُكِ مـن حيـاتي وانتهـت لا ردَّ منــك مُشــجِّعُ لِطِمــاحي

إن لستِ راحمتي

إن لست راحمتي فمن لي يرحمُ   يا حلوة أفْنَى إذا تتجهّمُ؟
أخشى عيونَك مثلما يخشَى الورَى   خطرَ الوغَى ولربه يسترحِمُ
لولا حنانُك لا حياةَ لخالدٍ   وإليك وحدك جاهز أنا أخدمُ
حنّي علي بزيجة ميمونة   يرضى بها التاريخ أو هو يُرغَمُ
أنا يا جميلة خائب مستسلم   أبكي على حظي التعيس وألطمُ
كسّرتُ أسناني فها أنا أدردٌ   وقطعتُ ألسنتي فها أنا أبكمُ

فهمتُ بعد أن رَحَلَتْ

وهَاجةٌ بسماتها كالنّجمِ   في مقلتي لو أصبحتْ من فحمِ
فأنا أميّز حبها بالرغم ممّـ   ـا أنتابَها من لوعة في الكتمِ
استيقظت بي الذاكراتُ فصُنتُها   أخْرَجْتُها من عمق بئر الحُلْمِ
كانت تحبّ وما تزال تحبني   لم أفهمِ النظرات نفسَ اليومِ
وفهمتُها من بعد أن رحلتْ إلى الـ   ـجنّات، يا ليتِي سريعُ الفهمِ
لو كان إفْصَاحُ الحبيبة كاملاً   أو شاملاً لَمَنَحْتُها ما ترمي...
ورثيتُ إحساسي لأنه واهنٌ   من سوء حظ حبيبتي..وَاْ همِّي!

أكاد أموت بدون حبيبي

أكـــاد أمــوت بـــدون حبيــبِي وأخشـــى تباعُـــدَه عــنِ دروبـــي

أخــاف انحســارَ المحبــة عنـي فأصـــبحُ دون انـــدفاق الطيـــوب

أعـيش علــى لمحــة مــن رؤاهــا وموقــف شــوق مزيــلِ الكــروب

كــأني خلقــتُ فقـــط لانخـــذالٍ وحـسٍّ بنقــصٍ ودمــعٍ صبيـــب

متــى سأضـمُّه لـــو نصـف ضَـمٍّ بـه بعضُ حُلمي وبعض نصيبي؟

متـــى يتجلـــى هنـــــاء فــؤادي إذا وافقــتْ أن تضـيىء غيــوبي؟

متـــى يـــا إلهــي تحـــــنّ علـيّ وتعطـــي الســـعادة دون خطـــوب؟

عســى أن تهـيم بشـعري العجيـبِ ولـونِ عيوني الخضيرِ الخصيبِ

سأصبح تائِهـــا

إنّ لـــن تحبّينـــي سأصـــبح تائِهــــا بين الحقول وفـي الربى وسمائها

إنْ تهجريني سوف أرثـي حالتـي يا من حلمتُ أكون تحت ردائهـا

أزجـي إليك بــالاحترام وبالرجـا أن تَعْذِري نفسي على أخطائهــا

أنــا مـن أنــا حتـى تـوافقني الظّبـا؟ عيبي أنـا الطمّاعَ في استرضـائها

أنوي الوصول إليك

أنـوي الـوصـول إليك يـا نجم السما ... أعـددتُ أجنحـة تطال الأنجمـا
لـولا أرى عـيـنـيـك رهن مخـافـة ... مـن مُـبـهَـمٍ لـسبحتُ فـي شطّيهِما
لو أنــت حقا تقبلين بـزيجتـي ... لـجعلتُ تحتـك كل كنز يُرتمى
أرجـوك حـبّيـني لكي أتـنـعمـا ... مـا كـنــت يـوما هكـذا متـرنمـا
أرجـوك حِبيـنــي كمـا حَـبَّ الدُّمى ... طـفـــلٌ غـريـــرٌ بالملاعـب تـيّمـا
كــلا اكـرهيني أنــت نبتــةُ بيئـةٍ ... فيـــها تخــاف البنــت أن تتبسَّمـا
لـولا أخـاف عليك يا نــور الهدى ... ما كنـت أجعل صوت حبي أبكـما
أخشـى عليك مـن الغـرام إذا شدا ... فـالشذْو يجتـذب الـعــذول لينقـما
لا أستطيــب أكـون مثــل ذبابــة ... لعقَــتْ لـمَـاكِ وأوسعتــك تـألّمـا
الحـــرب واسعــة أمــام مطامحـي ... لم أرض أن يصْلى صِباك جهنَّمـا
عيشي لغيري فهو أجدر بالـهـوى ... منـي وأجــدر بالتـوفـّي مـغْـرَمـا
يأبـَى حيائـي أن أجـــيء لطـفـلـة ... في عمر بِنْتي خاطبـاً مسترحـما

أ تكون لي ؟

أ تكون لـي لأكـون أسعـدَ كائـن؟ ... أم سوف أبقى في جحيم جفائهـا؟
والله مـــا أحببــتُ بِنتــــاً هكــذا ... لمراتب الإعجاز في إطرائهـــا
سفحتْ دمــي بجمالهـــا وأريدهـــا ... حتى نخلِّدَ نسلنـــــا بدمائهـــا

الحب الخائب

إن تتركيني ففوراً سوف أنقسمُ
لكنْ خسرتِ فتىً بالحب يضطرمُ

إني أواسي الذي خابت محبتُهُ
ولم يَدَعْ حسرةً في القلب تحتدمُ

إن العزاء جدير بالذين رأوا
من يحلمون بهم، لكنهم حُرِموا

إني سأسلوك والسلوى ملوّعة
لو أنّ من يترك السالين ينتقمُ

من لا تريدك أن تأوي لمهجتها
دعها لغيرك فالأقدار تقتسمُ

كنْهُ الحياة غرام لُذْ بفرحته
واهجر أساه وإلّا غالك الندمُ

لم نَهْوَ إلّا لكسب السعد وا ألمي
فإنْ شجانا فأحرى بالهوى العدَمُ

الحب ضعفٌ ولكنْ سرّ قوّته
يُفضِي إلى معجزات حين ينسجمُ

الحب ضعفٌ وإن لم يقو في أمل
فباطلٌ كله التَّهْيامُ والحُلُمُ

أنا بلبلُ حبكِ

إن كنتِ أنتِ عَزَلْتِني
لستُ الذي أنا يَعزِلُ

إن كنتِ أنتِ سَلَوْتِني
لستُ الذي يرضى السُّلُو

أنا مِن طيوفكِ أَنْهَلُ
أنا من عبيركِ أَنهَلُ

عهدٌ عليَّ قَطَعْتُهُ
وطبيعةٌ وتعقّلُ

لو لستُ أكبرَ عاشقٍ
ما كان شوقيْ يهدِلُ

لكنني يا حلوتي
من وَحْي حبكِ بُلْبُلُ

ألقي عليك تحية الإسلامِ

ألقـــي عليـــكِ تحيـــة الإســـلامِ ... ردي بأفضـــل يـــا بُنَيّـــةَ رامـــي
ضـجِر الزمـان ولـم نشـاهد بعضـنا ... عهـــداً ســـعيدا مُفْضـــياً لوئـــام
إنّـــا التقينـــا صـــدفة مكتوبـــة ... هـــي رميـــة كانـــت بـــدون مـــرام
إن كـــان عنـــدك أي وُدٍّ خبّـــري ... كـــي أســـتمر علـــى رجـــائي النـــامي

يا ليت ترتفع المحبة بيننا

يمضي الزمان سدىً إذا بقيَ النوى ... ويـــزول معنـــاه مـــدى الهجـــرانِ
مـــا أنـــت إلا البـــدر يظهـــر كـــاملاً ... لـــك دائمـــاً مـــن عطفـــك الوجـــداني
يـــا ليـــت ترتفـــع المحبـــة بيننـــا ... لـــو نحـــو صـــفر فـــي مـــدى الميـــزان
إذْ إنهـــا هـــي تحـــت صـــفر دائمـــاً ... وبلـــوغُ خـــطِّ الصـــفر منـــك كفـــاني
أنـــا مـــا أضـــفتُ إليـــك أيـــة قيمـــة ... لكـــن أضـــفتِ إلـــيّ كـــل كيـــاني

عذِّبني يا حبي

عـــذّبني يـــا حبـــي أكثـــرْ ... فقريبـــاً تلقـــاني أَقْبَـــرْ
أنـــا تمضـــي أيـــامي هـــدراً ... ينحســـر العمـــرُ ولا أُنْصَـــرْ
عـــذّبني يـــا حبّـــي أكثـــرْ ... يبقـــى تعـــذيبُكَ لـــي سُـــكَّرْ

علمْتني

علَّمْتِني دوماً أنام واقفا

وأعشق الترام والمواقفا

وأسكن الطريق والمتاحفا

علَّمتني الجنون والتزاحفا

علَّمتني أظل خائباً وخائفا

هويت وفاءً بدون وفاءٍ منها

غرامـي لهـا سـوف يبقـى نضـيرا ... ولـــو قــررتْ دائمـــاً أن تجـــورا

ســأرعى الغــرام بقلبــي وروحــي ... حِفاظـــاً عليـــه لَكـــيلا يبـــورا

هويـــتُ وفـــاءاً بـــدون وفـــاءٍ ... وجوزيـــتُ منهـــا الجفـــاء المريـــرا

مكثـــتُ أســـير إليهـــا أمامـــاً ... إلـــى أن وقعـــتُ لـــديها أســـيرا

أعوض عن هواكم بالبكـاءِ

أعـــوض عـــن هـــواكم بالبكـــاءِ ... وترهقنـــي معانـــاةُ التنـــائي

لقـــد جـــافيتموني دون ذنـــب ... حقيقِـــيٍّ.. أعامَـــل كالوبـــاءِ

أحـــاول أن ألـــوذ بـــأي ســـلوى ... ومنـــع الشـــعر أو نـــزف الـــدماء

لكـــيلا أســـرق الأوقـــات مـــنكم ... بشـــعر لا يفيـــد مـــع الجفـــاءِ

لقـــد منـــع القضـــاءُ الحـــب عنـــي ... وإنـــي طـــائع أمـــر القضـــاءِ

اخطُ ما شئت

إِخــــطُ مـــــا شـــئتَ علــــى حســــي الرهيــــفْ
خطـــــــوَكَ الهــــــادئَ و الخطــــــوَ العنيــــــفْ
أو كغـــــــيمٍ طـــــــارَ أو وهـــــــجٍ ظريــــــفْ
جـــــــوّ صــــــيف أو شــــــتاء أو خريــــــفْ
ســــــتراني كيفمـــــا عـــــاملتني الشـــــخصَ الأليـــــفْ
لا يثيـــــر المــــوجَ فـــــي بحــــري ســــوى الحـــبِّ العنيـــفْ

نعاس الحبيب

إنــي نعســت ولا أريــد مزيــدا
من صحوة وقد اصطفيتُ رُقودا
ما أنت يا محبوب شخصاً مسعدا
إن لم تكن في صحبتي موجودا
مــا أنــت إلا كــاللظَى فــي أعينــي
لــيلاً نهــاراً لا تكــفّ وقــودا
إنــي احترقــتُ وقــد كفــاني أننــي
أودَيْــتُ فــي درب الغــرام شــهيدا

تتركني

تتركُنـــي للصـــمت الأخـــرسْ
لا أعــــرف أفــــرحُ أم أتعَــــسْ؟
لا أعــرف هــل تشــرق شمســي
أم تبقــى فــي المغــرب تُطْمَــسْ
وبـــأعتى أمـــواج شـــقائي
روحـــي تســـبح تـــتلَمَّس..

اتـــركـــنـي يا حـــبيبـــي

اترُكينِـــــي يـــــا حبيبـــــي		جانحـــــاً نحـــــو المغيـــــبِ
وأنسِـــــني مـــــا كـــــان وُدٌّ		بيننـــــــا أو أيُّ طيـــــــبِ
لـــم يكـــن حبّـــكِ يُجْـــدي		لـــم أنـــلْ أدنـــى نصـــيبِ
يـــا حبيبـــي عشـــت عمـــري		منـــك فـــي أوج النَّحيـــبِ
كنـــت أرجـــو يـــا حبيبـــي		لـــي تكـــونين طبيبِـــي

سيدتي

سيدتي

"كونتيستي

يا قمراً في ليلتي

يا بهجةٌ في مهجتي ...

إني وطيفِك كلَّ يوم نلتقي

لكننا في الصحو يا محبوبتي بتمزُّقِ

الكهل العاشق

جالــــــسٌ يُخْبــــــئُ قبْـــحَهْ
بعــــد أن أصبـــحَ كهـــلاً وهزيـــلا
لــــم يعــــد نجمـــاً جميـــلا
قـــــادراً أن يستميــــــلا
هــــذه المـــلأى بصـــحَّةْ
جالــــسٌ يـــأوي السبيـــلا
يرمــــق القَــــدَّ الجميـــلا
كلمـــا مـــرّ كثيـــراً أو قليـــلا
يربط الحبل خياليّاً ويَنْهالُ سُيولا
ربمــــا لا يشهد الجمهــورُ جرحَـــهْ
ربمــــا لا يَــقْبل المحبـــوب مسحَـــهْ
صـار كهلاً وهواه لم يزل غضّاً جليلا
ويعانيـــــهِ اشــــتهاءً مســـــتحيلا

من سيئات العمر

هيا امنحيني ذخْرَك المتبسِّما ... يا مَن هبطتِ إليّ من ثَبَجِ السما
لا تبخلي أبدا وخطّي خُطـــة ... تغزو بها خطواتُنا حَرَمَ الحِمـى
من سيئات العمر ألفُ نواقص ... فيه ويأتي الموتُ ألعنَ أشأمـــا

خريف حبك

خريـف حبـكِ لا يـأتي الشـتاءُ لَـهُ ... ولا الربيــعُ فقـد جفَّفــْتِ جدولَــهُ
هــذا الجمـال لغيـري ألله يحرُسُــهُ ... أمّــا لنفســي فجيــش الله زلزلَــهُ
بالـدمع والقمـع أَقُصـي سـحنةَ قمـراً ... عـزَّت علـى القلـب يـومَ الحُـبُّ أمَّلـهُ
أسـتودع الله طيفــاً لا يفــارقني ... و يسـهر الليـل فـي فكـري ليُشعلَـهُ
إن لـم ترَيْنِـيَ بعـد اليـوم لا عَجَبـاً ... فكـلُّ كهـلٍ يصـير الــرمسُ موئلَـهُ

مشاعر الشيخوخة

نحــن شِــبْنا والقمــر... مــا زال شــابا
صـــار عيبـــاً أن نحبـــا
صـــرت أخشـــى أن أسَبَّـــا
لــم يعــد عبــر العيــونْ
أيّ ومـــض أو فتـــونْ
زغــردي يــا كــلّ أفــراح الصــبايا والشــباب
وتهنّـــوا واســـتلذّوا بالشـــراب
غيــر أنــي أتَـوقَّى، فــي ســرير مــن عــذاب

أبكي على نفسي

أبكـي علـى نفسـي فمـا ترنـو لهـا　　عـينُ الصـبايا لـو بـلا إعجـابِ
وأكـاد أخجـل كيـف أشـواقي بـدت　　للنـاس عاريـة بـلا جِلبـابِ
إنـي لَأخجـل كلمـا نفسـي اشـتهت　　وكـأنَّ عينـي دونمـا أهـدابِ
كالسُّـلْحُفاة أعيـد رأسـي للـورَا　　لمّـا أرى خطـراً يـداهم غـابي
أ أعـود مخلوقـاً جلـيلاً مثلمـا　　كـان ابتـدائي قبـل مـوت شـبابي؟
أصـبحتُ ويلـي أشـمئزُّ مـن الضـنا　　والشَّـيْبِ والتجعيـد والإرعـابِ

لهفي أموت ولا أشاهد غادة

أبكـي علـى نفسـي لأنـي عاطـل　　مـن حـب أي حبيبـة لـي تنصـفُ
ولربمـا قـدّي وقـدري دون مـا　　تبغـي النسـاء ومـا يـدي تتصـرفُ
ولربمـا تـزري بحسـني حلـوة　　وأنـا عجـوز قـرب قبـري أنـزف
لهفـي أمـوت ولا أشـاهد غـادة*　　أخـرى حنونـاً مـن لماهـا أغـرفُ
أرثـي لنفسـي هـل خُلِقـتُ مقبَّحـاً　　شـكلاً ولا يَعْلَمْـنَ أنـي الأحصـفُ ؟

---

*الغادة: الفتاة الجميلة الناعمة.

بعـــد الشّيـب

أ أنــا غــدوت مقــززاً يــا للعجَــبْ ... أ هُوَ أبْتذال النفس كان هو السَّببْ؟
آمنــت أن المــوت أفضــل للفتــى ... مـن أن يـذل إلـى النسـاء وينتحِـبْ
أفــدي لهــن جــوانحي ومــدامعي ... وتوسـلي كـيلا أعـيش كمغتــربْ
يبعُــدْن عنَّــي باحتقــار مُــبْهَمٍ ... هـل هُـنّ حقـاً هكـذا أم ذا كـذبْ؟
فلربمـا مـن ضـعف تخطيطـي أرى ... صـداً ولكـنْ لـو أخطّـط أكتَسِـبْ
لا بُـدَّ مِـن فـرط اهتمـامي دائمـاً ... بجمـالهنَّ يطِـرْن مني فـي غضـبْ

لماذا لــم تحِبّيني؟

لمــــاذا لــــم تحِبّينـــــي؟ ... أمــا لــي منـك مِــن لِـيْنِ؟
فمـــــا هاتفتِــــــني أبـــداً ... فهــل ســافرتِ للصـــين؟
ولا مِــــن فيــــك ممتلكـــا ... رحيقــــا منــــكِ يحْييـــــي
إذا شـــاخ الفتـــى هجــرت ... حمــاه حُــورُ ســجّين
ولا يـــــدرِينَ عزمَتَــــــهُ ... تضــاهي عــزم حِطّـين
فكــم مــن شــائبٍ شــعِثٍ ... لديـــه خيــرُ تكويـــــن

إذا لم يزُرْني

إذا لـــم يـزرنـــي فـذلـــك يـعنـــي
تـضـجـرَّ مـنـي ومـن سِـحْـرِ فـنـيِّ

ليشعرنـــي أنَّ وِزْري كـبـيـــرٌ
ويـمـعـنَ فــي هـجـرهِ والـتـجـنّـي

أنـــا وهـــواه كـلانـــا ارتـكـبـنـــا
تـجـارب كـانـــت كـوفـــق مـنـــاهُ

كلانـــا بوقـــت انـســـجامٍ تسامى
ولـكـــنْ هـــوَى خَشـــيةً جانحـــاهُ

أنـــا همـتُ فيـه مـن الـرأس حتـى
لأخمُصِـــهِ.. سابحـــاً فـــي سنـــاهُ

ويبقـــى هـــواه الـــذي لا يـــزول
يـزيـــد بـنـفـســـي بـرغـــم جـفـــاهُ

سيخبـــو صبانـــا ولـــم نتلـــذّذ
ببعـــضٍ، فَجُـــلُّ المعيشـــة آهُ

تصـــرُّفُنا اليـــومَ وقـــتَ الشـــبابِ
كـــوقت المَشـــيبِ فـــوا حسرتـــاهُ

بعهد الصبا نحن شخنـا فمـاذا
تـركـنـــا لـشـيـخـوخـــة يـــا رفـــاهُ؟؟

بعهـد الطفولـة نحـن شبِعْنـا
عناصـــرَها لعبـــاً وســـواهُ

بعهـــد الصـــبا مـــا انتقلنـــا إليـــه
ولكـــن لشـــيخوخة وا أســـاهُ

تركنـــا الملـــذّاتِ دون احتضـــان
وضـــاع صـــبايَ، وضـــاع صـــباهُ

وقـــد كـــان أجـــدرَ بالعاشـــقينَ أغـــ
تـنـــامُ الصـبـــا فـهـمُـــا ضـيّـعـــاهُ

ففـــي كـــل عهـــد بهـــاءٌ جديـــد
علـى المـرء أن يرتـوي مـن نَـداهُ

ألـست تحـب أشـعاري

ألـــســـت تـحـــب أشـعـــاري
وأفكـــاري وأطـــواري؟؟

فراقـــي أم مصادقتـــي
أتـــهوَى عـــزف أوتـــاري؟؟

إذا أصـــبحتَ تكرهنـــي
فصـــرِّحْ دون أستـــارِ

الحب العاقرُ

هـل تَقْبلـين أيـا منـايَ الهـاجِرُ باقي الحياة إلـى حماك أهاجِرُ ؟
أنـت الأنوثـة أنـتِ سـيلٌ هاطـل مـتلاطمٌ فـي ضـفتيه أخـاطرُ
لله درُّ مفـاتنٍ منضـودة تحظـى بـإجلالٍ رعـاةُ القـادرُ
لكـنّ إخلاصـي لغيـرك مـانعي مـن أن أحـاول، بـل أظلُّ أُحـاذرُ
الأصلُ غيرُك وهو دائرةُ الرَّحَى وأنـا الهـوامشُ والـذباب الطـائرُ
أحيـا طفيليّـاً علـى أحلـى سَنَىً وأغُـضُّ أبصـاري وقلبـي هـادرُ
أنـا لـم أخـن طـول الحيـاة جميلـةً ومصـونةً وأنـا بـذا أتفـاخرُ
إنــي أسـالمُ كـلَّ حـبٍّ عـاقرٍ مهمـا أكـنْ معَ لـوعتي أتشـاجرُ
أنـت المصـونة للمصـون لوحـدِهِ وبفضـله إنـي لوجهـك نـاظرُ
أبكـي علـى قـدميك أجثـو رحمـة وأقـدِّس الـدنيا بمـا أنـا زاخـرُ
أحلـى المنـاظر فـي الطبيعة شـاعرٌ يسـعى إلـى قدِّيسـة وينـاورُ
قـد أكرمتْـهُ بأكلهـا وبقتلهـا إحساسَـهُ مـا إنْ يرفـرف خـاطرُ
وتُثيـر فيـه لوعـةً جيَّاشـةً رغم الصدود فكيف لو تتسامرُ ؟
مـا حظّـه إلا الظـلال وينتحـي منْحَى التمزق كي يصانَ الهاجِرُ
قلبـي عليـك أيـا حبيبـةُ طـائرُ بـاقي الحيـاة ومـا هنـاك بشـائِرُ

أحب أصابعها الرائعة

أحـب أصـابعها الرائعـةْ وأهـدي لهـا مهجتـي الطائعـةْ
ولكننـي لـم أشـاهد لـديها ولا رغبـةً للهـوى راكعـةْ
تُجَـدِّدُ إخفـاقَ قلـبٍ خفـوقٍ تَعَـوّدَ بُعـدَ السَّـما السَّـابعةْ

محتاج لأن أبكي

ومحتاج لأن أبكي   كما يتفجرُ النبعُ
أحسّ بِلُجِ أبحار   تَعَشَّقَ جرْسَها السَّمْعُ
فداريني بتَحنانٍ   ففي تحنانِكِ النَّفْعُ
لعَمْرُكِ لا تصُدّيني   فما أنا فاتِكٌ ضبْعُ
طيوفُ بَهاكِ تُغرقني   كما لو أنها بحرُ
تطير هنا تطير هُنا   كَ.. قولي هل هي الطيرُ؟؟
ومحتاج لأن أبكي   تَضَرّمَ في دمي الشمْعُ
متى ما اشتقتُ للذَّوبا   نِ لا زجْرٌ ولا منْعُ
دعيني أذرفِ الدمْعا   وأحرقْ مهجتي شمعا
وأزرع فكرتي فنّاً   يغذّي الذوق والسّمْعا
أتيتُكِ يا لهيبَ دمي   وقد دعّيتِني دَعَّا
أحبكِ يا مجافيتي   فقحطُكِ عنديَ المرعَى
أحبك منذ أن يوماً   رمَقْتُ عيونك الجوْعَى
فعودي يا معذبتي   لبَدْءٍ وأجبُري الصَّدْعا

تبسَّمْ

تبسّمْ إليَّ ولا تجفُوَنّي   قريباً ستصبح يا حُلوُ منّي
حبيبي تبسّم ولا تحرمَنّي   لقاك إلى يومَ أغْمِض عيني
عشقتَ سواي لأني فقيرٌ   وأني غفورٌ، وربك يغْني
أنا نوعُ زهر يعيش خريفاً   شتاءً ربيعاً وفي الصيف يُفْني..

يُقتل الهمُّ بمثلِكْ

يُقتَلُ الهمُّ بمثلِكْ ... أنت يا فرْحَى بنسلِكْ

كلهم أنجمُ حُسْنٍ ... تكتسي حُلّاتِ فُلّكْ

وأنا ذاك المنادِي ... والمعَلَّى تحتَ نعلِكْ

هكذا بي لم تبالي ... رغمَ أنّي مثلُ ظلِّكْ

كلُّ ما يُمْتِعُ قلبي ... قد تلاشى بعدَ دَلِّكْ

هذه الدنيا تماماً ... نسخةٌ عن أصلِ بُخْلِكْ

إلى سراب

متحدث لك عن عذاب صيامي ... عن ثِقْلِ سمعي واشتدادِ سَقامي

أدعوك من عمقِ السُّجون لَعلَّه ... تُلقي الضياءَ على محيط ظلامي

أ تُحِسُّ بي حسّاً عميقاً كاملاً ... كلّا وربي، لستَ غيرَ كلامِ

أهملتَ أمري لن أعود مُطالباً ... لك يا سرابُ بأن تُزيلَ أُوامي

ما كلُّ مَنْ طلبَ المُنى تُعْطَى له ... وأنا الذي خادَعْتَني بلثامِ

لا ريبَ مخذولٌ وتلك نهايتي ... يا مَن ظَلَمْتَ وَدسْت هامةَ هامي

صُوَرُ الحب العميق

كَرِهتُكِ أضرمُ ضدَّكِ حربي ... ولو لا يهمّك كرهي وحبي

ألاَ إنني غابةٌ من شعور ... أعيش بعالم فكري وقلبي

حبيبةُ دوماً أزوركِ لكنْ ... أراكِ بلا أي مَيلٍ لقربِي

حبيبةُ عاد شعوري رضيّاً ... عليك .. قدِ انْجَابَ كَرْبي

تبخَّرَ كل الأسى من فؤادي ... مجرَّدَ شكواي منك لربِّي

أ لست تقرئين؟

ألست تقرئينْ
في هذه العيونْ
ديوانيَ الكبيرْ
وحبيَ الأمينْ؟
ياليت تقرئين
ما البادي والدفين

الهدر

أ وَ ما حرام أن أموت كئيبا؟   إني المحب ولا أحوز حبيبا
مثلي وأمثالي كثير كلنا   نقضي الحياة تأوها ونحيبا
وتضيع قوتنا سدى وغرامنا   نحيا الزمان جميعَه مقلوبا
منها التقاليدُ الحقيرة رُكّبتْ   باللف والدوران لي تركيبا
الخبث بين الناس ضدٌّ للسَّوا   لم ألْقَ صدقا يمسح التكذيبا
الهدر آفة دهرنا في فهمنا   لغرامنا لا نبدأ التصويبا

إني أموت من العذاب المضني

إنـي أمـوت مـن العـذاب المُضْـني ... كيـف انتظـارُ حبيبـة لا تُـدْني.. ؟
لا تسـتطيب تحبُّبـي وتقرُّبـي ... وتُنيلنـي تقـديرها المسـتثني
ما الصبر؟هل هو إنْ حملتُ مخابزي ... بـين المَتـاجر بانتظـار الجُـبْن ؟
أ هِـيَ الحيـاة إذا حملـتُ حـوائجي ... نحـو المرافـىء بانتظـار الشَّـحْنِ ؟
أ هِـيَ الحيـاة إذا حملـتُ خنـاجري ... ضـد الأعـادي بانتظـار الطَّعْـن ؟
لـولا الملامـسُ مـا تبقَّـى ذِهنُنـا ... هـذي الملامـسُ حصّـنتْ لـي ذهنـي

وعد يعلمني الصبر

وعــدٌ يعلمنــي الحيــاةَ تصــبُّرا ... والصبرُ رمزُ الصفر لا يصلُ الذرى
هـو لا يـتم ولا أحـوز مـن الهـوى ... إلا كمـا نجنـي الطيـوفَ مـن الكـرى
وعْـدٌ يعلمنـي التصـبر هابطـاً ... مـن ذروة الآكـام نحـو القهقـري
وعْـدٌ يعلمنـي التراجـعَ للـورا ... كـيلا أصـدق واعـداً مسـتهترا

أحلى الكلام (نعم)

إذا قلـتِ كـلا يزيـد البلاءُ ... وأحلـى الكـلام: بَلـى ونعَـمْ
نظـرتُ إليـكِ بعـين الزهـورِ ... إلـى الشمس والماءِ كـي تستحِمّْ
رنـوتُ إليـكِ رنُـوَّ الفـراخ ... إلـى أكلهـا لِتَسُـدَّ النَّهَمْ
أخاطـب عطفـك كـي يفتـديني ... ويُجْـزِلَ لـي مـا يفـوق الحُلُـمْ
دخلـتِ فـؤادي بـروحٍ جديـدٍ ... وإن تهجريـه يُـلاقِ العـدمْ

أبيات متفرقة في الغرام المستحيل

لا أسـتطيع أشـيم عنـكِ بـدائلاً　　تُفضـي إليـكِ ولا أَجِيـد وسـائلا
حسْبي أراكِ ولسـتُ أبْدي لهفـة　　لـكِ بـل أَمَثِّـل حـالتي متشـاغلا

****

نظـرَتْ إلـيّ ولـم تُعِـدْ نظراتِهـا　　ومضتْ بعيداً دون ومضِ جفونهـا
قـدٌّ جميـل لـم أشـاهد مثلـه　　إلا بحُلْمـي فـي مَصـبّ مَعينهـا

****

مـا شكل محبـوبي أيـا أبصـاري؟　　إنـي غزلـتُ مـن الـرؤى مغـواري

****

الزيزفونـة لا تحـب عبيـري　　مهمـا بـدت مسـرورة لسـروري
إذْ إننـي شـيخ عجـوز عاشـق　　ولـديَّ سـبعٌ مـن طيـور الـدوري

****

لا تفكـرْ بهواهـا　　فـالهوى حـسٌّ ممـضٌ
خيـرُ مـا تعطيـه أنثـى　　هـو حِرْمـانٌ ورفـضُ
معظـم الـدنيا اخـتلاف　　لـو بـدا للـود ومـضُ

****

قـد ارتسـمتْ علـى عينيـه بلـوى　　أصـابته بهـا نظـراتُ حـوّا..

****

يحـــسّ الانجـــذاب لهـــا ولكِـــنْ　　يخـــاف وصـــالها بـــين المســـاكِنْ

****

أرجوك تشرح لي شعورك واضحاً　　لتزيـــــد مـــن أمنـــي ومـــن إيناســـي

أرجـــوك حـــددْ موقفـــا متماسكـــا　　حتـــى تُحـــدّد نضـــرتي ويباســـي

****

ذلكـــم تســـقيه حبـــاً وحنانـــا　　وهـــي تسقيني اضـــطهادا وامتهانـــا

هكـــــذا الدنيـــــا ظَلـــــومٌ　　فـــوق شـــان دائمـــاً ترفـــع شـــانا

****

تعـــالَي أعـــزك عـــزا شـــديدا　　وأغـــدو بفعـــل هـــواك حديـــدا

أجيبـــي مللـــتُ مـــن الانتظـــار　　وإلا ففـــوراً ســـأهوِي شهيـــدا

****

لمـــاذا يـــا زهـــورُ نسِـــيتِ حبـــي　　وكنـــتُ وأنـــتِ فـــي أوج التّـــصَبّي؟

أتيـــتُ إليـــكِ ظمآنـــا كئيبـــاً　　لتســـقي القلـــب نخْبـــاً بعـــد نخْـــبِ

****

أنـــا كيـــف لـــم أجَـــرِّبْ　　أنـــا كيـــف لـــم أعـــشْ؟

غِنـــائي لـــيس يُطْـــرِبْ　　غرامـــــي يـــــرتعشْ

****

حبيبـــي لـــصٌّ ســـباني فـــؤادي　　وطـــار بعيـــداً لكـــي أتبعَـــهْ

حيـــاتيَ مربوطـــة بفـــؤادي　　يصـــاحبني حيـــث أمضـــى معـــه

****

أيهـــا الغصـــن تكسَّـــرْ   تتضـــحْ رؤيـــاي أكثـــرْ

****

مهمـــا ادّعيـــتُ فـــإنني خـــوّافُ   وأعيش في رعب وبي استعطافُ..

****

قلـــبُ الحبيبـــة هـــذه محفـــارُ   يفـــري العظـــامَ فهـــا أنـــا أنهـــارُ

أنـــا لـــم أذق طعـــم الكرامـــة محضـــة   مـــن دون ذل فـــالغرام إســـارُ

****

أحبـــكِ لكـــنَّ حبـــي فِـــدا   لِتَبْقَـــيْ لِزَوْجِـــكِ كـــي يَسْـــعَدا

يعـــذبني الحـــبُّ خيـــرٌ إلـــيَّ   يعـــذبني الله يـــومَ النِّـــدا

****

إذا أحببـــتَ أنثـــى وهْـــي مالـــتْ   لغيـــركَ فَلْتَحِـــدْ عنهـــا بعيـــدا

إذا الإيثـــارُ حَـــلَّ بـــنفسِ شـــعبٍ   تَحَـــتَّمَ أن يعـــيشَ وأنْ يَسُـــودا

****

قـــد تصـــافحنا ولـــم نعلـــم بمـــا   نحونـــا تنظـــرُ أبصـــارُ العبـــادْ

سَـــرَتِ النشـــوة فـــي روحـــي ولُبْنـــى   ســـريان النـــار فـــي حقـــل الحصَـــادْ

****

أ أنـــتِ هنـــاك ولا تَظْهَـــرينْ؟   عَرَفْتـــكِ أنـــك لا تعشـــقينْ

****

مهمـا رنـوت إلـيّ لسـت أصـدِّقُ   أنْ لـي رنـوتَ، وإنمـا أتحقـقُ
حقّقـتُ لكـنْ لـم أصِـلْ لنتيجـة   حتـى رأيتـكَ فـي سـواي تُحَـدِّقُ

****

ارحـم لعمـرك صُـفرتي وذبـولي   أوَ لَسْتَ تشـهد كيف غطّـاني الغبارْ
أهرقْـتَ دمعـي يـا حبيبـي مثلمـا   ذاك الغبـار كسـا عيـوني والشـرارْ

****

أمـا تكفـي اصـطدامات العيـونِ   لصـب الشـوق فـي بحـر الفتـونِ ؟؟

****

أ تَعْلـمُ والإلـه شـهيدُ قـولي   بأنـك عشـتَ فـي قلبـي وعقلـي ؟

****

في الحب إني قد وصلت إلى القممْ   لكـنها الدنـيا معـي لا تنسـجِمْ

****

أفٍّ أيـا زمنـي فلسـتَ تُعِزُّنـي   حتـى الـذي أفدّيـهِ لـيس يحبُّنـي
مهمـا بَـذَلْتُ مـن الـوداد فخائـبٌ   مهـا استقمتُ بَدَوْتُ مثل المُنْحني

****

يـا مَـن يُطنِّشـني ولسـتُ أطنِّشُـهْ   يشـكوك قلبـي أنـت صـرتَ تُهمِّشُـهُ

****

بقـدْرةِ قـادرٍ مـولاي ربِّـي   لهـا واصـلتُ إخلاصـي وحبِّـي

وهــلْ يســـتطيع الـــذي تكرهينَـــهْ   ينـــام ويلقـــى مـــذاق الســـكينةْ ؟

****

مضــيتُ إليـكَ أميــالا وقــد ألقــاك مَيّـــالا

وقــد ألقــاك مؤتَمَنــاً وقــد ألقــاك دجَّـــالا

وإنــي مخلـص للكـون لـو مـن عزتــي نــالا

****

خَفِّـــفِ التقـــديرَ مِـــنْ حـــبّ الحبيـــبْ

تُضْـــــرِمِ الأشـــــواق فيـــــه كاللهيـــــبْ

لا تُقَـــدِّرْ فـــوق حَـــقٍّ مـــن تحـــبْ

أعطـــهِ الحـــقَّ تمامـــاً لـــن تخيـــبْ

الفصل الثالث

عاشقان نحن فمن مثلنا ؟

تصطحبنا قصائد هذا الفصل التي تُبرز لنا علاقة الشاعر الوطيدة بالطبيعة والجمال في نُزهاته مع معشوقته أو أطيافها إلى الحقول والغابات والبحار والوديان، فإن كان العشق لا يكتملُ إلا بانسجام الحبيبين ومداعبة خصلات الغزل والغرام التي تنمو بينهما فكيف هو الحال بالمحب إن كان شاعراً عميقَ الفكر وعذبَ الكلام، يخشى كيد الحساد، يتغذى بالحب ويتغنى بالحبيب مجسداً لنا أجمل لحظات الوئام؟..

انتصـــارُ العشـــبِ قـــد أضـــ ـــــحَى انتصـــاراً للحقـــولْ
كـــلُّ مـــا فـــي الكـــونِ أمْسَـــى لفـــــؤادي يســـــتميلْ
إنّـــي فـــي الحـــبِّ أوفـــى مـــــن بُثَيْنـــــى وجميـــــلْ

لمعشـــوقتي الحلـــوة الناعمـــةْ أخُـــطُّ قصـــائديَ الهائمـــةْ
لأخْبِرَهـــا عـــن غـــرامٍ شـــديدٍ يطيـــرُ بلبِّـــي فـــلا لائمـــةْ

عندما يطغى الظلام

عندما يطْغَى الظلامْ
ويُجافينا القمرْ
ويُحيل الليلُ سَطْحَيْ
منزلَيْنا كالرُّكامْ
عندما يعشى البصرْ
يصرخ القلب المُضامْ
من مكان في الظلامْ:
أشعِلي النور (هُيامْ)
اِظهري أنتِ القمرْ
فإذا فوق السطوحْ
شبحٌ يغدو يروحْ
مثلَ أنسامٍ تسُوحْ
يجتبيني بالسلامْ
ومآقيهِ اضطرامْ
نامتِ الدنيا وكُنّا
وحدنا لسنا ننامْ

طالمـــــــا نحـــــــن نفـــــوحْ

فـــــــي فـــــــراديس الســــــطوحْ

طالمـــــــا القلـــــــبُ ينـــــــادي

مـــن مكـــــان فـــــي الظـــــلام:

أشـــــعلي النـــــور(هيـــــام)

واظهـــــري أنـــــت القمـــــرْ

تقدمة: النمش على بَشَرةِ الجميلات يبدو مثل النجوم ويزيدهنّ تألقًا وجمالاً

تزهو النجوم على الجميلة

تزهـو النجـوم علـى الجميلـة تِيهـا
مـن قـال تمـلأ وجههـا تشـويها؟

يـتعلم الحُسْـنُ الوديـعُ وأهلُـه
منهـا الجمـالَ ويسـتقي التوجيهـا

و لهـا رسمتُ جميعَ أحلامِ الصبا
فرأيتنـــي مـــتعقلاً.. معتوهـــا

لـو كنـت أعرف حبهـا هـو جنّتـي
وتريـــدني مـــا عشـــتُ إلا فيهـــا

لا أسـتطيع أرى مثـالا مثلهـا
جَـلَّ الإلـه علـى المـلا تشـبيها

إنْ نحـنُ شـبّهنا بهـا بـدرَ الـدجى
نعطـي لهـذا الكوكـب التأليهـا

إنْ نحـنُ شـبّهنا بهـا زهـر الرُّبَـى
نُجْـرِي لـبعضِ جمالهـا تشـويها

مخاطر الحب

أحلـى الهـدايا باقـةُ القُـبُلاتِ ... مـن ظَبْيـةٍ مفتونـة بصـفاتي
مـن بسـمة حنّانـة ورديَّـة ... كتـورُّد الآفـاق فـي الغيمـاتِ
يـا بسـمةً أخَّـاذةً فـي ثغرهـا ... سأصـونها فـي الأرض والجنـاتِ
قُبَـلٌ علـيَّ تـدفقت فـي خدمـة ... لغرامنـا ريّانـةُ الصَّـبَواتِ
أ أنـا أُحـبُّ؟ .. إذاً أنـا ذو فرحـة ... فيهـا المخـاطر رغـم كـل أنـاتي
يـا ليـت أن الحـب دون مخـاطر ... لَنَمـا الغـرامُ بـدون أيِّ أذاةِ
لكنـه صِـنْوُ الهمـوم، سـلامُهُ ... هـشٌّ يحـاط بغَيـرة ووُشـاةِ
مَـن يسـتطيع يقـيم حبـاً دون أن ... يلقـى زُرافـاتٍ مـن العقبـاتِ؟
مـلأ العـواذلُ كـل تـاريخ الهـوى ... أو مـا اعتـدتْ أختٌ علـى أَخـواتِ
الجـنس فوريّـاً يُطَهِّـر جسـمَنا ... ويمـدّنا بالسـلم والبركـاتِ
لكنـه يغـدو حليبـا فاسـداً ... إنْ نحـنُ نُخلـفُ موعـد اللهفـاتِ
يـا سـيداتي سـادتي كَمُـلَ النَّبـا ... لا شـيء فـي الـدنيا طويـل ثَبـاتِ
الابتسـام هـو السـلامُ لروحنـا ... لكنـه الموصـول بـالعبراتِ

غرامك الإعصار

أنـا هـادئ وغرامُـك الإعصـار ... ومسـالمٌ وعيونـك الثُـوَّارُ
أنـا غنـوةٌ وفـؤادك الأوتـارُ ... ومسـافـر ورضـاؤك الأوطـارُ
ويـدي احتـوتـكِ فمـا لـديـك فِـرارُ

محبة جُمِّدَتْ

بعـد الفـراق مـع اللقـاء تنهَّـدَتْ وبـدا عليهـا كـم علـيَّ تكَبـدَتْ
تُبْدي إلـى الأفـاق كم هـي أُغمـدتْ وتحملـت بُعـدي سـيوفاً جُـدِّدتْ
أنــا كنـت أهواهـا ولـم أك قـادراً وصْـلاً لهـا.. ولـذا المحبـة جُمِّـدَتْ
واليـوم ذابـت مـن لقـاي فـدمعها يجـري بـلا عـين تُـرِي كـم سُـهِّدتْ
البنـتُ إخلاصـاتُها أضـعافُ مـا عنـد الفتـى تلـك الحقيقـة أيِّـدَتْ
إن الرجـال بــلا مشــاعرَ قُيِّـدتْ روح النسـاء علـى النزاهـة شُـيِّدتْ
لهفـي عليـك فقـد أضـعتك جاهـدا فهيامُ روحـي مـن جحـودي عُقِّـدتْ
سـأراك يومـاً مـا حبيبـةَ أضـلعي سـأراك مهمـا كـفُّ وحـشٍ هـدَّدتْ
إنَّ الغـرامَ هـو الصـفاء جميعُـهُ هـذا الغـرامُ بـه القلـوب تعمَّـدتْ
قــد فرَّقَتْنـا قــوةٌ جبـارة رمـحٌ يحـذِّر زيجـة إن عُـدِّدتْ
لـم أسـتطع معـك التلاقـي مـرة صـفْواً ولا فـي فرصـة لـو مُـدِّدتْ
أبـآخر العمـر الجميـل سـنلتقي؟ هـذي غيـومُ الأفـق منـكِ تـورَّدَتْ
والطيـر فـوق وُكُونهـا قـد غـرَّدتْ وسجى المساء على مشاعرَ خُلِّدت
إنــي زرعـت وحلـوتي بنَـدورةً أشـياءَ شـتّى للتمـــازج مَهَّـدَتْ
هـذي المحبـة مـن إلهـي أُيِّـدتْ هـذي الفواكـه مـن هـواي تنضـدتْ
إنـي المُـزارِعُ عبـر حقلك فاسـألي عنـي الطيـورَ فقـد رأت وتعبَّـدَتْ
حسْبي من الأطيـار مـاهي غـرَّدتْ حسْبي من الحسـناء مـاهي أسـعدَتْ
أرجـوك أن تتيقنــي كـم لهفتـي أرجـوك ذا مهمــا الإرادة قُيِّـدتْ

يتدفق اليخضور

يتـــدفق اليخضـــورُ منـــك فأنتشـــي　　بجمـــال يخضـــور يُحِـــق مشـــيئتي

قويـــتِ حسِّـــي بالجمـــال وسِـــيَّما　　إحســـاسَ لمســـي وانبثـــاق غريزتـــي

لا تُطفئـي بسـماتك الحمـراء إنّـــــــ　　ـــي في احتياجك في جميع معيشتي

أرنو إليك

كفراشـــة رفّـــتْ حيالـــكِ نفســـي　　كالبـــدر كالأضـــواء ليلـــة عُـــرْسِ

أرنـــو إليـــك رُنُـــوَّ أبصـــاري إلـــى　　مـــوج البحـــار تَـــذَهَّبتْ بالشـــمسِ

لمـــا أراك يعـــود إحساســـي إلـــى　　عهـد الطفولـة حيـث أنسـى بؤسـي

أمضـــي وطيفِـــك نحـــو نبـــعٍ رائـــع　　فـــي "بيـــت أجنـــاد" بتلـــة كلْـــسِ

وتُطِـــل مـــن أعلـــى الـــديار صـــبيّةٌ　　تـــدعى كواكـــبُ كـــم هوتهـــا نفســـي

ونســـير صـــبحا نحـــو وادٍ رائـــق　　فيـــه الكـــروم تزينـــت بـــالورسِ

ونطيـــر نشـــوانينِ فـــي أجوائنـــا　　فـــي صـــحة مـــا بعـــدها مـــن نُكْـــسِ

لمـــا أراك أصـــير أطيـــبَ مقلـــةً　　وســـريرةً مـــا فيهمـــا مـــن رِجْـــسِ

لمـــا أراك تعـــيش نشـــوة عيشـــتي　　مـــن بعـــد مـــوت فـــي عـــذاب الـــرمس

ويحـــوم طيفُـــك فـــي حيـــاتي مالكـــا　　ألبابهـــا يصـــفو بهـــا عـــن لَـــبْسِ

أنـــا واحـــدٌ مـــن نســـل نـــورك طـــاهر　　طهـــرَ التُّقَـــى فـــي مكـــة والقـــدسِ

أبقـــى أراك لكـــي أشـــيد عوالمـــا　　ضـــاهت خيـــال أعـــاربٍ أو فُـــرْسِ

يـــا زبـــدةَ الماضـــي وأحلـــى حاضـــرٍ　　وهنـــاءَ مقتبـــل عمـــيمِ الأُنـــسِ

ســـنخوض أبحـــارَ الخيـــال سويَّـــةً　　إنَّ الخيـــال أعـــزّ مـــافي الـــنفسِ

مِـــن يـــوم أن شـــاءَ الإلـــه فراقنـــا　　أنـــا فـــوق رمســـك أنـــتِ تحـــت الـــرّمس

وادي الحصى

محبـوبتي هيـا الـى الـوادي معـي — فهنـاك راعيـةٌ تعـيش مـع الشـجرْ
وبقربهـا القطعـان ترعـى والـهوى — فـي مقلتيهـا هـادئ مثـلُ القمـرْ
سيري هناك الشوك يلسع ساخراً — من روضة الوادي ومن كل البشرْ
وادي الحصـى كم يشـتهي أقدامنا — ليعيـدَ أنغامـاً أحبَّتْهـا الخُضَـرْ
امشـي حبيبـي فالثمـار بلهفـة — للعـيش فـي دمنـا لنثْـرَى بـالفِكَرْ
تتـأوّه الأنهـار شـوقاً مثلنـا — والسـحر فيهـا مـن محبتنـا انتشَـرْ
والطير في الوادي يغـازل بعضـه — والنمل في ثوب من العَوْنِ أئتزَرْ
والشـمس غابـت فَلْنَعُـدْ محبـوبتي — متسـامِرَيْن وسـابِحَيْن مـعَ الـوترْ

إياك أن تنسي مُحبَّك خالدا

إيـاكِ أن تنسَـيْ مُحبَّـك خالـدا — هـذا الـذي أمسـى بـوُدّك راغـدا
يـا مَـن أنوثتُـك ارتقـت لمراتـبٍ — كملـتْ فمـا فـي الوُسْـع أن تتزايـدا
لهفـي عليـك فأنـت أعطـرُ وردة — جـادت بهـا الأيـام تـنعش بائـدا
لهفـي عليـك وقـد جـرت سـيارةٌ — لقّـتْ دُبَـيٌّ بنـا تجِـلّ مقاصـدا
لـم تَغضـبي منـي بـرغم ضـياعنا — ورضـيتِ أن أبقـى بقربـك قاعـدا
نجوى شذا عمري أفوح لهـا كمـا — فاحـت علـيّ مـع النسـيم قصـائدا
مهمـا الزمـان رمـى علـيَّ دخانَـهُ — سـأظلَّ للعطـر المعظّـمِ عابـدا

يا أعز الناس

مهما شكوكي عربدتْ في راسي   سـأظلُ أذكـركم بكـلّ حواسّـي
لـو غـاب وعـيي تحتـه وعْـيٌ دعـا   لصـداك يـا حبـي: هَلُـمَّ وواسِ
مهمـا قَسَـتْ أحـداث لبنـانٍ وبغـ   دادٍ وإيـرانٍ فلسـتَ بِقـاسِ
تحنـانكم كـالجمر، مهمـا يَغْشَـهُ   ثـوبُ الرمـاد مـؤجَّجُ الأقبـاس
شـيء فريـد أنـت يـا حبـي، ولا   أرضـى بـديلاً عنـك فـي الأَجنـاس
أنـا لا أبيعـك بـالكنوز جميعِهـا   يـا مجـديَ الخفّـاقُ بالإينـاس
أنـا منـك ينـبض خـافقي بمحبّـة   للنـاس طـرّاً... يـا أعـزّ النـاس

يوم أحببتني

أنـا يـوم أحَبْبتِنـي صِـرْتُ أبصِـرْ
وقـد زاد حجمـي وأصـبحتُ أنضَـرْ
وأصبحت أمضي لحد بعيد بـه أتطـوّرْ
وأسـقيك شـهدا وطيبـا وكـوثرْ
وبَسْـمةُ خـدّي لحزنـك تُنْحَـرْ
لهـذا تعلَّقْـتِ بـي أنـتِ أكثـر
لهـذا ضـميري اسـتراح ونـوَّرْ

نـــزهـــة

قــد ركضــنا ذات يــومٍ للســهولْ ... لبعيــدٍ مثــل ركضــات الخيــولْ
مــا أكلنــا (كبســةً) لكــنْ نخيــلْ ... كــان وقتــاً خالــداً يَشــفي العليــلْ
قــد مشــينا وتحــدّثنا معــاً ... وابتســمنا وسَــرَحْنا فــي التُّلــولْ
ورَجَعْنَــا فــي ارتيــاحٍ معنــويٍّ ... وترامــت عيننــا فــوق الســبيلْ
كــم شــربنا مــن حليــب بقــريٍّ ... كــان عــذب الطَّعــم مثــلَ السَّلسَــبيلْ
وجهــك الجمــريُّ ضــاهى لونُــه ... مشــهدَ الشــمسَ وغيمــاتِ الأصــيلْ
خَضَّــبَتْهُ اللهفــةُ الحمــراءُ بــاللّوْ ... نِ الجُمَــانيِّ اللهيبــيِّ الخجــولْ
هتــفَ القلــب ونــادى فــي وداد: ... أنــت يــا محبــوبُ (مخلــوقٌ) نبيــلْ
لــم أجــد مثلــك فــي طــول حيــاتي ... يــا حبيبــي غيــرَ أصــحابٍ قليــلْ
آه يــا محبــوبُ حــدّثني عــن النهــ ... ـر وقــد غنَّــى بــأن لا مســتحيلْ
عــن زوايــا قــد شــعُرْنا فــي لياليـ ... ـها بإحســاسٍ ملاكــيٍّ جميــلْ
وجلســنا فــي المقــاهي نشــرب البا ... ردَ فــي صــيف علــى النــاس طويــلْ
كم سرَحنا نحن في الغابة في جنّا ... تِهَــا الغنَّــاء فــي كــل الفصــولْ

دعابة

تقول له:

أنا منكَ أسبي الشمس في فصل الشتا ... مهمــا هربــتَ فمِــن يــدي لــن تُفلِتــا

يقول لها:

بــل أينمــا تمضِــي فظلــي ســاتر ... لــن تعرفــي مــا الــدفء حتــى أنحتــا..
وأحــوز مــن خــدَّيك أعطــرَ لثمــةٍ ... أنفاسُــها تُحْيــي الرجــاء الميّتــا

بحر الحب

حبيبـــــــي .. إنْ دمـــــي جفَّـــا .. وإنْ لحمـــــي غــــــداً شَـــقّا
تـــــرى عظمـــي قـــدِ الْتفّـــا .. عليـــك يريـــدك النِّصـــفا ..

****

حبيبـــــي .. يـــا منـــى عمـــري ... ميـــاه البحـــر كـــم تُغـــري
علــــى أمواجـــــه انعكســــت .. تعـــابيري مـــع الشِّـــعرِ
تجاعيـــــــدٌ تُمَوّجُهـــــا .. كعِقْـــــدٍ لامــــعِ الـــــدُّرِّ
فَقُـــمْ نرحـــلْ إلـــى جـــوّ بـــه المكبـــوت يســـتعْري
حبيبــــــي: إنْ تَنَشّـــقْتُ الهـــوا مـــن أجْمـــع البحـــرِ
فلـــيس الصـــدر ممتلئـــا .. بـــه قـــدْرَ الهـــوى العُـــذري
شـــهيقي مـــن هـــواء البحـــر جـــزء مـــن هـــوى صـــدري
ومـــا للكـــون مـــن أثـــر .. كمـــا للحـــب فـــي فكـــري

****

حبيبـــــي : ألشـــمسُ لا تكفـــي لتصـــويري ضـــيا فجـــري
ومهمـــا الأفـــق لَوَّنَـــهُ غـــروبُ الشـــمس لا يغـــري
كنـــورِ جبينـــك الزاهـــي .. ولـــون خـــدودك الحُمْـــرِ
حبيبـــي .. الله جمّعنـــا بـــدنيانا .. وفـــي القبـــر
لديـــهِ بـــات موعـــدنا .. بجنـــات بهـــا تجـــري ..

أتسلّى بالدلالْ

أنتَ مُحتاجٌ إليّْ

أنت مُحتاجٌ لتغفو في يَدَيّْ

حُبُّك الجامحُ مكبوتٌ صَدِيّ

أنا أدري كلَّ شيّْ

تتمنى بي لقاءات لِطُهرٍ أو لِغَيّ

أنت محروقٌ عَلَيّْ

غير أني أتغابى

أتعامى عن رؤى الشوق القوِيّ

جاعَلاً شمسك فَيّْ

أنت مكبوتٌ وفي عينيك شوقٌ وابتهال وابتسامْ

وانجذابٌ وهيامْ

واشتهاءٌ لالتحامْ

أنتَ مُحتاجٌ كثيراً

في دعاءٍ ورجاءْ

تبتغي مني العطاءْ

غير أني أتسامى في بروجِ الكبرياءْ

أتسلَّى بالدلالْ

وفؤادي في اشتعالْ

هكذا نبقى إلى يوم الزّوالْ

تبَسُّمُ عاشقتي

تَبَسُّــــم عاشـــــقتي لــــيس يَفْتــــرْ كمـا الشـمس تضْـرَمُ، كـالبحر يهـدِرْ
تحـــبُّ فتاهـــا كغيـــثٍ أحـــبَّ جميـــع الحقـــول يغيـــث ويمطِـــرْ
لهـــا تـــاجُ شـــعر كثيـــفٌ جميـــل يغطـــي الوجـــود بإكليـــل بيـــدَرْ
محَبَّـــــةُ عاشـــــقتي لـــــيس فيهـــــا خريـفٌ تظـل مـدى الـدهر تُزهِـر
تبسُّــــــمُ عاشـــــقتي شـــــاعريٌّ يغـــذّي فـــؤادي الشَـــقيَّ ويُخْبِـــرْ
فحمـــداً لمـــن لـــيَ أهـــدى جمـــالاً يصـــاحبني حيثمـــا كنـــتُ أبْحِـــرْ
تبَسُّـــمُ عاشـــقتي مِـــن ســـلامٍ وعطـــف تأصّـــلَ لا يتغيّـــرْ
علـــى قـــدْر نياتنـــا قـــد رزقنـــا وحمـــداً لربـــي علـــى مـــا يقَـــدِّرْ

كل ما عندك لطفٌ وجَمال

كــل مـــا عنـــدكِ لطـــفٌ وجمـــالُ وانعطــــافٌ ودلالٌ واكتمــــالُ
لـــك يـــاحلوة فـــي عينيـــك نـــور لـــك يـــا حلـــوة فـــي خـــديك خـــالُ
لـــك يـــا مـــولات قلـــبٌ عـــاطفيّ وعلـــى مِعْطفِـــكِ الشـــتويِّ شـــالُ
وأنـــا يـــا حلـــوةَ الأحـــلام درعٌ لـــك لمّـــا يرتجـــى منّـــي الصّـــيالُ
كـــاتمُ الأســـرارِ حـــامي الحـــب حتـــى لـــيس تـــدري مـــا بيُمنـــايَ الشّـــمالُ
جرّدي لـــي كـــل خـــافٍ عـــن شـــعوري كـــلُّ مـــا يَظهَـــرُ يرعـــاه احتفـــالُ
قلمـــي يعطيـــك حبـــراً نرجِســـيّا كاتبـــاً مـــا لـــيس يعـــروه زوالُ
لـــيس للعمـــر مَعـــانٍ دون حـــبٍّ يلهـــب الهمّـــةَ يغـــذوه النَّـــوالُ
هتـــف الحبُّ:اخضـــعوا لـــي لتنـــالوا فرحـــة العمـــر إذا ســـاد الوصـــالُ

العيون القائدة

تســـاقيني الهـــوى عسَـــلاً عيـــونٌ		لهـــا، عســـليّةٌ شَـــفَتِ اعتلالـــي

******

أَلا عينـــــاك أمســـــكتا عقــــالي		فصـــار بـــرأي خلجهمـــا انتقـــالي
ونَضْـــرةُ وجنتيـــك تـــذيب نفســـي		فيجـــذبني نضـــارك للـــزوالِ
سَـــلي يـــا حلـــوة العينـــين صـــحبي		تريـــنـــي فـــي مـــديحك كـــم أغـــالي
ســـليهم كـــم أدافـــع مســـتميتاً		إذا قـــالوا خُطـــاكِ علـــى ضـــلالِ
لأمـــرٍ منـــك لـــم يُعجـــب هـــواهم		وخَلْـــقِ إشـــاعة خطـــرتْ ببـــالِ
فـــأدحرُ كـــل زيـــف وافتـــراء		بنصـــحٍ مـــرةً أو بالقتـــال
فهـــاموا ينشـــرون بكـــل حَـــيٍّ		أراجيفـــاً تُحـــاكُ مـــن الخيـــال
فأخرســـتُ الجميـــع بكـــل حـــزم		فـــدانوا للحقيقـــة بامتثـــالِ
وصـــرتُ إذا صـــفحتُ علـــى لئـــيم		أراه فـــي غـــد للصـــفح ســـالي
يحيـــك مـــع الرفـــاق مـــؤامراتٍ..		ويســـعى للتـــدخل فـــي خصـــالي
وينبـــئ أمَّـــك الغضـــبى علينـــا،		بأنّـــا دائبـــان علـــى الوصـــال
ومـــا هـــو قـــد رآنـــا فـــي وصـــالٍ		ســـماحي قـــد دعـــاه إلـــى الضـــلال
لأجـــل شـــعورِكِ الجيّـــاش إنـــي		أضـــحّي فـــي ســـبيلك كـــل غـــالِ
صِـــليني يـــا ابنـــةَ الأقمـــار وصـــلاً		بنشـــــواه تَنَظَّمَـــــتِ الليـــــالي..

مونولوج حبيبَيْن

نروحُ ونرجع دوماً معا

ونسأل عن سِرِّ هذا الهوى

نقولُ لبعضٍ أنا كغناء

وأنتِ لهذا الغناء الصدى

نقولُ لبعضٍ أنا كهَزارٍ

وأنت لهذا الهزار الفضا

نقولُ لبعضٍ أنا كدماغٍ

وأنت لهذا الدِّماغُ الرؤى ...

- إذا كنتِ شمساً - أكون الظلالَ

- إذا كنتُ ظلا - أكون السنى

وفهْمُك لي مثل فهمي أنا

هوانا التفاهمُ .. مَن مثْلُنا !!

إذا ما سُئِلْنا لماذا نعيشُ ؟

نجيبُ : لِبعضٍ فنحنُ الدُّنا ..

تزرع العينان دوحا

تـــزرع العينـــان دوحـــا وأزاهيـــــرَ وقمحـــــا
وبســـــاتينَ كُمَثـــــرى وتشـــيد الحـــب صــرحا

فأوينـــــاه ســــويّاً نتهنّـــــا نتمَشّـــــى
نشـــرب الينبـــوع صــبحا ورحيقـــــا نتعَشّـــــى
عيشـــنا محـــضُ صـــفاء نحـــن لا نعـــرف غِشـــا

تـــزرع العـــينُ لأجلـــي روضَ عشـــبٍ وخمائـــلْ
فـــــأراني وظلالـــــي وغصـــــوني نتمايـــــلْ
وإذا مـــا مَـــرّ قـــيظٌ عبـــر غيمـــي صـــرتُ ســـائِلْ
أنـــا والـــدنيا جميعـــاً فـــي غـــرام متبـــادَلْ

تصـــنع العينـــان قصـــرا قصـــرَ هـــارونٍ وكســـرى
فـــأرى قلبـــي اســـتقرَّا فـــي مغـــاني الخيـــر طُـــرَّا
وإذا مـــا الليـــل أدجـــى تغتـــدي عينـــاكِ بـــدرا

فـــأرى قلبـــي اســـتمرّا فـــي وجيـــبٍ يتضَـــرَّى
شَـــهَقٌ يمـــلأ صـــدري بعبيـــر الحـــبّ أثـــرى
أنـــا مـــعْ عينيـــك أشـــدو فـــي فضـــاء الـــروح حُـــرّا

تـــزرع العينـــان دوحـــا ورياحينـــاً وقمحـــا
نشـــرتْ حـــولي جمـــالاً ونهـــوراً لـــن تَشِـــحَّا

كـــل مـــا بـــي مـــن حَـــواسٍ تتهـــــاوى الآن جرحــــــى
إننـــــــي أرجـــــــو دواء يبـــــرِئ الشـــــوقَ المُلِحّــــا
أسْـــــعِفيني يـــــا طبيبـــــي يُجْــــزِك الــــرحمن رِبحــــا

تـــــزرع العينــــان شِــــيحا ومكانــــــاً لـــــــي مريحــــا
فأناجيـــــــك ســـــــعيدا وأروِّيـــــكِ مـــــــديحا
لــــيس لـــــي إلاّك لحـــنٌ بـــــات يــــدعوك صــــريحا
بانســــــجامٍ يتغَنَّـــــــى ســـــالماً لـــــيس جريحــــا

الحبُّ الأصيلُ

جـــــاءني وردٌ جميــــــلُ مـــــا لـــــه الـــــدَّهرَ ذُبـــــولُ
غمَـــــرَ الآفـــــاقَ أنســـــاً جعــــلَ الحـــــزن يـــــزولُ
لـــــم أكــــن مـــن قبـــل أدري مـــــا هـــــو العطـــــرُ الأصـــــيلُ
طلبــــــاتُ الـــــروح منــــــهُ لـــــيس فيهـــــا مســـــتحيلُ
ضَـــــوعة الـــــورد تجـــــولُ بـــــــدماغي وتصــــــــولُ
تجعـــــلُ البيـــــت عطـــــوراً والأمــــــــانيَّ تُنيــــــــلُ
إننــــــي أعشــــــق سِــــــحراً مـــــا لَـــــه قَـــــطّ مثيـــــلُ
إننــــــي أهــــــوى حبيبـــــاً دلّنــــــي كيــــــف الســــــبيلُ
كـــل يـــوم نحـــن فـــي حـــبٍّ جديـــــــدٍ يســــــــتميلُ..
كـــــل يـــــوم نحـــــن نقـــــوى هكــــــذا الحــــــبُّ الأصــــــيلُ.

في مسبح الليل

قد سَبَحْنا في شعاع البدر ليلا فوق تلٍّ هامس : أهلا وسهلا
كان ليلاً يا حياتي هو أحلى من ليال عشتها مُذْ كنت طفلا
يا حديثا من حبيب مثلَ لحنٍ وزَّعَ الإحساس أنوارا وظِلا
نحن نشوانان من خمرة ضوء هل فروق بيننا والبدرِ؟ كلّا
كم شعاعٍ شعّ من عينيك يُتلى بشعاع من حديث لن يُمَلّا
يا حبيبَ الليل والصبح سويّا دمت في السراء والضراء خِلا

قررتُ معها أن أستقرَّ

زَخَّ المطرْ
وقت السَّفَرْ
وأنا وحبي ننتظِرْ
رُكْبَ التُّرام لنحتمي ولنستقرّ
يأتي التُّرامُ وغادة فيها الحَوَرْ
وإلى فمي ترمي النظر
فلثمتها وحضنتُها طول العُمُرْ

تعالي لنرقأ دمعا قديما

تعـــالَيْ لنرْقـــأ دمعـــا قديمـــا   تشكَّـــل مثـــل مناجـــمِ مِلْـــحِ
تعـــالَيْ فلـــن ترتـــوي مـــن ســـواي   كمـا سوف يرويك قلبي المضَحّي
فـــنحن دواء لـــــبعضٍ وعـــزمٌ   يوحّـــــــد بعضـــاً بـــلا أي جُـــرْحِ
تعـــالي نقـــوم بـــأحلى اغتســـال   سريعـــــاً سويّاً كـــغيـــثٍ ودوحِ
تعـــالي فمـــا الحـــب إلا لمثلـــي   ومثلِـــكِ فـــي شـــرِّ جيـــلٍ مُشِـــحّ
وفـــي كـــل غـــوص نؤسّـِسُ بحـــرا   وفـــي كـــل ضـــمٍّ نقـــوم بصلـــحِ

غداً سوف آتي

غـــــداً يـــــا حبيبـــــي غـــــداً ســـــوف آتـــــي
وتقـــــرأ عنـــــدي كتـــــابَ الحيـــــاةِ
كتـــــابَ غرامـــــي دَفُـــــوقَ الفُـــــراتِ
كتـــــاباً يســـــمَّى فصـــــولَ حياتـــــي
حبيبـــــي ســـأتـــــي مســـــاءَ الغـــــداةِ
وأنهـــــل منـــــكَ كـــــريمَ الهِبـــــاتِ
غـــــداً ســـــوف آتـــــي، غـــــداً ســـــوف آتـــــي
ولـــــن أرعـــــوي لـــــو يكـــــون مماتـــــي
وأبقـــى أحبـــك طـــول حيـــاتي وبعـــد وفـــاتي..

ضحكات محبوبي

ضحكاتُ محبوبي غزت أسماعي وكأنها خمرٌ بعقلي الواعي
بسَمَاتُها تبني عوالمَ بهجة أمضي لها بقوافلي ويَراعي
النجم أصبح ساطعاً بمباهجٍ والعمر أصبح في ذرى الإمتاع
بسماتها تحدو الصقور لجوِّها والبيدُ تصبح جنةً ومراعِي
وتطير أسرابُ الطيور سعيدة والكلُّ يصبح دونما أوجاعِ
لو ليس قلبي ثابتا في كلكلي لَوَضعْتُهُ في صدرها كذراعي
إن ابتسامك للشعور مؤونةٌ إنَّ ابتسامك طاقةٌ لشراعي
جودي عليَّ بنظرة حنّانةٍ تسقي بقلبي جنة الإبداع
ستَزِينُ صورتُك العزيزةُ منزلي وتكون لي ذكرى الحبيب الراعي
أحببْ برسم حبيبتي وبشخصها فكلاهما في الليل بدرُ شعاعِ
نثرَ انطباعُكِ في الفضاء لآلئا تجري على جلد النجوم سواعي
البحر مختلجُ الضياء وجثة الـ ـليل الحلوك تسربلتْ بقناعِ
هذا الحبيب له بروحي صورةٌ فضيّة الألوان والإيقاعِ
أهوى محاسنها وطيبة قلبها وأنا الوفيُّ لها بدون خداع
ما ذلك الودُّ الذي قد شدّنا إلا وداد الخصب للإمراعِ

جميع جوارحي تغدو غناء

إذا شاهدْتُها تُلقي الضياءَا جميع جوارحي تغدو غناءَا
نداءً أو مواءً أو ثغاءَ ثؤاجاً أو يُعاراً أو رُغاءَا
تناجيها الجوارحُ في أشْتياق تذوب لها أحاسيسي وفاءَا

قصيدتي الأولى

تفتح الشاعرية والحب

أمام أحد كتب أستاذي ومؤسّسي سيادة الأديب المفضال جبران خليل جبران رحمه الله و تقليدا لإحدى قصائده نظمتُ قصيدتي الأولى بعنوان ايقاظ الحبيب، ثم بتأثيراته أيضا كتبتُ قطعة النثر الأولى بعنوان: أيتها النّجمة...

ايقاظ الحبيب

أشــرق الصــبح فهيّــا ننتبــهْ   مــن رقــاد لــم تعانقــه الهمــومْ
ها هي الشمس تصحّي فانهضـي   إن أحــلامَ العــذارى لا تــدومْ

******

اشــهدي الأطيــار تشــدو حولنــا   والغدير العذب يجري في أمانْ
هكــذا الحــبُّ دوامــاً فــي غِنــا   و ميولِ القلب في كلِّ زمانْ

******

اذهبـي نحـو السـواقي واذرفـي   دمَعــاتٍ تُــبهج الحــبَّ الحنــونْ
فــي مُحَيّــاك ضــياءٌ يحتفــي   بي كأني لن أرى وجهَ المنونْ

******

أنــت ذاتــي يــا حبيبــي فــافرحي   أنت غيم في سمائي فاسرحي
ليتنــي شــمسٌ وليــلٌ مثلمــا   أنــت لــونٌ مــن غمــام مُسْــتَحِ

******

لاتُخَلِّـي النـومَ يدنــو قربنــا   طالما النورُ على الآفاق لاحْ

واهرعي كي نجتني من حبنــا   وَرْدَةً مِن حبِّنا تَشفـي الجراحْ

علامة الخلود

كـــــــلُّ الـغـــــــزلْ... مـــــــا بـيـنـنـــــــا
نـــــوعٌ مِـــــن الـحـــــب الـمـلَـحَّـــــنِ بـالـغـنـــــا
نـــــوع مـــــن الـيـــــأس الـمـغـلَّـــــف بـالـمـنـــــى
نوع من الإنجاب للكلمات والبسمات والضحكات ثم الاجتنا
نـــوع مـــن الـرغـبـــات فـــي تـخـلـيـــد نـســـل كـالـسَّـنـــى

نظرات من عبادة

نـظـــــراتٌ مـــــن عـبـــــادةْ... تـُفْـعِـــــم الـصـــــدرَ سـعـــــادةْ...
هـــــــــــــــــــي آهْ... أوصـــــــــــــــــــلاةْ...
خُلْـــــدكِ الـعـسلـــــيُّ هـــــذا... مـقـلـتـــــاك...
يـــــا لَأطـبـــــاق تـــــدورْ... فـــــي سَـمـــــاكْ
وتـحـيـــــل الـيـــــوم أمـنـــــي لارتـبـــــاك...
وتـنـــــادي للقـــــاكْ... أنـــــت يـــــا أبـهـــــى مـــــلاك...
أنـــا لا أطـلـــب شـيئا غيـر أن أبقـى أراك... فـــي سنـــاك...
فـــــي انـطـبـــــاعـات الـفـتـــــون...
ربمـــا فـي ذات يـوم يمـتـقـعْ... جفنـك الفتّـانُ هذاالـمـتَّـسـعْ...
لـــــو جـــــرى ذا يـــــا حبيبـــــي لـــــن أخـــــونْ...
سـوف أبقـى طـول عمـري فـي وفـاءٍ... راثيـاً تلـك الـجـفـونْ...
يـــــا حـبـيـبـــــي يـحـــــرس الـمـــــولى صِـبـــــاكْ..
كـوكـبـــــا يـــــزهو ولا يلقـــــى الهـــــلاك.

عودة الحبيب

عـاد الحبيـب إلـيَّ مـن بَعْـدِ النـوى　　عـاد السـلام وعـاد لـي نبـعُ القـوى
قـد كـان ينـبض طيفـه فـي مقلتـي　　ولقـد أتـى حيّـاً يعافيـه الـدوا
عينـاه قـد رَجَعَـتْ تنيـر كأنهـا　　نجمـاتُ تبـرٍ أو كنـارٍ فـي الهـوا
يرنـو إلـيّ بلهفـة وبرِقَـةٍ　　ويزيـل مـن قلبـي تباريحَ الجـوى
يسـعى لأن أحيـا بـأرفع رفعـةٍ　　وأنـا لـهُ وطنٌ علـى عرشـي اسـتوى

أ مُلتهـبَ العواطف

أ مُلتهـبَ العواطـف أنـت عنـدي　　أعـزٌّ النـاس فـي مصـرٍ وهنـدِ..
وأنـت أجـلُّ معـروف أتانـي　　مـن الـرزّاق كـي يقتـاد زنـدي
لأنـه عالـِم أنـي ضريـر　　ومحتـاج لعـونٍ مستجِـدّ
حيـاتي فـي انتظـارك مـن قـديم　　وجئـتَ إلـيَّ فـي عمـري الأشَـدّ
فهـل فـي بلـدة المَطـروح ربـي　　يهيـيء أن أعـيش حيـاة سعـدِ؟
وأسـبح فـي خصوصـيات حُسْـنٍ　　مـن الجنّـات فـي شـلاّل وردِ
أغـوص بكـل تفصـيلات خـافٍ　　وأدرك أننـي فـوق التـردّي
فمـا لحْـدٌ سيصـبح فـي انتظـاري　　فمنـك العمـر أصبـح دون حـدّ
وأجهـزة الخلـود بكـل قلبـي　　مشغَّلـةٌ بفضـل هـواك عنـدي

حين تبعد عن يدي

يـا مرحبـا أهـلاً بحضـرة مسْـعِدي
قــد عـــدتَ للتهيــام بعــد تشــرّدِ

هـل يـا تُـرى شـاركْتني أم إننـي
وحدي أعيش وطيفِكم في مرقدي ؟

أنـا واثـق مـن أنَّ وجهـك قـد غـدا
عينــاً تُرصِــعها الـــدموع كفرقـدِ

أنــا إنْ أمُــتْ أهلـــي ورائـــي إنّمــا
مـن هم وراءك يـا غريـبَ المحتِـدِ؟

أرجـو شـفاك اليـوم ذا قبـل الغـد
يـا ليتنــي عنـك أنــا أكـون المفتـدِي

مــرَضُ العظــيمِ مُصــيبةٌ جبــارة
مــرَضُ البسـيط جُفـاءُ بحـرٍ مزبـدِ

سأصــير كالطفــل المــدلّل طالمــا
فـي جوّك الضوئيِّ روحـي تهتـدي

الآن يــا محبــوب إنــي متعــبٌ
ســأنام إذ ألقــاك فــي فجـرِ الغـدِ

متبسّـــما متســـاميا متهاديـــا
مســـتقبِلي بحفـــاوةٍ وتـــوددُّدِ

إنـــي بجـــوّك أســـتحيلُ غمامـــة
بيضـــاءَ أو أغــدو كغــيم أســودِ

لا حـــاجزٌ بينـــي وبينـــك إنّمـــا
أصْلَى جنونـاً حـين تبعـد عـن يـدي

وما للشمس من أثـر

ومـــا للشـــمس مـــن أثـــر
كمـــا لـــك فـــيّ مـــن أثـــرِ

إذا مـــا شمْسُـــنا انطفـــأت
فلـــن أبكـــي علـــى نَظَـــري

ولكـــن أنـــت إن تـــنأى
ســـتُفني كامـــلَ العُمُـــرِ

مع خيالها

وأعود أرقص في خيال حبيبتي ... وأرى جميع الكون يعرف ميزتي
أوَ لَيْسَ صمَّامُ الأمان يفكُّهُ ... حُسْنٌ فينتشر الشذا في البيئةِ؟
طاوعتُ موج البحر، كانت لهجتي ... كالموج ترعش في احتواء سفينتي
سبحان ربي في هياج مشاعري ... حتى اللغات تذوب تحت قصيدتي

أرجوك حدثني على التلفون

أرجوك حدثني على التلفونِ ... حسْبي قدِ انحرمتْ لقاك عيوني
كم يا حبيبي غردتْ أصواتكم ... في مسمعي وسريرتي وشؤوني
ويظل سمعي ظامئاً لحديثكم ... كغنا الملائك أو غنا الحسّونِ
لم أنس صوتك صادحاً مترنماً ... كبلابل بحديقة النّسرين
أنا ما سَمِعُت مثيل صوتك شاحناً ... بالنور بطّارية التخزينِ

وجه حبيبي

وجه حبيبي
كشعلة اللهيبِ
كورقة الشجرْ
كنظرة القمرْ

تعال نحتـرق

تعـــــــال لِنَحْـــــرقَ اليومــــــا غرامـــــــاً يشـــــبه الحلْمــــــا

جعلـــــتَ العـــــدلَ يشــــملني جمالــــــك يـــــرفض الظلمــــــا

فعوِّضْـــــني عـــــن الماضـــــي تُشَـــــجِّعْ حبَّنـــــا الأســــمى

تعـــــال فلــــيس مـــن معنـــى لعـــــين مـــــا رأتْ نجمـــــا

تعـــــال هــــواك يـــــدعوني يُكِــــنّ مشـــــاعراً عظمـــــى

فأنــــت الحـــــاكم الأعلـــــى فأصـــــدر مـــــا تـــــرى حُكْمـــــا

فإمَّـــــا ســـــوف تركلنـــــي وإمَّـــــا ضُــــمَّني ضـــــمَّا

أغــــوص بحســـــنك الــــوافي ومــــا إن أرتــــوي أظمــــا

غرامــــك بـــــات ينقلنـــــي لمــــا أنـــــا لـــم أحَـــط علمــــا

غرامــــك فـــوق إدراكـــــي يطــــوّرني إلـــــى الأســـمى

ســـمُوُّ الحــــب رأفتـــــهُ بقلــــب بـــــالهوَى يطْمَـــــى

ويعــــرف ســـرَّ رفعتـــــه بِصَــــوْنِ العـــينَ كـــــالأعمى

يعـــــيش العمـــــرَ محتفظـــــاً بســــرٍّ لـــــو حَسَـــا السُّـــمَّا

ويخفـــــي فـــــي مشــــاعره ملايينـــــاً مـــــن النِّعمـــــى

غنّي لي

أنعشْـتِني بحنــانِ صــوتكِ فــانجلى صَدَئي وكنـت أعيش محروم الـوَلا
لا حِـسَّ فـي نفسـي ولا هـدفا يُـرى لـو مـتّ لا يـدري بـأحوالي المـلا
أرجَعـتِ لـي روحـي بلحـن مـنعش كنســيمِ نَيســانٍ وزخّــات الطّلــى
أرجــوك غنّــي إننــي فــي ليلــة لا شيء غنَّى لي سوى صوتِ الحُلَى

نحلةُ حب

ستطير النحلة يا خِلّي
وستهمس في أذنك عهدا
يستهوي الزنبق والوردا
وسيسأل عنك بتحنانٍ
شوقُ عيوني وبإعجابْ
وستُلبِسُ أضواءُ شموسي
آفاقَ غرامك تاجَ شهابْ
وستسعدُ جداً من حبي
وترّف فراشاتُ المحرابْ
وتقول : أحبك حب جنون
وتطير ورائي حيث أكون

من وحي دود القزّ

مـا أجمـل الأطيـار تلعـب فـي السـنا
وقـت الربيـع فـنملأ الـدنيا غنـا

مـــا أروع الديـــدان* يـــا محبـــوبتي
تحكـي لنـا عـن عـالم غيـرِ الـدُّنا

تحكـــي لنـــا عـــن عـــالم مـــن رقـــة
وســعادة يصـبو إليهـا كُلُّنـا

يـا حلـوتي مـا أي حُسْـنٍ فـي الـدُّنا
يَنْشَـا بـدون تعـانقٍ مَـعَ قَلبنـا

الكـــون أجمعـــه ســـعيد طالمـــا
نجنـي أنـا وحبيبتـي منـه الهنـا

---

* ديدان القزّ

إليك تفتحتْ ورداتُ حبٍّ

إليـك تفتحـت ورداتُ حـبٍّ
ويدفعهـا النسيم إلـى حِمـاكِ

وترنـو مثـل كلـب فـي وفـاءٍ
لِما اغترفت نداها من شذاكِ

تلـوح كـرأس ناقـات لِطـافٍ
تخاف تُسَاق قسراً عن مداكِ

تخاف تموت في أسبوع عيد
إليـك ويبتـدي عهـدُ التبـاكي

لأن الـورد ذو عمُـر قصـير
يلـحّ عليـك إبعـاد الهـلاكِ

ويبـذلُ وُسْـعَه لبنـاء عمـر
بـورد ناضـرٍ يشتـاق فـاكِ

يجـددُ نسلـه مـن أجـل حـب
جديـد دائـم يقفـو سنـاكِ

يقول الورد: يا مولات عطفاً
فـإني ظـامىء أرجـو لمـاكِ

ويرنـو الـورد تحمـل مقلتـاه
جمالكِ كالغيومِ على السِّماكِ

وخيط العنكبوت كمثـل ظـل
لفضِّيات نعلـك يـا ملاكـي

يحسُّ الورد يا زوجي بنقص أمـام جمالـكِ الكاسـي صـباك
يـئنُّ الـورد مـن حقـل لحقـل لكـي ترنـــو إليـه مقلتــاكِ
ويكتســبَ ابتســاما مــن شــفاهٍ تــُضرّجها دمــاك ووجنتــاكِ
يحب العشبُ أن تمشي عليـه وتــاريخ التُّــراب قــدِ اشــتهاكِ
ألا العصـفور ينقـر كـل صـبح نوافـذ بيتنـــا يرجـو يــراكِ
وحتى النمل يسأل عنك مهما تثِـرْ لثماتُـهُ أقسـى عِــراكِ
جميعا نحن نهوى مَن حَوتنــا بوجدانيَّـــة مثـــل المــلاكِ
يحبُّ التوت ثغرك والمُحَيّــا ويصـبغ وجنتيـك وثـم فـــاكِ
يئن الـورد مثلـي فـي اشـتياق إليك وطول بُعدك في ارتبـاكِ
أغار عليك مهما كنت أرجو لغيري السير أيضا في هُداكِ
وأرغب أن تُفيدي الكون طراً بـرغم تمسكي بك وامتلاكـي
أريد أراك طول الوقت قربـي وإلا قـد أثـــور علــى هـواكِ
أنـا طفـل وأنـــت الأمُّ نهـدٌ لإرضــاعــي، ويقتلنـي نـواكِ
منحتِ الشغلَ وقتا فوق وسعي تَحَمُّلـُه دنــوتُ مــن الهــلاكِ
أهـيم بحبـك الصـافي المُحَيّـي لحبي رغـم قبحي وانتهاكي..
فلســت أنــا محبَّـك أيَّ حــب ولكنـــي ارتفعـت لمسـتواك
ولسـت أحـس إلا باكتمـــال وفـوق الاكتمـــال أرى بُنــاكِ
ونرجـو الله يحفظنــا لــبعض ولــلأولاد فابتهجـــي ملاكـي

يحيط الوُدُّ منك جميعَ فكري

يحيط الـوُدُّ منـكَ جميـع فكـري   إذا لـم تــدْر هـذا الحــقَّ فــأدْرِ
أحبـك فـوق مقـــدرة الأمانـــي   ولكـــنَّ الزمـــان كثيـــرُ عسْـــرِ
أ يمكـــن أن أبادلَـــكَ اشتياقـــا   عميقـاً أو أضـمَّك نحـو صـدري؟
أ يمكـــن أن نجـــوب معـــاً رياضـــاً   وتشبعَ مـن رحيقِ وعطـر زهـري؟
فإنـك أنــت فــي حـاجٍ شديـــد   لروعـاتِ العواصـف ضمن بحـري
وقــد يغـْنيك حبـي عــن ســواهُ   وتشبــع مــن مُحـب دون غـــدرِ
تعـال لِنُشـبِعَ الـروحَيْنِ حبـــاً   أصيلاً مخلصـــاً بالسـعد يســري
تعـال فــدهرنا يمضـي سريعـــاً   ونقضـيه بــلا أدنـــى مُسِـــرِّ
تعـال بعثــتَ بـي حســا جديـدا   سـعيدا بــالهوى يسْـري ويمْــري
تعـال فــداك روحـي يـا حبيبــاً   سيصـبح ذات يــوم طــوعَ أمـري
تعـال فأنــت إنســان مجيـــد   أتيــت مؤخَّـــرا لتســرّ عمــري
أريـد لــك المســرّة قبـل نفسـي   وفـي مسـرى مشـاعرنا سنسـري..

زكام

زكـــام منـــه أعشـــقه ليســـري   إلـــيّ فإنّـــه أســـمى الطيـــوبِ
يطيب لـي الزكـام كضوع عطرٍ   ففيـه الوصـلُ مـع أنـف الحبيـب
فأســـباب الزكـــام تشـــدّ بينـــي   وبينـــه بـــالغرام بـــلا طبيـــبِ

تَغْزِل العينان

تَغْـــزِل العينـــان عشّـــين إليـــكِ وتلاقـــي كـــل يـــوم ضـــفّتيكِ
وتناجيـــك أحاسيســـي سُـــكارى مـــن جمـــالاتٍ تُوَشّـــي وجنتيـــكِ
آه مـــا أنضـــج أشـــعاري وجســـمي لـــم يشـــيخا منـــذ إن حِيـــزا لـــديكِ
كـــل مـــا عنـــدك يرجـــوه اشـــتهائي وأنـــاجي يـــا حبيبـــي مقلتيـــكِ
منـــكِ يـــا ظَبْيـــة أوطـــاني حيـــاتي ومممـــاتي أصـــبحا وقفـــاً عليـــكِ

تُحَقّق لي صداقتُك الأماني

تُحقـــق لـــي صـــداقتُك الأمـــاني وتعـــزف لـــي ملايـــين الأغـــاني
هلـــمّ بنـــا رفيـــقَ العمـــر نـــذهبْ لمزرعـــة بلـــونِ الأرجـــوانِ
ونأكـــلْ مـــن نخيـــلٍ أو لنرجـــعْ لمنزلنـــا فنحظـــى بالأمـــانِ
فقلبـــي، آهِ، لـــن يلقـــى هنـــاء ســـوى بلقائنـــا ســـامي المَعـــاني

لا تخبري الأصحاب

أرجوك لا تخبري الأصحاب عن شغفي فربمـــا غـــار منـــي الصـــحب وانتقمـــوا
الحـــب ينبـــغ لمّـــا نحـــن نكتمـــه حتـــى نوفّـــرَ جـــوّاً فيـــه ننســـجمُ
كـــوني عبوســـاً مثيلـــي فـــي وجـــودهمِ لكننـــا حـــين نخلـــو نحـــن نبتســـمُ

كل يوم نحن في حب جديد لا يزولُ

آهِ كلُّ العمر يفنى　　وهو يبقى لي يميلْ

كل عمري صار بُشْرى　　وسَقاني السَّلسَبيلْ

ووفائي هو إني　　خادمٌ لا يستقيلْ

نادِني ليلاً وصبحاً　　أستجِبْ فوراً أنيلْ

إن تُشِرْ أو تُبْدِ لمْحاً　　تَسبَكِرْ عندي الخيولْ

حرس الباري غصونا　　كيفما شئتُ تميلْ

كل هذا الحسن جيش　　سمهريٌّ لي يديلْ

يا وداداً ذا صفاء　　ليس يعروه الذبولْ

إنني أشكر فضلاً　　لك كم أنت نبيلْ

سأسَمِّيك حبيبي　　هكذا روحي تقولْ

وإلى اللقيا ملاكي　　بكرة فيها نَصولْ..

وأقاصيصي تطولْ　　طالما تقْرا الفصولْ

حبي المُعَمّق

حبـي المعمّــقُ مـا الجـوزاء تعرفــه ولا حضـــارة كــل الأرض أو زُحَــلُ

وربمـــا الأتقيـــاء الحـــبُّ عنـــدهمُ يخـتص بعضـاً، وعنـدي الحـب مكتمـلُ

الحـــب عنـــدي بـــلا كـــره يخالطـــه ويجعـــل النـــاس للأحـــلام تنتقـــل

إنـــي أحبـــكِ مهمـــا ازدادتِ الغِيَـــلُ ولا خَيـــار لنـــا إلا سنرتحـــلُ

إنـــي وأنـــتِ قناعـــاتٌ موحَّـــدة شـــغلي وشـــغلك للـــرحمن نبتهـــل

نبع الحب

أحبـــك حبـــاً بأعمـــاق نفســـي يجـــيش وينبـــع لا يُحْسَـــرُ

إذا مـــا التقينـــا فعشـــقٌ عميـــقٌ بعينـــي وعينـــك يُسْـــتَنْفَرُ

فلـــيس هنالـــك مـــن حبّنـــا بـــأكبرَ لـــو أننـــا نَسْـــترُ

علمـــتِ غرامـــي يفـــوقُ المحبـــين قيســـا وليلـــى ومَـــن أدبـــروا

هـــل الحـــب أكثـــر مـــن أننـــا نـــرى كـــل شـــيء بنـــا يشـــعرُ؟؟

هـــل الحـــب أكثـــر مـــن أننـــا نـــرى الحســـن لـــو يقـــبح المنظـــر؟

ومهمـــا بشِـــعْنَا، ومهمـــا هرِمْنـــا نرانـــا جميلَـــيْن، لا نكبـــرُ

ولـــو هيكلـــين مـــن العظـــم صـــرنا نظـــل لصـــيقَين لا نُبتـــرُ

ولكـــنْ عجبـــتُ لهـــذا الزمـــانِ متـــى مـــا اتفقنـــا .. بنـــا يَغْـــدِرُ ..

أعـــيش علـــى الظـــل إذْ إنّ شمســـي وراء غيـــومـيَ لا تظهـــر

ولســـت بـــأول حـــال كهـــذا ولا هـــو آخـــره المُقْصِـــرُ

فمـــا قـــيس لبنـــى بـــأتعس منـــي ولا قـــيس ليلـــى بهـــا أشْـــعَرُ

جميعـــاً يطالعنـــا ســـوءُ حـــظ غـــرامٌ عنيـــف ولا نظفـــرُ

ثورة الشوق

الحب هو الإنسجام وبث السلام الكامل بين النفس والعالم..

كـــوامنُ شـــوقي تثـــور بحقـــدِ تريـــد حيـــاةً لهـــا دون قيـــدِ
تريـــد العواطـــفُ أن تحتويـــكِ وتشـــدو وتمـــرحَ مـــن دون صـــدِّ
تعـــالَيْ تَـــرَيْ كيف ينمو الحشيشُ برمقـــاتِ عينـــي، وينبـــوعَ شـــهْدِ
وهـــاكِ انشـــقي نفحـــةً مـــن عبيـــرٍ يشُـــقُّ القلـــوبَ بـــأفْوَحِ وَرْدِ

معزوفة حب

أنـــا أعـــزف حبـــي أغنيـــةً تعطـــي إشـــعاعاً وَضَّـــاءَا
أنـــا أنســـج شِـــعْرِي أردِيـــةً تحميـــكِ مِـــنَ البـــرد شـــتاءَا
فـــي حزنـــكِ يصـــبح إســـعاداً ويهـــاجم عنـــك الضـــرَّاءَا
لمَّـــا تَعْيِـــينَ فكـــلُّ دمـــي وقصـــيدي يَجْتَـــثُّ الـــداءَا
أشـــعاري تغـــدو ينبوعـــاً لروائـــكِ تســـقيكِ المـــاءَا
ووفـــاتي تُمْســـي إكلـــيلاً لحياتـــك تُســـدي الأشـــذاءَا

بَسْمُك الخلاب

ابتسم لي يا حبيبي

تُنبتِ الزهرَ البديعْ

وتصيّرْ كل أعوامي ربيعْ

ابتسم لي، بَسْمُك الخلاب رمز للجمال

يتغذى منه لبي بالخيال

ابتسم لي بانعطاف وصفاء وفُتونْ

أنا محروم كثيراً ذو شجونْ

أبتسم لي كي تجافيني المنونْ

ابتسم لي، أنا ثغري لم يزيِّنْه أبتسامْ

ولْتُعَلِّمْني الغرامْ

وَلْتُحدِّثني كثيراً أنا لا أدري الكلامْ

هل صحيح يملأ الحب الفراغ

بهناء وسلام ؟

فترى الأعينُ لو كان الظلام ؟؟

هل صحيح يجعل الحبَّ العيون

ذات إبصار وإحساس مُبين ؟؟

وينمّي الاحترام..؟

بينهم طولَ السنينْ

أجنحة الحب

ذوبي بحبي واحذري أن تجمُدي … إني أحبك فوق ما ملكتْ يدي
قَدْ رَقَّ حتى الحاسدون على الهوى … مني إليك فليس لي مِنْ مُعْتَدِ
خشِعَ العداة مع الهواة لنظرتي … لك سابحين بنشوة وتسهّدِ
شَهِدوا شعاعي فارتقَوا لمدارج … عُلْيا وقالوا يستحق لأبْعَدِ..
عطفوا على خصم لهم ومنافسٍ … أخذ الجِنانَ وعافهم في الفدفد
لي بسمةٌ عُلْيا تُحقق كلَّ ما … حلمتْ به أنثى من الرجل النَّدِي
لم يَهْوَنِي أحدٌ هواك ولا أنا... … نحن النعيم وغيرنا كالموقد
ذوبي فما عيناك إلا منهل … لتعاطفي وبسالتي وتودّدي
وأراك تختلفين عن كل المَلا … روحٌ عجيب أنتِ فوق السؤددِ
نامي فأجنحتي تحيطك دائما … من كل شرّ فاهدئي وتجلّدي
ما جنَّةُ الفردوس أجمل مِن هوىً … تبديه أعيننا بأروع مَشْهَدِ
وتسوق أجنحةُ المحبة رحْلَنا … نجني ثمار الخلد فوق الفرقد
ترنين للجَوْزا وعينك كوكب … جَعَلَ الثريا والثرى بتَوحُّدِ
ولْنُغْلقِ الأبوابَ بعد دخولنا … في الخلد كيلا الحقد يرجع يبتدي
ونُشيدُ في كل الحدائق عازلاً … كجدار مأرب لا نرى من معتد
لكن ذلك مستحيلٌ، إنما … نضع السدود أمامهم في المشهدِ
نخفي الهوى في قلبنا ونبوحُهِ … لمّا نكون بخلوة وتعبُّدِ
إذْ إنهم مهما تفانَوا في السَّما … حِ فحقدهم في غَيْرةٍ وترصُّدِ
إذ أنهم بَشَرٌ وواجبنا بأن … نرعى مشاعرهم ببرد نرتدي
أو لم يُحَرّمْ أحمدٌ أكلاً بأيِّ … ملاعق من فضة أو عسجد؟
كيلا نزيد البائسين تعاسة … خيرٌ لنا ألّا نثيرَ المجْتدي
طَبْعُ الخليقة غيرَةٌ إنْ هم رَأوا … حبا جزيلا مثل بحر مزبدِ

حُسْـــنٌ وحـــبٌّ واقتـــدار كامـــلٌ أقـوى المصـادرِ للهـوى المتجـدِّدِ

ألامُ لأني أحبُّ

أَلامُ لأنـــــــي أحـــــــبُّ ألامْ ووجهـك فـوقي كظـل الخيـامْ
كعـش الحمـام كفـيء الغمـام أحبـك جـداً لهـذا أُلامْ
مُحَيَّـاك فـوقي يـؤجَج شـوقي يبـثُّ أكسـجين المنـى والهيـامْ
يحلـق حـولي ويُلقـي بـأفقي بسـاطا عريضـا فنعلـو الأَكـامْ
لمـاذا فرضـت هـواك علـيَّ لمـاذا انتشـلت مهـيضَ العِظـام ؟؟
ألامُ ومـا غيـر دمـع بجفنيـ ـكَ يـدري غرامـي المُضـام
حكايـا هوانـا كَلغـزٍ عجيـب يعِـزُّ بحيـث يطـول الكـلامْ
حكايـا لقانـا بسـاتينُ عاشـت وثـم اعتراهـا الظمـا والسَّـقامْ
حكايـا التقانـا أتـت للوجـود بكُنْـهٍ جديـد يضـاهي المُـدامْ
يـرف علـى الكـون نجمـا جديـدا يوشِّـح كالشـمس كـل الأنـامْ
إذا مـتُّ حيـا فـلا تعجـبنَّ وإن عشـت ميْتـاً، فهـذا الغـرامْ

يا شقرائي المحترمة

مـن لا يرضـى أن يحيـا معشـوقا مـن حُـور الـدنيا؟
يـا أجمـلَ حـبٍ ومُحَيّـا أنـت الزهـر يحـبُّ الرِّيَّـا
إنـي أتطهَّـرُ بالكلمـةْ يـا شـقرائي المحترمـةْ
فَلْيأخـذْنا الـزورقُ فـوراً نأيـاً نأيـاً نطـوي الـدنيا
وضـعي الغـيمَ علـيَّ غطـاءً وضـعي المِعْطـفَ أرجـعْ حيّـا

القهوة وكف المحبوب

القهوة انـدلقت فـي الكـفّ تسـتعرُ ومهجتـي انـدلقت وأسْـتعبر النظـرُ
وقـد تجَمَّـد حُسْـنُ الصـالَتَيْنِ فمـا عادت عيوني ترى إذ مسّه الضَّررُ
قد عالجتْ جلدَه المحروقَ أفئدتي وشئتُ لـو أنني عنـه اللظـى أزرُ
شـتّانَ بـين شـعوري قبـل ثانيـةٍ إذ كنـت أسـبحُ فـي العَليـا وأنتشـرُ
وكنـتُ أبحِـر فـي الأفكـار منسجماً أسـقي مخيلتـي حُسْـناً فتزدهـرُ
إذْ فجأة صاحبي المحبوب قد كُسِيتْ كـفّ لـه بضـمادٍ دونـه الحَجَـرُ
وإذْ مخيلتـي فـي الحـالِ تنبتـرُ وإذْ بـأجنحتي فـي الحـال تنكسـرُ
يـا ليتهـا انـدلقت لـلأرض أو لِيَـدي ما كان حرقي سوى حسٍّ سينحسرُ
لكـنَّ حَـرْقَ فـؤادي كـان ذا ألـمٍ يحْكـي جهـنم لا يُبقـي ولا يـذرُ

خذيني للهنـاءِ

خـذيني يـا كريمـة للهنـاءِ وخلّـي العمـر وفقـاً للرجـاءِ
أحبـكِ ألـف حـب كـل يـومٍ لـه لحـنُ التلاقـي والتنـائي
أمـا عـزْفُ البيـانو قـد شـجاني؟ بلـى والله حـاز ذرى اشـتهائي
أحبـكِ ألـفَ حـب ليـت شـعري أ كـافٍ أن تترجمـه دمـائي؟
أحبـك كـالمجرّات الـدراري تـدور لديـك مـن دون انطفـاء
أحبـك إنـه حـب عميـق تَغلغـلَ فـي الضـلوع بـلا فنـاء

لولا اللقاءُ والخيالُ

لا أحسب الدهـر حلـواً دون لقيانـا لولا اللقاءُ لكـان العيـش أحزانـــا
مـا كـان قبْلَـك عمري كاملا فإذا أنقصتِ وصلكِ زاد العمر نقصانا
حسْبـي مـن السعد ثم المجد أغذيةٌ من مقلتيـك تزيـد العمـر ريعانـــا
لــولا هوِيتُـك ما فجـرتِ موهبتي بعد الخمـود وزادَ التِّبْـــرُ لمْعانـــا
لا بـــارك الله أسبابـــاً تُفـَرِّقُنـــا وبـارك الله مَـــن للحُلـْم أدنانـــا
وأســأل الله أن يقضـــي بزيجتنـــا لأنّ منه هوانـــا فـــي خلايانـــا
فلتستعِـــدّي لأعـــوام مقدســـة فيهـا نمـدّ إلى الأعماق أغصانـــا
هـذي البـراءة مـا زالـت تقيّدنـي بخيـر سجـن ألاقـي فيه سجّانـــا
هـذي البـراءة في جنبيك تبهرنـي ولست أفقـه مـاذا أفعــل الآنـــا
لــولا الخيـالُ ومـا فيـه نمارسـهُ لَدُكّـتِ الأرضُ دكّـاً من خطايانـــا
لــولا نمـارس بالأحــلام حاجتنـــا كنا ملأنا الفضا والأرض طغيانـــا
لــولا نخفف شيئـاً من لظـى دمنـا عبـر الخيـال لثـار الكون بركانـــا
وصارتِ الأرض عصفوريَّةً سكنت فيهـا المجانيـــن أشكالاً وألوانـــا

متغــزِّلٌ

متغــزِّلٌ كــي أكسـب استسـلاما ممـن أحـــب وأغتـدي قوّامـــا
هـــذي محبتهـا تزيــد فأنتشـي وتبثّنـــي الأشــذاء والإلهامـــا
وأصيـر إعصـارا علـى أبوابهـا وأكـون فارسَـها الفتـى المقـداما
هي معجزات القرن فـي لفتاتهـا.. وبرأيِهـــا ســـنحقق الأحلامـــا

كما الشوق شاء

إذا لــــن تطيلـــي لــــديّ البقـــاءَ ... فــلا تُقبِلـــي، أو أطيلـــي اللقـــاءَ
لأنــك تســقين زهــري فينمــو ... وثـــم تميتينــــه بالظَّمـــاءَ
دعــي البِـذْر يُحفـظْ بجـو أنعـزال ... فخيــر مــن القـصّ يتلـو النَّمـاءَ
تصــحّين كــل كيــاني لمــرآ ... كِ ثــم ترشّــين عينــي قــذاءَ
وأشـــعر أنـــي لـــولا هـــواك ... لمـــا كـــان يعـرف قلبـي الهنـاءَ
أنـــا عبـر عينيـك طيـر سـنونو ... يجـوب الفضــاء كمـا الشـوق شـاءَ
قـــد أبتســمت مقلتـــاك إلـــيّ ... وشـــعت كـــدرّ يشـــيع البهـــاءَ
رهينـــكِ عمــري كمـــا تــرتجين ... فـإن شـئتِ طـاب َوإنْ شـئت سـاءَ
ولســـتُ بـــذي قيمـــة أو كيـــان ... إذا لسـت ترضـين لـي الارتقـاءَ
تعـــالي طـــويلاً فلســـنا نَمــلّ ... ولـــو مـــرّ كـــل الزمـــان التقـــاءَ
تعــالي تــري كيـف أنّ أصـطباري ... تهـــاوى صـــريعا ينـــزّ الــــدماءَ
أنـــا لا أريـــد انتهـــائي بـــدون ... موافقـــة منـــك ترجـــو انتهـــاءَ
همــــوم الحيـــاة تســـبّب داء ... وصـــفو المحبـــة يشـــفي شـــفاءَ
وبـــي صـــدأ لـــيس يجلـــوه منـــي ... ســـوى الوصـــل حتـــى أنقّـــى نقـــاءَ

ساعِدِي الموجَ يا رفاهي

لــو أغنّــي يــا (رفــاهي) ألـفَ لحـنٍ ... لــيس يكفينـــي لتعبيـــر شـــعوري
موجـة البحـر علـى عينـيَّ تطْغَـى ... مـع طيـوفٍ لـك يـا أبهـى البـدورِ
إن عطفتِ الوردُ ينمو فـي البراري ... أو صـددْتِ الكـونُ يُمسـي كـالقبورِ
عنـدما تَحْنـين مـاء البحـر يحلـو ... وأنـــين الـــريح يشـــدو كـــالطيورِ
أنـــت غنّـــي يـــا رفـــاهي أطربينـــي ... ســـاعدي الموجَ علـى بثّ الشـــعورِ

في كـون الـغـرامِ

هـــاكِ زَنـــدي لـــكِ نـامـــي
لا تـخـافـــي مـــن مَـــلامِ

لــيس فـــي وصـــلي شـــرورٌ
إنّ وصـــلي مِـــن ســـلامِ

وصلنـــا فيـــه حيـــاة
بـعـــدها أهـــلاً حِمامـــي

لا تـخـافـــي بـــل تعالـــيْ
نـتـعانـــقْ فـــي انسجـــامِ

لا تـخـافـــي مـــن غيـــوب
أو شعـــور غيـــرِ ســـامِ

أنـــت أشجـــار الخزامـــى
وهـــي فـــوقي كالخيـــامِ

كـــل شـــيء يـــا حبيبـــي
كـامـــل رهـــن الـغـــرامِ

طـالمـــا نحـــن سويّـــا
عـــن ســـوانا فـــي اصـــطلام

نحـــن لا نـجـنـــي ذنوبـــا
عنـــدنا الحـــبُّ تَسَـــامِ

وسُمُـــوُّ الحـــب خَـــدٌّ
فوقـــه ثـغـــرُ الهُمـــامِ

وأحـاسيـــسُ جمـــالٍ
وانـتـعـــاشٍ واضطـــرامِ

لا تـخـافـــي يـــا رفـاهـــي
نحـــن فـــي كـــون الـغـــرامِ

أهيمُ بالابتسام لدى الوداع

تَبَسّـمْ يـا حبيـبَ الـروحِ دومـاً
أهـيم بالابتسـام لـدى الـوداعِ

أعـزّك أنـتَ يـا محبـوبُ عـزاً
يُحيلُ جـوارحي لـك مـن شـعاعِ

ومحتـاج إلـى مـرآكِ دومـاً
كمـا احتـاج السـفينُ إلـى الشـراعِ

مـلأتِ سـماء قلبـي باقتنـاعي
فصـار لوحـدة الأكـوان داعـي

أنـرتِ ببسـمة العينـين ليلـي
وبادلـتَ المـودّة ضِـعْفَ صـاعي

محيط الحب

علـى النهـر يلتـفّ ألـفُ هـلالِ ... يُحَيّـي هوانـا الـذي فـي أكْتمـالِ
شـراع الهـوى نحـن فيـه سـويّا ... يحيـلُ الوجـودَ بنـا فـي أحْتفـالِ
سَلِـي: هـل أُحبـك؟ أروي إليـك ... حـديثاً طـويلاً يجـيش ببـالي:
علـى بـدر وجهك أقضـي الليالي ... ومـن رَعْشِ جفنك يَغْنَـى خيـالي
علـى جسمك البضّ طـار خيـالي ... كما طار في الحقل سِرْبُ الحِجالِ
أمـام جمالـك يـزداد عزمـي ... فأصـبح أعلـو علـى كـل عـالِ
أُحبـك حبـاً كمـوج البحـار ... يظـل يمـوج بـدون كـلالِ
أُحبـك حبـاً بـه الغـيم يهمـي ... غياثـاً ويسـقي مـآقي الـتلال
أحبّـك حبـا بـه الـنجم يجـري ... لـدى مسـتقرٍّ لـه فـي الأعـالي
غرامـك فـيّ كأسـماك بحـر ... بـه هـي تسـري بـأبهى أختيـالِ
غرامـي إليـك طيـور الصـقور ... تطيـر وترقـى أعـالي القِـلَالِ
غرامـي إليـك كثيـف الظـلال ... كشـمسٍ وراءَ سـحابٍ خِـدالِ
غرامي إليك كأمطار فصل الشّـ ... ـتاء تغـذي ربيـعَ الجمـالِ
وشـوقي إليـك كشـوق الحقـول ... لتسـقي الميـاه بفصـلِ أشـتعالِ
كمـا المـاء يغلـي مـآقيَّ تغلـي ... متـى مـا تصـوّرتُ يوم أرتحـالي
إذا مـا أفترقنـا ولـو لحظـاتٍ ... فُغِربَـانُ بـومٍ تحـوم حيـالي
وتنقـر عينـي بكـل عُتُـوّ ... وأشـهدُ ألـفَ ضـريحٍ قبـالي
وأكيـاسَ فحـم يكدّسـها لـي الظّـ ... ـلامُ لتشـبهَ حـالَ أنعزالـي
أمـا الشـمس تصـبح أنوارهـا ... كشمسَـيْنِ إنْ جئتِنـي بالوصـالِ؟
سـلي المقلتـين أمـا تُمْسـيان ... كبـدرَيْنِ مـن لهفتـي وابتهـالي؟
عيونـك تُـدْفئني فـي الشـتاءِ ... وترشـد مَسْـرايَ وقـت الليـالي
أحبـك حبـاً يحـيط الوجـودَ ... كـأني الهـواء بكـل المجـالِ

حب ورعب

على ضفة النهر عاشَ الهوى وغنّى بصوت الهزار الجميلْ
نما حبنا معَ سحر المروج فصار الجمال إلينا الدليلْ
حشائش بيتك تنساب نحوي وكل الوجود إلينا يميلْ
ولكنَّ خوفا توسْوستْ منه طغى في الظلام كروحٍ ثقيلْ
فؤادي كئيبٌ وعقلي كئيب جميع حياتيَ رعب طويلْ
فكم من خطايا تَخَبْطْتُ فيها وشابَ حياتي الغريبُ الدخيلْ

*****

هوِيتُ لقاءك عند الغروب ليهدأ روعي بجوّ السكونْ
أحِسُّ بقربك مني أكون شعاعاً رقيقا خضيرَ الغصونْ

وأغدو جوارك ناراً ونور وأشعر أنيَ سرُّ العطاءْ
شفاهيَ تشرق بالإبتسام وروحي تغرد عبر الفضاءْ.

هل مستطيعْ

هل مُستطيعٌ عاشقي هل مستطيعْ
أن يدفئَ القلب الذي عانى الصقيعْ؟
يحتاج عطفاً من حبيب مستطيعْ
يحتاج منك عنايةً مثل الرضيعْ
هل مستطيعٌ عاشقي لي أن يُطيعْ
تحقيق آمال تعود بنا إلى العهد البديع؟

قمران عيناها

قمــران عيناهــا مِــنَ الإلهــامِ ومــنَ الجَمــال وثغرِهــا البّســامِ
عينــان مــا أصـفى المناهـلَ منهمـا بهمــا مُــداواتي مــن الأسْــقامِ
كلَّمْتُهــا، فتفجّــرت أقمارُهــا مــن رأسـها ولأخمـص الأقـدامِ
ترنـو إلـيّ وألـف مصـنع فرحـة فيهــا يحيــل مباهجــاً آلامــي
أهـواك يـدري الله مقـدارَ الهـوى ***** لكننــي أُخفــي الهــوى بلثــامِ
لاتعــرفين مشــاعري إلا إذا طالعـتِ شـعري أو مكثـتِ أمـامي
نـوع مـن الحـبّ الخصـيب كَبَتُّـهُ كبـتَ الشـتاءِ لعـزم خصـبٍ طـامِ
أَمَلـي أُنَسّـق كـل يـوم باقـةً لـكِ يـا حبيبـةَ مهجتـي وعظـامي
فـي كـل يـوم تفسـد الأيـام مـا أنــا صــانع، لكــنْ أُعيــد نظــامي
أعطيتِنــي دَعَــةً وحبّــاً ناضــجاً يُسْــراً وإســماحاً وجــوَّ ســلامِ
وجعلـتِ حقـلَ مـواهبي بتطـوّر ركضــتْ بــه حرَيتــي لأمــامِ

لقاء في الصحو

وقفــتْ إلـي بخَشعَـةٍ وبفطنـةِ وبلهفـة الأنثـى إلى أسمـى فتـِي
أ أنـا أحبـكِ لسـت أدري جازمـاً؟ لكــنْ أفكـر فيـك طيلـة ليلتـي
إنْ أنـت قلـتِ: بلى نعيش سويّة متزوجَيْنِ بعـون رب الأمـــةِ
أعطيـك أقمـاراً تنيـر حياتنـــا وأكون قيساً أو جميـلَ بُثينـةِ
آنسْتِني في الحلم حتى صحوتي أ يتـُمّ بعـد الحلم كاملُ بُغْيَتـي؟

ذكرى تعارفنا

ذكرى تعارفنا معاً هي صخرة ... من قلبها الشلال يدفق والسنى
أنا مَن أنا لما عرفتكِ صدفة؟ ... أحسست أني بتّ تاريخَ الدنى
أنا أنتمي لهواك .. للسحر الذي ... تحوينه في لون عينك يا منى
أنا منتمٍ لك في ارتكاز دائم ... في خضرة العينين عندك والجنى
أصبحتُ منتمياً لأبهى عالم ... للغاب للطير المغرّد حولنا
أنا أنتمي للبحر للبيداء للـ ... آفاق للأطيار مُدْمنةِ الغنا
أنا منتمٍ لصفاء قلبك للوفا ... وإلى ابتسام ناجع يُفني الضنى
ما السَّرْوُ ينمو في الرواسي سامياً ... كسُمُوّ إحساساتنا ونمُوّنا
من ذا تَصوَّرَ أن يطيبَ الكونُ ذا ... من دوننا، غفلانُ ما فَقِه الدنى

خيرُ حُسْنٍ

على الأوراق أعصر كل حزني ... وإلهامي إلى حبي الأغَنّ
لمحبوبي الذي يأوي بذهني ... لِمَن مِن نصف شهر كان حِصني
لإخلاص فريد ظل ذخري ... مدى الأيام حتى حاز فني
أحب حبيبيَ الأسمى الموالي ... لعاطفتي مزيلِ الهمّ عنّي
هو العقّار للأسقام مُفْنٍ ... هو الطوّاف بي في خلْدِ عدْنِ
فشكراً للحبيب وألفَ مرحى ... لهذا الحُسْنِ والقلب الأحَنّ..

نقشة الفرحة

انقشي الأحجار في قلبي انقشيها نقشة الفرحة لن تلقى شبيها...
نحن يا محبوبةَ الروح ربيع وشّحَ الصحرا بِحُسْنٍ يجتبيها
احمدي من أنشأ الدنيا جميعاً خيرَ تقويم برا الإنسان فيها
نحن يا محبوبتي تُرْبٌ وجيهٌ وَلَنَا روحٌ أَوَتْ تُرْباً وجيها
أنتِ في صحراء عمري واحة غَنَّـ ـاءُ تسقيني الهوى من عَذْب فيها

*****

لا تصيري يا حبيبي كحقول ازدهت خضراء في وضح النهارْ
وإذا الليل أتاها دَكِنَتْ واغتدتْ سوداء تسقينا المرارْ
لا تصيري كنباتات مروج نبتت في الصيف صفراء البها
وإذا وقت ربيع جاءها طلع الشوكُ بديلاً بعدها

*****

لا تصيري يا حبيبي مثل نبت زاهرٍ أخضرَ وافاه المساءْ
فبَدا أسودَ يكسوهُ الدجى يسكب الغمّ بقلبي والشقاءْ
لاتكوني ياحبيبي كرمال تصفع العين فيعروها القذاءْ

*****

انقشي الأحجار في قلبي انقشيها نقشة الفرحة لن تلقى شبيها
نحن يا محبوبة الروح ربيع نضّر الصَّحراء حُسْناً ساد فيها

لم أستطع صبرا

لم أستطع صبرا أتيت إليكِ يا حلوتي أذْري الدموع لديكِ
ما قمتُ في حربٍ عليك دقيقةً إلّا وثبتُ لكي أقي جنحيكِ
تَغْذِينَ إحساسي بشهدِ سعادة لا أغتذيها غيرَ من عينيكِ..

رفعتِ مكانتي

يا منبعَ الأشعار يا ثلج الشتا وغياثِهِ وسنابلَ الحُصّادِ
لا أستطيع من الجمال تخلصاً إن الجمال عقيدتي وجهادي
الأمن في عينيك أسبح فيهما كسباحة الأطفال في الأعياد
شفتاي إن مرت عليك تدافعت خفقاتُها وبرعتِ في إسعادي
أنت التي علّمْتِني ورعيتِني وجعلتني أسمو عن الأحقادِ
ما إنْ عرَفتكِ قد رفعتِ مكانتي من ضائعٍ لمُعَظّمِ الأمجاد

في نعيم الشوق

شيء جميل عيشتي ستكونُ في كنف صبّ، للسلام حصونُ
هيا معي يا وردة من دون شو كِ، فالحياة خمائِلٌ وعيونُ
هيّا هنالك لا نمَلّ سعادة وصبابة وغرامُنا مأمونُ
حُسْنٌ لديك به كفاية حاجتي وكأنّ أمرَ الحب: كن فيكونُ
هيا بنا نذهبْ معا أقصى مدى حيث النعيمُ لحبنا مضمونُ
تحلو الحياة مع الوفاء لبعضنا والنّحسُ يبدأ يوم نحن نخونُ

الوفاء

أنا لو أحيا بلا مال فقيرْ

لي فتاة قلبها كنزٌ وفيرْ

تزرع المال كقمح وشعيرْ

فإذا بالمال ينمو كالزهورْ

وإذا بالعِير يغدو ألف عيرْ

وإذا بالبير يغدو ألف بيرْ

لو شعاع من مناراتي انطفا

لا أرى من روحها أدنى جفا

بل تصون الحب لي والشرفا

وبقلبي هِمَّةٌ ترجو الوفا...

أنا منتظر لُقـْياهُ

بحديثـــــه ينمـــــو إلهـــــامي   وبعطـــــر شـــــعوره أتطيّـــــبْ

يعطينــــــي صـــــوتُه أفراحـــــاً   لكـــــنْ بســـــكوته أتعـــــذبْ

وأنـــــا منتظـــــرٌ لُقـــــْياهُ   ليقابلَـــــهُ صـــــدري الأرحـــــبْ

أحببتـــــه فـــــي بُعـــــده لكـــــنْ   ســـــيزيد الحـــــبُّ إذا قـــــرّبْ

ســـــيكون بـــــوِدّي مبتهجـــــا   مهمـــــا يُتْعِبْنـــــي لا أتعـــــبْ

من قصيدة كتبها الشاعر في عهد الصبا يتذكرُ منها هذه الأبيات:

إني أحـــدد يــا حـبـيـبـــة مـوقـعَـكْ

لـم يمتلئْ صدري هواءً منعشـــــا	من أوكسـجيــنٍ كــاملٍ إلا مـعَـــكْ
أنــا صحوتـــي زادت وزاد تـفــاؤلي	مـــن يـــوم أن قـــررتُ أن أتـتـبَّـعَـكْ
تـتـواجـديـــن حـقـيقـــة وتـخـيــلا	فـي كـل صقـعٍ شاكـراً مَـن أبـدعك
أحلـــى التـلاقـــي بـيننا إن جئـتِني	جسـماً وروحــاً دون أن أتـــوقـعـكْ
كـــانـــت حيـاتـــي فـــي أوامٍ مهلِـكٍ	قبل اللقـــاء وصرت أنـهــل منبعـكْ
مهمـــا هربْـتِ إلـى الفيـافي والرّبـى	إنـي أحـــدد يـــا حبيبـــــة موقـعَـكْ
حـسْبي وجـودُك في جواري لحظـة	حتـــى أخَـــزّن ألــف طيـف جـمّعكْ
لا كسْـبَ أشعــره يفـــوز بقـيمة	إلا إذا حـقـقــــتُ فـيـــه مَـطْـمَـعَـــكْ
أصبحـــتُ لا أرجـو الوفـــاة لأنني	بمعيشتـــي هـــذي أكـفـكـف أدمعـكْ
لـكـــنّ نقصـــاً مـــا يشــوب حيــاتنا	هـو ضـعف تخطيطي لكـي أستمتعكْ
طـوّعْتني لأكـــون خادمـك الـذي	يسعـى لأجلـك، ليـت ربـي طوّعك
قبـــل التعـــارف ضـاع عمرانـا سدى	مِـن أســـوإ الأعمـــار عمــرٌ ضيّعـك

حوار بين رجل و محبوبتي

الرجل يقول: ـ هيّا أيا محبوبتي لصداقتي

محبوبتي تجبه: ـ كلا فحبي مُلْكُ شخصٍ ثان

التضحيات تقول : (صوني حبَّهُ)

وأصونُهُ مهما يكن أشقاني

ما أنا غير مرآة حسنِك يا حبيبي

وقفــت إلــيّ مبتســماً تُغَنِّــي فعــانَقَني الجمــالُ بــلا تــأنِ
رَنَـتْ كـل الطبيعــة فـي ابتهـاج بكــت فرحــاً لِلُقْيــا الأصــدَقَيْنِ
جميـعُ الأفـق صـار بـلا ظـلامٍ وأمعــنَ فــي الســعادة والتَمَنّــي
فنفســي بعــدما لاقتــك صــارت عبيــر الزهــر أو ذوب اللُّجَيْنِ
أصــير لــدى تلاقينــا انعكاســاً لكــل ســناك مــرآةً لحُسْــنِ
يُرَجّــي البــدرُ أن يغــدو ســناهُ ضــياءً شــاعريّاً مثــلِ عينــي
أحــب أراك مبتســماً دوامــاً بســعدٍ نــابعٍ مــن نبــعِ أَمْــنِ
لأنــك حــين تفــرح يــا حبيبــي تخفّـف أنـت مـن جرحـي وطعنـي
قــديماً بالســعال طعنــت قلبــي وأمــا اليــوم صــحَّتُكُم شــفتني
وداعــاً يــا حبيــب إلــى لقــاءٍ ملــيءٍ بالســعادة والتمنّــي
فــأحلى العمــر أن نحيــا بجــوٍّ ملــيءٍ بالشــعور المُطْمَــئِنّ
أمــاني الــنفس أن تحيــا بحــسّ جميــلٍ لا بليــدٍ دون حُسْــنِ
إذا مــا الكــونُ ضــنَّ بأهــلِ فــنٍّ يســيغون الجمــالَ فلــيس كَــوْني

أصُبُّ النفس عبر الهاتف

إني أصبُّ النفس عبر الهاتف بــودودةٍ مشغوفــةٍ بمواقفــي
فضَـمَمْتُها للصـدر يـوم لقائنـا وأخذتُ مـا أرجوه دون مخـاوف
لم يستطع إسعادَ سمعي عازفٌ إلا هواهـا كـان أبـرعَ عــازف
علمـتْ بأنّـا فـي اتحـاد كامـلٍ بصفاتنـا وطموحِنـا المتكاتــف
أحببتُها من شكلهـا من صوتهـا ورجوتهــا دومـاً تلبّـي هــاتفي

عيون الحب

عيــــون الحــــبّ للأبــــدِ ... يـــؤجّجُ ســـحرُها كَبِــــدي
فَحَرِّكْهـــــــا وَوَزِّعهـــــــا ... يمينـــــاً... يُسْـــرةً.. و جُـــدِ
أحـــبُّ عيونــــك العسليّـــــَ ... ـــةَ المـــلأى مـــن الشّـــهَدِ
إليــــك حبيبـــيَ الغــــالي ... تفيــــىء بعـــزةٍ كَبِــــدي
تَبَسَّـــــمْ لـــــي ملايينــــاً ... وخفــــفْ وطــــأة الكمـــدِ
تحــــدّثْ دونمــــا قـــرْبِ ... جمـــال الحـــب فـــي البُعُـــدِ
غرامـــي مثـــلُ شـــمس فـــي الصّـــ ... ـــباح تنيــــر فـــي البلَـــدِ
وتُطْفَـــؤْ فـــي المســـاء لكـــي ... تـــوفّر ضـــوءها لِغَـــدِ
حيــــاة المــــرء ميـــزانٌ ... إذا مــــا كِفّـــــةُ الرَّغَـــدِ
علــى الأحـــزان قـــد رجحـــتْ ... تُعَــــدِّلُها يَــــدُ النَّكَـــدِ

عَالَمِيّا الروح

شِعري إليك حبيبتي هـو مدهشٌ ... ومقـدَّسٌ كـالعين تكتشـف القمـرْ
هل روعـة الروعـات إلا يـوم أن ... بلغَ امرؤ قمراً يغازلـه البصـرْ؟
مـرآك والبـدر الجميـلُ يُكوّنـا ... نِ لـديَّ عاطفـةً وفنّـاً مبتكَـرْ
بحنانـكِ الفيّـاض لـي علّمْتِنـي ... حبـاً إلـى كـل البرايـا والسُّـوَرْ
إنـي وأنـت أيـا حبيبـةُ عالميّـاْ الـ ... ـرُّوحِ لا نرضى بإيذاء البشـر..

لو أتى السيّاف

كـلُّ شـيء فـي سـناها يُشـتهَى — كَمُلَـتْ حُسْـناً وأرضَـتْ ربَّهـا
أنـا مـدفونٌ علـى لحْـمٍ لهـا — مُوْجَـعُ الأثمـار أفـديها اللُّهَـى
أنـا مَجنـونٌ تَهـاوى قربهـا — سـابحَ الأضـلاعِ فـوق المُشْـتَهَى
صـاهِرَ الأنهـار فـي عُمْقِ اللظـى — رَهْـنَ ثَغْـرٍ رهـنَ عـينٍ للمهـا
تنطـقُ المُقْلـةُ عمَّـا فـي دمـي — إذْ لُجَـيْنُ البـدر يَجْـرِي عَبْرَهـا
لـو وَعـى أيُّ مُحـامٍ قصَّـتي — عَـرَفَ القـانونَ حُكْمـاً أَبْلَهـا
لـو أتـى شـيخٌ يعـاني حـالتي — نَبَـذَ التشـريعَ واختـار النُّهـى
لـو أتـى السـيّافُ يفـري رَقْبتـي — رفـض الأمـرَ وأوصـى حِفْظَهـا
لـو أتـى السـيّافُ يرنـو طيبتـي — لَافْتَـدى السـيَّافُ عنـي وانتهـى
انظـروا بـالله وجهـاً رائعـاً — يحتـوي عَيْنَـيْن قـدْ شـعّا بهـا
هـل تُميتـون الهـوى مـا بينهـا — هـل تُبيـدون اشـتياقاً أُلّهـا ؟
افعلـوا مـا ترغبـوا، أرواحنـا — ضـاحكاتٌ منكمـو فـي خُلْـدِها
جُمجمـاتُ الحـبِّ تحكـي قصـةً — هـي أسـمى مـن حُسـامٍ جَزَّهـا
أعظـم العمـرِ انسـجامٌ مُخْصِـبٌ — مثلمـا النبتُ علـى الأرض ازدهـى
منتهـى السـعدِ انسـجام كامـلٌ — تَبْلُـغُ الأرواحُ فيـه مجـدَها
اتركـوني فـي انسـجام بعـدَهُ — لسـت أصحـو ميّتـاً مـن بَعـدها

مصابيح قلبي

تُطِـلُّ عليـكِ مصـابيحُ قلبـي — وآلاتُ تصـويرهِ المـاهرةْ
وألقـط مليـونَ رسـمٍ حـواكِ — لتُسْـعِدَني روحُـكِ الآسـرةْ
وألصـقُ عينـيَّ فـي مقلتَيـكِ — أذوب إلـى السـاعة الآخـرةْ

أنا ماردٌ في قمقمٍ من غَيرةٍ

الحُلْـــم أنـــتِ فَأسـفِري وتـدلّلي
لــولاكِ للفــردوس لــم نتوصّـلِ

أنــا مــاردٌ فــي قمقـمٍ مــن غَيـرةٍ
فرَضَتْ علـيَّ إقـامتي فـي المعْقِـلِ

وأريــد تحريــراً لنفســي كــاملاً
لكنهــا تبكــي بحــبٍّ مــذهِلِ

هــي ظِــلُّ ترحــالي وقيــدٌ دائــمٌ
وبغيـر نفسـي لـيس لـي أن أختلـي

قــد جرّدتْنــي مــن جميـع مطـامحي
أقضـي حيـاتي فـي قفَـيصِ البُلبـلِ

لـو كـان فـي مقدورِكِ التحريـرُ هـل
تستبسـلين؟ أيـا ملاكـي استبسـلي

أم نكتفــي بمعيشــة الظــلِّ التــي
مــا مكّنــتْ آمالَنــا أن تنجلــي؟

غرامكِ لي

وأسْـبحُ فـي غرامـكِ لـي كـأني
بجــوّكِ بارقــاتٌ مِــن لُجَـيْنِ

أحِــسُّ بنشــوة وعُلُــوِّ قــدْرٍ
متــى نظـرتْ إليـكِ عيـونُ فنّـي

لَعَمْرُكِ واصلي النظراتِ نحوي
سـواء كنـتِ.. أو إن غبـتِ عنـي

فأنــت الكــونُ أجمعُــهُ بروحــي
أحبــكِ حُــرَّةً مــن أي غُــبْنِ

صـفاؤك فـاق مـا يرجـو خيـالي
فتُونُــكِ ســاقني لِجنــان عــدْنِ

وجــودك كالفنــار بليــل بحــر
يُشِـعُّ النـورَ مــن قلــب أَحَــنِّ

جميـعُ مُنــاكِ والأفـراحُ عنـدي
أيــا حُسْـناً أتــى فـوق التمنّـي

عصفور وعُشُّ الإلهام

حَبَكَ الإلهُ لهـــا جميع عروشهِ وبنى لها عُشّــــاً بفـنِّ نقوشِـهِ

وتربَّعتْ في العُشّ تسكن في العُلا يـأتي لها العصفور حامـلُ ريشِهِ

مـن دون أيـة "حمـرةٍ أو زينــةٍ" ملكتْ فؤاداً حـار فـي تفتيشِــهِ

يرجـو الوصـال بهـا لأنّ حنانهـا هـو مُبتغـاه لضـمّها لعروشِــهِ

العطـف منهـا منتهَـى آمالِـــهِ ستحـــبُ جَنّتــه لـدى تعريشِــهِ

الحكـم أجمـع فـي يـديها راجيـاً منهـا التقـرُّبَ قبـل حَمْـلِ نُعُوشـهِ

هو الحب

ولمّـــا تـــرَيْنَ بـــأني خمــدْتُ فــلا تحسـبي أننـي قــد مِلْلْــتُ

علـى العكـس.. إنـي إليك خنعْتُ غرامُك في الجوف مـا زال يعتو

تـرَيْنَ عـرانيسَ حبـي وزهـري *** تغـــرد مـــن نفحــك المســتمرِّ

ولمّـــا الرمـــادُ يشـــكل سِـتْري ففـي العمـق شـيء يؤكـد جمـري

هـو الحـب يـا غـادتي أسُّ فكـري وفكـرِكِ والحــقُّ وحــدَهُ يـدري

نفس المنظر

يــا غــادتي لــن أبتغـي تغييـرهُ تغييــرَ منظرنـــا الـــذي نحيـــاهُ

يـــا ربِّ جمّـــدْنا معـــا فـــي حالنـــا هـــذا الـــذي لســنا نـــروم ســـواهُ

لمّـــا الإلـــهُ بـــراه خلّـــدَ حُسْـــنَه فحَمِـدْتُ مَـن جعَـلَ العيـونَ تـــراهُ

لماذا لا ؟؟؟

لمــــاذا لا نعيــــش معــاً كعصفورين في العليا ؟؟؟
لمــــاذا لا ننـــام هنـــا إلـى أن تنتهـي الدنيـا ؟؟؟
حنانُـــكِ كــم يغذّينـــي بأفـــراح لهـــا أحيـــا
لمـــاذا لا؟ لمـــاذا لا ؟؟

سنُفــرِغ كــلَّ مــا فينــا مـــن الأشــواق والعــزمِ
ونشعــلُ كــل مــا فينــا مـــن الأعصــاب والعــظمِ
ونـــزرع كـــل دنيانـــا بأزهـــار مـــن الحـُلْــمِ
ويغـدو كـل مـا فينـا انـ ـسجـامٌ كـامـلُ الفهـمِ
فمـــا كَبْـــتٌ يُحَـرّقنـــا ومـــا سـبَبٌ إلـــى السُّـقْمِ
لقـــاءاتٌ بهـــا تعلـــو مشـــاعرُنا إلـــى النجـــمِ
فمـا فـي الكـون أصفـى مـنِ حبيبيَـــنِ لـــدى النَّـــومِ

كيف تنام وعندها القمر

ســـهَري يحلـــو طـــولَ العُمُـــرِ مـــا دام يُغَـــذِّيني قمـــري
وأعـــوم علـــى مســـبح حبـــي وكـــأني البطّـــةُ فـــي النَّهَـــرِ
صـــدّقْني أورَقَ بـــي شـــجري صـــدِّقْني بَـــرْعَمَ بـــي زهَـــرِي
صـــدّقني أينـــع بـــي ثمـــري ودَخَلْنـــا فـــي الفصـــل الخضِـــر
يـــأتي طيفـــكَ لـــي بالشَّـــرَرِ فأجـــود بشمســـي والقمـــرِ

معللتي

مُعَلِّلَتي بعُمْقِ القلبِ مَسْكَنُها
مُعَلّلتي أناشيدٌ ألحِّنُها
وسبحان الذي خَلَقَ
وسبحان الذي مَشَقَ
ويا سَعدَ الذي نَشَقَ
عبيرَ الخُلْدِ من يدها
لها حُسْنٌ من اللهِ
يُباهِي أيَّما باهِ
ويَسْكِنُ من لها يصبو
بجناتٍ بها الحبُّ
مُعَلِّلتي التي كانتْ
سراباً في دمي أضحَتْ
تصادقني وتفرحني
وتنقلني إلى الغابات حيث مباهجُ الزمنِ
وأجثو خاشعَ النَّفْسِ
أمام جمالها القُدْسي
وأجثو صاغرَ القلبِ
أمام جلالها العَذبِ
لها خَلْقٌ وأخلاقُ
لِسُقْمِ الروحِ تِرياقُ
حنونٌ تُسْعفُ القلبا
وتُشْغِفُهُ بها حُبّا

وكــــــــم رجّـَيــــــــتُ خَـلاّقـــــــــــي
بهـــــــــا تـــــــــــزدادُ أرزاقـــــــــــي
بشعـــــــــــرٍ مثلهـــــــــا مَعْنـــــــــــى
ورســــــــــمٍ مثلهـــــــــا مَبْنَـــــــــىْ
وليتـــــــــه فـــــــي يـــــــدي مَثْنَـــــــىْ
لهـــــــا وقـــــــت النـــــوى عنّـــــــــا
فأملـــــــــك نُسخـــــــــةً حُسْنَـــــــــى
تُديـــــــــر القلـــــــــبَ والذِّهْنَـــــــا
فعنهـــــــا ليـــــــس يُسْتَغْنَـــــــــى
ويـــــــــومَ بعادهـــــــــا تُغْنَـــــــــى
بِمَـــــــــنْ بجمالهـــــــــا جُنَّـــــــــا
تضيـــــــــف لروحـــــــــه أمنـــــــــا
فأحْضِـــــــــن طيفَهـــــــا الأغنـــــــى
وأسعـدهـــــــــا بـإغـداقـــــــــــي
ولا أُرْوَى ولا تَـشْـبَـــــــــــــــعْ
وأبقـــــــــى عندهـــــــا مُولَـــــــعْ
ومطروحـــــــاً علـــــــى المَضْجَـــــــعْ
أحـــن لخطوهـــا مـــن قبـــلِ أن تخطـــو ومِـــنْ بَعْـدُ
وإنْ تـمـشــــــــــي وإنْ تَـعْـــــــــــدُو
وإن تَـخْـفَـــــــــى وإن تـبــــــــــدو
سـأحيا أو سـأفنى فـي محاسـنِهَا شـهيد الحـبِّ والشّـغَفِ
وإن تَمْنَـــــــــعْ محـاسنـهـــــــــا
فـــــذا مـــــن شيمـــــةِ الشَّـــرَفِ

وإن تبـــذلْ محـاسنهـــا إلــــيَّ فـإنـنـــي لـوَفِـــي
ومـــــــا تـرضـــــــاه يُـرضـيـنـــــــي
ومـــــــا تــأبــــــاه يُـشـقـيـنـــــــي
فـــــــداءُ جـمـالـهــــــــا روحـــــــي
وأمـوالــــــــــي وتـسـبـيـحـــــــي
مُـــــــرِي بـمـصـيـرنــــــــا أفـعــــــلْ
كـمــــــا تـقـضـيـنــــــــه أعـمــــــلْ
فـإنـــــي مِـثْــــلُ (ريـمــوتٍ) بـكـفِّـــكِ خـيـــرُ مُـسْـتَـقْـبِــلِ
جـمـيـــــــعُ الأمـــــــر فـــــــي كَـفِّـــــــكْ
وإنـــــي هِـمْـــــتُ فـــــي وَصْـفِـــــكْ
ومـــــــرآةٌ إلــــــــى عـطـفِـــــــكْ
ومـــــــرآة إلــــــــى عَـسْـفِـــــــكْ
ســــــواء جُـــــدْتِ مِـــــن لَـطْـفِـــــكْ
ســــــواء جُـــــدْتِ مِـــــنْ عُـنـفِـــــكْ
فـمــــــا يـرضـيـــــــكِ يـرضـيـنـــــــي
ومـــــــا يُـشْـقـيـــــــكِ يُـشـقـيـنـــــــي

أُغَـنِّـي الآن فـي فـرحٍ وفـي مـرحٍ

يجـب علـيَّ أن أستثمرَ مـوهبتي لإسـعادك أيهـا العـالم

****

أُغَنِّـــي الآن فـــي فـــرحٍ وفـــي مـــرحٍ:

علــــى بحــــر مــــن النشــــوى أنــــا عائــــمْ

علــــــى خَشِــــــنٍ، علــــــى ناعــــــمْ

أنــــــا ألهــــــاني أنــــــا الهــائــــــمْ

أقــــــول إليــــــك يــــــا بحــــــري

بشــــــوق ضــــــارمٍ غائــــــم:

أنــــــــــا هـــائــــــــــم

أنــــــــــا هـــائــــــــــم

يمــــــوج الصــــــوت كالسمــــــكِ

يــــــدور كــــــدورة الـفلــــــكِ

في عُشّنا الحلو

في عشّنا الحلوِ عشّ الخيرِ والنّعَمِ — فيــه أعــيش إلــى أن ينتهــي سَــقَمي

فيــه نعـيش إلــى أن تنتهــي الــدنيا — أنــتِ التــي حبُّهـا يزهـو كمـا حُلُمـي

أنــت التــي بنجـوم المجـد رافلــةٌ — تحنـو علـيَّ وتَجْـري فـيّ مثـل دمـي

أنت التي في انتظاري غابـةٌ لهفت — إلــى لقــائي فتِيّــاً ثــم فــي هرَمِــي

أنــت التــي صـفَّقتْ أشـلاؤها فرحــاً — فــور التقــائي بشــملٍ فيـك ملتـئمِ

وعانقــتْ روحُــكِ الشــمّاءُ أفئــدتي — وطوّفـتْ فـي جنـان الخُلْـدِ والكـرمِ

نقضي الحياة رُمانسيّاً على شظفٍ — نخلـو من الزهـر والأوراق والـزَّخَمِ

ونقبـل البـرد والأنـواء فـي شـغَفٍ — مـا دمتُ أُبحِر في ترحامكِ الضَّرِمِ

في عشّنا الحلوِ تشدو خيرُ أغنيـة — لـم نـدّخِرْها وفاقـت أيَّمـا حُلُـمِ

أنت التي مثلُ روحي فوق جارحتي ... تمشين تسرين سَرْيَ النور في الظُّلَمِ
نحيا حياةً كأنْ مِنْ قبلُ ما بدأت ... ولم تذوقي كهذا الحب والنَّهِمِ
أرجوك هيا لنبدأ العمر مِنْ هَرَمٍ ... وربّما الحبّ أحلى بعد ذا الهرمِ
كنّا شباباً ولم نبلغ بلهفتنا ... هذي الحدودَ فيا محبوبتي ابتسمي
يهمي السحابُ علينا منعِشاً دمَناً ... ويأرجُ الزهرُ بالأشذاء والنِّعَمِ
ولوعة الحب أمست نخلةً ذَرَفَتْ ... دموعَ شوقٍ وتمْرٍ أشقَرَ الأدمِ
هبّي إلى الحب مشبوباً ومضطرماً ... لن تشعري بعد هذا الحبِّ بالندمِ
لا تسخري من غرامٍ جاء مبتدراً ... من دون وعدٍ كمثل البرق والدِّيَمِ
أنت التي صورةٌ تزهو براسِمِها ... يا نبتةَ العِزِّ يا كهفي ومُعْتَصمي
روحي فداؤك هاتي الحبّ مصطفقا ... بروعة الشوق والتعبير وانسجمي
نامي فليس سوانا نائماً أبداً ... مهما نَنَمْ فشراعُ الصحو لم ينمِ
الحبّ يُفرِز منّا الوعي أجمَعَهُ ... فما نميل سوى للموت واللّممِ
المجد أنت وقد جرّدتِ مملكتي ... من محتواها وأنتِ جوامعُ الكلمِ
هاتي جسورَك مُدِّيها منسَّقةً ... أو دونما نسَقٍ يا حلوةَ الحُلُمِ
أرجوك ضُخّي غراماً لا نضوبَ له ... يظلّ يسخو كمثل الغيث في رِهَمِ
ضعي حبيبك فوراً في جزيرتكم ... فأروع العيشِ الاستحمامُ في الدِّيَمِ
وأحسَنُ الحبِّ ما قد هلَّ مِن حُسُنٍ ... حُسْنِ الوداد وحسْنُ الروحِ والشِّيَمِ
أحلى الممات على نشواك ألفظها ... أحلى الممات جبينٌ لاصقٌ بفمِ
هيا اسألي عن حياة في مدائننا ... فالكل يسري كنجم القطب في الظُّلَمِ
ما أطيبَ الحبَّ بعد النضجِ والهرمِ ... بعد اعتلالِ ضياء الشوقِ والحُلُمِ
فتُرجِعُ الروحُ والأشواقُ همَّتَها ... بأروع النضجِ والإخلاص والهِممِ

وشاح الحب

أنسُجُ الحب وشاحاً يغمرُ العالمَ خيرا
أزرعُ البسْماتِ زهراً تستر الترحة سَترا
أنا في حُسْنكِ أمضي أدحر الأحزان دَحْرا
من خلال الحُسْنِ أرنو للدُّجى يصبح فَجْرا
شَعَّتِ الأنجمُ دُرّا فوق جسم يتعرّى
اجلسي قربي.. أمامي كي بِمَرْآكِ أُسَرَّا
كم عزيزٌ يا ملاكي أن تليني كي أمُرَّا
أنا من حزنك أغدو ثورةً لن تستقِرَّا
لو أقَرُّوا اليومَ ذبحي لست أخشى لن أفِرَّا
سوف أبدي كلَّ رأيي: كلُّنا في الحبّ يُغْرَى
لا يخاف الصبّ لما في سبيل الحب يُفرَى
إنما المؤسف جهلٌ في حِماهم يتمَرَّى
ليس عيبا إن رمَوْنا في سبيل الحب أسرَى
لا تخافي سوف أَنفي وأُجيد النفيَ دهرا
فأنا بالدفع أدرَى للحِمى أبذل مكرا
وانكريني رُبّ نكر يرجعُ المأسورَ حرّا
أنا لن أنسى صفاءً منكِ قد أسعدَ عُمْرا

اشتاقتِ الأرواحُ للأرواحِ

اشـــــتاقتِ الأرواح لـــــــلأرواحِ سَكَـبَ الغـرامُ لهـا كـؤوسَ الـراحِ
صَـهَرَ الهـوى أرواحَنـا بجسـومنا حتـى سَعِدْنـــا رغـم دهـرٍ نـُواح
أ غـَـداً أراكَ بجـانبي وتحيطنـــي بالـــوُد والإحســان والأفـــراح؟
أ غـداً نـُقـَضـّي خيرَ فترة عمرنـا مــا بـين زهــرِ الفُـلِّ والتفـاحِ ؟
أ غـداً أراك جِـوارَ كـلِّ جـوانحي أدعـوك فـي الإمسـاء والإصبـاح؟
لـولا نقـاؤكَ لـم تكـن لـي مخلصـاً للحـــدّ هـــذا جائـــداً بسمـــاحِ
لـــولا ودادُكَ والجمـــالُ سويّـــة لـم نرتقـــع لـلأوج دون جنــاحِ...
حــَدَثٌ عجيــب بيننـــا لـم يرتفــع لـِعُلاه إلا مثلنـــا يـــا صـــاحِ
أنـــا لـم أشـاهد مثـل حبـك سـامياً تحمـي البـراءة بالضمير الصـاحي
الحــب مـــا بينــي وبينـكَ عامـــرٌ حتـى ولـو يـُمْحَى الجمالُ بِمــاحِ
إذْ إنّ إخلاصـــاتِنا لــــن تنتهـــي مهمـــا ابتُلينـــا بالـــعـــدوّ اللاحـي
أنجَحْتنــي فـي كـل فحـصٍ شـاكراً لكَ مــا حَيِيْتُ الفضل فـي الإنجاحِ
أ نكــون فلتـــة دهرنـــا فـــي حبنـــا ونـعيش عيشَ البلبـلِ الصـدّاحِ ؟
ونكــون قــدوة دهرنـــا بصـــفائنا ووفائنـــا ولقائنـــا المِمْـــراحِ ؟
ونعيش عَيش الزَّهْـرِ فـي جَنَّاتِـهِ كبنفســجٍ يحيــا جــوار أقـــاحِ ؟

لم يبق لي

لـم يبـق لـي مـن نيرانـي — إلا عـينـانِ تَـشُـعَّـانِ
مهمـا جسـدي يتـردّى — فـي قُبْـحٍ تبْقَـى عينـانِ
بِهمـا كـلُّ معـاني الدنيـا — ومنابـعُ وحـي الفنّـانِ

***

مهمـا تـذوي الأجسـامُ — يبقَـى بِهِمـا الإلهـامُ
تبقـى فـي القلـب الأنغـامُ — تبقـى فـي الـروح الأحـلامُ

حبيبان مريضان

مرضـتَ يـا حبيبـي — وإننـي مريـضْ
لا معنـى يـا حبيبـي — لعيشـنا البغـيضْ
قـد صـارتِ الحيـاةْ — لـدينـاً مثـلَ المـوت
والصـحوُ كالمنـامْ — والأوجُ كالحضيـضْ

****

مرضـتِ يـا خليلتـي — ويصبـح الجمـالْ
أوكـاراً للسُّعـالْ — وتنحنـي الجبـالْ
مـن دائـكِ العُضـالْ — وصـبرك الطويـلْ
شفـاك يـا حبيبتـي — إلهُنـا الجليـلْ

قوافٍ في حبّ صافٍ

إذا انطفـأ ابتسـامك يـا حبيبـةٌ … أحسّك صرتِ عن روحي غريبةٌ
فأنصـحك أبسـمي لـيلاً نهـاراً … وإلا سـوف تنفسـخ الخطوبـةٌ

****

قالـت ستطرق بـاب بيتـي بعـدما … تـأتي فقلـتُ: نعم ودمتِ مزاري
أحببـت طلعتـك البهيـة والهـوى … وقضـاءنا الأيـام فـي الأسفار

****

هـذا الجمـال مـؤثِّرٌ فـي حبـي … لا أسـتطيع أذبُّـهُ عـن قلبـي

****

منـك الحنـان المرتجَـى … يـا غـادتي مـا أروعَـهْ!
يشـدو إليـك خـافقي … يرجـوك أن تبقَـيْ معَـهْ

****

أعـيش شـهيقا بـدون زفيـرِ … وأسـعد منـكِ بـروض نضـيرِ
أشـم عبيـركِ أسـبح فيـهِ … إلـى كـل نهـر إلـى كـل بيـرِ

****

ما دمت أسبح في عينيك لن أجدا … إلا السـعادة والتحنـان والمـددا

****

أعطيتنـي حبّـاً شـديدا لـم يكـن … فـي وُسْع قلبـي غيـر أن يتحرَّقـا
الشـهد مـن عينيك يـدفق غيمـة … فـي الجـو أشـربها شـعاعاً رَيِّقـا

****

****

لــــو نَعِســــنا يـــا غرامــــي نفس أطيافك تبقى في منامي

نحــــن إن نمنـــــا ســـــتبقى يقظة الأطياف في أقوى اضطرامِ

****

أنـــا ليلتـــي نـــورٌ وأحشـــائي لظـــىً وبكـــل أنســـجتي يضـــيئ ســـناها

أنـــا عاشـــق يـــا قـــومُ لا تتعجبـــوا أنَّ الضـــــياءَ تبثـــــه عيناهـــــا

****

وبـدأت أنضـج يـا رفـاهي أنضُـجُ وأحـس أنَّ الضـيقَ أصـبحَ يُفْـرَجُ

****

فـــي أي مكـــان فـــي الـــدَّارِ تمشـــينَ أحسّـــك بجـــوارِي

****

هوانـــا سيصـــنع مجـــداً جديـــدا يكلـــل بالحـــب هـــذا الوجـــودا

****

بربـــكَ دعنـــي علـــى ســـاعدَيْكْ بكفيـــكَ أغفـــو أشـــمُّ الهـــواءْ

وحتـــى أرى اليـــومَ لـــونَ الســـماء يشـــعُّ ازرقاقـــاً بأقصـــى البهـــاءْ

****

لمـــــاذا نحـــــن أصـبحنــــا سويـــا واحـــدا قـــل لـــي ؟

جميـــلٌ أن أمـــوت أنـــا وممتـــــزِجَينِ بالكُــــــلِّ

****

رأيـــت البـــاب ينفتـــحُ وهلّـــل وجهـــه السَّمِـــحُ
فعانقنـــــي وصالحنـــــي وزال السُّقْـــمُ والتَّـــــرَحُ

****

أتـــاني الحبيـــب مســـاءاً إلـــيّْ وظـــلّ طـــويلاً ينيـــر علـــيّْ
أعـــاد النعـــيم وروّى الأَوامَ أنـــار الجميـــع فمـــا ظَـــلَّ فَـــيّْ

****

أحبهـــا فـــي أكلهـــا أحبهـــا فـــي شُرْبهـــا
أحبهـــا فـــي نومهـــا أحبهـــا فـــي صحوهـــا

****

أحـــب أفكّـــرُ دومـــاً بحـــبِّ لأبكـــي وأمـــلأ أنفـــي بسُـــحْبِ
أحِـــبُّ أحـــبُّ إلـــى يـــوم نحْبـــي هـــو الحـــب يفـــتح بـــرعمَ قلبـــي

****

تواضـــعتَ لـــي وخلعـــتَ إهابـــكْ وأعطيْتَنـــي يـــا حبيبـــي شـــبابَكْ

****

جلاّبـــةُ الحَسَـــدِ الشـــديد حبيبتـــي ويَضُـــرَّ بعـــضُ جمالهـــا بالبيئـــةِ

****

مـــن كـــان يحلـــم أن قلبـــك صـــار لـــي مـــن كـــان يحلـــم أن حبـــك ينجلـــي ؟
مـــن كـــان يحلـــم أن ترِقـــي بعـــد أن أصْمَـــى صدودُك مهجتـــي فـــي المقتـــل؟

الفصل الرابع

بعد الفراق...

مهما بلغ حد الغرامِ هل يخلو حبٌ من عتابٍ وخصام؟!، وإن أشعل الحب نار القلب فهل من حب لا يفتر ومِن نار لا تخمد؟!، أ ليس بعد اللقاء بُعدٌ ووداع؟!، وبعد الوداعِ لومٌ وحنينٌ ورثاء؟!، أ ليس للقلب كما للعقل ذاكرة تَبكي الحبيب وتنتحبُ على أطلاله؟.. فهل مِن هوى غيرُ مرهون بفراق، وهل من فراق بين العاشقين دون حسرة ولوعة واشتياق؟..

يا قلبُ هل يَنسى الحبيب حبيبَهُ؟ هل ممكنٌ تسلو الزهورُ النَّحْلا؟
أنا لست أنسى ما حَيِيتُ غرامَنا هذا الذي هو آيُ شِعرٍ يُتْلى

بيت الذكريات

يـــا بيتهـــا إنـــي أتيتـــك زائـــراً   أ ذَكَرْتنـــي؟ أنـــا كنـــتُ قربـك جارَهـا
يـا بيتهـا أنْفُـثُ نسـمةً تسـري بنـا   لزمـــان وصـــل وارو لـــي أخبارَهـــا
قُـلْ للحبيبـة إننـي عبـر الـدجى   لِتُطـــلَّ تلقـــاني وتشـــعلَ نارَهـــا
يـــا بيتهـــا شـــاء القضـــاءُ فراقنـــا   وكســا التفجُّـعُ سِـخْنتي ونُضـارَها
وتلفـظ اليـأس البهـيم بمسـمعي: لا لـــن تراهـــا أو تـــرى آثارهـــا
أ ذَوتْ ريـاضُ الوصـل مـن أحلامنـا   و رمى الخريفُ على الثرى أزهارها؟
يـــا بيتهـــا ولّـــت حيـــاتي كـــالكرى   وأنـــا أعـــيش مُعانقـــا تـــذكارَها
مِـن مـوطنٍ نـاء أتيـتُ وفرحتـي   أحْيـــي العهـــود وأســـتظلّ جوارَهـــا
فلـــديَّ ســـرٌ هـــدّني ســـأبثّهُ   ولقـــد حيِيـــتُ مكتّمـــا أســـرارَها
فـي مهجتـي فحْـوى سـؤالٍ صـنْتُها   زمنـــا طـــويلا أبتغـــي إظهارَهـــا:
أ تحسَّـــرتْ يـــا بيتهـــا لفراقنـــا   أ تخـاف كَـوني مُضْـمِراً إنكارَهـا ؟
ولقـد سـلوتُ أقـولُ يـوم وداعنـا: شـكراً لحبـك .. سـامعاً تسـجارَها
وسـلوتُ أن أثنـي علـى بسـماتها   والآن جئتـــك قاصـــداً إشـــعارَها
أ وَ مـا تـزال تحبّنـي أم شـاهدتْ   غيـــري أذاب بليلـــهِ أنوارَهـــا؟؟
أنـــا لا أزال علـــى عهـــود بيننـــا   هـل أنـت تقـدر أن تعـي إضمارَها؟
أوَ لـم تـزل تبكـي لأجلـي كلمـا   وجـهُ الهـلال بـدا وطيفـي زارَهـا؟
غرستْ بفكري طيفَ أجملِ صورة   فـالقبحُ يعجـز أن يَمَـسَّ نُضـارَها
يـــا بيتهـــا إنْ كنـــت ترعـــى حبّنـــا   هـلّا اسـتطعْتَ لسـاعة إحضـارَها
أ تريـدُ قلـعَ جـوارحي وتميتُنـي   ضـنّاً علـيّ بـأن أسـيرَ جوارَهـا؟
أضـحت لِحـاظي مثـلَ أوراقٍ ذَوَتْ   لمّـا العواصـفُ كسَّـرتْ أشـجارها
وأتـى الخريـفُ بعصـفهِ وسـمومهِ   ورمَـــى علـــى أحلامنـــا أطمارَهـــا
وتلاعبـتْ أيـدي الهمـوم بنغمتـي   وتحسَّـــســـتْ بغبـــاوة أوتارَهـــا

هــل مِــن رجــاءٍ أن أراهــا قبلمــا　　أمضــي ويأســي تــاركَيْنِ ديارَهــا؟
بعيونهــا الســوداءَ تَسْــكن مهجتــي　　ولِليلتــي السَّــوْدَا حَبَــتْ أقمارَهــا
يــا بيتهــا منّــي إليــك تحيّتــي　　مَــرْآك ذِكْــرَى عوّضــتْ تَــذكارَها

يا بعيدين

يــا بعيــدين إلــيكم شــوقنا　　يــا بعيــدين ضــنانا بُعْــدُنا
يــا بعيــدينَ الــرؤى فــي قربنــا　　غيــر أن الــروح ليســت قربنــا
قــد رأينــاكم علــى كــل الرُّبــى　　كالظِّبــا تلعــب دومــا معنــا
كــان لكــنْ صــاحَ صــوتٌ مُحــزنٌ :　　كيــف نشــدو دون أن تشْــدوا لنــا ؟
يــا بعيــدين بغــابٍ رائــعٍ　　قــد أقمنــا يــوم أمــسٍ رحلنــا
ونصَــبْنا جوقــة فــي ســاحِهِ　　وتحــدّتْ ريْحَــهُ آهاتُنــا
وبصــدر الغــاب حلــمٌ مــبهجٌ　　كــان حدْســاً ثانيــاً مِــن حدْســنا
والجــذوعُ الغُبْــرُ فــي أرجائــه　　أذرُعٌ مُــدَّتْ لتلقَــى وجــدَنا
غارَ عِشْــقُ الغــاب مــن عُشّــاقنا　　فتقاســمْنا الأمــاني بيننــا..
يــا بعيــدين التَّنــائي هــدّنا　　وحنــين الوصــل يغــري قلبنــا
والهــوى الحــقُّ نَــواهُ لوعــةٌ　　وتدانيــه ارتيــاحٌ وهَنــا
والتَّــداني والتَّنــائي أثناهمــا　　أصــلُ نجوانــا وفحــوى حبِّنــا

ذَبُلَ الحب الكبير

ذَبُلَ الحُبُّ الكبيرْ   واغتدى وهماً صغيرْ
نفسُ من أهواهُ أمسى   ليس بالحب جديرْ
كان وهمي واحتياجي   لحبيبٍ لي مثيرْ
يتسامى بغرامي   وخيالي كالصُّقورْ
غير أنّ الحلم هذا   من فؤادي لن يبورْ
رغم ما أصبو إليهِ   بات في الوادي كسيرْ
يا حبيبي أنا أهواك ولكنْ   أكره الشَّرَّ الخطيرْ
أنا أهواك ولكنْ   بيننا فرقٌ كبيرْ
إنني فجر منيرٌ   أنت ليلٌ زمهريرْ
لم يعد طيّ الحنايا   غيرُ صمتٍ كالقبورْ
قد تراني ظلَّ صخر   قد تراني كالغديرْ
لم تعدْ عندي المعاني   مثلما كانتْ تثورْ
صرتُ أرنو لحياتي   نظرة فيها الفتورْ
لم يَعُدْ مرأى وجودي   غيرَ أشباحِ قبورْ
إن سرَّ الفرْقِ هذا   بيننا غيرُ يسيرْ
أنت تبني لي القبورْ   وأنا أسقي الزهورْ
أنت هدّامُ قصوري   وأنا أبني القصورْ
أيها المازح مزحاً   فيه تجريحٌ خَطيرْ
لستُ أرضى المَزْحَ هذا   لو تراني لا أثورْ
إنَّ وُدّي لك لا يعـ   رف غشّاً أو غرورْ
أنت تحيا في المها   وي لا الأعالي كالصقورْ

أنـــــت تهيامــــــك ذُلٌّ وامتهــــــانٌ وقشــــــورْ
أنـــا أهـــواك ولكـــــنْ كُـــنْ لِعَيْنِـــي نبــعَ نـــورْ
وبهـــــاءً وابتســــاماً واحترامــــــاً لا يبــــورْ
فَلْتعُــدْ لـــي مثلمــا كنّـــــ ـــا فقـــد كنـــتَ البُـــدورْ
ونظيـفَ القلـب فـوّاحَ الشـذا والمعـاني والمرامـي والضميرْ
إنْ تَعِـــدْني يـــا حبيبـــي ســـوف نحظـــى بالســـرورْ
أنـــا قلبـــي جمـــراتٌ كُـــنْ كبتـــرولِ السَّـــعيرْ
آه لـــو ترجـــع شـــهماً أنـــت يـــا حبـــي الكبيـــرْ
لـــمَ منـــك الحـــب هـــذا لا يـــرى وجـــه الســـرورْ؟
أبتغـــي حبّـــاً ســـعيداً بـــه ترتـــاح الصـــدورْ
باجتهـــاد مـــن كِلينـــا نغـــرس الصـــخرَ زهـــورْ
هكـــذا أرجـــوه يبقـــى بيننـــا طـــول العصـــورْ
يـــا حبيبـــي ارْجِـــعْ جمـــيلاً أعِـــشِ العُمْـــرَ فخـــورْ

كنا قصة محبوبين

كُنّـــا قصـــةَ محبـــوبَيْنْ صِـــرنا قصـــة مكـــروهَيْنْ
كُنّـــا لا ننســـى بعضـــاً لكـــنْ صـــرنا منسِـــيَّيْنْ
حقـــاً لـــم نضـــمر ســـوءاً للـــبعض لأنَّـــا أصـــليَّيْنْ
ودَّعنـــا التَّهْيـــامَ الهـــاني واخترنـــا دمعـــاتِ العينـــيْنْ
أشـــفِقْ فـــوراً يـــا محبـــوبي علّـــكَ تُنهِـــي هـــذا البَـــيْنْ

نوع من التعذيب

نـــوع مـــن التعـــذيب أن لا تمكثـــا بجوارنـــا وبعهـــدنا أن تنكثـــا
نـــوع مـــن التعـــذيب أن تمضـــي ولا عنـــوانَ تتركـــه لكـــي نتحـــدثا
فـــإذا انقطعنـــا عـــن مراسَـــلةٍ فـــذا يعنـــي انقطـــاعَ مـــواهبي أن تُبْعثـــا

خمدَ الحب

خمـــــدَ هـــــواي إلـــــى ليلـــــى
لا أحســـــب يرجـــــعُ مـــــا يَبْلـــــى
أنـــــا نفســـــي قـــــد خمـــــدت نـــــاري
ورمانـــــي البـــــؤس إلـــــى الغـــــارِ
وكذلـــــك مثلـــــي محبوبـــــي
الجمـــــر فقـــــط فـــــي الأغـــــوارِ
القشرة في الأعلى انطفأتْ والقلب كبُركان النّارِ
قـــــد خمـــــد الحـــــب فـــــلا تســـــأل
عـــــن ماضـــــي النـــــور بأحداقـــــي
لا تســـــألْ.. قـــــد مـــــات هوانـــــا
مُـــــذْ مـــــات جمالـــــك مـــــن عينيْـــــكْ
أستكْشـــــفُ أنـــــيَ لا أهـــــواكْ
بـــــوفاء بـــــل أســـــتلبُ بَهـــــاكْ
وأوضّـــــحُ أشيـــــاءً أُخـــــرى
ســـــأحيل هـــــواي لغيـــــرِ يدَيْـــــكْ...

وداعاً

وداعـا يـا حبيـبُ قـد انقطـعْ … لنـا حبـلٌ بـه الحـبُّ اجتمـعْ
وداعـا يـا حبيـب وغُصَّـتي … سـتبقى فـي فـؤادي مـن وجـعْ
وداعـا يـا حبيـب وحُرْقتـي … تشـق شِـغافَ قلبـي فـي قطـعْ
وداعـا والعـذاب يُـذِلّني … ولكـنّ التجلُّـدَ بـي ارتفَـعْ
وداعـا يـا ربابتنـا التـي … غفـتْ عمّـن بشـبكتها وقـع
وداعـا والفـراق مـتمّمٌ … لحرمـانِ بـه القلـبُ امتقـعْ
وداعـاً والـوداع خسـارة … لمحبـوبٍ بحبِّـي مـا اقتنـعْ

استوى الخصام بيننا

لآخـر يـوم أراكِ هنـا … فلـن تشـهديني علـى سـطحنا
سـتبكين شـوقاً علـى غَيبتـي … ولـن أتبـاكى عليـك أنـا
لآخـر يـوم أزورك عَمْـداً … ونطـربُ دلّا علـى بعضـنا
خصـامُك ربـح يتـيح مجـالاً … لأعشـق غيـرك فـي حيّنـا
وداعـاً لعهـد الرضـا والتصـافي … فـإن الخصـام اسـتوى بيننـا
ولسْـنا لـبعضٍ.. ولـن نتـواتى … فهيّـا لنبحـث عـن غيرنـا

اعذريني

إعــذريني لعُتُـوِّي يــا "غصـوني" رغـم أنْ طاوعـتِ آرائـي اعـذريني
وثقــي أنــي فعلــتُ الفعــل هــذا ليزيــدَ الحــبُّ ومضــاً بــالجنونِ
ولأدري كــم ســتُبدين اْهتمامــاً بخصــامي مــن عنــاء وأنــينٍ...
فلقــد كنــتُ أذوب اليــوم لمّــا كنــت تبكـين لأجلـي فـي سـكونِ
بينمــا كنــتُ عَتِيّــاً لــم أُوَجِّــهْ لـك غيـر الكـره من وجهي الكهينِ
لُمْـتُ نفسي كيـف هـذا كـان منّـي وَرَجَـوْتُ العَـوْدَ للعهـد المكـينِ
ولهــذا جِئْــتُ اهــديك اْشــتياقي واْعتــذاري، ولتبديــد الظنــونِ
فتكبَّــرْتِ بعنــف مثلمــا لــو أنـت صـدّقت الـذي أَبْـدَت فنـوني
فتألمــتُ أريــد العفــو، لكــنْ لـم تُعيرِينـي اْكتراثـاً.. لـم تُعِينـي..
فتعالَيْنــا كلانــا فــي صــدود طــال جــداً، ومليئــا بالشُّــجُونِ
هــا أنــا دِنْــتُ لــك الآن هنيئــاً هــاكِ قلبـي فخذيـه وارحميني
قــد تظــاهرتُ بمــا لــيس بقلبــي إنَّ مــا بــي منهـلُ الحـبِّ الـدَّفينِ
رُبَّ مــزحٍ طــاحَ بالجـدّ المكـينِ رُبَّ هــزل تــاه بالعقــل الفطــينِ
كـم مـزاح جـرَّ جِـدّاً لـيس قصـداً كـم يَعيـث الجـدُّ فـي كـل الشـؤونِ
رُبَّ هَــزْل قــاد جسـماً لِهُـزالٍ رُبَّ مَــيْنٍ ســاقَ حَيّــاً لِمَنُــونِ
أنــا لــن أنســى عهـوداً جمّعتنـا بفتــونٍ لــيس تنســاه عيــوني

لا تحسبي عنك الغيابَ طبيعتي

لا تحسـبي عنـك الغيـابَ طبيعتـي ضـدّي الظـروفُ تسير يـا محبوبتي
قَـدَري التمنّـي والتمـزقُ والأسـى ويظـلُّ هـذا الـدهرُ ضِـدّ مشـيئتي
دهــرٌ يفرقنــا ويجمــع غيرنــا يعطــي ويحــرم دون أي مــروءةِ

ضيّعتُها وأخذتُ أرجع نحوها

ضـيّعتها وأخـذت أرجـع نحوهـا   لكننـي لـم أحسـنِ التحديـدا
ضـيعتُها وأردت أرجـع عنـدها   لكـنْ أصـرَّتْ أن أظـلَّ وحيـدا
لمـا دنـت منـي ابتعـدتُ برفعـة   إذ ْهكـذا حـالي أظـلُّ عنيـدا
لمـا دعتنـي خِفـتُ مـن دعواتهـا   حتـى اسـتماتت لا تطيـق مزيـدا
ضـيعتُها وأنـا الـذي لـم أجْـن ِمـن   بحـر الجمـال لآلئـاً وعقـودا
أرجـوك عـودي لـم أكـن متجرئـاً   فـي البَـدءِ لكنّـي غـدوت شـديدا
لا أحسـن التـدبير حتـى فـي الهـوى   وحيِيـتُ عمـري خائبـاً مـوؤودا
يـا حلـوتي عـودي فهـا أنـا قاعـد   فـي نفـس مقعـدك الجميـل شـريدا
لـم أغتـنم فُرَصـاً لضـعف فرائصـي   وتحَسُّـبي مـن أن أجـوز حـدودا

رفضتُ حبيبي

رفضـت حبيبـي لكـي أسـتريحْ   رفضـت العنـاق رفضـت السـديحْ
فقـال: وداعـا سأمضـي بعيـداً   لكـيلا تشـاهد وجهـي القبـيح
فترتـاح منـي وتحيـا وحيـداً   وأبقـى بمهـد الغـرام طـريح
لقـد غـاب شـهرين عـن نـاظريَّ   ولمـتُ وقاحـة رفضـي الصـريحْ
رفضـت حبيبـي.. وراح الحبيـب   ولـم أرَ فـي الهجـر نومـاً مـريح..

معنى آه كنت أجهله

يـا مَـن طحنتُـك أعوامـا بفـكِّ رحَـى
أجرمتُ، يا من هواكِ الطهرُ .. وا تَرَحَا

ناديـتِ: (آهٍ) ولكـنْ كنـت أجهلهـا
قلـبٌ علـيّ بـه غـدري قـدِ افتضـحا

قـد كنـتُ مثـل عبيـر المسـك يجـذبها
حتـى احتـوتني بأعمـاق لهـا صُـبُحا

لـم تَبْـقَ جارحـةٌ منهـا سـوى مُلِئـتْ
بالحـب لـي، ولعينـي الليـل قـد وَضُـحا

يـا ربّ هـل تغفـر الآثـامَ؟ وا نـدمي
كيـف الخفـوقُ لقلـب مـات يـوم صـحا؟

رُحْماكِ عودي إلى عطف ومكرمـة
وأعتِبيني فقلبي اليوم قـد صَلُحـا

رُحْمـاك عـودي إلـى أحضـان جنتنـا
كـي يمّحـي حزنُنـا كـي يغتـدي مرَحـا

تلـك الغصـون قـدِ اجتُثّـتْ ومَطلَعهـا
هـذا الربيـع الـذي مـن حُسْنِك انفتحـا

تلك السهوب أيا (سلوى) التـي اقتُطعت
منهـا الأمـاني سيكسـوها النبـات ضُـحَى

هـل عـودة للهـوى ينمـو بـنفس قِـدَى
مـا كـان، لـو لـم يكن ذاك الجفا افتـدحا؟

قـد نـوّرَ النبـتُ فـي أرجـاء واحتنـا
والشـمس تشـرق مـن ليـل فيـا فرحـا

نصـفو أيـا سَـلوتي مـن كـلِّ شـائبة
ويزهـر الحـبُّ فوّاحـاً لمـن صـفحا

أمل

سيمضي شتائي العبوسُ الحزينْ
وأنضـح دمعـي إلـى البائسـينْ

ويلقـي ربيعـي علـى خـاطري
رداء جمـيلا مـن الياسـمين

سـيهنأ قلبـي ويزهـر حبـي
وأعـزف لحنـي إلـى العاشـقين

تغَيُّب

مِـن يـومٍ داجٍ وحــوالي .... مـــازرتُ ديـــاركَ يـــا غـــالي
ســامحني يــا روحــي ســامح قـــد كانـــت جـــداً أعمـــالي
يـــا عاشـــق لا تصـــفح أبـــدا لا تمـــنح حبـــك للســـالي
فجَّـــرتَ ربيعـــاً فـــي نفســـي وســـلوتك فـــي الفصـــل التـــالي
أ وَفـــاءٌ هـــذا أم كفـــرٌ؟ فاثـــأر منِّـــي، دمـــتَ العـــالي

كفاك عويلا

كفـــاكِ ملاكـــي عـــويلا كفـــاكِ ورفقـــاً بقلـــبٍ وجيـــعٍ وشـــاكِ
إلـــى مَ البكـــاء بليـــل مخيـــف علـــى ســـوء فهـــمٍ لحبـــي اعتـــراك؟
كفـــاك عـــويلا يزلـــزل أمنـــي أيـــا مَـــن ســـقتني الهنـــا مقلتـــاك
أطِلِّـــي قلـــيلا يُعَـــزِّك حـــالي ويهـــدأْ فـــؤادي ويبْـــلَ ارتبـــاكي
لمـــاذا ملاكـــي تغيبـــتِ عنّـــي ولـــيس جنـــاحي الوريـــفُ طـــواكِ؟
تعـــالَيْ، فسُـــهْدي يهدهـــدُ مهْـــدي تعـــالي فعهـــدي ألبـــي نِـــداكِ
أرينـــي اخـــتلاج العيـــون الكبـــار أرينـــي المحاســـن تكســـو صـــباك
كفـــاك عـــويلاً فـــإني عليـــلٌ ألـــم تســـمعيني تُـــرى مـــا دهـــاك؟
وهـــذي النجـــومُ اعتراهـــا وجـــومٌ فرِقّـــي علينـــا، دمـــائي فـــداك

لا تخاليني تاركا

أنـا لـن أمـر أمـام بيتـك ضـاحكا   الضِّحك وقـت الهجـر يقلـق بالكـا
الضحك وقت الهجـر صـورةُ فرقـة   لكـنْ علـى وصـل يكـون تماسـكا
مـرّت شـهور فـي جفـاء مـوحش   يغــزو حناياـنــا عتيًّــا فاتكــا
أنـا كنـت أضـحك كـي أسَتّر لـوعتي   لأراك لـي بجـواي صـرتَ مشاركا
أنا كنت أضحك كي أُسيل دموعكم   وأزيـل باللمعــان همــي الحالكــا
لا يــا حبيبــي لا تصــدّق أننــي   أرتــاح بعــدك أو بِجِــدٍ تاركــا
أنــا يــا حبيبــي لسـت بعـدك هانئـا   لكننــــي متظـــاهر بجفائكــــا
مــا مــرة اجتــاز بيْتـك ضـاحكاً   إلا سـمعتُ مـع الطيـوف دعاءكـا
فــأعود أرجــع خُفْيــة متســتّرا   بالعـــابرين ورامقـــا لفتاتكــا
فـأراك ترعـى الـدرب تُرجِـع مهجـة   تقفـو خطـاي عسـى أعـود لـداركا
هيّــا اسْـمَعَنّي يــا حبيبــي كاشـفا   مـا قـد كتمـتُ ومـا سلكتُ مسالكا:
إنــي اتخــذت أمــام بيتــك مجلسـاً   فــي الحقــل أرقـبكم فريـداً ناسـكا
حتــى يحيـل الليـل قلبـي مثلـــه   لــيلاً وويـــلاً للمـــدامع ســابكا
وأغيـب فـي حـس كقلـب الليـل دا   ج إذْ أرى الليـــل اسـتحل دياركـــا
فيصـوب سيل مـن دموعي قائـل: قـد نـام صَـبٌّ فـي التـذكر فاتَكـا
لا يــا حبيبــي لسـتُ وحـدي نائحـاً   أنــا لـم أنـح لـولا سـمعت نواحكـا
تبكـي جميـع الوقـت قربـاً أو نـوى   وأنـا الضـحوك خـلا بوقـت غيابكـا
قـد كنـت أحـرق مهجتـي متلوّعـا   لأجفـف الـدّمعاتِ مـن أحـداقكا
أنــا لــن أحـب إذا فقـدتك كـرَّةً   ومتــى امتلكتــك فالهنــاء بــذلكا
إنــي الــذي نُوّلــت حبـك بالوفـا   يـا جهـل وجـداني إذا هـو باعكـا
إنــي اكتسـبتُ هـواك بعـد تلـوّع   ومــن الغبــاوة أن ترانــي فاركــا

فَرْقُ العمر فرّقنا

يمضـي الزمـان وحاجـاتي بـلا شبعِ
تسلو الحبيبـة عهـدي لا تعـي ولعـي

أحتــاج روحــاً تُغـذّيني برحمتهــا
والشــعر يشــدو لكــن دون مســتمعِ

يـا عذبـة الـروح إنـي عشت منتظراً
حلُـمَ اللقــاء بصبـر صـادق الـورعِ

هـذا الفـراق سـمومٌ بـثُّ أجرعهـا
حتــى انتهيـتُ وهـذي آخـر الجُـرَعِ

هل تشعلين المنى من بعد أن خمدت
إنّــي تعبـت مـن الأشـواق والضَّـرَعِ

جـودي علـيّ سـريعاً لـو بـأيّ نـدىً
فـالعمر يمضـي وقلبـي غيـر منتفعِ

مـالي سـواك مُـرادي أن أواصـلها
لكنمـا أنـت فـي الهجـران والجـزعِ

يـا سوءَ أعـراف هـذا الدهر أجمعِها
مـا مــن تقاليــده عقلــي بمقتنــعِ

مـن أجل فَرْقٍ بعُمْرَينـا نعيش نـوى
مـن سَنَّ هـذا ليهـوي كـل مرتفـعِ؟؟

رقّـي علـيّ أيـا شمسـاً بـدون سنًى
يا زيجـة لم تفـُزْ من أجل ذي البدع

إنّــا نمــوت ولــم ننهــل لُبانتَنــا
والمـوت يسخر من جـوع بـلا شبعِ

لـو كنـت أقـدر كنـتُ النـارَ أجعلهـا
تســري لمــن يبتغيهــا دونمـا جـزعِ

عــودي إلــيّ فسيـف الجهـل فرّقنـا
والعِلْـمُ أن أسْـلك العَليـا وأنـت معـي

دعــي الحيــاة تعــانقْ مايطيـب لهـا
فــالغمّ مقتــرب مــن كــل ممتنــعِ

لـو نلتقـي يـا حبيبـي فـي ضحى قُبَلٍ
لم يبْقَ في الكون مَن يشكو مِنَ الوجَعِ

لكــم رســمنا بعينينــا دروبَ مُنــىً
وكـم مرحنــا بِشَـدْوِ غيـرِ منقطـعِ

يـا عذبـة الـروح رقـي اليوم واقتنعي
هـذا الـزواج أصـيل غيـر مصـطنَعِ

قــد شـيَّدَ الجهْـلُ جـدراناً محصّـنة
بــين الحقيقــة والأبصــار والسـمعِ

فعــاش منفصــلا مَـن كــان متصــلاً
وعــاش متصــلاً مـن كـان مـن قطـع

رحمــاكِ أنــت، فــلا شـيئاً يشـطّ بنـا
عـن بعضـنا، ولْنحـارِبْ كـل مبتـدعِ

روحــي فــداؤك فلْترضَــيْ بزيجتنــا
ولْنجمـعِ الشملَ ولْنشـبعْ مـن المُتَـعِ

رحلــــــتْ

رحلــتْ وليــت رحيلَهــا كمــدامعي   تجـري علـى خدِّي وعبـر مسـامعي
طـــارت بهـــا طيـــارة فرّاقـــةٌ   كانــت هنــا قبـل المجـال الشاسـع
قـد عـمّ هـذا الكـونَ أجمعَـه شـذاً   مـن عطرهـا بجـوارحي ومضـاجعي
يـا رب خصّصتْـها لنفسـي وحـدِها   لـم ألـق مثلـكَ يـا إلهـي سـامعي

هذي الأنوثـــة

هـذي الأنوثــة أيـن تمضـي دونيـا؟   قـد شـقَّ وجـهَ الأرض نبـعُ عيونيـا
هـي ذات خـد لسـت أنسـى نسْجَهُ   وجمالهـا بـالأمس منّـي نُوْدِيـا
طـــارت بهـــا طيـــارة أخّـــاذةٌ   لبِّـي وقـد تنسَـى جميـع شـؤونيا
عـودي ليرجـع كـل شـيء رائعـاً   عـودي فقـد قصَّـرْتِ فـي توديعيـا
لـم تعرفـي أن السـواقي تعتلـي   للباســقات بشـــربها ينبوعيـــا
الحسْـن منطبـعٌ علـى كـل الـدّنا   ولحيـث سـرت يكـون دفـعُ مسيريا
أنَّـى تسـيري فالجمـالُ يحيطنـي   تخْضَـرُّ أضـلاعي وأنـت بقربيـا
تنمو علـى الجدران أعشـابُ الهوى   تنمـو بجلـد الصـخر تطْعـمُ جلْـديا
هـذا الجمـال مـن الحبيبـة وحـدها   قـد أطـرب الأكـوانَ لا تطريبيـا
نـامي فمـا أحـدٌ سـواي مـؤهلاً   ليصـونَ مجدك فـي الجمـال مثيليـا
سـيكون حسـنك فـي دمـي متصـعّداً   إنْ صـرْتِ يـا محبـوبتي وقفـاً ليـا

مناجاة حبيبة رحلت بعيدا

قـالوا رحلـتِ إلـى المهامـه والفـلا | أ نسِيتِني حقـــاً أيا ريـــمَ الفلا؟
يمَّمْـتُ بيتـك خاشعـــــا متـأملا | مرآك فيـه وإنمــــا لـي قيـــل لا
رحلتْ لأقصى الصين غانيةٌ عَنَتْ | لهـــواك أيامــــاً وكنـتَ مُدَلّلا
ونسيتَ نصف القرن فيما عشْتَه | متأزمـاً جــداً وعشـــــتَ مذلّلا

*****

لـو كنـت أعلـــم أننـا لـن نلتقـي | لمنحتُـها بعض الهدايـا والحُلـى
مهمـا يمـرّ الـدهر يسـألني علـى | من أنت تبكي؟ خذ سواها قلتُ:لا
إنــي الأمـين علـى جميـع أحبتـي | ولـذا دعَوني فـي الغـرام سَمَوْءلا

أراكِ لم تسافري

أراكِ لــــــم تســـــافري | يــــا حلــــوةَ الضــــفائرِ
لـــــك بســـــمةُ الأزاهـــــرِ | وطلعـــــــة الأكــــــابرِ
أرجـــوك جبـــر خـــاطري | بقبلـــــــةَ المُسَـــــــافرِ
يـــا مـــن حملـــتِ مشـــاعري | لألـــــــف روضٍ زاهــــــرِ

رحلتْ بعيداً

إنّ الحبيبـــة لا تحـــب لقـــائي | ذهبــتْ بـدعوى كثـرة الأعبـاءِ
هـذي التـي نفضـتْ غبـار حنانهـا | عنّـــي بـــأقوى موجـــة هوجـــاءِ
رحلــتْ ولـم تُحسـنْ وداعـي إنمـا | شــعرتْ بــأني أسـوأ العظمـاءِ

لوعـة

كيــــف ســـــافرتَ حبيبـــي   دونَ أن تُعطـــي الخبـــرْ؟
كيــــفَ تَرْمينـــي لِغَــــمٍّ   زَادَهُ الشـــوقُ ضَـــجَرْ؟
لا أظـــنُّ الفِعـــلَ هـــذا   مِنْـــكَ، بـــل هـــذا القـــدَرْ
لســــــتُ أدري أيّ أرض   أنـــتَ فيهـــا يـــا قَمَـــرْ
غيـــرَ أنـــي حـــينَ أدري   ســـوفَ أختـــارُ السَّـــفَرْ
مُـــوغِلاً عَبْـــرَ الصـــحارى   ســـائِلاً عَنْـــكَ البَشَـــرْ
فـــإذا مـــتُّ بِـــدَرْبي   قِيـــلَ وَلْهَـــانٌ صَـــبَرْ
نِعْـــمَ مـــوتي يـــا حبيبـــي   شَـــرْطَ أنْ تـــدري الخَبَـــرْ

أُشـــير

أشــير بعيــداً لشــخص بعيــدْ   كشرطيْ المرور وجابي البريدْ
إلـى حيث محبوبتي قد مضت   لبيروت ترجو النوى والصدودْ
إلـى حيث راحت بخطو شريدْ   أشــير لأجــذبَها مــن جديــدْ

****

تســافر ســرّاً ومــا ودَّعَــتْ   ولـم تُبْـدِ عـذراً ولا أقنعَـتْ
فهـل بعـد رحلتهـا مـن رجـوعْ   ألا تضـمنين اللقـا يـا دمـوعْ؟
"صحارى سيتي" في اشتياقٍ لنا   طريقُ المطار، ومقهى الشموعْ

أين قصيدُهُ؟

المخُّ مطبوخ ووعيي غائبُ والحسّ مدفونٌ وشعري ناضبُ
فعساك يا حبي تعود لأرضنا لتعود فرحتنا ويرضَى الغاضبُ
أضْنى مخيّلتي تصوّر وجهكم، والأنفُ جفَّ عبيرهُ يا واهبُ
يا صحة ذهبت وأرجو عَوْدَها والليل أعماني وأنت كواكبُ
ونسِيتُ ما معنى السعادة والرضا وأغيب عن وعيي ووجهك غائبُ
إنْ قُلْتَ: هذا العامَ أين قصيدُهُ لِمَ جفّ نبْعُ حِجاه وهو الكاتبُ؟
فاعلم بأنّ الذنب ذنبُك كلُّهُ لم تصطحبه لديك وهو العاتبُ
قل أين أذرف بحر أشعاري ولا أدري مكانك كي يسيرَ القاربُ؟
ما دمتَ لا تسقي مساكبَ حبنا لو بالقليل ألَا تموت مساكبُ؟
أ وَ ما زرعت بها وروداً عطرها يسعى إليك، وَعِشْتَ أنت تُجانبُ
افعل كما ترجو عذرتك، عارفاً أنَّ الحياة تباعدٌ وتقاربُ
لا يستطيع ولا امرؤٌ أن ينتهي من عَسْفِها مهما حَمَتْه كتائبُ

أ حَيٌّ أنت

أ حيٌّ أنت أم ماذا لقد حيّرتَ أفكاري
همسْتَ لمرة أحد بأذني دون أبصاري
ولم تسمَعْ ولم تَلمِسْ مزيداً منك أوتاري
فطمْئِنّي ورمّمْ بي أواصرَ وُدِّنا الهاري

للحب آلاف الصور

أمضـي أفـتّش عـن حبـي ومُـدّخري بـين الخرائـب بـين البيـد والشـجرِ
ليسـت تسـيغ لـيَ الـدنيا برمّتهـا مـا دام عنـي بعيـداً أطيـبُ البشـرِ
إنـي سأضـربه لمّـا يعـود هنـا كفّـاً عقابـاً علـى الإفـراط فـي السّـفرِ
وسـوف يبسـمُ لـي حبـاً ومغفـرةً يـدري بمـا تصـطليه العـين مـن سـهرِ
وسـوف أبسـم فـي عينيـه معتـذراً فـإن للحـبِ آلافـاً مـن الصّـورِ
إنـي أعـزّك يـا حبـي كأنـك لـي كـأنّ ملكـي جميـعُ الكـون والعُصُـرِ
حنانُ عينيك يُلقي الشـهدَ في نظري وفـي الفضـاء سـحابا مغـدقَ المطـرِ
مهمـا تَقَـبّحَ وجـهُ الأرض لا قُـبُحٌ يزيـل حُسْـنَ معـاني فكـرك النّضِـرِ
تركـت فـيَّ انطباعـاتٍ منضّـرةً مثـل أنطبـاع نُسَـيماتٍ علـى نَهَـرِ
أو مثلمـا العطـر مطبوعـاً على زَهَرٍ أو مثـل نقـشِ كتابـاتٍ علـى حجـرِ
فـإنْ رَحَلنـا، سـيبقى جَـرْيُ مقلتنـا طول الدهور كجَرْيِ الأرض والقمرِ..

عشرون يوماً

صـدّقتُ أنّ حبيبتـي تـأتي غـداً ولـذا سـأنتظر اللقـاء مولّهـا
عصـراً أطيـر إلـى المطـار بفرحـة وأعـي صـداها لستُ أسمع صـوتها
أنـا عـارف أنـي "جُحـا" فـي زعْمـهِ إذْ قـال: حفـلٌ فـي العمـارة يُشـتهى
طـار الأنـامُ للاحتفـال وإذْ بـه أيضـاً يصـدّق زعْمَـهُ فجَـرَى لهـا

طيف الحبيبة الميّتة

بآثـــار آثـــارك الماضـــيةْ أهـــيم فعـــودي ولـــو ثانيـــةْ
ســـأحْبيك عُصـــفورةً شـــاديهْ وأدمـــع طـــلّ علـــى الداليـــةْ
وعطـــرَ ربيـــع بقلـــب الحقـــول ورقصـــةَ زهـــر علـــى الرابيـــةْ
سأصـــنع خيمـــة عمـــري ليحيـــا علـــى ظـــل ذكـــراك وجدانيـــهْ
تَجَلّـــي وعـــودي كمـــا كنـــتِ قـــبلا فلـــم ترتـــوي منـــك أعماقيـــهْ
ألـــيس حرامـــاً تظـــلّ القلـــوب إليـــك طـــوال المـــدى صـــاديةْ؟
تعـــالي فمـــا نحـــن شِـــخنا ولكـــنْ إلينـــا تشـــير يـــدُ القاضـــيةْ

******

تعـــيش طيوفُـــك ترفـــل حـــولي أمـــامي ورائـــي لإســـعاديهْ
تنيـــر دروبـــي تعطّـــر صـــدري تغـــرّدُ.. تمســـح أشـــجانيهْ
فلـــو ماعرَفْـــتُ ســـواك بعمـــري ففيـــك كفايـــة أحلاميـــهْ
لمعـــتِ بتـــاريخ عمـــري عقـــوداً تُـــزَيّن جيـــدي وأعضـــائِيه
فســـيري اختيـــالاً بجـــو خيـــالي أحـــن لنظراتـــك الشـــافيةْ
وداعـــاً لـــروضٍ نشـــقنا شـــذاه كسَـــبْنا بـــه الصـــحة الصـــافيةْ
وداعـــاً لقربـــك قـــد كـــان رمـــزاً لعهـــدِ هنـــائي وآماليـــهْ
وداعـــاً أنـــا ظِـــلُّ أحيائنـــا وإنـــك طيفـــي وأصـــدائيهْ
قريبـــا ســـأصبح طيفـــاً وظـــلاً لِشخصِـــك تُمحـــق آثاريـــهْ

سيذكرك ..

سيذكركِ العشب والشجرُ ... ويذكركِ النجم والقمرُ
ويذكركِ الليل والسَّحَرُ ... ويذكركِ الثلج والمطرُ
ويذكرك القلب والفِكَرُ ... وتذكرك الروح والبصرُ
تلحّ جميعاً على أن تعودي ... لأنّا بمرآك نستبشرُ

تَحَقَّقْ

قل هل تعود إلى البلاد لنلتقي؟ ... لابد أن يُتْلى الغروبُ بِمَشْرقِ
إن كنت تحسبُ قد خُلِقْتَ لغيرنا ... كَلّا، فأنت لغيرنا لم تُخْلَقِ
إن كنت تزعم أنّ غيري مخلص ... لك مثل إخلاصي فَثُبْ وتحقّقِ
إنْ كان قولك واقعيّا ناضجاً ... هاتِ القصائد من سواي وفرّق...
إقرأ ومَحِّصْها تشاهدْ أنكم ... في الناس لم تُعْشَقْ كمثل تعشّقي
بالرغم من أنّ النوى يُفني المنى ... ويبيد موهبتي ومَجْدَ تألُّقي

بانتظار العاشق

الصبر ينفد بانتظار العاشق ... يا ليته ما كان طمّعَ خافقي
كيلا أَبَدَّد في انتظار حارقٍ ... عزمي سدىً بين الرؤى والحارق
أنا أنكوي شوقاً وحباً جامحاً ... لا ينتهي حتى خمودِ محارقي
الجاذبيَّة كلها بوصالنا ... معَ بعضنا بعضاً بكل تلاصق
لا أستطيع العيش وهو مفارقي ... وأحبه لما يكون معانقي
أنا لا أرى معنى لعمري مسعداً ... إلا إذا دقت شَواه مطارقي

الأرض بعدك

أسرفتَ هجراً وانتهى الترحابُ — فإلى متى للطيبين إيابُ؟

الأرض بعدك لا تدور بدقة — ولقد يسود العالَمين خرابُ

الأرض بعدك نَكَّسَتْ راياتِها — وبمكة يتأوه المحرابُ

عَقِمَ الحِجَى، والوعيُ فارق عقلنا — والمجد وهمٌ والهناء سرابُ

والماء أصبح آسناً لا يُشتهَى — لا خير إن لم يرجعِ الأحبابُ

الروض أنكرنا وكلُّ زهورهِ — والحزن حاربنا فلا استتبابُ

كنتَ الوحيدَ الحقَّ تدعم شأننا — وتَرَكْتنا لتعَضَّنا الأنيابُ

يطول انتظاري

يطول انتظاري وتخمد ناري

وأبقى وحيدا على سطح داري

معي قمرٌ ساطعٌ، والدَّراري

تُوَشِّي القفارَ وتروي الصحاري

تُحِسُّ بوحشة روحي وظلّي

وتنزف مثل دمي في اصفرارِ

ويَغزو نُباحُ الكلابِ البَراري

ويبقى ندائي على الليل ساري

أنا وزماني حكايات حبٍّ

بكل نقاء بلا أيّ عارِ

التوازن

لمـــاذا غـــدوتَ خيـــالاً ورســـما   وطيفـــاً وظـــلاً وآلاً ووهمـــا؟
لمـــاذا منحـــت الجمـــاهير شـــهداً   ويـــوم ارتحالـــك وزّعـــت سُـــمَّا؟
لمـــاذا التـــوازن هـــذا لمـــاذا   بأســـوإ طَعـــم تبـــدّل طَعمـــا؟؟
منحـــتَ لكـــلّ الوجـــود الهنـــاء   وبعـــد الهنـــاء منحتـــه همّـــا
فليـــت الحيـــاةَ بـــدون لقـــاء   ودون تنـــاء لكانـــت أتمّـــا
كـــأنّ قـــوانين "الافوازِييـــهِ"   تُطبَّـــق أيضـــاً علـــى الـــروح حتمـــاً
وســـبحان ربـــكَ لاشـــيء يمضـــي   فنـــاء ولكـــن يبـــدّل رســـما

إني حزينٌ منك

حلـــوتي إنـــي حـــزينٌ   منـــك فـــي شـــيء صـــغيرْ
هـــو إن ناديـــتِ هيّـــا   آتِ حـــالاً وأطيـــرْ
كـــي تقـــولي لـــي شـــيئاً   ثـــم لا تحكـــين شـــيئاً
ثـــم أعطيـــك ضـــياءً   لا تُعِيرينـــهُ فَيئـــاً
اذكـــري صـــوتي الجميـــلْ   وحـــديثي السلســـبيلْ
هـــل إلـــى الغيـــر أميـــلْ؟   يـــا حبيبـــي مســـتحيل

الانقلاب الصامت

لمـــاذا فجـــأة عنـــي   سكتِّ وطرتِ عن غصْني؟؟
فإنـــكِ مثـــلُ أحجيـــة   ولغـــزٍ..لستُ أستثني
لمـــاذا عنـــدك الآمـــا   لُ بعد الـوُدِّ عقّتنـــي؟؟

كيـــف تحيـــا؟؟

كيف تحيا يا حبيبي في بعادي ؟

هل سعيد أم حزينٌ في حدادِ ؟

ذاب لحمي حسرةً جَرّا أنفرادي

يا صخورَ السجنِ رفقاً خبّريني عن سعادي

هل تراها اليوم مثلي في ذهولٍ وارتدادِ؟

ترتجي رُجعاي من ربِّ العبادِ؟

أ تــَهــجُرُنـــي؟

أ تهجرنـي وفـي نفسـي جروحـي　　ولـم تَــكُ دائمـــاً إلا مُريحـــي؟

أ تهجرنـــي ولـم ترسـل خطابـاً　　بخـطّ يـديك مـع رَسْـمٍ صَـبوحِ؟

إذا واعـدتني يومـاً سـيغنى الــ　　ـورى من خـافقي سامي الطُّموحِ

خصيبُ الشـاعرية طـول عمـري　　رمـال البيـد أغمرهـا بشـيحي

بعينـي الأيـكُ والأغصـان تنمـو　　ويزهـو الـوردُ ذو العطْـرِ الفيـوحِ

فأنــت لعــرش مملكتــي مليـك　　ولـيس بهـا سـوى حبـي اللحُـوحِ

فَنَغْــزِلُ مـــن هناءتنـا مُناخـاً　　جمـيلاً مـا بــه أدنـى قــروحِ

ألمي شديدٌ أنهم تركوني

ألمـي شديــــدٌ أنهــم تركونـــي ... مـا كنتُ أحسب أن يعيشوا دونـي
أدركـتُ أنـي مِـن حُثالـة أمتـي ... مهْمـا استقمـتُ برفعتـي وبِـديني
مـا مِـن أنـيسٍ مفـرحٍ لبصـيرتي ... إلا المزابـلُ فـي محيـط عرينـي
مـا منبـعٌ لتشوّقـي إلا الميـا ... هُ المالحـاتُ السـاقياتُ غصـوني
إنـي أعـيش بمفـردي متجرّعـاً ... سُـمَّ الفـراق وسـمَّ حِسّـي الـدُّوني
إنـي امـرؤ أقْلَـى الحيـاة بمفـردي ... وأريـد عُشّـاقـاً بمثـل جنـوني
لا أسـتطيع النـوم مـلء جفـوني ... لمّـا يـدكُّ الهجـرُ كـلَّ حصـوني
مـا رغبـة لـي حُقّقـت بكمالهـا ... لـم تحـرِثِ الجسـمَ الجميـلَ قرونـي
متيمّـم فـي كـل شـيء ناقـص ... حُسْـنا وعقـلا مُعْـدَمُ التمديـن
أنـا لسـت مكـتملا سـوى بمحبتـي ... وخلائقـي.. لـم أكتمـل كجنيـن
لا بـد أنـي قـد سـقطتُ مـن البُطْـو ... نِ بعمـر أربـعِ أشـهر "ظمَطـوني"
قبـل اكتمـال جـوارحي وملامحـي ... مِـن قبـلِ أن تلقـى الضـياءَ عيـوني
لا بـد أن جمالهـنّ يُهيننـي ... ويقـول إنـك سيـيء التكويـن
لا طـول إلا فـي لسانـك وحـدِهِ ... وبمهجـة مملـوءة باللّيـنِ
تعطـي كمثـل الغيـث دون هـوادة ... كالخـوخ والنارنـج والزيتـون
لا مَجْـدَ عنـدك غيـرَ حِسٍّ مرهَـف ... ومواهـب الإبـداع فـي التـدوين
عِشْ في الظلال وفي القمامة وانحجب ... مـع كـل كلـب لاهـث مسكيـن

والكلـب يشـــهد مَــن تُحُبُّــه إنمــا ... لـم تلـقَ أنـت الحـب مـن مفتـــونِ
إيـــاك تلمحـــك العيـــون فتـــزدري ... بـك ضِـعفَ مـا تلقـــاه مـن تلعيـــن
أقفِـــلْ ســـتائرك الســـميكةَ هاربـــا ... مـــن أن يـــراك موظفـــو التـــأمين
واخـــرس تمامـــا فـــالفحيحُ مقـــزّز ... للنـــاس طُـــرّاً مـــا فقـــطْ للعِيـــنِ
يـــا حســـرة الأقـــزام فـــي أزمـــاتهم ... وشـــعورهم بالنقـــــص والتثخـــين
يـــا رب دكّ الـــوعي منّـــي إننـــــي ... دون المَـــلا بالشـــكل والمضمـــون
يـا رب ضَـعني فـي التـراب بسـرعة ... لتريحنــي مـــن عيشـيَ المحـــزون
لا بـــدّ أن لـــديّ افضـــل زوجـــة ... لكنهـــا مدفونـــــة فـــي الطيـــنِ
أخشـــى مَنِيّتهـــا هنـــاك وإنهـــا ... كانـــت مُـــؤازِرتي بكـــل شـــؤوني
يـــا ربِّ لـــولا الشـــعرُ يأخـــذ ثـــورتي ... لتفجّـــر البركـــان مـــن مخزونـــي
يـــا ليـــت تمنـــع كـــل حكّـــام الـــورى ... مـــن أن يشـــخّوا لَاهتَـــدَوْا فـــي الحـــين
يـــا ليـــت يُجبَـــر كـــل مفتـــيٍّ بـــأن ... يبقـــى بـــلا شَـــخٍّ ليـــوم الديـــن
لَتيقّـــنوا أن التبـــوُّلَ والهـــوى ... مـــن مَخـــرج أحـــد ونفـــسٍ فُتـــون
ولأبطلـــوا الإفتـــاء وفـــق مـــزاجهم ... وهُيـــامِهم بالضُّـــرِّ لا التحسيـــنِ
يـــا ربِّ هـــل أنشـــأتَني كمحطّـــة ... للحِـــس ينـــبض مـــن دمـــي المطعـــون؟
أنـــا بعـــضُ تجربـــة الإلـــه ضـــحيّةٌ ... لفنونـــهِ، وكـــذا أســـأتُ فنـــوني..

توقيت غير مفيد

مـا جـاء لــي شــهدٌ ونحـلٌ قبـل أن أمضــي، ولكـن جـاء يـوم ذهـابي
حظـي هــو الحرمـان ممـا أشـتهي وكـــأنّ ربــي لا يحــب عقـــابي
هـذي الجميلـة وحـدها هـي عُـدَّتي كــي أسـتعيد بحســنها ألبـــابي
لا بـد لــي مــن أن أؤوب لأجلهـا ويكــون لــبَّ العمــر يــومُ إيـابي

سأكتب شعراً إلى أن أموت

ســــأكتب شــــعراً إلــــى أن أمــــوت..
ســـــأكتب عنهـــا طـــوال الزمـــان
ســــأذكر حبــــاً يمــــوج بعينــــي
جمــــيلا حميمــــاً كثيــــف الحنــــان

اتركيني يا حبيبي

اتركينــي يــا ســعادي فــي جنــوحي للغــروبِ
لــم يعــد مــن أي حــس بيننــا أو مــن هبــوب
لــم يكــن حبُّــك يُجْــديني بــأطلال نصــيب
يـا سـعادي بِـتُّ أقضـي كـل عمـري فـي النحيـبِ

وقرّرتُ شيئاً

وقـــرّرتُ شـــيئاً هـــو الانعـــزالْ　　فمـــا لـــي بـــه مطمـــعٌ بالوصـــالْ
تباعـــدَ عنـــي وكـــان القريـــب　　وقـــبّح عمـــري وكـــان الجمـــالْ

***

تباعـــدْ طـــويلا وغِـــبْ وانسَـــني　　فـــنحن شـــتيتان لـــن نلتقـــي
كفـــاني رزقـــاً بـــأنّي أعـــيش　　بأشـــباح حبّـــك يـــا مُقلقـــي

أرسِلْ على الإيميل

أرســل علــى الإيميــل فهــو رســولي　　فــي حمــل أشــعار تغيــث غليلــي
أرســـلْ إلـــيّ محبـــة عذريـــة　　إيـــاك تحسَـــبُني فَتـــاة ســـبيلِ
بـــالرغم مـــن شـــيخوخة لـــكَ أرتضـــي　　أنـــي أكـــون لشـــاعر متبـــول
أرجـــوك بالأشـــعار تـــؤنس عيشـــتي　　معنـــاك عَرْضـــي يـــا جليـــلُ و طُـــولي

رزق الإله يديّ فاكساً

لقـــد رزق الإلـــه يـــديّ فاكســـاً　　جديـــداً وقـــت توقيـــت الجفـــاءِ
أتـــاني الفـــاكس والحاســـوب لمّـــا　　غـــدوت بـــلا احتيـــاج للوفـــاءِ
كرهـــتُ الفـــاكس والحاســـوب هـــذا　　لأنهمـــا التشـــاؤم فـــي الرجـــاءِ
أودعكـــم ويبقـــى الحـــب عنـــدي　　أصـــيلَ الـــود مـــن ألِـــف ليـــاءِ

طال الزمان وما أتى

طال الزمان وما أتى
قد هدَّني هذا الفتى
يا ليتنا لم نلتقِ
لا كان راح ولا أتى
قد صار معنى العمر أجمعُهُ: أنتظِرْ
إياك أن تمضي انتظِرْ
وعساهُ أن يأتي أنتظر
وأظل منتظرا له حتى يزوغ بيَ البصرْ
ما رأيكم لو صار لي لَقَبُ أنتظِرْ؟
فلربما لقبي الجديد المبتكَرْ
سينوب فوراً عن فؤادي المنشطِرْ
وأنا أغادرُ يائساً لا أنتظرْ
فاليأس خيرٌ من سراب مستتِرْ
ألقى انعتاقا من شعور المنتحرْ.

رموز الحب

رأيـــــتُ حــــــذاءه للبـــــاب متجهـــــــاً .. إذاً هَجَــــرا ..
فلــــو للبيـــت وجْهَتُــــــهُ .. لقلـــت بأنـــه انتظـــرا ...
ملابســـــه تعنّقنـــــي .. تقـــول ظَلَمْتَـــــهُ فجـــرى

****

تطيـــر طيـــوفُ ذِكـــراهُ .. كرتـــل الرمـــل ترتصـــفُ
ويرمقنـــــي رمــــادُ ســــجائر الآهــــات ينجــــرفُ
تمـــدُّ جميـــع أيـــدي النخـــل نحـــوي أذرعـــا تَجِـــفُ
عصـــافير بحجرتــــه ... تطيـــر معـــي وترتجـــفُ ...
تُطِـــلّ الشـــمس مِـــن خَنْـــق، وســـير النهـــر ينعطـــفُ
لمـــاذا لســـتُ أفهمـــه، وفـــرّق شـــملنا الصَّـــلَفُ؟

****

و لِـــمْ خـــاطرت فـــي تَركـــي لحجرتـــهِ بـــلا إذنِـــهْ؟؟
ظننتـــه ســـوف يمنعنـــي ويـــدعوني إلـــى حضْنِـــهِ
ولكـــنْ كـــان جبّـــارا بضـــبط الـــنفس والصـــبرِ
أعـــود إليـــك يـــا حبـــي كرهـــت العمـــر فـــي الهجـــر
أعَـــزُّ علـــيَّ مـــا فـــي الكـــون هـــذي القريـــة الصـــغرى
فكـــوخي قـــائم فيهـــا تواســـيني بـــه الـــذكرى
أحـــب الخـــطَّ فـــي الجـــدران يبقَـــى نفسُـــه قـــذرا
ففـــي جـــوّ الخطـــوط نمـــا غرامـــي ذاك و ازدهـــرا

لا تخَلْ أني بعيدٌ عنك

يا حبيبي لا تخَلْ أني بعيدٌ عنك كي تسألَ أينْ؟

بل قريب منك قرب الإصبعَيْنْ

أنت بدرٌ في سماء الكون زَينْ

تجعل الآفاق كنزاً من لُجَيْن

شيئان لا أنساهما

شيئان لا أنساهما

وجهَ الحبيبة والسَّما

فكلاهما في البعد فاق الأنجما

سأضيف شيئا قيّما

حتى أغَذّي المُعْجَما

إنَّ الغرام مُرادفٌ

للهجر في المعنى فما

منْ أي فرقٍ كائنٍ بينهما

فَأضِف إلى القاموس معنىً مؤلما ..

قناديل عينيكِ

"مشـافِطُ"عينيـك يـا حلـوتي تحبّـه لكـنْ يخيـب رجـاكْ
لقـد فـار قلبُـك حزنـاً عليـه فسُـوءُ التفـاهم أقْصـى فتـاكْ
تفرّقــتِ عنــه لأنّ أبــاك يحـب النقـود، ويَقْلَـى المـلاكْ
وأعـداك والـدُكِ اليـوم حتـى فقدتِـهِ، واختـرتِ عنـه نـواك
"قناديـل" عينيـك تبحـث عنـه فمـا عـاد يُجْدِي البكـا والتَّبـاكْ
تَـزَوَّج غيـرك يعطـي هـواه وإخلاصــه لفتــاةٍ ســواكْ
وَمَــنْ يتـزوَّجْ عليــه الوفـاء فقــط للحليلــة دون اشـتراكْ
"قناديـل" عينيـك تبحـث عنـه وقـد صـار ذكـرى أمـام رؤاكْ
وَجَـدْتُ جَنَـاحَ فـؤادك يجمـ ـع نفسـه حتـى يعيدَ امتلاكْ
تَـوَتَّر قَلْبُـك، والعطْـفُ ينـ ـزفُ منّي عليك لما قد دهاكْ
تمنَّيـتُ واللهِ أنهـي أسـاك ولكـنَّ دون الأمـاني الهـلاكْ
فهيهـاتِ أهـدِمُها لِبنـاك لقـد فـات وقـتُ بنـاءِ عُـلاكْ
جرى ما جرى مثل شخص تُوُفّـ ـيْ وما لـه من عودة ليراكْ...
وهيهـاتِ يَرجـع شـخصٌ أبـيٌّ تَـزوَّج، لـيس يخـون المَـلاكْ
ويـؤلمني أن أرى أيَّ قلـب يُـرمّم نفسَــه جـرّاْ العِـراكْ
أمـام لحاظـكِ تسـقط كـلّ طيـورِ أسـى الشعراء البَـواكْ
"قناديـل" عينيـك تبحـث عنـه وتنـدم، والله يُنْهـي جَـواكْ
تَأسَّـيْ بمعنـى : عَسَـى أن تحبِـوا وشـرٌّ لكـم حـبكم وارتبـاكْ
تأسَّـيْ بـذلك، فـالله خيـرٌ لكـم حافظـاً راحمـاً لِحِمـاكْ
وإن شئتِ أن أثبتَ الشيء هـذا سـأدلي بقـول يزيـد أسـاكْ:
حبيبك بـالأمس لاقـى الهـلاك فمنـذ الطفولـة قلبـهُ شـاكْ
فما مات (حمدي) صريعَ هواها ولا هـو مـات شـهيدَ هـواكْ

رماهــا النَّبــا بعــذاب الضميــر *** وماتـت علـى الفـور دون حِـراكْ
ويــرحم ربــي جميــع الهُــواة فكـم أحرَقتْهــمْ جحـيمُ العِــراكْ

بعيداً عش

بـعـيـــــــداً عِــــــشْ ومـنـعــــــــزلا
وأعـــــرِضْ دمـــــت مـنـخـجـــــلا
وخـاصـمـنــــــــي الـشـهــــــور ولا
تُـفَـجِّـــــــرْ دمـعـــــــك الـخَـضِـــــلا
وواصــــــلْ كـــــلَّ مـــــن تـصـبـــــو
مــــــع الـغـاويــــــن منـشـغـــــلا
ألا أسـتـغـــرقْ جـمـيـــع جـفـــاك حـتـــى آخـــرِ
الـعُـمْـــــــــــــــــــــــــــــــــــــقِ
وبـعـــــــد الـعـجــــــز صـالـحْـنــــــي
فـإنــــــي أطـيـــــــبُ الـخَـلْـــــــقِ
وَعُـــــدْ مِـــــنْ فَـــــوْرِ مـــــا يـمـضــــي
جـمـيـــــــع الـكـــــــره مـــــــن قـلـبِـــــكْ
وعــــــش عـنــــــدي إلــــــى الأبــــــدِ

مهما وعدتَ

حبـي إلـيكمُ فـي التـاريخ مشـتهَرُ والبحرُ يعرف والعصفورُ والشجرُ..
لـو تسألون شـذا الأزهـار يخبـركم أنــي ببعـدك فـوق الجمـر أسـتعرُ
مهمـا انتظرتـك لا آسـى إذا خفَـرَتْ ظروفُك الوعدَ إني في الأسـى حجرُ
مهمـا وعدتَ سأغدو غيرَ منتظرٍ أدري بأنــك مهمــا خنــتَ تعتــذرُ

لماذا عُدتَ للهجر

لمــاذا البعــد عــن بحـري لمــاذا عــدتَ للهجــرِ؟؟
رجعــتُ أنــا إلــى بيتــي لكــي ألقــاك يــا بــدري
ولكــن لــم أجـدك ومــا تركــت إلــيّ مــن صــبرِ
حبيبــي نــأيكم يحكــي حصــىً تُلْقَــى إلــى النهــرِ
تهــز دوائــراً شــتى تنيــر بمهجتــي شــعري
تركــتَ وراءك الغــلّا تِ تــلاتٍ مِــنَ الجمــرِ
فعـد لــي يـا منـى عمـري وإلّا غبــتُ فــي القبــرِ
أحــبّ حــرارةَ الأشــوا قِ فــي ريعانهــا العِطــري
أحــبّ الــدفءَ والأقمــا رَ والأحــلامَ فــي خِـدْري
أحــب الله مَــن أنشــاك فــي البَسَــماتِ كــالزهرِ
أحــبّ جميــعَ ألــوانٍ توزعهــا علــى بحــري

مملكتي زجاج

أيــا محبــوبُ مملكتــي زجــاجٌ ... ســريع الكســر إنْ قُرِعَـتْ بـريحِ
هنــائي مــن فقاعــاتٍ رقــاقٍ ... تَفَجَّــرُ دونمــا وخــزٍ صــريحِ
حساســيّاتيَ الجمــراتُ تُطفــا ... بصــبِّ المــاء مــن دلــوٍ شــحيحِ
وأجـزع فـور مـا تطغـى شـجونٌ ... وأمســي بعــد شــدوي كالكســيحِ
أنــا المأســاة غلَّفهــا ســرورٌ ... وحســاسٌ إلــى حــدٍّ قبــيحِ
ولـولا الحـبُّ فـي نفسـي عميـمٌ ... لكـلّ النـاس لـم تبـرأْ جروحـي
ورغـم اليـأس أحيـا فـي الأمـاني ... بـأنّ الكـون ذو قلـب صَـلُوحِ

آهِ آهْ..

آهِ آهْ.. مـــــــا دهـــــــاهْ ؟

إذْ أراه... فـــــــــي أســـــــــاهْ

طـمـئنـــــــوه... هدِّئـــــــوهْ

كـــــي أراه... فـــــي هنـــــاهْ

آه نــــــار... فـــــي استعــــارْ

وصــــــلاة... فـــــي انـتـظـــارْ

مــــا الـحيـــــاة... غيــــر نـــــارْ

فـــــي اســـتعارْ... وانطفــــاء... فرمـــادْ

راحوا راحوا

راحــــوا راحــــوا لـــــم تـريحوهــــمْ
ولَـــوا ولَّـــوا لـــــم تـوَلُّـوهــــمْ
قـــــد أخطأتــــم لـــــم تـريدوهــــمْ
واســـــــــتهترتم لـــــم تـعِزّوهــــمْ
فـــــات الوقـــــتُ كـــي تُـعيدوهــــمْ
خفــــت الصـــوتُ نضـــب الزيـــتُ
قـــــد تكـتّمتــــم لمـــــّا باحـــــوا
وتغنَّيـــــــــــتم لمــــا ناحـــــوا
ولقـــــد عـدتــــم بعـــد مـا راحـــوا
راحـــــــــوا.. ولّـــــــــــوا
لـــــم تـريحوهــــم لـــــم تولّوهــــمْ
عِشْـتم صُـمّاً عشـتم بُكْمـا قـد أهملـتُم أغلـى النِّسْـوةْ

مـــا أتقنــــتُمْ إلا الجفـــوةْ

كـــــان علـــــيكمْ أن تُطـروهم أن تُغْـروهمْ
راحــــوا راحـــوا لِيَـــرَوا نشـــوةْ
مـــــَن يدعوهـــــمْ طـــاروا نحـــوةْ
أينمـــا ساحـــوا وجـــدوا دعـــوةْ
صعـــــبٌ جـــداً قتـــل الجفـــوةْ
لـــــن تقنِعَهـــم جمَـــلٌ حُلـــوةْ
بعدمـــا ساحـــوا بعـــد الشّقـــوةْ

صـــاروا قـــوَّةْ

كلمـــــا لِنْتـــــمْ		زادوا قســـــــــــوةْ
كلمـــــا أشتقتـــــمْ		زادوا سطــــــــــوةْ

لقاؤك يا بدور

أ مَحظـــورٌ لقـــاؤكِ يـــا بُـــدُورُ		علـــيَّ وقـــد مضـــى زمـــنٌ كبيـــرُ
ومـــا واصَـــلْتِني بمُهاتفـــاتٍ		تتـــيح إلـــيَّ لـــو يومـــاً أزورُ
إذا لـــم تـــأْمُري ألقـــاكِ أدري		بأنّـــك لـــن تُجيـــري مَـــن يبـــورُ
وأدري أنّنـــي مادمـــتُ أنـــأى		عـــن العَيْنَـــيْنِ ينســـاني الضَّـــميرُ
ســـأبقى فـــي انتظـــارٍ كـــل يـــومٍ		يهـــاتفني مصـــاحبك البشـــيرُ
يقـــول تعـــالَ زُرْهـــا اليـــوم هـــذا		وإنـــي جـــاهزٌ لمّـــا يشـــيرُ

تعالي ننظف ما بنفسينا

تعـــالي لتنظيـــف كـــلِّ قديـــمِ		بنفســـي ونفســـك ضـــدَّ السُّـــمومِ
ونطـــرد كـــلَّ حـــديثٍ عقـــيم		دعَتْـــه رواســـب كبـــت وخـــيمِ
تعـــالَيْ فربـــك شـــاء هوانـــا		لأنـــا كلانـــا كمثـــل اليتـــيمِ
نريـــد انســـجام الطبـــائع فينـــا		فكـــم نطَحَتْنـــا قـــرونُ الهمـــومِ
ونمســـك أمـــر هوانـــا قويـــا		فمـــا الحـــب إلا انتهـــاء الهجـــومِ

ارحميني

ارحمينـــــــي يـــــــا ربـــــابْ … يَجْــــــزِكِ الله الثـــــــوابْ

أظهِـــــري بعـــض التّحـــابْ … تُقْلِلـــــي عنـــي العـــــذابْ

أقبلــــــي طــــال الغيــــابْ … أملـــــي منـــــك اقتـــــراب

لِـــمَ نحيـــا فـــي التنـــائي … طـــــول أيـــام الشـــباب ؟

وهـــو أحـــرى مـــن ســواهُ … أن يُلبَّـــــــى ويُجـــــــابْ

أنـــــت شـــمسٌ لحيـــاتي … أنـــــا لـــــولاك ضـــبابْ

كيـــــف نَهْنـــا إن مكَثْنـــا … فـــي بعـــاد واغتـــرابْ ؟

لـــــم أجـــد لحنـــا حنونـــا … رائعـــــاً مثـــلَ الرَّبـــــابْ

وأنينـــــي ســـــوف يبقـــى … فـــــي فـــؤادي باضـــطراب

إنَّ أنغـــــاميَ تشـــــقَى … بعــــــذابات العتــــــابْ

أنـــــا بالحِرمـــــان أحظَـــى … مـــــن فـــمٍ دون انجـــذابْ

ولهـــــذا رغـــــم أنفـــي … بِـــتُّ أصـــبو لانســـحاب

رأفـــــةً فـــي عـــزم قلبـــي … بعـــــدما قلبــــــيَ ذاب

آهِ لكـــــنْ بـــــي حنـــينٌ … بعـــــد حِـــين للإيـــابْ

أحس عينيها تقولان لي:

لا أتصـــورُ إن ترحـــلْ … يـا خالدُ عن هذا المنزلْ

أن أبقى في وعيي الأكملْ … بل دمعي معَ وعيي يهطلْ

لا يمكننـــي أن أتخيّـــلْ … لحظـاتِ نـواك ولا أقتـلْ

أنا أعرف ماذا يجري لي … لكنّـك يـا غـالي تجهـلْ

لو كنتَ تعرف ما الهوى

لَم يبرحِ الشّبَحُ الطويل مكبّلا   لم يسلك الوادي الظليلَ ولا الفلا
واليوم أعبر جسر عمري مفرداً   وحبيب قلبي رامقاً سيْري .. ولا
يأتي يعاتبني ليوقن أنني   أبقى المحبَّ لشخصه مهما قلَى
يا ليت يذرف دمعه متوسلا   ويقول لي: عُدْ يا حبيبُ مُعَجِّلا
لأعودَ أمسح أدمعي بعناقه   وأقول للمحبوب مليونَيْ هَلا
هلّا أتيت لجانبي ومشيت في   هذي الصحارى مثل غزلان الفلا
لا شيء أبهى من تواجدنا معاً   نشدو سوِّيا في سماوات العُلا
أهوى التشرد إنه قد هزني   فملأتُ كل الكون منك تأملا
أهوى التخيلَ والتشرُّدَ يا حبيـ   ـبة والجنونَ وكل شيء أذهلا
حتى أوشّي الأفق والأبعاد من   أطياف حُسْنك والبراءةِ مُخْملا
أهوى الوجود فكم زرعتك في رُبا   هُ جدولاً وأزاهراً وقَرَنْفُلاً
الله يعلم كم يؤيِّدُ ذو الوفا   محبوبة عاشا معاً وتدلّلا
يا أيها المعزول عن معنى الهوى   لو كنت تعرف ما الهوى لن تُعْزَلا
الحب لغز ليس يُعْرَفُ سرُّهُ   لكنه أمر الإله لنعقلا
يتعَجب الخالي من العشاق إن   هاموا وقد يرمي عليهم صَيْقلا
طبْعُ الخلِيّ من الغرام يظن أنْ   كلَّ البرية مثله لم تُبتلى
طبْع الكذوب يظل يحسب غيره   أيضا كذوباً مثله ومدجِّلا
ليس الهوى من صنعنا لكنه   من صنع رحمانٍ به يهدي المَلا
بعد الهوى عيني ترى ما لا يُرى   وأحسّ أن الكون أصبح أجملا
ما أدرَكَ الإنسانُ ما النشوى سوى   من بعد ما شرب المحبة لا الطّلى
إحساسُه يكسو الوجود جميعَهُ   بالورد والدّفلى ويُفنِي الحنظلا
ويحس أنّ الكون ينبض مثله   فرحا وسلما دائماً وتحملا

يستنشق النور البهيّ كنسمة ويرى الغموض لشمس مهجته انجلى
ويحس أنّ الأرض أجمعَها له بالرغم من خوف السقوط إلى البِلى
لا شيء في الدنيا عزيز كالهوى وكصحة الإنسان لامالٌ .. ولا
الحب نوع من طموح للفتى لا أن يحسّ فحسب بل أن يفعلا
ما الميْت مَن تَرَك الحياة إلى الردى لكنه مَنْ مِنْ غرامٍ قد خلا

صيفان

مضى صيفان يا عيني

ونحن بكامل البَيْنِ

ولم أشهدْكَ إلا لمحة في العام لا تُغْني

أيا غالٍ على نفسي أيا أمْني

أُحِسُّ بأنك الأغلى من العينِ

يا فراغاً من عدمْ

هاتِ صدراً يا فراغاً من عدمْ هاتِ سمعاً يشتهي حُلْوَ النغمْ
هاتِ ثغراً لأناغيكَ عليهِ هاتِ قلباً دِفْؤُهُ مثل الضَّرَمْ
هاتِ عزماً دائماً حتى أغذّي حلوتي من كل أنواعِ النِّعَمْ

أيا محبوبُ

أيا محبوب تحسبني لئيما | وتقتلني بإصباحي وليلي
أيمكن أن أقول إليك هذا | لماذا اليوم قررتَ التخلّي؟
أيا محبوب لم أمنح لنفسي | ولا أدنى ارتياح أو تسَلِ
أ تبقى هكذا جداً حزينا؟ | ومِن جَرّاء هذا قد أولّي
وسامحك الإله على ظنون | وحرّرَني من الوُدّ المُغِل
أيا محبوبُ ليتك لم تكن لي | حبيبا لم أكن أحيا بذلّ
وسامحك الإله على ظنون | كما عذّبتني في طول ليلي
تعيساً سوف أحيا في نهاري | شقياً سوف أحيا دون وصلِ
وأسعدك الإله بدون ودّي | وبوّأك المعالي دون شملي
وداعاً ليت لا أبقَى نهارا | نزيلك لو أصير بلا مَحَلِ
لكيلا يا حبيبي أي شيء | تراه ما يغاير حقّ قولي
أتوق للاحتفاظ بكل ودّ | إليك من البعيد وكل فضلِ
أكاد أُجَنّ من تشويش فهْمٍ | يُناوئنا ولم يدخل بعقلِ
أيا محبوب ودّعني وعُفْني | تريد اليوم عنك يدي التخلّي
لأنك ياحبيب بكل يومٍ | على نكد فخيرٌ أن أُولّي
و أعرِضْ عن غرامي دون لأْيٍ | فليس لفصلنا من أيّ وصل
ودمتَ مُمَتَّعاً بالبُعد عَنّي | ويا أسَفاً لموقفك المُمِلِّ

ساكنة السطح

مـرت الأيـام .. والسـطح كئيبـةٌ لـيس فيهـا غيـر آهـات رهيبـةٌ
تخفـق الأوهـام فيهـا بـاعتلال مثل خفق الطير في الريح العصيبةْ
فارقَ المحبوب هذي السطح خوفا مِـن بُكـاهُ إذْ يـرى وجـه الحبيبـةْ
حيـث كانـت كـلَّ يـوم بانتظـار تسهر الليلات في السطح القريبةْ
رفضـــته الأم للبنـــت خطيبـــا وأناخَتْهـا إلـى الغيـر خطيبـةْ
فهـوى المحبـوب أخـرى غيرهـا تـرك الأولـى فمـا كانـت نصيبهْ
هـو لـو أبـدلها .. لكـن سـتبقى هـي طـول العمـر تهفـو لتجيبـهْ
ذكريـات الحـب تسـري فـي دماهـا وتناجيهـــا بهمســـات رتيبـــةْ
هـــي لـــن تهـوى حبيبــا غيـــره خطـــأٌ أن يبْـدِلَ المـرءُ حبيبـهْ
هكذا الأيام تجري .. وهي تُجري دمعــات الحــب للسـطح الكئيبـةْ
فــي غـد تـدْرون أنَّ البنـتَ ماتـت من صروف الدهر والدنيا اللعوبةْ
وغـــداً محبوبهـــا يبكـــي منـــاه وغـدا تَرْثُـون فـي عطـفٍ مَغيَبَـهْ
وغـداً تـدرون أن السـطح صـارت موئـلَ العشـاف تأتيهـا الشـبيبةْ
هكـذا سـاكنة السـطح ستمضـي تخبـل الكـون ... بمأسـاة رهيبـةْ

إجــازة

مجـرد أن تجيئـي لـي سنمضـي إلـى أبْهـا إجـازةَ مَـن يمـوتُ
تعـالَيْ يـا حبيبـة لـي سـريعاً فنبْضـي مُنْهَـكٌ وبـه خُفُـوتُ
ولا أرجـو الممـاتَ بـدون قربـي إليـك وسـوف يُحْزِنُـكِ المبيـتُ
ولـم أكُ راضـياً لـك أيَّ حـزنٍ علـى مـوتي، ولكنّـي أمـوتُ

حبيبتي تخاطبني

لقد أصبحتَ مثل العظم مِن بَعدي
لـمـاذا وجـهكَ الـوردِيْ
تـغطّـى اليـوم بـالـحقدِ؟
أحـبـُـك عـُدْ إلــى وُدّي
لـمـاذا ذبـت مـن بُـعـدي
ورغـم الـبـعـد لـم أبـعُدْ
ورغـم الـحـقـد لـم أحـقِد
فـمـنـك الـبـعـدُ والـصـدُّ
ومـنـي الـحـبُّ والـوُدُّ
كـمـا تـهـفـو أيـا أنـتَ
صـنـعـتَ بـنـا وأتـقـنـتَ
سـمـاحـا إنـنـي أنـتَ
جـنـيـتَ عـلـيّ أيـامـا
وهـبـتـك كـل مـا تـرجـو
ونــحــن الآن فــي ولَــهٍ
ويلفحُ جـسـمَـنـا الـوهـجُ

عهدٌ قضى

كـلُّ شـيءٍ بيننـا اليـومَ قَضَـى   أنـت سـوّدْتَ الغـرام الأبيضـا

حُبُّنـا حُـبُّ الصّـغارِ

مـا نمَـا مثـلَ الكبـارِ

حُبُّنا حُبُّ انتصارٍوانكسارِ

وكلانـا كل يـوم فـي دمـارِ

ليسَ في طَبْعِكَ ما يُوحي الرضا   كلّمـا أصـبو أراكَ المُعْرِضَـا

فأجافيــكَ طــويلا

مُنْشِـئاً فيـك غلـيلا

تسـتقي منـي قلـيلا

وأرى عنـك بـديلا

كـلُّ شـيءٍ بيننـا اليـومَ قضـى   مـا مضـى كـان كجفنٍ أغمضـا

إنَّ حُلمي طـارَ فـي أعلـى الفضـا   علّـه يلقـى بَريقـاً أوْمَضَـا

إنّمـا مـاتَ رجـائي

واهتمـامي ببقـائي

وخبـا منـي ضـيائي

عيشـتي محـض شـقاءِ

كـلُّ تأسـيس غرامِـي قُوّضَـا   بَعْـدَمَا سُمُّ التجـافي نَضْنَضَـا

هَجَرَ السعدُ حياتي

شَوَّهَ الهمُّ صِفَاتي

حفرَ اليأْسُ رُفَاتي

في انتظارٍ لوفاتي

هكذا ما بيننا اليومَ قضى   أَقْبِرَ الحبَّ الذي لن يَنْهضَا

****

كل شيء بيننا اليوم انتهى   لا تسلني لِمَ حبي قدْ وهى؟

أنت أسباب المآسي كلِّها   أنت شوهّتَ الغرامَ المُشْتهَى

حبُّنا حب الضواري

حبنا حب انتصارٍ وانكسارٍ...

إذا لم تنادي حبيبي تعال

إذا لم تنادي حبيبي تعالَ   سيهوي الغرام ولن يتعالى

خُلِقنا وفِيَّيْن مستسلمَيْنِ   يصير الحرام إلينا حلالا

أنا أتوقع منكِ الأماني   لأن فؤادكِ للشعر مالا

ولم أر أطهر منكِ قَبولاً   ولا منكِ ألطفَ إن قلتِ لي: لا

وأنتِ الوحيدة لو لم أَمَسَّكِ..سوف أكِنُّ إليك الجلالا

وليس بوسعي سُلُوَّكِ عمري   ولو أنتِ يمكن تسلين حالا

ولن أستطيع أقولُ وداعاً   ولكن على الله أَبْقِي اتكالا

أعدني مرة أخرى

حبيبـــبَ القلـــبِ يـــا أنســـي .. أعـــدني مـــرة أخـــرى
إلـــى دنيـــاك كـــي نحيـــا .. علـــى النُّعمَـــى .. علـــى البشـــرى
حبيبـــي يـــا لهيـــبَ دمـــي أنِـــرْ فـــي ليلتـــي البـــدْرا
أمـــا نشـــقى إذا ضـــلّت ســـواقينا عـــنِ المَجْـــرَى ؟
حبيبـــي يـــا منـــى قلبـــي متـــى ألقـــاك فـــي قربـــي؟؟
فمـــا فـــي الكـــون مـــن سُـــحُب تُفِـــيء كظلـــك الرَّطـــب
ومـــا للخمـــر مـــن أثـــر كمـــا للحـــب فـــي لُبِّـــي
ومـــا فـــي دهرنـــا أســـمى وأكمـــلُ مـــن رؤى حبـــي
لقـــد جرَّبـــتِ رمْقاتـــي ولثْماتـــي وضمَّاتـــي
وقـــد بَهرتْـــكِ ميزاتـــي: كجُـــودي دونمـــا هـــاتِي
فهـــل شاهـــدتِ مخلوقـــاً يـــزيـــد علـــى قـــوى حبـــي ؟
وأنـــتِ الأعـــرف الأوعَـــى لمـــا بـــي مـــن قـــوى الجـــذْبِ
لهـــذا تُظهريـــن البَـــرْدَ مهمـــا كنـــتُ حَرَّانـــا
لأنـــكِ تعـــرفين مـــدى احتياجـــاتي لـــك الآنـــا
و أرجـــع نحـــو حجرتنـــا ولا أســـطيع هجرانـــا
لهـــذا أنـــت حُـــزْتَ النصـــرَ لمّـــا عـــدتُ خســـرانا
لهـــذا قـــد زرعـــتِ البَسْـــمَ فـــوق الغـــمِّ تمـــويهـــا
لهـــذا قـــد زرعـــتِ الشَّـــوكَ فـــوق الـــورد تشـــويهـــا
وقلـــتِ لســـوف يرجـــع لـــي وعـــافَ البيـــتَ حَيْرانـــا
وكـــان يشيـــلُ مهجتـــه علـــى كفَّيـــه أســـوانـــا
ويأمـــل منـــك أنْ تَرجيـــهِ : يـــا مـــولاي لا تـــذهـــبْ
أيـــا حبـــي أيـــا روحـــي لمـــاذا الحـــظّ قـــد أرهَـــبْ ؟؟

وفرَّقنـــــــا لأيـــــــامٍ حَسِبناهـــــــا ملايينـــــــا
وعلَّلَنـــــــا بأحـــــــلام تَخذِناهـــــــا لنـــــــا دينـــــــا ؟

حضارة الحب

لـم لا تقـول ارجـع إلـيّ لأرجعـا
أم لست ترغب أن نعيش غداً معا؟؟

هل من غموض في فؤادك لي أجبْ
أم إننـي مـا اختـرتُ إلا المفجِعـا

أنـا مسـتعد أتـرك العليـا إذا
وافقـتَ أنهـل مـن هـواك المنبعـا

أرجـوك لا تبخـل فـإني يـائس
مـن أن أشاهد عاشقاً لـي قـد رعـى

حـب غريـب حبنـا مـا مسّـهُ
غـش ولا غـدر وكـان الأمتعـا

الكـون يعنـي حسْـب رأيـي حبنَّـا
أو فهـو لا معنـى لـه أو مطلعـا

عِـدْني فـإن الوعـد فيـه ضـمانة
مـن مخلـص وافٍ لغـدرٍ مـا سـعى

هـل يـا حبيبـي أنـت جربـت الهـوى
أ رأيتـه مـن كـل شـيءٍ أروعـا؟

كلانا تزوج عَن غير حُب

حبيبةَ روحي عجزتُ عن الشكـ
ـرِ يـا حسـرتي أيـن منّـي الوفـاءْ

سـأذوي بكـاءً لأجـل هوانـا الـ
ذبـيح، فمـا وَحّـدْتنا السـماءْ

لقـــد فَصَـــلَتْنا لأنّ كِلينـــا
تـزوَّجَ مِـنْ غيـرِ مَـنْ هـو شـاءْ

يا بنتَ الشآم

يا ملاكَ الكون يا بنتَ الشآمِ   كيف أهديك امتناني واحترامي؟؟
وفِداك الروح ألقاها قليلاً   وشعوري ليس يُرْوَى بالكلام
يا ملاكي في عيوني الحب باكٍ   ينزف الشوقَ بدمعاتٍ سِجامِ
كنت في البدء أخال الحب وهما   منه أحيا ساخراً دون اهتمام
غير أنّ الحب أودى بجناحي   وأسيراً صرتُ في قيدِ الغرام
أستقي من حاضري ذكرى ملاكٍ   مُسْعدٍ أيامَ عِشْنا في وئام
سامحيني عندما قلتُ غضوبا: اتركيني لستِ بِنتاً من مقامي
كنت لا أقصد هذا .. بل مرامي   كان إنماءَ هوانا بالخصام
لا تقولي : أنت تهوى اليوم غيري   أنا مظلومٌ فرفقا باتهامي
من سطوح البيت عندي كنت أصغي   لأغانيك بدمعي وابتسامي
أو إذا في الليل أسرَيْتِ لبيتي   كملاك النور يسري في الظلام
يا أماني العمر يا بنت الشآم   كيف أهديك امتناني واحترامي؟
هل إذا فَجَّرْتُ شوقي في عيوني   لترَيْهِ أمْ بسجعي كالحمامِ؟
ضمّتِ السطحان قلبين سويّا   فَهُما لن يستكينا لانقسامِ
لو قسا الدهر علينا وافترقنا   لن يحيد القلب عن نفس المرام
إنني أبكي على يوم وداعي   قبل أن يأتيَ دفني في الرَّغامِ
كل هذي ذكرياتٌ زاخراتٌ   قد رضعناها معاً قبل الفطام
إنها مأوى هنائي وسلامي   كلّما الأحداث أودت باعتزامي
شَعرك الفتّان ذابت فيه روحي   فيه إلهامٌ سبى لُبَّ اهتمامي
إنما أنت نُواة لِلغرام   جعَلَتْ شتّى الحنايا في انسجام
يا ملاكي هل تدَبّرْتِ كلامي   إنما أنت نُواة للغرامِ.

أمواج الهيام

مـا عـدتُ أقـدر أن أكـتّم لـوعتي مـا عـدتُ أقـدر أن أوَجّـل دمعتـي
ما عدتُ أقدر أن أعيش على النوى وعسـاي إنْ أطلـبْ أنـلْ أنشـودتي
مـا عـدت أقـدر أن أُحمِّـل مهجتـي شيئا .. فغيرك لم يعد في فكرتـي
مولات عطفا .. لا تَناسَيني انظري كـاف لقلبـي أن يفـاد بنظـرة
واحَـسُّ فـي ذلـي إليـك بنشـوة مـا أعـذبَ الزُّلفَـى لأطهـر وردةِ
مـن سبع أعـوام وعشـرٍ لـم يـزل قلبـي يمنّيني بأنـك مُنْيتـي
صـحّيتِ روحـي يـا حبيـبُ بنغمـة كالصـور صـحّاني لسـكنى الجنـةِ
هـل تعلمـين: أنـينُ قلبـك أنّتـي ومنـاك آمـالي وبَسْـمُك بَسْـمتي
وأراك أسـمى كـائن متصـورا مثـواكِ فـوقَ نفوسـنا البشـريةِ
أمستْ طيوفك مِحورا لمشـاعري وغـدوتُ مـرآة لهـا فـي هيئتـي
أسـقي خيالـك أدمعـا وتـذكرا ليظـل ينمـو راسـخا فـي مهجتـي
أواه لـو تـدرين قـدْر تفتتـي وقتَ النوى، لمنحتِ وصلا بالتي..
أمسيتُ مـن حـرس الطريـق لأنني أخشـى سُلُوّك إنْ أغِـب لِلُحَيْظـةِ
لمَـا أراكِ تخـون جسـمي همتـي وأحـسُّ أن الـوهن شـوَّهَ مِشْـيتي
وإذا نظـرتِ إلـيّ أجمـد هيبـة وتغُـجُ أمـواج الهيـام بمقلتـي
أنـا يـا حبيبـة مكْتـفٍ بغرامنـا فسـتجمعين الشـمل بعـد تشـتتِ
لِـمَ يـا حبيـب نصـد عـن رغباتنـا والعمـر كلـه فرصـة للرغبـة ؟
لِـمَ نحجـز الخفقـات حـين هبوبهـا أوَ ليسـتِ الخفقـات مطلـب عُشْـرةِ؟
لـم لا نحـب وفـي القلـوب محبـة ولـم الفراق ونحـن قصـد الوحـدة ؟
نفسـان مخلصـتان، روحٌ عانقـتْ أخـرى بشـوقٍ رافـضٍ للفُرقـةِ
أنعـم بموسـيقى الغـرام ونايِهـا رمـزِ المفـاتن والوفـا والعِفَّـةِ
وتباركـتْ أنغامهـا بقلوبنـا وتبـارك التهيـام فيمـا أوحـتِ

أنا لا أخالك تستطيع زيالي

أنـــا لا أخالــك تســتطيع زِيــالي وأحــسّ أنــك راجــع لوصـــالي

يا خاذلي قلْ لي - لَعَمْرُكَ- هل بؤسْـ ـــعكَ أن تفــارقني لعشــر ليــالِ؟

مـن دون أن تتزلـزل الأركـان مِنْـ ـكَ وأن تفيــىء إلــى جميـع تلالـي؟

أَوَ لــنْ يفـيض الـدمع منـك لآلئــاً وتهــشَّ لــي مســترحمَ الأوصـــال؟

رُحْمــاك لا تُمْعِــنْ بصــدّي إننــي مــا لــي بــدونك أمســياتُ جَمــالِ

يــا خــاذلي يــا ليتنــا لا نلتقــي مــا كــان ســهمُ الهـمّ يخـرقُ بـالي

يـا خـاذلي قـل كيـف تحيـا هانئـاً مـا دمـتُ أحيـا مـن هنـاءٍ خـالي؟

أنـا مَـن يـودّع روحـه وقـت النـوى فــأْعطِف لأنّ العطــف خيــرُ فَعَــالِ

ادفــع إلــيّ أيــا حبيبــي بــالتي.. واعطــف لأنّ الــداء فــي اســتفحالِ

أنـــا لا أخالــك تســتطيع زِيــالي وأحــسّ أنــك راجــع لوصـــالي

يا فتاةَ النور

يــا فتــاةَ النـور، أيـن النـور يعثـرْ فليالينـــا ضـــياها لـــيس يظهـــرْ

يــا فتــاة النــور، بثّــي خــاطري في فضا الروح نجوماً ليس تُحْسَرْ

يــا فتــاة النـور، لمّــا الليـل يُلقِـي رحلــه عنــدي تعــالَي فهــو يُقْهــرْ

يـا فتـاة النـور مـن يبنـي سـلامي بعـدك الليـل؟ أم العـيش المكـدّر؟

وإذا ولّــى رجــائي مــن فــؤادي هل أرى منك اهتماماً أم سأدّثَرْ؟

وإذا اليـــأس بآفـــاق وجـــودي أطفأ الشمس أيأتي البدْرُ يسهَرْ؟

النوى أذكى حنيني

لا أطيـــق العـــيش دونَـــكْ لا تخلنـــي لـــن أصـــونَكْ
بـــل أنـــا أرْعَـــى شـــؤونكْ
لـــو يخـــون النـــاس طُـــرّاً يـــا حبيبـــي لـــن أخونَـــكْ
هـا هــي الأشــعار تبتــاع فتونــك ومــن الأزهــار تســتوفي ديونــكْ
النـــوى أذكـــى حنينـــي هـــل تُـــرى أذكـــى حنينَـــكْ ؟
هـــل تقـــيم اليـــوم عنـــدي أم أمـــوت اليـــوم دونَـــك ؟؟
يـــا حبيبـــا مـــن حنـــاني عشـــتَ تســـتوحي فنونَـــك
أنـــت غيَّـــرتَ مســـيري لاتجـــاه لـــن يـــدينك
فـــارحم الإيمـــان عنـــدي فهـــو قـــد عـــانق دينـــك
ولتعـــدْ لـــي الليـــل هـــذا فعســـى تأســـو حزينـــك
ولْتُسَـــارعْ فـــي زواجـــي أنـــا أســـتحلي ســـجونكْ
آه لا تـــذبلْ فعنـــدي أنـــتَ نمّيـــتَ غصـــونك
زنبـــقٌ أنـــت شـــوته الشَّـــمْـــسُ كـــيلا أســـتعينك؟

عودي سريعاً يا حبيبتي

كل ما في الكون هذا من غذاء لم يعد يرغب جسمي يغتذيهْ
أصفرٌ وجهي كزهراتِ السماء جاحظ العينين منبوذ كريهْ
زحفتْ شيخوختي زحفَ المساء ثم بعد الزحف ترحالي يليهْ
قربةٌ مقطوعة ما من دواء لتدوم الروح في الجسمِ الوجيهْ
أهِ ما أهول إهراقَ الدماء من فؤادٍ سكنتْ بالأمس فيهْ

تعالي نَعِشْ أو نَمُتْ مَعَ بعض

تعالَيْ نَعِشْ أو نَمُتْ مَعَ بعضٍ فإني كرهتُ البقاءَ وحيدا
نهارَ لقائكِ ترتاح روحي وأقضي بروضِ هواكِ سعيدا
تعالَيْ فلن أستطيبَ وفاتي إذا لم أشاهِدك وقتاً مديدا
تعالَيْ كأنك دَفْقَةُ غيثٍ على ظمأ الورد تُطْفِي الوقودا
تعالي نَعِشْ أو نمت معَ بعض فكم مِتُّ دونك موتاً عديدا
علينا اكتفاءٌ بموت وحيد فما الموت حلوٌ لكي نستزيدا

في قصاصِكَ لي حياة

ولمّا أنت تذبحني بصدٍّ فكلّ طيور حقلي تستغيْثُ
أرى عينيك ينبوعَيْ حنانٍ وما في الكون مثلهما غُيوثُ
فقاصِصْني أيا محبوبَ قلبي ففيه لي حياة لا تُعيثُ..

***

أ لستَ ترى طيور هواي تعلو وتهبط في سناك ولا تموتُ؟
أقاسي الذبحَ من مُقَلٍ حِدادٍ تؤرقني كثيراً إذْ أبِيتُ

حبٌّ وصد

أسـير يمينـاً تسـير يسـارا ... أروح أنتصاراً وأغدو أنكسارا
أنـا لست أنجح في كل حبي ... لأنـي ألاقـي القـذى والعثـارا
إذا كـان عمري سيبقى ظلامـاً ... فلـن أبتنـي لـيَ فـي الأرض دارا
جميـع زهـوري تـدوس عليهـا ... لـذا نَفَـدَ العطـر منـي وبـارا
قد انطفأ الحُلْمُ من موْق عيني ... وتاهتْ جميع ضلوعي حَيَارى
أ ترفضني وهي منبع حبي؟ ... فكـلّا، ولكـنْ لتأخـذ ثـارا
تحـبّ ولكـنْ تصـدُّ لتغـري ... وتـزدادَ نـارُ الغـرام استعارا
أنـا لا أصـدّق أنّ هواهـا ... تَبَخَّـرَ لكـنْ أحَـبَّ استتارا
فهـذا انطفـاءٌ غـروبٌ يليـهِ ... شـروقٌ عميق يصحّي النهـارا
مضـى الدفء منها وجاء شتاءٌ ... أعِـدُّ إليـه الضـرام الكبـارا
لمـاذا الشـتاء أتـى يـا (رجـائي) ... وعنّـي مضيتِ وكنتِ الإزارا...
ظننـتُ الربيـعَ يـدوم علينـا، ... وصـيفٌ جميـلٌ ولكـن تـوارى
سـأوقظ حبـك لـي مـن جديـد ... وأدفـئ جـوّك أصْـليه نـارا
لعلـك تَصْـحين تمحـين عنـي ... جميـع التناسـي وذاك النّفـارا
لمـاذا أرى الـثلج غطـاكِ قـولي؟ ... سأصْـهره كـي أراه تـوارى
تعـالي ليحيـا هوانـا القـديمُ ... ونرشَـدُ مـن بعدما اللـبُّ طـارا
تعـالي إلـيّ نسِـرْ فـي الـدُّروب ... لِنـؤنسَ نحـن الشباب العذارى
لمـاذا صـددتِ لمـاذا أشـحْتِ ... بوجهك عني ورمت الفرارا؟؟
وما إنْ صددتِ نمَتْ عبر عيني ... نباتـاتُ شوك فصارت عُـوارا
ذرفـتُ الثلـوج وبـردا قويـاً ... يهـب علـيَّ ليطفـي الأوارا
أ تُقصينني عنك يا سَعْدَ عمري ... ودونك تُمْسي الجِنانُ صحارى؟

أحبـك حبــاً يحيــل البــوارا حقــولا ويجعــل ليلــي نهــارا
أحبـك حبــا تعــيش الزهــور علــى شــفتيه تنسّــقُ غــارا
أحبـك حبــا يبــث الهنــاء بقلــب الشــقاء ويبنــي الــدّيارا
غرامــي إليــك يشــقُّ الرمــالَ فتغــدو نهــورا وتغــدو بحــارا
يعــانق صــدري جميــعَ الجمــال يحيــل الوجــود إليــه مطــارا

لا تقولي ما أتيتُ

لا تقولــي مــا أتيــتُ بــل أنــا جئــتُ ورحــتُ
أنــت لا تــأتيــن عنــدي مثلمــا منــك عهِــدْتُ
فاستعينــي اليــوم عنّــي بالكــرى لكــنْ سهِــرْتُ
إننــي جئــت كتبــتُ لــكِ شعــراً وذهبْــتُ
زادت الساعــة عــن عَشــ ــرٍ ونصــفٍ فارتحلــتُ
فسلامــي لــك مهمــا كنــتِ ضــدّي وانهزمْــتُ

أو ما تَحِنُّ عليّ ؟

أو مــا تحــنّ علــيَّ ترجعنــي لعطفــك أيهــا القلــبُ النقِــي ؟؟
أرجِــعْ شــهيدك للحيــاة فإنــه لضــياء وجهــك فــي اشــتياق مُغْــرِقِ
ســامح محبــا طامعــا برضــاك يرجــو أن يــراك بعــزةٍ وتفــوُّقِ
يــا مُبعِــداً أغلــى حبيــب مخلــص متعلّــقِ
آن الأوان لكــي تحِــنَّ علــى الغريــق المرْهَــقِ
آن الأوان لكــي تحــن علــى الأميــمِ المُطْــرِقِ

نصيحة الهلال

وَدَاعاً يا غزلْ

ما عادَ لي أملْ

بعودة الربيعْ

وكان فصْلاً لا يُملّ ...

اِهْمِي يا دُموعي

لقَد مَضَى رَبِيعي

وعِيشِي في قُنوعِ

على صدى الغزلْ

وذِكْرة القبلْ

فالعَيْشُ في الظِلالِ

أحرى بِمَنْ فَشِلْ

لكنه الهلالْ يقول: يا رجالْ

لا تهجروا الجمال

مَنْ أحبّ مرَّةً وواجهَ المَضرّةْ

ولم يجد من نُصرة

عليه أن يكِرَّا

إياه أن يَفِــرّا

لأن نقص الأولى تعويضُه بالأخرى

لأبقى هانئاً في مدفني

قد أَشْبَعَتني مـن رحيـق وجودهـا … وولوعها مـا طـول عمـري أغتنـي
فـي البـرد أدفئهـا بنـارٍ نورهـا … يشفي الصدور من السعال الأرعن
لـن تعجَـبَ الأكـوان يومـاً إنْ رأتْ … أنـي أمـوت وطيفهـا فـي أعينـي
إنـي أخـاف علـى حيـاتي تنتهـي … مـن قبـل أن أُوْفِـي لهـا بالأحسـنِ
وإذا قضَيتُ ضعوا جميع رسومها … حـولي لأبقـى هانئـاً فـي مـدفني
يـا ليـت لـم أذكـرْ حـديثَ مَنِيَّتـي … مـا كنـتُ أشعر بالأسـى يـا ليتنـي
ولكنـتُ أكتـب خيـر أشـعارٍ لهـا … مـن دون أشـباح الفـراقِ المحـزنِ
لكنّمـا الـدنيا شـحيحٌ سـعدُها … وكريمـة الأحـزانِ لا تُبقـي الهنـي
ومتـى أعـود إلـى دمشـق فـإنني … أحيا على الأشواقِ والدمع السَّني
أغـدو كمـوج البحـر منـدفعا إلـى … شـطآنها أجتـاز نهـر الأردن
في الليل أمسي النجمَ يبعث ضوءهُ … لـديارها سـعياً لأجـل تَطَمْـؤُنِ
أزجـي القطـا مِرسالَ أشواقي لهـا … وتمـوج روحـي في الهواء وتنثنـي

أنا دونك شيخ ضرير

إنـي أريـدك أن تظـل كثيـرا … فـي حَـوزتي كـيلا أصيرَ كسـيرا
أنـا شِخْتُ يـا غـالي ولستُ بقـادر … أحيـا بـدونك، بـل أعـيش حسـيرا
أنـا لـو دقـائق دون قربـك أغتـدي … شـيخاً ضـريراً لا يَشـيمُ النُّـورا
عكّـازه فـوق الطريـق، ودمعـه … يجـري بـدونك يـا حبيـب غزيـرا
إيـاك أن تمضـي، وظـلّ بجـانبي … إن كنـت ترجـو أنْ أظـلّ بصـيرا

حدْسي قال لي

أناشـــد يـــا حبيـــب رضـــاك عنـــي فهـــل ستُزيلُ أم ستَـــزيد حزنـــي؟
مُناشَـــدَتي أضَمِّنُهـــا احترامـــي إليـــك لكـــي تعـــود لفيـــىء حضـــني
قـــوىً مجهولـــةُ للجـــذب تجْـــري تحـــاول جهـــدها تُدْنيـــك منـــي
أشـــاهد نســـبة الأشـــواق زادت إلـــى حـــد انهمـــار دمـــوع عينـــي
فشـــكراً زارنـــي طيـــفٌ بســـومٌ يحرُّرنـــي مـــن اليـــأسِ المُعَنّـــي
ينيـــب الله طيـــف المـــرء جُـــزءاً من الأصـل الـذي مـا عنـه يغْنـي..
وأنهـــب مـــن طيوفـــك نهـــبَ طيـــرٍ مـــن الشـــط الجميـــل فُتـــاتَ جُـــبْنِ
وحدْســـي قـــال لـــي: تَرَيَـــانِ بعضـــاً كمـــا وأجـــاب عمّـــا لـــم تُجِبْنـــي

أجيبي جواباً يثيرُ ٱلتذاذا

أجيبي جواباً يثيرُ ٱلتذاذا
لماذا البِعاد المديدُ لماذا؟؟
فإن كنتِ تبغين هجراً طويلا
سأقتل شوقيَ هذا
وأصنع ضدَّ اشتياقي بديلا
فما الصبر إلا الدَّوا والملاذا
فما أوجد الله شيئا بدون
مُضادٍّ له إنْ بِهذا وهذا

شبيه وجهك

ما إن أرى شِبْهاً لوجهكِ، يقتني زَنداي أجنحةً ترفّ عليْكِ
يقتادنيَ التذكارُ نحو مرابع في اللاذقية في حِمى شطَّيْكِ
أخشى عليكِ من السّقامِ أوِ الرَّدَى وجميع ما أقني نذرتُ إليْكِ
إنَ المباهجَ كلَّها بيديكِ ما أجمل الأحلام في عينيْكِ

لا قلم في سجني ولا أوراق

يُمزّقني بعادك يا رفاهي كتمزيق الضلوع أو الشّفاهِ
كتمزيق السجين بدون طرس ولا قلم يعبر عن دواهي
أَ أَصْعَبُ يا حبيبةُ مِن سجينٍ يروم كتابةً والسّجنُ ناهي؟
وأكثر ما أحاذره احتراقي بحبسٍ دون تسجيل انتباهي
تضيق مشاعري أضعاف ضيق بصدري من زوايا الاشتباهِ
أخاف أيا حليلة من سُجُونٍ وليس لديّ آلات الملاهي
لماذا الله لم يخلق يَراعا وأوراقا بجسمي يا رفاهي؟
لكيلا حين أُسْجَن لست ألقى وسيلةَ مهربي نحو الجباهِ
يُريقُ القلبُ كلَّ دماه هدْراً وهذا الهدرُ ضدٌّ للإلهِ
بتسجيل المشاعر فوق طرس يخفَّف حرقتي وأنينَ آهي
فما حرية أغلى عَلَيْنا بني الشعراء من قَلَمِ المياهِ
إلهَ الناس لا تحرمْ سَجينا من القلم المخفف للدواهي
إلهي لا تُمِتْني دونَ طَرْسِ أضمّ له يَراعي واكتناهي
فما خبز وماء قد أنافا غلاءً منهما أو أيُّ جاهِ

الحبُّ المُمِيت

اِنقلـــــوا حبّـــــي إليهـــــا   إنّنـــــي مِـــــتُّ عليهـــــا
كيـــف لـــي أحيـــا وحيـــداً   لا ألاقـــــي مُقْلَتَيْهـــــا؟؟
كيـــف لـــي أحيـــا حســـيرا   نائيـــا عـــن ضِـــقَّتيها؟؟

شوقي لك يزدادُ

إن شـــوقي لـــك يـــزداد انبثاقـــا   يـــا حبيبـــي، وغـــدا البـــدرُ مَحاقـــا
فمتـــى ترجـــع حتـــى نتلاقـــى ؟   وتواســـيني ونُطْفـــي الاحتراقـــا ؟
لـم أزل أنظـر كَـم أقضـي الليـالي   أحضـن الأطيـافَ ..أستجدي انطِلاقـا
أهجـر المنـزلَ.. أو فـي البيت أبقـى   مسـتطيراً، كـل شـيء بـيَ ضـاقا
قـد منحـتَ الشـهد لـي يومـا وحيـدا   ولـــدَيْكَ الشَّـــهْدُ فياضـــاً دَهاقـــا
فَلْتَجُـدْ أيضـا.. أمـا يُشْـجيك حـالي   وتُريـد الوصـلَ أن يُفنـي الفراقـا ؟
لـم تـزل يـا أطيـبَ الفرسـان قربـي   وأعيـــد الفـــيلمَ جـــذبا والتصـــاقا
لِمَ لَـمْ ترجـعْ؟ كـواني الشـوقُ كيّـاً   وأنـــا لـــولاك واجهـــتُ المشـــاقا
مُسْـعِدي، روحـي، حيـاتي، أمنيـاتي   أســـألُ الـــرحمن يكفيـــك المشـــاقا

إلى مَتى ستبقى بَعيداً عَتِيّا ؟

إلـــى مَ ســـتبقى بعيـــداً عَتِيّـــا   ظلومـــا تُباعـــد عنـــي الثريَّـــا ؟
فمـــا أنـــا آتـــي إليـــكَ رضِـــيّا   ولا أنـــت تـــأتي إلـــيّ نَـــدِيّا
أ أبقـــى محبـــا بـــدون محـــب   ويرسـل قلبـي احتجاجـا خفيّـا ؟
إذا أنـتَ أزريـتَ بـي مَـن سيُعْلي   مقـامي ؟ فدمْ بـي الـرؤوفَ الحَفِيَّـا

يا صاحبَ الهجر

أيــن المَحَبــةُ يــا أنصــارَ نادينــا غــداً نمــوت إذا لــم تُظْهِــروا اللّينــا
عــودوا فــنحن حَزانــى مــن تَباعُــدِكمْ ونحـــن نقبـــل أعـــذارَ المُجافينـــا
ما أصعب الحبَّ إنْ أخنى الحبيبُ على قلــب المُحِــبِّ الــذي يصْلــى البراكينــا
هــل إنْ نحــبُّ جَزانــا أن يطاردَنــا محبوبُنــا غارســاً فــي القلــب سِكّينا ؟
لـو يعـرفُ الصـبُّ كـم مـوتٍ نكابـدُهُ من وطـأة الهجـر خلّـى الوصـل يَشفينا
اعطـــفْ علينـــا فإنَـــا دون مقـــدرة علـــى التحمـــلِ يكفينـــا تنائينـــا
يـا صـاحبَ الهجـر لـو تـدري متاعبنـا مِـن بَعـد بُعـدك كنـت الوصـلَ تعطينـا
يـا صـاحب الهجـر تحيـا أنـت فـي رغَـدٍ ونحـــن نأكـــل زُقّومـــاً وغِســـلينا
يـا صـاحبَ الهجـر يـا مَـن كـل مُنْيَتِنـا رضـاك عنّـا ومنـكَ الظّلـم يُرْضـينا
تـــأثير فتنـــتكم قـــد شـــلَّ قـــدرتنا علـى الصـمود لكـي نبقـى ميامينـا
أرجـوك تصـفح عنـا فـي تجرّؤنـا علـــى غرامـــكَ كـــم كنَّـــا مجانينـــا

وانتهَى الحب

كـــان مُجَـــرَّدَ فيضـــانٍ قـــد عَـــمَّ وأعقبـــهُ الجَـــدْبُ
كـــان مُجـــرَّدَ بسمـــاتٍ عبثـــتْ فيهـــا العبَســـاتُ
كـــان مُجـــرَّدَ آمـــالٍ وتـلاهـــا اليـــأس المَـــوَّاتُ
كـــان مُجـــرَّدَ أحـــلامٍ وصـحـوتُ فمـــا منهـــا شـيءُ
كـــان مُجـــرَّدَ أوهـــامٍ بـــادت إذ وافاهـــا الضـــوءُ

متى ستعود

متـــى ســـتعودُ لأرنـــو إليـــك بوجـــهٍ حقـــودِ
وقـلـــــــــــــــــــــــــــبٍ وَدُودِ ؟؟
متـــى ســـوف تـــأتي لأهـــرب دون لقائِـــكْ
وتعجـــبَ مـــن خـــافق هـــانئٍ بجفائـــك ؟؟
ولـيـــس سمـــــوُّ الـــــورودِ
ولا سيما البيضَ منها سوى كشعوري الجليدي ...
شعوري إليك شعورُ ولوعي بِبرْكة ماءٍ بعطلة عيدِ
أخفـــف بـــالغوص فيهـــا حريـــقَ كُمُـــودي

جَفاء

أرى الشـيطـانَ قـد أغـرى
حـبـيـبـي كـي يـجـافـيـنـي

أحـــاولُ أن أبَـــرَّ بـــه
وأرضيـــه ويـرضيـنـــي

****

عـزيـزي كـيـف لا تـرضـى
بـأن تـحـنـو عـلـى قـلـبـي؟

سكبـتُ الدمـع أنـهـارا
لأســقيَ ذابـلَ الحـبِّ

****

عـزيـزي هـاتِ صـكَّ العفـ
ـوِ.. لا تـُبقـي على الجفـوةْ

دموعـــي تـنـثـنـي نـهـــراً
لكـي تـعـفـو عـن الـهـفـوة

أرحتك

أرحتُـك يـا عظـيمَ القـدْرِ منّـي فأبشِـرْ لـن أجـيء ولـن أغنّـي
ألاحِـظُ كلمـا لـكَ كنـتُ أدنـو تكـون بعكس مـا هـو حُسْنُ ظنّـي
ولسـتَ مرحِّبـا بـي رغـمَ أنّـي فَقَـدْتُ لأجـل أن ألقـاكَ أمنـي
أجـيء إليـك محزونـاً وأمضـي أشَـدَّ أسـىً لِمـا لـكَ مِـن تَجَـنِّ..
فمـا حبـي الجديـدُ كـنفس حبـي ولا فنّـي الجديـدُ كـنفس فنّـي
فـإنّ كليهمـا أضـحى بخـيلا علـيَّ برحمـة وبـأي مَـنِّ
وحَسْـبكَ أننـي أدعـو إلهـي يُعِـزُّك، رازقـي مَـن عنـكَ يُغْنـي

قضيت عمري هكذا

كنت أطمح أن ألتقي بمحبوبتي المخلصةِ، ولكنَّ الزمان المُرَّ مَرَّ وأنا في الغربةِ.. هكذا أقضي عمري سائرا إلى النصف الآخر من نهاية الحياة بلا لقاء ولا حلم ولا شيء، وتبرق في فضاء الوداع والبعاد دمعةُ حـُرقـة واضمحلال وذهول حتى الموت..

إن التـي أحببتهـا وتحبّنـي نبقـى بـلا لقيـا طـوال الأزمُـنِ
عبـر الفضـاء الـلازوَرْدِيِّ السَّـنِي
والبحر ينـدب عيشتي وجميع ألـوان الزهـور تمصّني وتـذيبني
والأرض تبقـى، والسَّـما، والكـل لكنّـي أنـا فـي مـدفني
ودَّعْـتُ وجهـك طـول عمـري وجـهَ طيـفٍ ينثنـي
ويهبّ كالأنسام فـوق القبـر.. مـا مِـن عـالم بتعاستي أو مُعْتنِ
كُتِـبَ النـوى لتسـيل دمعـاتُ الـوداعِ كـأنجم مـن أعينـي
بُشْـراي إنّـي مـن بنـي الجنّـات عـن دنيـا الخليقـة أغتنـي

حَنّنوا ياربِّ وجدانَ حبيبي

تَشَكَّلَ شفق المغيب كأنه الشفق فوق بيت حبيبتي فكتبتُ:

يا رمالاً في سحابات الغروبِ   كرمال البيد في قُطْرِ حبيبي

فدعوت الله ارجاعي إليها   إنها مفتاحُ إنهاءِ كروبي

ليس لي رُجْعَى بلا إذن إليها   ليعود الدم يجري في القلوبِ

حنِّنوا يا رب نجواها علينا

عشت يا ربي بأوطان الحبيبِ   نصف قرن عيشة الوافي الحسيبِ

صار طبعي طبْعَها في كل شيء   وأعاني اليوم إحساس الغريبِ

حنّنوا يا ربِّ وجدانَ حبيبي   لترى ارجاعنا عمّا قريبِ

لم أعد أقدر تأليف كتابٍ   لم أعُدْ أقدر إسعادَ الشعوبِ

تعالَي لي

تعالي أنت آمالي

لأشهدَ وجْهَك الغالي

براني حملُ أثقالي

وأعياني أسى حالي

وأنت أشَدُّ ماحقةٍ

لأحزاني وبَلْبالي

تعالَيَ لي وواسيني لثانيةٍ

فبعض الشيء أفضلُ لي

من اللاَّ شيء في الحالِ

تعالي لي كمرج الأنجم الساحرْ
يحلقَ بي ويسعد خافقي الشاعرْ
تعالي لي أريني وجهك النّاضِرْ
فإني دون وجهك كائنٌ خاسرْ
هلمّي نحو شط البحر نذهبْ نزهةً دَنِفَةْ
تُحَقّقْ كل ما نرجوه من أَنَفَةْ
ونذهبْ نُزهةً للروضة الوَرِفَةْ
هناك النحلُ والأجواءُ تنتجُ فرحةً تَرِفَةْ
ونسكن تحت أغصانٍ تلوح الشمس من أثنائها صَدَفَةْ
مُكَسَّرةً التلاوينِ ورغم الكسْرِ مؤتلِفَةْ
تعالي لي فما أحلى من الرُّجْعَى إلى الماضي لمن هَرِما
فإنَّ الشوقَ والتخييل يُحْيي الدَّثْرَ والرِّمَما
فنحسَبُ كلَّ شيء رائعاً حتى الأسى والقبحَ والورما
كثيراً ما أقول بدمعيَ الهتِنِ:
إذا كل الوجود دنا ليسعدني
لَأعْياه ابتهاجي فهو مثلي دائم الشَّجَنِ
ولكني أعود أقول : يا مولات يا سَكَنِي
تعالي لي لعلّ حضورَك المحزونَ يبهجني
وينقلني من الكَفنِ
لمشفىً فيه مُؤْتَمَني
يخفّف بعض ما في الجسمِ من أسَنِ
عسى أنَّ اتّحادَ الكيمِياء بهذه المِحَنِ
وفي الأخرى يُقيت القلب بالمؤنِ

تماما مثل روضٍ ناضرٍ في أسوإ الدِّمَنِ
تعالي لي فما إلاكِ دون الناس يعرف كيف ينقذني
فأنت الفهم أجمَعُه ونفعٌ دائمُ المُزُنِ
تعالَي لي فما لي أيَّما ثَمَنِ
بدونك أنت يا أغلى من الوطَنِ...

تحوَّلْتِ للصدِّ

أراكِ تحوَّلْتِ للصدِّ عنِّي
وإني تحوّلتُ نحو الفنا
وحالَ ابتسامي لِحُزنٍ ويأسِ
وصارت عيوني تشعّ الضنا
يا حبيبي إن حزني الآن يمضي
من ضلوعي كسفين سار في البحر الطويلْ
هو يمضي لائحاً مثل النخيل
في ارتجاف حسبما الريح تميلْ
أنا أبكي باندهاش وابتهاجٍ
ضمَّتِ الأمواجُ يختَ المستحيلْ

دعاكَ الورد

دعاكَ الوردُ مشتاقاً يُذِلُّ إليكَ أعناقا
لتشرب منه ترياقا وتملأ منه أحداقا

من أجل طفلكَ يا بعْلي

مـن أجـل طفلـكَ لا أجلـي ولا أهلـي ... أرجـو حنانـك لـمَّ الشـمل لا قتلـي
إنـــي أبيــع فـداكَ الأهــلَ قاطبــة ... مـن أجـل حبكَ يـا مـولاي يـا بعْلـي
مــا زلـتُ صـابرةً مــا زلـتُ حالمــة ... أن تقرع الباب تدعوني إلـى الوصْلِ
لــولاك أبقــى طــول الــدهر مُفْـرَدةً ... يا من على القلب طول الدهر تستولي
يــا مَــن أحبـك حبـا لا حـدود لــه ... كـأنني كـلُّ أسـرار الهـوى قبلـي
مـا إن ضـممتَ وليدي كنـتَ تنعشـني ... وترقص الأرض والتاريخ من حولي
أرجــوك أزِرْ فتانــا كــي تصــاحبَهُ ... أمجادُك الزُّهْرُ فـي صبح وفـي ليلِ
أنــت العـرين ولـيس الأمـن منتشـراً ... حـولي بـدونك فـانظر خائفـاً شِـبْلي
أرجــوك تُحْيــي رفاهــاً بعـد مِيتتِهـا ... يـا واسـعَ العطـف أنقـذها مـن الـذل
يــا أيهــا الشــهم إنَّ الأرض موحِشــةٌ ... لا طعـم فيهـا ولا معنـى بـلا بـذْلِ
إنَّ التكبُّــرَ للشــيطان لـــيس لنــا ... لا يَــقْبَلُ الكِبْـرَ إلا صـاحبُ الجهـلِ

تغيّرَ هذا الحبيبُ

تغيّــرَ هــذا الحبيــبُ معــي ... و هــذا التغيــرُ مثْــلُ النَّعــي
ومــا كــان هـذا بحُسْـبانِ فكـري ... ولا أن أعــود إلـــى البلقــع
بــذلت قــواي لأجــلِ النجــاح ... ولــم يشــأ الله نُجْحَــى السَّــعي
علـــيّ أُجِــلُّ حبيبــاً نبــيلا ... رعــاني كثيــراً ولــم أقنــعِ

واجرحاه

أنــــــا وحــــــدي وا أسـايــــــا
أنــــــا وحــــــدي فـــــي دُجـايــــــا
لا سنىً لا حُلْمَ لا إحساسَ بالـدنيا ولا نجمـاً سـوايا
كــــــل شـــــيء قـــــد تـنـــــاءى
قـــــد مضـــــى اليـــــوم وراحـــــا
وا جِراحــــــــــــــا.................
إن قـلـبـــــــي يـتـداعـــــــى
يـتـهـــــاوى.. مـــــا استراحـــــا
أنـــــا لا أعــــــرف كسْـــــباً وانشراحـــــا
وحياتـــــي كلهـــــا باتـــــت نُواحـــــا
راح قلبـــــي اليـــــوم مـــــن بيتـــــي سِفاحـــــا
تـــــركَ المنـــــزل قبـــــراً وظـلامـاً...وأشاحـــــا
إنـــــي وحـــــدي هنـــــا فـــــي وحشـتي أرثـــــي النجاحـا
أنـــــا مـــــذهولٌ ومـأخـــــوذ أغـنِّـــــي : راح راحـــــا
عَـــــلَّ يـأتــــيني طبيـــــبٌ راتئـــــا فِـــــيَّ الجراحـــــا...

سأذهب كي أُجَنَّد

قريباً سوف يا محبوبُ أمضي إلـــى بلـــدي وأَخْلَـــدُ للنـــزوحِ
فبعـد أقـلِّ مـن ثُلُثَـيّ عـــامٍ سـأذهب كـي أَجَنَّـد فـي "الصـفيحِ"
ألـيس الخيـرُ أنْ ترضـى لقائي وقـد شـارفتُ أن آوي ضـريحي؟
شهادَتيَ "الليسانس" بها سأغدو مـــلازمَ أولٍ بقـــوى الفتـــوحِ
أتتركنـــي وحيـــداً دون أنْـــسٍ بـلا صُـوَرٍ لوجهـك أو شـروحِ؟
أتتركنـــي وفـــي الـــنفس اكتئـــابٌ و لـــم تـــكُ دائمـــاً إلّا مريحـــي؟
أتَكْـــرَمُ بـــالكلام علـــيّ لكـــنْ بخلـتَ بضمّـــةٍ تشـفي قروحـي
أنـــا فرحـــي كـــثلج راح يـــذوي أمـام الحـزنِ فـي الفجـرِ الصـريحِ
وفـي فكـري وفـي عينـي رسـومٌ لوجهـك فـي الحـوائط والطـروحِ
فواحـــدة بمقيـــاسٍ صـــغيرٍ وأخـــرى فـــوق كرســـيٍّ مـــريحِ
فـــإنْ تبخـــلْ ففـــي مخّـــي خيـــالٌ و فـــنُّ هَـــبَّ يرســـمكم بروحـــي
أفـــارقكم أيـــا محبـــوب رغمـــاً عـــن الـــنفس المحبـــة واللحـــوحِ
فهـــذا الكـــون قُـــرْبٌ ثـــم بُعْـــدٌ ولكـــنْ يـــا عيـــوني لا تنـــوحي
فمحبـــوبي كشـــمس لـــيس تخبـــو مـــن الآمـــاق بُشْـــراكِ اســـتريحي
لـــديَّ مـــن التصـــوّرِ مـــا ســـيكفي ليشـــرق طيفـــه فـــي عمـــق روحـــي
وأتـــرك وجهـــك القمـــريَّ يرعـــى ليـــاليّ المحاطـــة بـــالجروحِ
تعبـــت الآن فاســـمحْ لـــي فـــإني ســـأنهي الشـــعر حـــالي كالـــذبيحِ

غرام مجاهد

أنــا أهــوى الحــرب حتــى ... أســتعيد الأرض أجمــعْ
أنــا مشــغوفٌ بحــرب ... عينهــا للنصــر تــدمعْ
كــان حبــي لحــنَ نــاي ... ثــم أضــحى لحــنَ مــدفع
وفراشــي كــان ريشــا ... واغتــدى بالشــوق يلســع
أصــبح البــارود عِطْــري ... وشــذا حُرْقــي تضــوَّعْ
ودمــائي الآن تجــري ... مــن جروحــي مثــلَ منبــعْ
واغتــدى جســمك أيضــا ... مــع جســمي يتقطــعْ
صــرت أحيــا يــا حبيبــي ... ورُشــيشٍ بــات يصــفعْ
و أزيــزٍ و هــدير ... و مبــان تتصــدعْ
إنهــا ألحــانُ وحْــيٍ ... هــاتفٍ لــي : ســوف ترجــعْ
هــيَ أحلــى لســماعي ... مــن حمــام بــات يسْــجعْ
صــار حبــي لحيــاتي ... فيــه رادارٌ ومــدفعْ
فيــه صــاروخٌ وقــذْفٌ ... فيــه أســطولٌ مُشَــرّعْ
فيــه أرقــى التكنولوجيــا ... فيــه تســليحٌ مــدرّعْ
لأعيــد اليــوم أرضــي ... فانتصــاري صــار يســطعْ

رثاء فاطمة حب الطفولة الجاثم في الضريح ١٩٥٨م

غَفَتِ الورود على الأنـاء الحالمِ ... مثل الجفون على عيون النائمِ
وكـأنَّ شكلَ الورد بعد ذبولـه ... أطـلالُ عهد بالسعادة عـارمِ
تـوحي بعزّ كان يزهو وأمّحـى ... وبكى الجمالُ عليه دمعَ الرَّاحمِ
وأخال ماء الكأس يسري جامعاً ... في عمق أعماقي خِراجَ مآتم
يا نفحةً من عطر هذا الوردِ فيـ ... ـها ذكرياتي وحبيبي فاطمِ
يا زنبقاً يعلو على ورد الهوى ... أ لديكَ أخبار الحبيبِ الجاثم؟
كم كنتَ في الوديان تزهو كلما ... أمضي لقريتها بكلّ عزائمي
واليوم صرتَ تُشيح عني كارهاً ... وكأنني بوم الأسى المتشائمِ
أ تموت ورداتٌ لأبكيَ نادباً ... مأساتها فوق المُحَيَّا الواجمِ
ألوانك الصفراءُ أفق رافلٌ ... بملاءة تخفي جمالَ براعمِ
ألقِي ظِلالَكِ فوق طاولتي معي ... فالظل أجواءُ الفؤادِ الغارمِ
وردي ألَا أرمقني بطرفٍ ساحرٍ ... بعيون ولهان غيور لائم

****

سأودّع الأيام مثلك عالما ... أني قريبا راحلٌ عن عالَمي
حقّاً حرمتُ من الورود بعيشتي ... لكنْ تفوز بها الغداةَ جماجمي
لليوم لَمْ أُسْقَ الهوى من نبعه ... وحواسيَ الشعثا تضم براعمي
أنا ما فتحتُ القلب إلا للأسى ... أنا ما رأيت سوى فضائي الغائمِ
متواصلُ الإحباط أعمى ضائعٌ ... وأنا ونفسي في صراع دائمِ
سأراك يا وردي قريبا مرتمىً ... خالي الوفاض مسربلاً بمآتم

****

لا شيء يربطنا بعهد غابرٍ ... لا شيء يجمعنا بعهدٍ قادم
إلّا دموع وابلاتٌ ريثما ... أذْنيك مني في الضريح الرَّاحمِ.

رحلتِ لربِّ الجلال

أ حقّاً رحلتِ لربِّ الجلال؟ ضريحك جداً يروِّع بالي
أ حقّاً قضَيتِ! أ حقّاً مضيتِ وأبقى وحيداً؟ أجيبي سؤالي
(أ فاطمُ) أينَ العيون الكبارُ؟ وأين الفخار بذاك الجمالِ؟
وأيُّ لهيبٍ ظلومٍ شواكِ وصيَّرَ قلب الورى في اشتعالِ ؟
لكم داعبَتْنا الأماني قديما ولكنها الآن تحت الرمال
معاً كم مرِحْنا وكم نحن رُحْنا إلى التلّ نجني "قرونَ الغزال"
تُرقرقُ همي النوادي الخوالي وتهرقُ عزمي العوادي التَّوالي
ستبقى السماء تغلّ ظلاما فلم يبق للنور أيُّ مجال
تعالي لآخرِ يوم وواسي تعالَيْ لأشبعَ منك خيالي
أ يطويك موتٌ ولم ينتظرني لآتي وأروي إليك انشغالي ؟
فمهلاً سآتي أودّع مهلاً سآتي وأسمعُ ندبَ التلال
وأبقى بذكراك أذوي وأشقى أرفرف حولك أحْيي الليالي.

على قبر حبي

أمُرُّ على قبر حبي وأبكي وأسأل ربي يحنُّ عليها
عسى يجتبيها بجنات عدْنٍ عسى أستطيع الوفاء إليها
وليس بوُسعيَ غيرُ الدعاء وغير التشنج بين يديها

عذابُ الفجيعة

ماتــت حبيبــةُ أدمعــي ودفنتُهــا فــي أضــلعي
ووَدِدْتُ لــو أنــي أمــوت بعطرهــا المتضــوّعِ
ورجـوت غفـران الـرحيم علـى الـذنوبِ بـلا وعِـيْ
هــو غــافرُ الــذنْب الشــديدِ ومُــرْتضٍ منّــي السَّـعِي
يــا ليتــه أعطَــى الســلامَ لهــا وزلــزلَ مَضــجعي
وأراحنــي ممَّــا أقاســي مــن شــعورٍ مُفــزعِ
ياليــت يفــديها الإلــه بلحمــيَ المتقطّــعِ
مــا كنــتُ أشــعر بالعــذاب المفجِــعِ

رحلت لذِمَّة ربِّها

أو لـم يمُـتْ فرحـي بميتـةِ فـاطمِ ... محبـوبتي الأولـى مليكـةِ عـالَمي؟
حبـي نمـا غصُـناً لأعطـر وردة ... نبتــتْ بأنضـرِ تلــة ومواسـمِ
رحلَــتْ لذمّــة ربِّهــا، وخيالُهــا ... يبقــى يــزخ علــيَّ خيرَ غمــائمِ

أبيات متفرقة في البعاد

خائــــف جــــداً عليــهِ ... تائــــقٌ قلبــــي إليــهِ

****

ألا اذكرنــي علــى البحــر ... تجــدْني كالمهــا أجــري
إليــك بمهجــة لهْفَــى ... تهــيم بشِــعرك السِّــحْري

****

مات الأحبة من عدْنٍ ومن مضرِ ومن صعيدٍ ومن بدو ومن حضرِ
لم يبق منهم خلا الأولاد ما تركوا إلا الظلال كفرق الشمس والقمر

****

أراك نسِيتَ محبَّك خالدْ سيمضي وتجهل كم سيكابدْ

****

تعودنا الحياة على الفراق عن الأحباب ننتظر التلاقي
تزوجْنا الخيال بكل شوق وعاملنا الحقيقة بالطلاق

****

إن اشتياقك لي قد فاق مقدرتي يا حلوة هي طول العمر ملهمتي

****

لن أستطيع أراك طول الدهر؟ هذا كلام واخز للصدرِ

****

إنْ صاحبي المحبوب كان سلاني أنا لست أنساه مدى الأزمانِ
بالرغم من حدسي بأنه مهملي يبقى المُذابَ بمهجتي وجَناني

****

قطعوا العلاقة وانتهوا وتخلّوا وتظل طول العمر تندب حظها
هذي الحياة عجيبة ومريبة تُظمي اللطيف بها وتسقي فظها

****

رحــلَ الهــوى متكبّــــرا وبكيـــتُ دمعـــــاً أحمـــرا

****

لــولا حنـــان الله أنقـــذ ركبنـــا كنــا بــوادي المـوت نلفـظ نحبنــا

****

قــل للحبيــب بــأنني مشــغولُ عـــن سُــقْمِهِ ولقائـــهِ وغَفُـــولُ

أرجــوك خَبِّــره فإنـــه صـــافحٌ عمـــن يغيـــب وعـــذرهُ مقبـــولُ

****

إننـــــي لا أحـــــبُّ أحـــــداً أبـــــداً

كـــــارهٌ غـــــابري حاضـــــري وغـــــداً

****

هـــل ســـتبقى فـــي جفـــاكْ قـــل متـــى تُنهـــي العـــراكْ؟

أم تظــــن الصـــــدَّ هـــــذا ســـوف يُـــذْكي بـــي هـــواكْ

****

يـا مَـن وعـدتَ أطلـتَ يـومَ الوعـدِ أفـديك مــا عنـدي ومــا لا عنـدي

قـد مـر عـام بعـد عـام دونمـا تنفيـذِ وعـدك مسـرفاً فـي الصـدّ

****

لقـد ضـاع منـه الزمـان ومنـي فـوا حسـرتانا علـى كـلِّ حُسْـنِ

ذوى دون أن نحتويـــه بعـــين وفكـرٍ وقلـبٍ وصـدرٍ وحضـنِ

****

هـي سـاعة وأغِيبُ طـيَّ المنحنَـى   ما عاد في وُسعي مجاهدةَ الضَّنَـى

****

إنْ كـــان يســـعدكم بكـائـــي   هـــا أنـــا أبكـــي دمـــا
إن كـــان يسعدكـــم ظـمـائـــي   هـــا أنـــا مِـــتُّ ظَمـــا

****

كـــل الرمقـــات الحلـــوة   تتـــوتَّر فـــي وقـــت الجفـــوةْ
زهـــرات تـــذبل، قـــد كانـــت   تحلـــم بالحـــب وبالشـــهوةْ

****

ســـأفقد كـــلَّ الـــذي أمتلـــكْ   لكـــي تشـــعري بالرثـــاء علـــيّْ
ســـأفقأ عينـــي و أبتـــر زَنْـــدي   لعلّـــكِ تـــأتين يومـــاً إلـــيّْ

****

يـا حبيبـي كـل شـيء لـك يصـفو   مــدَّةٌ باقيــة فــي العمــر تعفــو..
نبتــدي حبّــاً جديــداً بعــد حــربٍ   دمّرتْنـــا.. لـــم تـــدَعْنا قـــطّ نغفـــو

****

مـحبوبـــي خـالـــدُ أهـــواه   مِـــن قبـــل المـــوت سألقـــاهُ
فـارزقنـــي ربـــي مـــرآهُ   مـــن قبـــل أفـــارق دنيـــاهُ

****

يمتـــد الشـــارع فـــي عمُـــقٍ   تـزهـــو الأشجـــار بِجَنْبَيْـــهِ
يجـري نـهـري فـــي خدَّيـــهِ   يبكـــي قلبـــي فـــي عينيـــهِ

ما شأن الشارع بي قل لي		هل سِرُّ هنائي بيديهِ ؟

****

أ يجمع شملنا القدرُ		أجبني أيها القمر؟؟

أسير عليك يا قمرُ		كأني الجِنُّ لا البشر

****

ضيعتهم مني وصرت بمفردي		أصْلَى الندامةَ واحتراقَ الأكبُدِ

****

قل كيف دخلتَ إلى قلبي		بالله تذكّرْ لا تُخْبي ؟

****

متى يأتونني من بعد هجِر		فإني دونهم من دون قدْرِ ؟

****

ألقي إليها دافقَ الأشواقِ		طال الفراق فهل تحِبُّ فراقي؟

إني المُحبُّ لها ولستُ جوارَها		حتى هَزِلْتُ وصَوَّحَتْ أرماقي

****

إذا ما كنتُ في ثبَجِ القبورِ

وقالوا: عنك تسأل أمُّ نورِ

أعود إلى الحياة كطير دوري

وأهرع حاضنا أغلى الطيور

الفصل الخامس

آنساتي سيداتي ملهماتي

مثلما يحتاج الرسام إلى مناظر ووجوه يرسمها يحتاج الشاعر إلى شخصيات وحالات جديدة تستثيرُ انفعالاته وتُفجِّرُ قريحته الشعرية..
في هذا الفصل قصائد نظمها الشاعر في فتيات ونساء من حول العالم أثّرْنَ فيه وكنَّ مصدراً ثَرّاً لإلهامه وموضوعاً منتِجاً لأشعاره وأفكاره..

مــــولات لـــــي شـــرفٌ تمـــس أصـــــابعي
كفيـــك أو أن أكتـــب الشـــعر الجميـــل إليـــكِ
مــــولات وا لهفـــي علـــى زمـــن بـــه
أســـــتلهم الأشــــعار مــــن عينيـــكِ

أعطيتِنـــــي الإيحـــــاءْ فـــي لحظـــةِ اعتنـــاءْ
فَتَحْـــتِ لـــي الحصـــونْ بالحـــبِّ والوفـــاءْ
إنـــي إليـــك مـــدِينْ بالشِّـــعر والغنـــاءْ

***

أحتـــاج الوجـــهَ البسّـــاما لـيخفِّــفَ عنِّـــي الآلامـــا
ويجـــدّدَ عنـــدي الإلـهامـــا

فتاة من خراسان

سلتني من خراسانِ

فتاة فوق حُسْباني

رمت قلبي ببركانِ

وهدّت كل أشرعتي

ودكت كل بنياني

فهذا الحُسْنُ لم أشهده من أزمان أزماني

عساي أفوز مركبة

لتوصلني لشطآن

فإني الراحل الفاني

إلى دنيا خراسانِ

وجهتي ليثرب

أنـــا سائـــرٌ فـــي موكبـــي عَبـــرَ حقـــول القِـــنَّبِ
قبُّعتـــي قِـــشٌ جُحـــا ووجهتـــي ليثـــربِ
فيثـــرب فيهـــا مَهَـــاً قـــد فجّـــرتْ بـــي مطلبـــي
تريدهـــا طيّـــارتي كـــي نعتلـــي للمرقـــبِ
مـــا أروع الحـــب الـــذي تُضرِمُـــهُ أرضُ النَّبِـــي

أين جوليانا ؟

نسيتِ حبيبك الماضي   ورحتِ الغربَ للأبدِ

وأصرخ : أين عاشقتي   فتاةُ الحُسْنِ والغَيَدِ ؟

فتاة دُلّهت حباً   بأشعاري ومُعْتَقَدي

أنا غذّيتها فكراً   ولم ترجع إلى بلدي

أ كان غرامُها وهماً ؟   الهي ذبتُ من كمدي

أ لاقتْ أيَّ حادثة؟؟   يثَيرُ الوهمُ بي عقدي

ويُوْرِي النارَ في كبدي   ويُسْلمني إلى الرّعَدِ

تعالَيْ يا "ابنةَ البلدِ"   خيالُكِ وحدُهُ سندي

قتيلكِ عاش منفرداً   بفِعْل حوادث النكدِ

إلهي رُدَّ (جوليانا)   بشوشَ الروح والجسدِ

وَأَرْجعْها كما كانت   مُحَصَّنةً من الحسدِ

فكم نفعتْ حياتَيْنا   وكم ضغطتْ حنانَ يدي

وكم شعّتْ ببسمتها   تقولُ بصوتها الغَرِدِ:

"عساي أراك يوم غدِ   عساي أراك يوم غدِ"

فهل كانت تُحِس بأنّـ   ـها تمضي إلى الأبدِ ؟

فإني لم أحسّ بذا   ولا هذا غزا خَلَدِي

(أجوليانا) أعيدينا   لعهد الحب والرَّشَدِ

لقد أصبحتِ مسلمة   وما أصبحتِ مُلْكَ يدي

فهل من طارىء يجري   كمثل الكيد والحسدِ؟

تعالَيْ لي كبائسة   أروّيها من الرَّغَدِ

(أجوليانا) هديرُ البحـ   ـر لا يعطي سوى الزبد

ولكنّي هَدَرْت إليـ   ـك بالأشعار والمذدِ

فقــط عــودي لنلقــى الحــلّ في بيتــين فأعتمــدي

تحبــك زوجتــي أيضــاً كضــرّتها بـــلا نكـــد

فقـــد عطفـــتْ علـــى حزنـــي وضــحّتْ فــي سـبيل غــدي

فلـــو عنوانـــك الغـــالي لــديّ لطِـــرتُ يـــا كبـــدي

أ يجمعنـــا المهـــيمن أم ســيبقى اليــأس مُضْــطَهِدي؟

أنتِ نانسي

مـــن لِقـــاء أخـــويٍّ بيننـــا قـــد تَـــمّ أمـــسِ

أكتـــب الشـــعر لنانســـي :

أنـــتِ نانســـي رمـــزُ إحســـاس وأنـــسِ

أنـــتِ مَـــن خففـــتِ عنّـــي جُـــلَّ بؤســـي

بجمـــالٍ وبعطـــف لـــيس يُنســـي..

وردة الأرض أطلّت للثريا فتمنّت من شذاها أيَّ غرْسِ

لـــك يـــا نانســـي رجـــائي أن تُحِسّـــي

أننـــي أفـــديك أمـــوالي ونفســـي

من أجمل أيام الدنيا

إنـــي أسْـــبح فـــي مـــرآكِ قُـــدّامي لا مِـــن شُـــبّاكِ

فـــأرى مغنـــاطيسَ مَـــلاكِ يجـــذبني يرجـــو اسـتملاكِي

مـــن أجمـــل أيـــام الـــدنيا هـــو يـــا حلـــوة يـــوم أراكِ

الضياع الهـادي

هــذا الضـياع إلـى الغـرام هـداني ... وأتـــى إلـــيّ بحلـــوة ترعـــاني
طـارت معـي فـي بحثهـا عـن منزلـي ... حتـــى بدقتهـــا رأت عنـــواني
قــد أوصــلتْني للمـــرام بوصلهـــا ... لـــي بـــأثْنتيِن بـــأروع التّحنـــان
أثنــي علــى عمُــري العجـوزِ لأنــه ... مفتـــاح قلـــب المُشـــفق الولهـــان
إنــي أحــنُّ لهــا بكـــل دقيقـــة ... وأظـــل أنتظـــر اللقـــاء الثانـــي
يحـــدو إلـــيّ رســائلا موبايلُهـــا ... لكـــنْ رصـــيدي دونمـــا إمكـــان
لـم يبـق مـن وقـت وأنتظـر الضـحَى ... كـــي أمـــلأ الموبايـــلَ بالأثمـــان
وأنـــا غريـــب فـــي الـــبلاد وأرتجـــي ... مَـــن يَعـــرف التوصـــيل للـــدكّانِ
نـــدرَ اللـــواتي باللغـــات عليمـــة ... أمثـــالُ عاشـــقتي ومثـــلُ لســـاني
طـولُ اللسـان لـديّ أطـولُ مـن يـدي ... لمّـــا أغازلهـــا مـــن الوِجـــدانِ
وكـذاك ألسـنةُ اللهيـب مـن الحشـا ... تمضـــي تطهّرنـــا مـــن الأشـــجانِ
مـــا أروع البركـــانَ بركـــانَ الهـــوى ... مـــن خالـــدَينِ تعاشـــقا بثـــوانِ
أ أنـــا بحلـــم أم تخيـــلُ شاعـــــر ... أم إنّ عطـــرَ الحـــق فـــي رَيحـــاني؟
الله حقـــق لـــي جميـــعَ مطـــالبي ... إلا الرصـــيدَ يَخـــيط لـــي أكفـــاني

أي غادتي

يـــا غـــادةً إخلاصُـــها متواصِـــلُ		لــك أنــت وحـدك بالقصـيدِ أغـازلُ
أســليتِني كــلَّ الصــبايا حينمـــا		نــاديتِني : (يــا خالــدُ يــا هائــلُ)
قـد قـال أصحابي : هلمّـوا يـا رفـا		قِــي نُــبهجِ الأنظــارَ حينــاً نكْتــفِ
ثــم اْقتفينـــا بعــض آثــار بــدتْ		مرســومة فــي النــاس ذاتَ تلهّــف
لمّـــا وجــدناك انتشــينا فرحـــةً		ورنـــا الصـــديقُ لِخِلِّـــه متعجبـــا
فيــكِ انــدفاعٌ لِاتّبـــاعي جــارفٌ		وأنـــا لوعــدٍ منــك لـــن أتغيبـــا
أي غــادتي يــا همســة هَمَـسَ الــزمنْ		نغماتِهــا فــي القلــب تجتـثُّ الشجنْ
هــل أنــت قيثــارٌ يناغيــه الوسَــنْ		أم ظــلّ جِــنٍّ فــي لياليـنــا ســكنْ؟
إنـــي أريــدك دائمـــاً أن تـــذكري		ذاك الفتــى المحـزونَ حَيــث تَــرَحَّلا
ويقــول سِــرُّك إننـــي رجــل كفـــى		أحبابَـــه مـــن روحـــه مـــا أذهَـــلا..
يــا غـادتي سيري معـي وأرنـي إلـى		أشـــباح أرواح الجـــدود الســـابحةْ
فعســى الجــدود بِــوَعظهم يُهـدوننا		فالصــبح تنفعــه الشــموسُ الجانحــةْ
أي غـــادتي لا تتركينـــي وابْســمي		كوني كنهـــر نحو قلبـــي ينثنـي
كــوني رياضـاً ملؤهـا فرَحـاً لكـي		آوي لهـــا فـــي أي يـــوم محـــزنِ

ما للبريئة

مـــا للبريئـــة لـــم تجـــئ لترانـــي ؟		حوريَّـــةٌ ســـكنتْ ضـــيا أجفـــاني
لـــولا لهـــا زوجٌ لكنـــتُ ضَـــمَمْتُها		وســـقيتُها مـــن جنـــة الرضـــوانِ
حُوريَّـــة خُلِقَـــتْ لغيـــري فـــاكتفى		قلبـــي بكـبح الشـــوق والخفقـــانِ

الخدّان

أنــــا لـــــي خـــــدّان أحمـــــرْ واحـــــدٌ والثـــــانِ أصفـــــرْ
أمنـــــح الأولـــــى ورودأً أسعـــفُ الأخـــرى بخِنجـــرْ
عِلّـــــة الأولـــــى جمـــودٌ وغبـــــاءٌ وتكبـــــرُّ
علـــــة الأولـــــى جنـــــون بـالُهـــــا دومـــــاً معكّـــــرْ
هـــــذه الأولـــــى هوتنـــــي وهوتنـــــي تلـــــك أكثـــــرْ
هـــــذه تملـــــك منّـــــي صفـــو أمـــري ليـــس أكثـــرْ
بينمـــــا الأخـــــرى لديهـــــا بـــــيَ إعجـــــاب مُعطّـــــرْ
ذاتُ علـــــمٍ وحديـــــثٍ جـــــاذبٍ يَقْطـــــر سكـــــرْ
بينمـــــا الأولـــــى أتـــــانٌ تتقـــــن الرفـــــس، فأحْـــــذرْ
إنَّ لـلأولـــــى لحاظـــــاً طاعنـــــاتٍ تتضـــــوّرْ
إنَّ لـلأخـــــرى نُهَيـــــداً مثـــــلَ طفـــــل لـــيس يكْبُـــــرْ
فمتـــــى ألقَـــــى هُيامـــــاً كامـــــلاً معنـــــىً ومظهـــــرْ
ليـــــس متخومـــــا بزبْـــــلٍ بـــــل بعطـــــر وبعنبـــــر
أتـــــرك الأولـــــى فأحيـــــا هادئـــــاً غيـــــرَ مُحَيَّـــــرْ
فـــــأرى غيـــــرَ فتـــــاة عنـــــدها أحيـــــا مُحـــرَّرْ
كـــــل يـــــوم فـــــي غـــــرام قاطفـــــاً روضـــــاً مُنَـــضَّرْ
كـــــل يـــــوم مـــــع عيـــــون فاتنـــــاتٍ مثـــــلِ مرمـــــرْ

تجديد

أتتني ابتسامْ .. وراحت سهامْ

وإنَّ الجديدَ... يجيء رغيدا.. يجيء عظيما.. ويغزو القديما

أتتني ابتسامْ... وراحت سهامْ

وهيأتُ قلبي... لثاني سهام... بكل ابتسام

أجل يا ابتسامْ...

أريدك أنت.. ستبنين بيتي

تُغَطِّين تختي .. وتسقين نبْتي

أيا عزفَ عُودي... ومعنى وجودي

أنا أنشدُ... أنا أقصدُ... غرام ابتسامْ

أنا أبعدُ... أنا أطردُ... غرامَ سهام... لأن ابتسام

تفوق جمالا.. وأحلى خصالا...

فإن تقبليني وترضَي بِديني أفِ العهد حتما

وأبقى مُلِّماً... بحبك دوما

فعهدي ثمينْ ...وحبي دفينْ

بقلبي الهوى... أعز دوا... إلى المخلصين

إلى العاشقين... إلى الطيبين

أنا الدرّةُ... أنا الجذوةُ... أنا اللهفةُ

لحب ابتسام... بكل ابتسام

لهـــــا أَنْشِـــــــد ... ولا أنشُـــــــدُ

سواهـــــا أمـــــلْ... بـــــدون ملـــــل

طـــوال الحيـــاةْ.... وبعـــد الممـــاتْ

أسلوب حب

حيـــن يـــروم مصالحتـــي

أهـــلاً أهـــلاً كـــم أفـــرحْ

حيـــن يشـــاء مخاصمتـــي

أهـــلاً أهـــلاً لـــن أُجْـــرَحْ

بابـــي مفتـــوحٌ كســـماءْ

لحليلـــي المســـكين ضـــياءْ

يأتـــي يخـــرج حيـــن يشـــاء

فهـــو صغيـــرٌ وبـــريءٌ

وقريبـــاً يكْبُـــر وسينضـــجْ

وسيصْلـــحُ كـــلَّ خرائبـــهِ

وسيعـــرف أنـــي لـــن أُغْلَـــبْ

لكـــنه مغلـــوبٌ أجـــدبْ

يغضَـــب يَرضـــى دون مبـــرّرْ

غيـــرِ العنـــف السَّـــادِيِّ

غيـــرِ الحـــب النـــاريِّ

يـــا محبوبـــي أنـــا لا أمـــزحْ

مـــع غيـــري أبـــداً لـــن تنجـــحْ

يا حلوة الشعر

أمَلَلْتِ من شِعري   يا حُلوةَ الشَعْرِ

***

لو لستِ ملهمتي   لم يزدهر شعري
رُحْماكِ لن أبقى   هنا مدى الدهر
لربما عاما   أعود للقُطْرِ
مَهْما تَباعدْنَا   ريَّاكِ في صدري
والفنُّ في روحي   كالعطر في الزهرِ
يا زهرُ لن أنسى   جمالك المُغْرِي

هانمُ السمراء

هانمُ السمراء تمشي... والأماني في خُطاها
تشتهي الروحُ مع الجسمِ لقاها
أنا إنسان فخور... بك يا بدر البدورْ

عندما هانمُ تمرحْ... تصبح الأرض كمسرحْ
والمآقي... ترتجي منها وتطفحْ
وهناءٌ فيَّ بالأشعار يصدحْ
ووفاء فيّ مثل الكلب ينبح

سمر

سـمَرُ السَّـمارُ عليـك أبهـى حلـة ... قدســـيّة كـــالمريم العـــذراء
إنـــي أدمـــتُ إليـك عينـي ســاعة ... بـل ســاعتان أجـول فـي الأجـواء
لـم أسـتطع تـرْكَ التَّبصُّبص لحظـة ... متـــأملاً مسترســـلاً بهنـــائي
الحُسْـنُ شـجّعني علـى فقـدِ النهـى ... وغـــدوتُ ســـكراناً بـــلا صـــهباء
أرقـى خصـال فـي الوجـود جميعِـهِ ... هـي فـي طباعـك أنـت يـا حسـنائي
أرجـوك حـامي عـن عيـوبي كلهـا ... أو بعضِـــها فأنـــا رضـــيعُ إنـــاء
أحتـــاج تـــدليلاً كفـــاني ذلـــةً ... مـــن عـــالم قـــاسٍ علـــى الشـــعراء
لـــم تعطنـــي أمـــي العنايـــةَ كلّهـــا ... كانـــت موزَّعـــة علـــى الأبنـــاء
أرجـــوك إنصـــافي بكـــونٍ ظـــالم ... يحنـــو علـــى الخبثـــاء لا البُـــرَءاء
أرجـــوك كـــوني مســـحة قدســـية ... فيهـــا تَحَسّـــنُ حـــالتي وشـــفائي
هـل هكـذا الشـعراء أم وحـدي أنـا ... أم بعضـــهم مثلـــي أيـــا ســـمرائي؟

لقاء في الحلـم

الحمـد للـرحمن فـي حلمـي أتـت ... لـــي غـــادة فياضـــةُ الأشـــواق
أســـعدتُها وتجلببـــتْ بصفائهـــا ... ووفائهـــا .. أكبرتُ حبي الراقـي
إنـــي أراعـــي حالهـــا مـــن قبـلِ أن ... أرعـــى أنـــا حـــالي أوِ اســـتحقاقي

طقوس الغرام

أمـرّ أنــا العاشـق المسـتهامْ　　علــى دار جائــدةٍ بالـهيــامْ
وأســجد لله حمــداً كثيــراً　　وأذرف دمعـا يسـمَّى غـرامْ
أصــاحب أطيافهــا فــي المنــام　　وأمكـث قـدَّامها فـي اعتصــامْ
إذا ســرتُ يومــا وراء ثراهــا　　تعيــدُ خُطــاي لهــا للأمــامْ
ألــذّ الحيــاة بأحضانهــــــا　　يُحَلّـق بـــي فكرُهـا للغمــامْ
إلهــيَ لا تحرمَنّـــي هواهــا　　وزدنــي بهـا صِـلةً والتحـامْ
بكــل قواهــا يغــذي ســناها　　فـؤادي فمـا يتبقّـــى ظـلامْ
هـدى هـي أجمـل بنـت رأيت　　وأكرمهـــنَّ هـوى وابتسـامْ
أفيقـــي حبيبــة طـــال المنــام　　نسـجتُ إليـكِ مئـاتِ الخيـامْ
تعــالَيْ ذووك رقيقـو الشـعور　　لطيفــو التعامـل أهلُ السَّـلامْ
كمثـل الملائـك أمُّـك أهلــــــ　　ــك كلٌّ كريـمٌ سليلُ كـرامْ
أهــيم بكــم يــا أحبــاء قلبــي　　كما قد أحب الحبوبَ الحَمامْ
كحبــي لتغريـــد ســاقيةٍ مــا　　لها أنا أصغي بأقصى انسجامْ
أعــدتم حيــاتي إلــيّ وكنــت　　أعـاني الـوداع لهـا والخصـامْ

إلى مُحِبة لشعري

هـذا الجمـال مُحَـرِّري مـن أسـري — لأعَـزِّ كائنـة تهـيم بشـعري
العطـف والأخـلاق فـي نظراتهـا — قسـماتُها بسـماتُها كالـدرِّ
إنَّ الجمـالَ مُخَلخـلٌ لتـوازني — فـأحس أنـي فـي دُوار البحـر
يـا ليتنـي أحيـا بهـامش فكرهـا — لأصـير إنسـانا عظـيمَ القـدر
لكنهـا كتحصـنات البـدر — فـي خيـر أبـراج وأكمـل طهـر
لا أسـتطيع الانقطـاع عـن الـرؤى — وتواصـل الخفقـان مثـل القُمْـري
لـن تسـتطيع يـدي الـدنوَّ لظلهـا — لـن يسـتحمَّ بوجنتيهـا ثغـري
القلـب يركـب فـوق نظرتهـا كمـا — ركبـتْ خلايـا النحـل فـوق الزهـر
زيـدي حيـاتي رحمـة وبشاشـة — إنـي تعـودتُ الأسـى مـن صِـغْري
إنْ تَمْنَحـي وُدّا أهَبْـكِ قصـائداً — مثـلَ انعكـاس الشـمس فـوق البحـرِ

فؤادك يا (سلمى)

فـؤادك أنـت يـا (سـلمى) أليـفٌ — إذا مـا وحشـةٌ خَطَـرتْ ببـالي
فـؤادك أنـت يـا (سـلمى) عطـوفٌ — يقـوم برحمـة فـوق الخيـالِ
أيـا سـلمى غمـرتِ الكـونَ حُسـنا — وشـعَّ سـناك فـي بحـر الليـالي
وروحـك فـي قلـوب النـاس تحيـا — فلسـت بمفـردي هـاوي الجمـال
وقلبـك أنـت يـا (سـلمى) حكـيمٌ — إذا غَـدَرَ الحبيـب يعـود خـالي

سُــوَرُ الغَــزَل

إنْ خلــتِ حبَّــكِ يكفينـــي فحاجــاتي ... أضعافُ حبِّك، كلُّ الحسْن حاجـاتي
إنـــي لَشــاعرُ كـل النــاس فــانعجني ... كمــا أشــاء فــإني الشاعـــر العاتـــي
لا أستطيع أنــا أختـــصَّ فــي جهـــة ... كــل الجهــات لإخلاصـــي وميزاتـــي
لــو كنـتُ دون حــواسٍّ عَشْـرَة خنعـتْ ... إليــــك وحــــدك قـــوّاتي ورايــاتي
لأن حبـي قـــويٌّ تلــك عافيتــــــي ... قويّــــــةٌ ومروءاتـــــي وإخبــاتي
لأن حبــي قـــويٌّ تلــك قافيتــــي ... قويّــــــةٌ وتراكيبـــــي وأبياتـــي
نحــو المئــات دواوينـــي فــوا حَسـدي ... مـا جـاء أصـدق مني فـي الكتابــات
لـــو لسـت فحــلا بأشـياءِ منوعـــةٍ ... مـا كنتِ قدّرتِ مـا معنـاي مـولاتي
لــولا رأيــتِ يـدي معْـنَ بــنِ زائـدة ... لـم تستميتي لحجبـي عـن صداقاتي
يـا ليـت يــأتي مثيلـي ينعمـون بـمـا ... يهدي إليهم مزيـداً عـــن عطـاءاتي
يــأتي خـدوماً إلــى الإنســان قاطبــةً ... يــأتي نقيـا صـدوقا فـي المـــودَّاتِ
لا تنـزوي الغَيـرة العميـاء عنـك ولا ... جنونُـك الصُّـلْبُ إلا بعــــد ميتـاتي

عينـــان

ما الشمسُ في الآفاق ساعة صحوها ... أبهـى مـن الأحـلام فـي عين المهـا
هـل فـي المـلا مـن أي إنسانٍ رأى ... عينـين يلعـب كالريـاح بهـا الْبهـا
إنـــي رأيـــت بهـاءَ أطيــبِ مقلـةٍ ... ترجـو الأمـاني لـي وتفعـلُ فِعْلها
عينـان، لـو جـاء امـرؤٌ ذو بغضـةٍ ... ورآهمـــا لَصَــفَا وصـــار مُوَلَّهـــا

حيويتان متبادَلتان

هذا الجمالُ على المحبِّ خصيبُ / وأنا الجديب على الجمال ألوبُ
غيماتُ نظرتِها تفيض جداولاً / وفمي الحنونُ مواقدٌ وطيوبُ
أنفاسها زهرُ الربا وعبيرهُ / فعبَرْتُ فيها والغياب غيوبُ
هي رقةٌ توحي إليّ قصائداً / لا تنتهي كالشمس ليس تغيبُ
أنثى تطيع جوانحي بإرادة / يحنو عليَّ سخاؤُها الموهوبُ
وأحَبُّ وجهٍ في البسيطةِ وَجْهُها / وأحَبُّ ما عندي أسْمها المكتوبُ
جنسٌ هو العمر الجميل جميعُه / بلظاه تشتعل الرؤى وتذوب
بغرامها السامي تفوز مشاعري / وأعزِّ ما مِن حُسْنها مطلوب
الحسن هذا ليس وهميّا لما / يحويه مِن خِصْبٍ عليَّ يَصُوب
أغلى المحبة ما أتت بسهولةً / وأخَسُّ تخطيطاتُها التصعيبُ
الصادقون بحبهم وبفعلهم / وبقولهم هم ذخرنا الموهوبُ
شكراً لقد أكرمتِني بوداعة / إني لستنٌّ لها وحسيبُ
أرجعتِ لي بهواكِ فجرَ شبيبتي / بالرَّغم أن سفحَ الشبابَ مشيبُ
عيناك شهدٌ وابتسامك جنة / منها تهبُّ نسائمٌ وطيوبُ
أنت التي أمتَعْتِني وجعلْتِني / بعد افتقاد العقلِ عُدتُ أثوبُ
أرجوك أن تتمسَّكي بحبالنا / وبكلِّ ما يدعو له التقريبُ
إني المَدين إليكِ فيما أشتهي / تسقينني شهداً به التطبيبُ

إعلان عن حالة حب

إنـــي أحبـك معلنـا عـن حبـي ... مـا عــدتُ أدفنــه بجــوف الجُــبّ
إنْ صـرتِ يـا ليلـى الجميلـةُ زوجتي ... حسْــبي مــن الأرزاق هــذا حسْــبي
لا أســـتطيع خيانـــة لقرينهـــا ... أنـا لـم أخـن في العمـر أي مُحِـبِ
كــان التقانــا وهــي قــرب طلاقهـا ... ويريـــد غوصـــاً فـــي حماهـــا لبِّـي
أرجــو لهــا عَــوداً لبيــت قرينهـا ... لكــنْ إذا رفضــت ستصــبح كسْــبي
ليســـت مطلقـــة تمامـــا إنمـــا ... مــن فــور فصلهمـــا أنـــا ســأَلبّي
إنـــي أحـــب الرائعـــات مثيلَهـــا ... مَــن هُــنّ بالتفصــيل وفــق الثــوب
عبَّـــرتُ شـــعريَاً بإعجـــابي بهـــا ... فتألقـــتْ فـــي عيشـــتي كالشُّـــهْبِ
لـــو أننـــي زُوِّجـــتُ ألـــفَ قرينـــة ... لــم تبْــقَ ذرةُ حســـرةٍ فـــي قلبــي
لـو كـان يعرفنـي الرسـول أبـاح لـي ... لا أربعــاً بـــل أربعيـــن بجنبـــي
إن كــان رخّــص للجميــع كرخصتي ... ســـأحسّ أن اللـــه أكـــرم حبّـــي

جاوزتُ قدري عندما جاورْتُها

جــاوزت قــدري عنــدما جاورْتُهـــا ... وهـــدَيتُ نفســـي عنـــدما حاورْتُهـــا
جــاءت بمأكلهـــا إلـــيَّ وقابلـــتْ ... أهلـــي ولـــو أدري لمـــا غادرْتُهـــا
سـهروا معـاً لـم يوقظـوني مـا درَوا ... أنـــي بعمـــق الحلـــم قـــد ســـاهرتُها
جُـــرِح الفـــؤادُ لأننـــا لـــم نجتمـــعْ ... لكـــنْ شَـــفاهُ أننـــي خابرْتُهـــا
ويسُـــرُّني كَـــونُ اللقـــاء حقيقـــةً ... خيـــراً مـــن الرؤيـــا التـــي عاقرْتُهـــا

لم تقع عيني على أجمل منكِ

لم تقع عيني على أجمل منكِ ... يا ملاكاً ساكناً في غابِ أيكِ
طيبة عندك تجسيدُ خيالي ... أوضحَتْها أنجمٌ في مقلتيكِ
لك حُسْنٌ تتمنّاه بدورٌ ... وتُجيد الشمسُ تقبيلَ يديكِ
كلنا في حاجة للحسْنِ هذا ... كم تراتيلٍ نغنّيها إليكِ
أي حُسْن ليس من حُسنِكِ يهوي ... في خشوعٍ تحت نَعْلَيْ قدَمَيْكِ
كلُّ نجم كلُّ طير كلُّ غابٍ ... يتدلّى ليُداني مَنكبيْكِ
من شذاك الحلوِ أضحى كلُّ وردٍ ... يتبارى ليوشِّي وجنتيكِ
هذه روحك نجمٌ يتهادى ... حول هالاتٍ تحاكي حاجبيكِ
تلك روحي لك يا سلوى فداء ... هي كنز من تعالى في يديكِ
كعبةَ الحسن أ يكفي حجُّ عيني ... مرة في العام يا سلوى إليكِ ؟
من سناك العذب يخضلُّ خيالي ... ويعيش القلب شحّاذاً لديكِ

العاشقات دخلن عمري فجأة

العاشقات دخلن عمري فجأة ... فجعلن عمري رائعا كرجائي
إني أمام جمالكِ الأخاذ شحّـ ... ـاذ أقدِّمُ قصعتي وإنائي
في عمقك المملوء بالأحلام كلّ ... مباهجي ومناهلي ودوائي
حُسْنٌ طبيعيٌّ جريئٌ جاذبٌ ... لا لفَّ لا دورانَ غير مُرائي
لولا مُخَيَّلتي تعيدك لي لَمَا ... معنىً لعمرٍ سائر لفَنَاءِ

أصالة النقاء

(رويـدةُ) تَسْـحرني بالإخـاءِ وتبهرنـــي بحنـــان النســـاءِ
فســبحان خالقهـا خيـرَ أنثــى بِشَــكْلٍ وفعــلٍ كأهــلِ السَّــماءِ
أليســـتْ بُنَيّـــةَ أكـــرمِ أمٍّ... وأخــتَ صــديقٍ كحــاتم طــائي
أليست تعوّضـني عـن بعـاد الـ ـشقيقة كـالرِّيّ مـن عَـذْبِ مـاءِ؟
(رويـدة) أعجبنـي فيـك طهـرٌ وقلــبٌ وديــع شــريفُ الضــياء
ولـو كـان فيـك يجـوز التَّغَـزُّ لُ أكتــب فيــك بــدون انتهــاء
ولو جاز لـي أن يضمّك صدري لكنــت جعلتــك أبهَــى كســائي
ولكـــنّ ودّي طهـــورٌ نبيـــل كــوُدّك أنــت أصــيلُ الحيــاءِ

سنحجبها

ســــنحجبها كمـــا شـــاءت لنـــا الأهـــواءُ أن نحْجِـــبْ
ولـــن نَتْـــركَ للواشـــين والحسّـــادِ مِـــن مـــأربْ
وكانـــت مـــن تصـــرفنا بهـــذا الشـــكل تســـتغربْ
تـــــــراه لـــــــيس متَّزنـــــــــا
إذا ابتســـمتْ : نقـــول لمـــن ؟ وإن عبســـت نقـــول لنـــا
نريـــد مـــداركا أقـــوى لنفهمَهـــا وتفهمَنـــا
لنُمْتِعَهـــــــا وتمْتِعَنـــــــا

عيونٌ تدري مقاصدنا

أحلى العيون التي تدري مقاصدَنا ... تُنَقِّـذ الحـب طوعيّـاً وتُرْضينـا

هذي العيونُ التي قد حررتْ صحفا ... مـن القداسـة نُغْليهـا وتعلينـا

إنـا لَنَحْضِـنها حَضنـاً يطهّرنـا ... مـن الرواسـب والكبت الـذي فينا

نطـور الحـب بـل أيضـا يطورنـا ... وبعـد أمـر إلـه النـاس يشـفينا

هـذي العيـون التـي قالـت لنـا كلِمـاً ... نرجـو تخلّـده شـعراً قوافينـا

محبوبةَ الروح، روحي تلك عادتنا ... أن نطـرد الحـب خوفـا مـن أعادينـا

لـيس الوصـال لنـا حقـا نحـدِّدُهُ ... نحـن المحبـون بـل حـقٌّ لقالينـا

محبوبةَ الروح روحـي لستِ ماكثةً ... فينـا لأن عـوادي الـدهر تعـدينا

لا ينـهض الحـب فيمـا بيننـا أبـدا ... لكـنْ تمزقـه طغـوى مواضـينا

الشـاعر الحقُّ يحـوي فـي قصـائده ... حقيقـة الـدهر إسـعادا وتحزينـا

رهافـة الشـعر فـي صـدري مقدسـة ... ككعبـة الله تحـوي الرشـد والـدينا

كلاهمـا كعبـة لا فـرق بينهمـا ... وكعبـة الحـب أحلـى فـي مآقينـا

يـا بهجـة القلـب يـا جذابـة لصـقت ... تأثيرهـا فـي نُهانـا كـم تواسـينا

أسـعدْتِنا منـذ لقيانـا فهـل مِحَـنٌ ... تـأتي لتهـدم مـا أثّرتِـهِ فينـا ؟

لـم يُسْـعِدِ الحـبُّ قلبـا ليلـة أحـداً ... إلا وأتبَعهـا فـي الصـدر سكّينـا

مـا أغـدر الـدهرَ نهـواه علـى علـل ... فيـه حجـابٌ عـن الإسـعاد يعمينـا

إن كـان قلبـكِ بـالنيران يدفئنـا ... تَلقـين ثلـج بنـي الحسـاد يُطّفينـا

لا يكمُلُ الأمن في الدنيا علـى أحد ... نـراه يحفظنـا آنـاً ويُفنينـا

إنَّ الجبـال كمـا نهـدَيْكِ تَحْفزنـا	علـى التمـرغ وقتـا لـيس يكفينـا
من وحيك الثرِّ قد صوّرتُ ملحمة	مـن المشـاعر ترويهـا قوافينـا
لـولا أعبّـر عمّـا فـي سـرائرنا	شـعراً لكـان شعور الصـخر ثانينـا
يُشيّـع الحـب منـا اليـوم جثتـه	كمـا نشيّـعُ يوميَـاً غواليـنـا
من عـادة الحب دومـا أن يكـون لـه	أعْـداءُ تطعمـه فـوراً سـكاكينا
نعود لـلأرض من بعد العلاء فمـا	يرضـى الفضـاء بـأن نُعلـي مبانينـا
مهمـا الحـوافز للعَلْيـاء تَحْفزنـا	فـورا نعـود إلـى المهـوى مسـاكينا
إعجابنـا لـيس يبقَـى غيـر آونـة	ويُكْثِـر الـوردُ مـن أشـواكه فينـا
لـو كـان فـي يدكِ استبقاءُ فرحتنـا	لكنـتِ أكمـلَ خلـقِ الله تكوينـا

هذي العيون

هـذي العيـون التـي فيهـا سـعادتنا	تحنـو علينـا حُنُـوّاً لـن نُعطّلَـهُ
هـذي العيـون التـي تشـفي جوانحنـا	تنـوي إلينـا هيامـاً لـن تقلِلَـهُ
هـذي التـي فـي حماهـا الأرضُ دائرة	بالسـلم والعـدل لا نقصـاً لِتكْملَـهُ
هـذي العيـون التـي فيهـا الوفـاء لنـا	فيـه الجمـال تصـفُ الصـدقَ أوّلَـهُ
هـذي العيـون التـي لا تـأتلي كرمـاً	تعطـي الفـؤاد تمامـاً مـا تَأَمّلَـهُ
هـذي محبتهـا لـي طهَّـرتْ كبـدي	فلسـت أحتـاج عضـوا كـي أبدّلَـهُ
هذي العيون التـي مهمـا بشِعْتُ فلن	تقلـى الهـوى بـل ستسعى أن تجمّلَـهُ
طـوبَى لِحـبِّ أصـيلٍ بـات يجـذبني	يشـرّعُ الحُسْـنَ فرضـاً أن أبجّلَـهُ

الغَيرة العمياء

لمـــــاذا الــــدمع ينســـالُ　　　علـــى مَـــن يَقلـــقُ البـــالُ ؟؟؟
عليهـــا نفسِـــها أبكـــي　　　علـــى مَـــن زانهـــا الخـــالُ

*****

لقــــد أحببتهــــا جـــدا　　　لحـــد الغَيْـــرةِ العَمْيـــا
فـــلا أرضـــى لهـــا نظـــراً　　　إلـــى غيـــري مـــن الـــدنيا

*****

ســـأحجبها عـــن الشـــمسِ　　　وأعزلهـــا عـــن الإنـــسِ
ولا أُبقِـــي لهـــا مـــرأىً　　　مِـــنَ الـــدنيا ســـوى نفســـي

*****

إذا ابتســـمتْ أقـــول سَـــرَى　　　تبسّـــمها لأصـــحابي
وإن هـــي لحظـــةٌ عَبَسَـــتْ　　　أقـــول رَمَـــت لإغضـــابي

*****

أريـــد حـــواجزاً أقـــوى　　　فلـــيس تنيـــر إلا لـــي
فـــلا يرنـــو لهـــا غيـــري　　　ولا تجتـــاز أظلالـــي

*****

ســـأجذبها لأجـــوائي　　　وأجرفهـــا بتيّـــاري
فتبقـــى عَبْـــر أنهـــاري　　　وأبحـــاري وأســـواري

*****

وإنْ هـــي أُفْلِتَـــتْ منّـــي　　　ســـأرجعها إلـــى الأسْـــرِ
فلـــيس لغَيرتـــي عقـــلٌ　　　أجـــل، هـــي لـــي وللقبـــرِ

*****

ميمي هربتِ؟

ميمـــي هربــتِ؟ وخـــافقي متبــولُ بحـــديثك الســـحريِّ بــل مخبــولُ

ميّعـــتِ أجوبـــة قضـــت إيجازهـــا تستعرضـــين كمـــا أنـــا ســـأقولُ

ميمـــي، لـــديك روائـــع ذاتيـــةٌ وثقافـــةٌ لـــم يغْزُهـــا تضـــليلُ

ولـــديك أفكـــار يحـــق لهـــا النَّمـــا مثلـــي، ســـيعرف فضـــلها التـــدويلُ

غـــادرْتِني وســـحبتِ إلهامـــاً جـــرى كـــالنهر عنـــي لـــم تذُقْـــه حقـــولُ

هـــذا الزمـــان إذا يوحـــد لحظـــة مِـــن طبْعـــه التفريـــق والتـــذليلُ

تبقـــى التقاليـــد الحقيـــرة ضـــدنا فَيْروسُـــها يفـــري بنـــا ويصـــولُ

تقضـــي التقاليـــد الحقيـــرة بيننـــا: حرماننـــا مِمَـــا إليـــه نميـــلُ

أحببـــتُ بِنتَـــك وهـــي تســـبح بطـــةً تطفـــو علـــى أحلامهـــا وتقـــولُ:

أمّـــاهُ قـــد أحببـــتُ شـــعراً جيّـــداً مـــن شـــاعر إلقـــاؤه ترتيـــلُ

ورأيـــت أنـــه يســـتقي إلهامَـــه منـــي كأنـــه بمحاســـني متبـــولُ

ورأيـــت نظرتَـــه البريئـــةَ ألصقتـــ نـــي بـــالغراء فكيـــف عنـــه أحـــولُ؟

وحســـبتُ ثغـــره ألـــف ثغـــر مُشْـــتَهٍ وكـــأنّ صَـــنْعتَه هـــي التقبيـــلُ

وأحَـــسَّ إحساســـي كطيـــر عـــارف أيـــن الطيـــور وكيـــف يســـمو الجيـــلُ

غابت وكان الوقت صبحاً واشتكت عينـــي الغـــروبُ ومـــا حســـبتُ تـــزولُ

الكـــون محـــروم النــــوال لبعضـــه بعضــــاً، ويبقــــى للسُّـــدى التنويـــلُ
نحيـــا خيـــاليّين نقتـــات الـــرؤى وأشـــد عَـــوْنٍ للحِجَـــى التخييـــلُ
لـــولا ممارســـةُ التخيـــل لـــم يكـــن فـــي الكـــون لا أمـــنٌ ولا تعقيـــل
إن التخيـــلَ نعمـــة تعطـــي المـــدى لممارســـــات فضْـــلُها التســـــهيلُ
لـــولا ممارســـة التخيـــل نعمـــةٌ لأزال نصـــــف رقابنــــا التقتيــــل
لـــولا ممارســـةُ الـــرُّؤى لتـــذابحوا مـــن شـــرٍّ كبْـــت وحـــده المســـؤول
لـــولا ممارســـةُ التخيـــل لـــم يكـــن إلا التـــوحشُ والجنـــون ســـبيلُ
هـــذا رفيقـــك شـــاعر الكـــون الـــذي يســـعى لنفـــع الفكـــر وهـــو كفيـــل
لـــو كنـــت رأســـاً للـــورى لجعلْتُـــه متكـــاملاً ترعـــى حمـــاه عقـــول
لـــو كنـــت رأســـاً للـــورى أوصـــلتُه لجميـــع مـــا يصـــبو لـــه التَّوصـــيلُ
وأحلـــتُ ديـــن الكـــون إنســـانيّةً تـــدعو جهـــالات النـــزاع تـــزول
أنـــا شـــاعر الكـــون الـــذي أهدافُـــهُ إســـعافُ جُـــرْحِ الكـــون فهـــو يســـيلُ
ميمـــي، زميلـــك يرتجيـــك ســـعيدة وبعيـــدة.. ولديـــه عنـــك بـــديلُ
هو معجب بحِجاك لم يطلب سوى منـــكِ الحـــديثَ الشـــاعريَّ يطـــولُ

وسيمة

قمـــــر أنـــــت وســـــيمُ

حولـــــه الأنجـــم تشـــدو

وغيـــومٌ وأعاصـــيرٌ ورعـــدُ

مــــرة تقبـــل وصـــلا

مــــرة أخـــرى تصُـــدُّ

جرِّبـــي حبـــي المفـــدَّى

هُـــــو جنــــاتٌ وورِدُ

لمن كل هذا الجمال؟

لمن كلُّ هذا الجمال المُنضَّرْ أما لـيَ فيه نصيبٌ مُقَـدَّرْ ؟

لمن كلُّ هذا الجمال الوديع الـ ـذي به أقوى وأصبح أخطرْ؟

لمن كل هذا الجمال البريء إذا ليس لي مـنه قطعةُ سكّرْ ؟

لمن كل هذا البِلاطِ الوثيـر إذا ليس لي فيه غرفـةُ مرمرْ ؟

تباركَ هذا الجمالُ العجيبُ الّـ ـذي كل وقـت بـه أتفكّـرْ

إذا شاخ عمري فلستُ أشيخُ سـأزدادُ عشـقاً وأصبِحُ أخبَـرْ

إذا وافقتْني الحبيبـة يسري الــ ـوفاقُ ويكرمنـا الله أكثـرْ

تعـالَيْ نُوافـقْ علـى كـل أمـر ولا نتــوانَى ولا نتكبّـــرْ

وقِّعي صفقة حبٍّ بيننا

وقّـعي صـفقة حـب بيننـا

ربمـا نرْعَـى مواثيـق الغـرامْ

أنـت أنثـى مـن رخـامْ

تعتلـي بـي نحـو آمـالٍ عظـامْ

تشـبعين القلـب حسّـاً بالسـلامْ

داعيـا يحميـك ربـي

يـا فتـاة مـن رخـام

أحتاج للحب العميق منَ أمرأة

أحتـاج للحـب العميـق مـن أمـرأةْ … تـدعى ليـالي اللؤلـؤةْ

وجـهٌ لـديها ساحـرٌ … وحنانُهـا كالمِـدفأةْ

أرجـوك رِقّـي دائمـا … لا تمكثـي متوضِّئـةْ

عيشـي لـديَّ معيشـةً … لا تنتهـي بالتجزئـةْ

أرجـوك زيـديني هـوى … لا تعمـدي للتهدئـةْ

أرجـوك غضـي واغفـري … إنْ أمنياتـي سيِّئـةْ

حِنّـي عَلـيَّ بنظـرة … ليسـتْ عيونـك مُطفـأةْ

واشـفي فتـىً متشـردا … وجَـدَ انعطافَـك ملجـأةْ

بقايـــا أمـــل

أهـــوى طبيعـــةَ أنـــداء ولهفتِهـــا   نحـوي وأشـعر أنـي سـرُّ عيشـتِها

تلـك المُحِبـة لـي حبـا يطـوّرني   فـأكتم الشـعر خوفـاً مـن أذيتِهـا

أنـداء روحـي حيـاتي كـل مقـدرتي   علـى التقـدم أنمـو فـي حَمِيّتهـا

لستُ الوحيدَ الفتى المحرومَ من يدها   كم مـن رجـال تهـاوَوا تحـت جزمتها

الفجـر لاح وهــا إنــي أراسـلها   أحلـى رسـائلَ لا تهفـو لمحوتهـا

لكننـي مـاحقٌ فـوراً رسـائلَها   حباً وحِرصاً علـى أمجـاد سـمعتها

أرجـو تواعـدني فـي ملتقـىً دنِـفٍ   حتـى أمـازج آمـاقي بسِـحْنتِها

إنـي أراقـب مـا تُملـي أوامرُهـا   أرجـو تكـون حيـاتي تحـت إمرتِهـا

أرجـو تميط نقابـاً عـاش يحجبنـي   عـن السـعادة عـن جنـات بهجتهـا

أرجـو تفـكّ إزاراً عائقـاً حلمـي   عـن أن أغـوص كسـباح ببِرْكتهـا

ليس التعفف عن حبٍّ سوى مرض   فـي روح جيـل يعـادي صـفو فرحتهـا

جيـلٌ تعـوّد جُـرْمَ الـوأد مـن قِـدمٍ   وأد الفتـاة بـدعوى صـونِ عفتِهـا

جيـلٌ عليـه دوامـاً لعنـة كُتبـت   مـن خـالق لعـن الـدنيا لبـدعتها

قـل للحيـاة وداعـاً لسـت معترفـاً   أن الحيـاة سـوى مـرآةِ ميتتهـا

أستاذتي في الحب

أسـتاذتي فـي الحـب والأمجـادِ فلْتُـنْجِحيني فـي جميـع مـوادي
أنـت الوحيـدة حلـوة تستاهليـــ ـن مـواهبي وبسـالتي ووِدادي
أنـت الجمـال اْسـماً وفعـلاً فلتـةٌ بمكـارم الأخـلاق والإسعـــاد
إن لـم يتـم زواجـنا فنتيجتـي: هـي بالرسـوب وبانتهـاء جهـادي
قـولي الحقيقـة كـي أحـدِّدَ مـوقفي إمـاّ التقـرب أو خَيـارُ بعـادي
مـن بعـد تجريبـي تـرين بـأنني بـذخائري مـن أفضـل الأجـواد
وسأكتفـي بـك أن تكـوني دافعـي لكواكـب الإلهـــام والأمجـاد
سترين إخـلاصي لأجلـك كـاملا وتـرين تضحيـتي تسُـرّ الهـادي
أنـا يـا حبيبـةُ أقبـلُ استشهـادي بسـبيل بسـمتك التـي هـي زادي
أرجـوك قـولي لـي نعـم بقناعـةٍ حتـى أطيـرَ إليـك أسـرعَ فـادِ
لكـن إذا لـي جـاء ردُّكِ صـادماً سـأعيش مصـدوماً مـدى الآبـادِ
إن لست ترضين الحياة معي، غداً فـي عـالم الجنـات أنـت مـرادي
يـا حلـوةً عاشـتْ دمقراطيـة مثلـي بـدون تكبـر وعنـادِ
حسْـبي رأيتـك للجمـال منـارة حسْـبي اصطفيتكِ ريشـة لِمِدادي

آخِرُ وَصْل قبل الموت في سبيلها

مـحـبـوبتــي مــا هَمّنــي أنـــا إنْ أمُـــتْ بســبيل نجـدتكِ الـشـهـيـدْ
إذْ إنَّ همّـــي يـــا حبيبتــي أن تـــفوزي أنـــت بالعمـــر المديـــدْ
لا تـحـزنـي مـن أجـل قتلـي إنـنـي أقضـي سعيـداً شـرْط أن تـبـقـى السعيـدْ
مـــا بلســم يشفــي ســوى دمــع هتـــون يغســـل الـحـــزن الشديـــدْ
بَدَلَ انحباسك في الأسى بَدَل انفـجارك فـي الضلـوع دعـي الدموع بلا قيودْ
تَشَـــربْ جميـــعَ أســـاك أو طـاقـــات همّـــك ريثمـــا الـــجُلّى تحيـــدْ
أرجـوك أن تَـنْسَـيْ حبيبـك إنمـا الـذكـرى تـحيطـك بالسيـوف وبالحديدْ
مـحـبوبتـــــي مـــــن عالـــــم الدنيـــــا أقـــــودْ
أطـيافــــك الـجذْلَــــى معـــــي نحـــــو الخلـــــودْ
محبـــوبتي زادي أنـــا وقـــت الـــرَّدَى منـــكِ الـــرؤى متوهجـــاتٍ كـــالعقودْ
وبهــــا ازديــــاد تصــــبري وهِــــيَ الوَقــــودْ
وتـــذكُّرٌ للجـــودُ منـــكِ بقبلـــة أغفـــو بهـــا فـــوق الخـــدود
مـحـبوبتـــي لا تـحـزنـــي زادي أتـانـــي الآن مـــن ربِّ الوجـــودْ
والـزادُ منـك الآن "عِلْـكٌ" عـاطرٌ يومـاً مضـغتِ وقلـتِ لـي : خـذ يـا خلـودْ
"عِلْـكٌ" عَلَكْتِـهِ أنـت فـي الأزمـان مرسـوم ومجبـول بقلبـي والوريـد
"حلـــوى" تـُعَطّـــر بالشـــذا أنفـــي العميـــدْ
مـحـبوبتـــي أغفـــو علـــى "الْعِلْـــك" الرغيـــدْ
مـحـبوبتـــي ذكـــراك نبـــعُ تصـــبُّري الـــوافي المجيـــدْ
مـحـبوبتـــي مـــرآكِ إلهـــامُ القصيـــدْ
مـحـبوبتـــي، إنـــي أبيـــدُ ومـــا دموعـــكِ وابتهـــالاتي تفيـــدْ
إنـــي أبيـــد أيـــا حبيـــبُ ولـــيس تهيـــامي يَبيـــدْ

ربّاه هذا التلُّ

رَبّـــاه هـــذا التـلُّ مجتمِـــعٌ بـــه
خيـــرُ البريـــة بـــالملاكِ (سِـــهام)

قـــد رحبـــتْ بـــه بـــاحترامٍ غـــامرٍ
وتربعـــتْ فـــي قلبـــه الصـّــوَّام

تركـــتْ بمهجتـــه انطباعـــاً خالـــداً
كرســـولنا فـــي الصـــحب والأقـــوامِ

مَخـــرَ الجـــواهرَ فـــي روائـــع كهفهـــا
مـــا لـــم يُجـــزه الله فـــي الإســـلام

منهـــا اغتنـــى بطيـــوف عِشْـــقٍ كامـــلٍ
مفعولُـــــهُ مفعـــــولُ أيِّ سَـــــنامِ

يغـــذو بهـــا أعضـــاءَهُ وقـــتَ الطّـــوَى
بقوافـــل الإســـقاء والإطعـــامِ

كتـــب الإلـــهُ لـــه الهيـــامَ بقطـــة
عَصِـــيتْ أنوثتهـــا علـــى الأفهـــام

هـــو شـــاكرٌ لله مُكرِمـــهِ بهـــا
أنهـــت جنونَـــه بارتـــواءٍ تـــامِ

لـــولا ارتـــوى مـــن حبهـــا انحـــرفَ الفتـــى
لكـــنْ حمـــاه الله مـــن إعـــدام

الله غـــافر ذنبـــه لمكوثـــه
متصـــبراً عامـــاً وراء العـــام..

إشعاعٌ في الروح

سـبحانَ مـن خَلَـقَ المـؤثّر والأثـرْ
ما فاقَ صوتَكَ في الجَّلال ولا وَتَرْ

مـا إنْ سَـمِعْتُكِ للكتـاب مـرتّلا
حتـى أكتنهتُ الكون كنهاً ذا عِبَرْ

سـبحان مـن أعطـاك صـوتاً رائعـاً
إشـعاعُهَ فـى الـروح اشـعاع القَمَرْ

لــو تسـمع الـدنيا حنانـك هـادراً
مـا كـان فيهـا أيّ شـخص ينتحـرْ

فــي صـوتك الجـذّاب نَبْـعُ سـعادةٍ
ومُنَىً تصفّي النفس مِنْ عكَرِ الكَدَرْ

حيوية الدنيا بوجه أسفر

خَفْـقُ الـحيـاةِ بوجـه أنثـى أسـفرا ... فمضـى يغـذي حُسْنُها مُهَجَ الـورى
أ وَ كــلُّ موسـيقى أصـابعُها بــهِ ... أ وَ كلُّ خفْق البحر منها قد جرى ؟
تـأثير هـذا الوجـه فـي نفسـي سـرى ... لأرَى الحـلاوة والطـلاوةَ والـذُّرى
الأرض خارطـــةٌ لوجـــه خـــارق ... وكـأنَّ منـه الأرض تكتسب القِرى
بالوجــه ذا أنـــا لاصــق ومســـافر ... وإليـه طـول الـدهر مشدود العُرى
نمَــطٌ جنـــونيُ علاقتُنــــا معـــاً ... إمَـــا فـــراقٌ أو وصـــالٌ بـــالغِرا
إن جُــنّ إنســـان بتـــأثير الهـــوى ... لا تعـــذلوه فواجـــب أن يُعْـــذَرا
مـــا دام فيـــه حبائـــل تصــطادنا ... مــا ذنْبنــا فــي أن نــذوبَ ونُسْـحرا ؟
مـــا ذنـــبُ تشــكيلٍ يخـــدِّرُ عقلنـــا ... أو ذنـــبُ قلـــبٍ بـــالفتون تـــأثّرا ؟
الخـــالق القُـــدُّوسُ مســـؤول ومـــا ... إلّاه يُســـأل عـــن جفـــاف أوقِـــرى
ولــــه تعـــالى حكمـــة فـــي خلقـــه ... مهمـا تغُصْ فـي العلم تلْـقَ القهقرى
الوجـــه هـــذا زارعٌ بمشـــاعري ... زهـــراً وأسـقى كـل ظـامٍ كـوثرا
وَجْـــهٌ جميـــع الهـــمِّ فيـــه والهنـــا ... وجـــهٌ يظـــل مســـالماً ومُـــدمِّرا
وهـرَبْـتُ مـن هـذا المُحَيَّـا ناجيـا ... مـــن أن أدنّسَـــه فظـــلَّ مُطَهَّـــرا

يا موجة

يــا موجــة دارتْ وأزبـدَ سِـحْرُها ... لكنهــا حسِــبتْ هـــواي يضُـــرُّها
جرَّبــتُ أن تصــغي لوجهــة نظرتــي ... لـم تـرض بـي ولقـد كـوانيَ جمْرُهـا
فَلْتَنْـأ عــن شَـرَكِ العيـون أ خـافِقي ... خيـــرٌ لكـــيلا يســـتذلَّك جَوْرُهـــا

أسيرُ النعومة

لَمْسُ النعومــة ينشــر الرَّيعانــا … فــي العــالَمينَ وينشــر الإحســانا

يــا خيــرَ أنثــى فــي حيــاتي كلِّهــا … هــلا منحــتِ مُحِبّــك التحنانــا

لــك روضــة معطــارةٌ لَحَسـتْ يــدي … مِــن عطرهــا مــا عطّــرَ الوِجــدانا

أحببــتُ فكــرك فهــو قمــة رغبتــي … فــي أن نعــيش معــاً بسـحر هوانــا

أرجــوك أن لا تبخلــي أبــداً علــى … قلبــي الــوفيِّ وتملئيــه أمانــا

والعفــوُ مــن ربِّ الضــحى متوَقَّــعٌ … عــن ذنــب كــلِ مُتَــيَّمٍ يتفــانى

أحببــتُ وجهــكِ رافــلاً ببشاشــة … تُضْــفي عليــك مهابــة ولِيانــا

إنــي الأســير فأحْسِــني لــي ربُّنــا … أوصــى بإطعــام الأســير حنانــا

إنــي أحــب جميــع شــكلك إنــه … متشــكِّلٌ لســباحتي شُــطْآنا

أرجــوك يــا كــلَّ الأمــاني نجــدتي … أ وَ مــا بقلبــك أســتحق مكانــا؟

مــا عشــت لــن أنســى ملامسَ غــادة … فاحــتْ نعومتُهــا شــذاً وأمانــا

الشــعر يخجــل أن يــدانيَ قمــة … ليســت ســوى لقصــائدي تتــدَانى

تــأثير حُســنِكِ قــد رمــاني ليلتــي … فــوق الســرير محارِبــاً طعّانــا

مزقــتُ فرشــتيَ الــرؤومَ بقُطنهــا … وأخــذتُ أقطــف طيفــك الولهانــا

عانقــتُ طيفــك بالوســادة والْحَشَــا … وركبــتُ سَــرجَكِ مهــرةً وحصــانا

أنــتِ التــي مِــن خيــر مــن عاشرتهــ … ــنّ تخــيّلاً وتحــدُّثاً وبيانــا

الشَّــعر أشــقرُ والعيــون مثيــرة … فيهــا معــانٍ تــذهلُ الأذهانــا

أنــتِ الشــراب مــع الرحيــق تمازَجــاْ … لــم تعــرف الــدنيا مثيلــه حانــا

هيـــا نعِـــشْ وفـــقَ المُـــراد فإنمـــا يمضـــي الزمـــانُ ومـــا نعـــيش زمانـــا
هيـــا نعِـــشْ وفـــق المُـــراد فـــإنني عبـــد إليـــك أحـــاربُ العصـــيانا
يـــا حلـــوتي أرجـــوك أن لا تهـــدِري عمـــري وعُمْـــرَك بالصـــدود زمانـــا
إنـــي وأنـــت لَتـــوأمٌ مـــتلاحم لا نســـتطيع الانفصـــال كيانـــا
لـــن تستطيعي أن تَـــرَيْ مثلـــي هـــوى محضـــاً زلالاً يُحْسِـــنُ الإتيانـــا
هـــذي الخرائـــب قـــد نعيـــد بناءهـــا بالصـــبر منـــك ونرفـــعُ البنيانـــا
إنـــي لأجلـــكِ أعشـــق النِّســـوانـــا وأَهِـــينُ مـــن ينـــوي لهـــنَّ هوانـــا
وأعِـــدُّ جـــيلا كـــاملا متحـــرِّراً يـــزري بمـــن يســـتعبد الإنســـانا
وأهيِّـــئ الوجـــدانَ فـــي كـــلِّ امـــرئ يقـــتصُّ مِمَّـــن يَسْـــحقُ الإنســـانا

يا مَن لبِسْتِ حذائيَ

يـــا مَـــن لبســـتِ حـــذائيَ المخمـــورا مـــن بعـــد لُبْسِـــكِ قـــد أدَرَّ عطـــورا
قـــدماك قـــد دخـــلا حـــذائي بينمـــا أنـــا قـــد دخلـــتُ فـــؤادك المســـحورا
أنـــا ســـاكنٌ فـــي مقلتيـــك قصـــورا وطـــوال بعـــدك لا أحـــسّ ســـرورا
ستعوّضـــين اليـــوم كـــل تعاســـتي وأنـــا ســـأجبر قلبـــك المكســـورا
يـــا للأنوثـــة فيـــك فهـــي ذخـــائري كـــم كنـــت مفتقـــرا إليـــك كثيـــرا

إني أمد إليك كل حبالي

إنــي أمــدُّ إليــكِ كــلَّ حبــالي	فعســاك أن تَسْتحْسِــني اســتقبالي
فاضــت إليــك أنــاملي بسيولهــا	مــن أجــل أن تتكرمــي بوصــالي
الحــب يحلــو بــين شــخص ناضــج	وصبيّــة ببــراءة الأطفــالِ
فامشــي بطبــعٍ طيِّــبٍ ومثــالي	لا طبــعِ أعمــامٍ ولا أخــوالِ
لا تســمحي أن تعزِلــي مــا بيننــا	بحجــابِ تحذيــر مــن العُــذّالِ
فهُــمُ الألــى عزلــوا البريــة كلّهــا	عــن كــل ســعد وانبهــارِ خيــالِ
خلقــوا أو اختلقــوا تقاليــداً دهــت	بالنــاس ألقتهــم إلــى الأهــوالِ
هــم شــرُّ مَــن حرمــوا المَــلا مــن حقهــم	فيمــا يسمَّــى الحــبَّ غيــرَ حــلالِ
نحــن الألــى نهــتم فــي أرواحنــا	مــن دون منّــاع ولا قــوّالِ
عينــاك ضــوءُ ســفينة فــي ليلــة	ســمراءَ ترصــدُ حالــةَ الأحــوالِ
غَــذّي ســماعي يــا مــلاكُ بنبــرة	تشــدو بهــا الأطيــارُ فــي الآصــالِ
أرجــوك كــوني لــي كمــا يرجــو دمــي	لا تمكثــى أبــداً مــن البُخّــال
لا تحرمــي الولهــانَ مــن أشــواقهِ	مــن أن يُحِــقَّ الحلــمَ بالأفعــالِ
أوَ مــا يحِــقُ لنــا ارتقــاءُ مراكــب	متجوليــن بأجمــلِ الأدغــالِ؟
مغــزى الوجــود هــو انســجامٌ كامِــل	متبــادَلٌ بيــن الهــوى والمــال

أفتش عنك

أفـــتش عنـــكِ بعينـــي وقلبـــي
لأشـــربَ منـــكِ ينـــابيعَ حُـــبِّ

أفـــتش عـــن أجمـــلِ الغانيـــات الـــ
لّواتـــي تَفَـــوَّقْنَ فـــي فـــنِّ جـــذبي

أنـــا ظلهـــا والصَّـــدى والـــرُّؤى
كمـــا هـــي تـــأمر أســـلك دربـــي

أنـــا مـــاردٌ إنْ أرادت، وقـــزمٌ
وتشـــغل شـــعري وتملـــك لبِّـــي

أنـــا مَلِـــكٌ إن تمُـــرْ بـــاعتلائي
وأتفـــهُ عبـــد إذا لـــم تطِـــرْ بـــي

وأغـــدو ملاكـــا إذا هـــي تعطـــي
وأصـــبح إبلـــيسَ إن هـــي تسْـــبي

أكـــون نـــدىً أو أكـــون جفافـــاً
لأنـــي كمـــا هـــي تُمْلـــي ألبّـــي

أحبـــك والحـــب لـــيس غريبـــاً
علـــى عـــاطفيٍّ حنـــونٍ مُحِـــبِّ

حـــديثك لُطْفـــكِ طولُـــك شـــيءٌ
يثيـــر خيـــالي يدغـــدغ ثـــوبي

تعـــالي أضـــمّك مـــن كـــل صـــوب
مـــن الـــرأس حتـــى لأســـفل كعـــب

تعـــالي فحبـــك يَبـــري رماحـــاً
تشـــير إلـــى مـــا يثيـــر التَّصَـــبِّي

أ نَحـــرِمُ أنفســـنا مـــن غـــرام؟
ونمـــزجُ صـــفوة حُـــبٍّ بِخِـــبِّ؟

أ نَبقَـــى ضِـــعافَ العقـــولِ نلبِّـــي
تقاليـــدَ تجهـــل شـــرعة ربـــي؟

تزحْلـــقُ تفســـيرَ آيـــات ربـــي
عـــن الحـــق تـــؤذي الرســـول المُرَبِّـــي

تُغـــالي بتنقيـــب جســـم النســـاءِ
وتجعلهـــن بـــلا أي لـــبـــبِّ..

تعـــيش الحيـــاة كمثـــل الممـــات
وتبـــرعُ فـــي وضـــعهنَّ بجُـــبِّ؟

بسمة ذات إعجاب بموهبتي

هـل كـان قبلـكِ مـن ثغـر نُقَبّلـُـــــهُ أو كـان بعـدك مـن ثغـر نُبَجّلُـــهُ؟
يـــا بسـمةَ ذاتَ إعجـاب بمـوهبتي لا أطفـأ الله مـا فـي الـروح تُشْـعِلُهُ
تُسـبّب البسـمةُ الحسـناءُ لـي قلقـاً لمّــا أغيـــب بنـأيٍ أو أَوَجّلُــهُ
إنــي حملـتُ تحيـاتي لقريتهـــا كنملــة القمـح للأوكـــار تحمِلُــهُ
إنـــي لَأذرع تـــلاّتٍ وأوديـــةً حتــى أراك بجفــن منـك أكْحُلـُــهُ
هبـي إلـيَّ هبـوب الـريح فـي عجـل ثـم اسـتحيلي سـحاباً سـوف أنهلُــهُ
الــربُّ أودع فينــا مــن قداستــه فصـرتُ أعلـمُ مـا قـد كنـتُ أجهلُــهُ
حــول الغزالــة قـد دارت غزالتهــا وظئرُهـا الفحـلُ والأحضـان موئلُــهُ
حُسْـن الطبيعـة يـأتي مـن محاسـنها وخــافقُ الأرضِ والتــاريخِ تَشْـغَلُهُ
الشـمس تنبـع مـن عينَـيْ مُغـازلتي بــدون أي كـلامٍ كـــان تغزِلُــهُ
لكـنَّ شـعري خصـيبٌ فـي تخيُّلِـهِ شـتَّى الخيـال الـذي بالكـذبِ أصـقُلُهُ
تَعـويضُ مـا يَـنْقُصُ الخـالي يعوِّضُـهُ عــن الفعـال بمـا يحلـــو تَخيُّلُــهُ
وكلهـنَّ بريئـــاتٌ فـوا حَزَنـي علــى البـرىء الـذي بـالزور نُذْهِلُـهُ
مـا أظلَمَ الشعرَ كم يجني علـى شـرف مــا كـان يَعـرِفُ أنَّ الشـعرَ يُخْجِلُــهُ
مـا أحقـرَ الشـعر إذْ يجنـي علـى أحـد لا سـيما مـن لـه فـي الشـعر مِشـعَلُهُ
مـن طيبـة المـرء أنَّ العطـفَ يحملُـهُ علــى التغاضـيَ عمَّـا الشـعر يفعَلُــهُ
لــولا شـعوبٌ بريئـات تحـنُّ علــى طبيعــةِ الشّـعرِ كـان الجهـلُ يقتلُــهُ

صافحتُ حسنائي بكل حنــاني

صــافحتُ حســنائي بكـل حنــــاني فترنّمـــتْ ضحكاتهـــا بكيانــــي
وجثـــا فــؤادي راجيـــاً رحَماتِهـــا حتـــى يفــوزَ بأفضــل النِّســـوانِ
يـــا ليــت تأخــذني لشـطِّ أمانهـــا فجــواهري أضــعافُ مــا بلســاني
يـــا ليــت تحفظنـــي بطيبــة قلبهـــا وبمجـــدها الحُبّـــيِّ ذي الإحســـانِ
رنــاتُ صــوتكِ نضّــرتْ أغصــاني فســرحتُ فــي الجنــاتِ والأكــوانِ
أهــواكِ يــا حِصْــنَ التفــاني والمنــى شاهـــدتُ فيــكِ تلفُّـــتَ الغِــزلانِ
نبــراتُ صــوتك وابتســامُك حثنــي حتــى أســارع فــي ازدهــار كيــاني
لا أســتطيع أكــون سلبيّـــاً وقـــد بلَـــغ الــذبى تأثيــرُك الوِجْــداني
أنعـــم بآيـــات الجمـــالِ وشمسِـــها وظلالِهـــا، ومنابـــع الألحـــانِ
جــذبتْ فــؤادي بـــائتلاقِ ودادهـــا مـــن بعــد أن كانــت كمــا السَّجَّــانِ
بعـــد الفظاظـــة والتنـــافر والـــدجى هطلـــتْ علـــيّ بِــدِيمة التّحْنـــانِ
أ يَدومُ حــبٌّ منـك نحــوي رغـم مـا هـــو بيننـــا مـــن فـــارق الأزمـــانِ؟
لـــن تنــدمي يــا غــادتي إن تَقْبلـــي بالشـــاعر المشغــوف بالشطـــآن
مهمـــا ارتــوَى لا يرتــوي مــن حُبِّــهِ هـــو دائمـــاً متواصـــلُ الهطَـــلان
إنـــي لأركـــب زورقـــاً لا تنتهـــي رَحَلاتـُــــهُ حتـــى أرى أكفـــاني
لهفـي عليـك تضـم صـدرك لهفتـي فتخـــاف كســرك ســاحقاتُ يــدانِ
فـــأخفِّفُ الضــغط الشــديد وأنثنـــي نحـــو التحضُّـــر واحتجــاز حنــاني
خُوضـي البطولة يـا حبيبـةُ وانهضـي إنـــي أحـــب الانطـــلاق الهـــاني

أرجـــوكِ لا تَـــزْري بإيجـــابيّتي	لا تجعلـــي نـــاري فقــط كدخـــانِ
أرجــوك كــوني فلتـــة ثوريّــــة	فــي الحــب والنعمــى بــلا اســتئذان
فلْتُكْمِلينــي يــا حبيبـــة دونمـــا	نقــصٍ فمــا فــرَحٌ مــع النقصــانِ
وَلْتحفظينــي مــن ضَـياعي قبـل أن	أمضــي ســدىً مــن أجمــل الأوطــان
من مـوطني الشـامِ العزيـزةِ حيثمـا	فــي حضــنها حبــي وفــي أحضــاني
جنـــاتُ عـــدْنٍ كلُهـــا قـــد كُثِّفـــتْ	فــي حلــوةِ الأمجــاد والسُّلْطـــانِ
فـــي زوجـــة للشـــاعر الفنـــان	للخالــدِ المظلــوم ذي الشُّكْــرانِ..

أنا في احتياج إلى مُلهمات

إذا مـــا ليـــالي إليهـــا دعتنـــي	كـــأني دُعيـــتُ إلـــى الجنّـــــةِ
لديهـــا جمـــالُ كحـــور الجنـــان	ودفــءُ المشـــاعرِ كالجــــذوةِ
أهـــيم بهـــذا الجمـــال الفريـــد	بجســـمٍ وروحٍ وغيريّـــــــةِ ..
أنـــا فـــى احتيـــاج إلـــى مُلهمـــاتٍ	تُحَسِّـــن روحـــي ونفسيّتـــي..
مضــتْ بهــدوء كمــا لــو تقــول:	وداعـــاً جمـــيلا بـــلا رجْعَـــةِ
فأجـــأرُ : أرجـــوك لا تتركينـــي	وإلا عُـــدِمْتُ مـــن البهجـــةِ
تلاشـــتْ وأقتـــاتُ أطيافهـــا	وشِــعري مديــن لهــا بــالتي....

مِن بَعد بُعدكَ

أرجوك هل في الكون مثلك طيّبُ؟ إن كان يوجد دلّني سأجرّبُ
أنا لا أصدق أنَّ مثلَك كائنٌ إني بكلِّكَ يا حبيبي مُعْجَبُ
موسوعة الغينيس تأتي عندنا لترى حبيباً ما رآه كوكبُ
يا عاشقي صيّرْتَني متشائماً مِن بَعد بُعدكَ آهِ كم أتعذبُ.

أجبنـــي

أجبني أنت مِمّاذا خُلِقْتا أمن طين ونار قد صُهِرْتا؟
أنا أخشى خروجَك عن مداري أيا مَن في نخاعي قد أضأتا
إذا واصلتَ نأياً عن حياتي ستُمْسي الأرض أكفاناً ومَوتَى
وكل السُّحْبِ والإعصار تغزو حياة الحبِّ تهدم ما بنَيْتا
أجِبني كيف حالك كيف تحيا وكيف تسير والأفكار شتّى؟؟
أرى الأنوار في عيني ظلاماً أرى التغريدَ والتعبيرَ صَمْتا
وطَمْيَ النهر يلفظ ضِفّتيهِ وينْتِنُ كلّ ما في الأرض حتى
سيغزوني الجنون فيا لَعقلي ورغم شبيبتي سأحِسُّ موتا
أريد أراكَ من أثناء ضوئي بلا ليلٍ، أريد كذاك أنتا...

يا صفحة من خدِّها

يـا صـفحة مـن خـدِّها لا تنطـوي — دوماً أعيش على الطيوف وأرتوي
يـا مَـن مشـاعرُها الرهيفـةُ تحتمـي — بـالله ثـم بسـاعدي الحـاني السّـوِي
مِـنْ لمْسِ خـدِّك مـا الحريـرُ بـأنعَمٍ — هـذي النعومـة منـك تجعلنـي القـوِيْ
المسـتقيمة فـي الشـعور صـديقة — صِـدّيقة ليسـت تُخـالف مـا نُـوِي..
المسـتقيمة فـي مشـاعرها التـي — لا تسـتجيب لكـاذب لا يرعـوٍي
قلبـي يسـائلها سـؤالاً داميـاً — أ تريـدني أم لا تريـد وتجتـوي؟
أدعـو لهـا بـالبرد مهمـا أكتـوِ — حتـى ولـو لـن تحت حبي تنضوي
مـا أروع المخلـوقَ يُـؤْثر غيـرَهُ — لاسـيما هـذي التـي لا تلتـوي

نذوب

أذوب لديـك وتـذوي لـديْ — ولكـنَّ خـوفيَ يطغَـى عَلَـيّْ
أخـاف كثيـرا ولا أبتغـي — لأنَّ الضـياء سـيتلوه فَـيّ
وبعـدك يـا فـيءُ يـأتي الظـلام — ظـلام القبـور علـى كـل حَـيّ

إذا

إذا لـم تُضـيئي حيـاتي بشمسـِ — ـكِ فَلْتَبْزُغـي فوقهـا قمَـرا
إذا لـم أزُرْكِ بعمـق دمشـقَ — فـزوري مَقَـرّي أنـا فـي القـرى
إذا كنتِ في الصحو لم تصحبيني — بوُسـعك ذلـكَ عَبْـرَ الكـرى

إني حسبتك تعرفين مقامي

إنـــي حسِـــبْتُكِ تعـــرفين مقـــامي ... يـــا حلـــوة الأحـــلام والأنغـــامِ
أكبرْتِنـــي مـــن دون أن تـــدري بمـــا ... عنـــدي مـــن الأشـــعار والأحـــلامِ
أنـــا كنـــت أحســـب أنَّ حبَّـــكِ جـــاهزٌ ... لـــي دون أي تـــدلل وتَعَـــامِ
طبْـــعُ النســـاء جمـــيعِهنَّ تـــدللٌ ... ليـــذلِّلوا المحبـــوبَ بالإرغـــامِ
عـــودي أقيمـــي فـــي ديـــاري مـــرة ... أو مـــرتين لكـــي يطيـــبَ مقـــامي
أحيـــا وحيـــداً دون أي تشـــوُّقٍ ... إلا إليـــكِ أ يـــا حبيبـــي الســـامي
أرجـــوك عـــودي كـــي نعـــيش ســـوية ... فـــي العـــالم المســـكون بالإلهـــام
مـــا جنـــة العـــدْنِ الجميلـــةِ غيـــر مِـــن ... عَـــدْني هنـــا فـــي دارتـــي بالشـــامِ
يـــا ليـــت أنَّ الله يجمـــعُ شـــملنا ... ويزيـــدُ وعْيَنْـــا إلـــى التَّرحـــامِ
أرجـــوك عـــودي قـــد مللـــتُ ضـــلالتي ... وتشـــرُّدي وملِلْـــت مـــن إجرامـــي
الـــدهر أجمـــعُ لا يعـــادل لحظـــةً ... جمعـــتْ يـــدَ العشـــاق بـــالأحلام
جنـــات عـــدن أنـــت يـــا حـــواء لـــي ... وأنـــا لحبِّـــك آدمُ بغرامـــي
لـــو تصـــبح الـــدنيا كمـــا نرجـــو لهـــا ... لَخَلـــتْ مـــن الآلام والآثـــام
مـــا عـــالمُ الإيثـــار إلا عـــالَم ... لطبيعـــة الشـــعراء والإســـلام
السِّـــلمُ إســـلامٌ يعـــانق غيـــرَهُ ... كعناقنـــا بمحبـــة وســـلام

حلوة

لما تقولُ لحلوة هي حلـــوةْ ... تعني مؤهلةً لأكمل خِدمـــةِ
تعني: نجاحا باهرا في خلقها ... أي أتقنَ المولى رسومَ الهيئةِ..
هذا هو المعنى الذي يعلو بها ... وخيالِهـا لِمَجَـــرَّة من فرحـةِ
وترى كذلك فرحـــة روحية ... وقفتْ تماماً في جوار اللـــذةِ

من أجل حبك

يا تاركي حجراً بدون حراثة ... ومدَامعاً هطلت ولم تُحْدِث أثرْ
يا تاركي موتاً بدون معيشة ... يا عاشقي عشقاً تَحارُ بِهِ الفِكَرْ
يا مالكا عيناً يفيض حنانها ... حُسْناً تمنَّتْهُ الدّراري والقمر
ياجاعلاً أفقي كأبهَى مرسَمٍ ... وَشَّى أحاسيسي بأعلاق الدُّرَرْ
نَمطٌ فريدٌ أنت في دنيا الهوى ... والطهرِ والأخلاق يا صافي النظر
ولديك وجهٌ كم يريح مشاعري ... ولديك عقلٌ خيرُ ذخْرٍ مدّخرْ
انظر إليَّ بعين بدر طاهر ... ما راق عيشي دون بسمات الزَّهر
انظر فإن ضياءك الطامي سرَى ... في الأفق يملؤه بأنواع الصُّوَرْ
يا مالكا روحي وقلبي إنني ... من أجل حبك قد عشقتُ بني البشرْ

هدية ومشاعر وحيرة

فعلتْ هديَّتُها بقلبي فِعْلَها ... حيرانُ أين أقيمُها لأجلّها
هي من فؤاد طيّبٍ مُتطَهّرٍ ... آوي إليه في المساء مُوَلَّها
وهي الرشيقةُ والحنونُ وبضّةٌ ... كالنور يَهدي العين تسهرليلَها
وهي التي كالأوكسجين لمهجتي ... إبّانَ قتلٍ هَبَّ يُوقِف قتلَها
حيرانُ بين تلهّفي وتعفّفي ... بين الفراق وبين أبقِي شملها

علِّمني الحياة

هــل أنــا محــورُ كوْنِـي ؟ قــل : أ حقــاً يــا حبيبــي
عندمــا تعبــس أحــزنْ لـو يكون العبس هذا ليس لـي
حينمــا تبســم أبســمْ لـو يكـون البسمُ هـذا ليـس لـي
هــل أنــا مِحْـورُ كَوْنــي ؟ فبوهمــــي أتـهَنَّـــا
وبوهمـــي أتعـــذّبْ لســت أدري يــا حبيبــي
لست أدري لــمَ دومــاً أتوَثَّــبْ أتراجــعْ ..أتقلَّــبْ..
مــا حياتــي واقعيَّــةْ بــل خياليَّــــةْ..
وأغـــــربْ.. فهــي آنــاً مــن أمــانٍ
وأوانــاً ليــس أرهــبْ... ســرٌّ تعذيبــي خيالــي
ليــس لــي للحــق مذهــبْ أبتغــي مــن يعتنــي بــي
مثــل أمــي وطبيبــي ضــدَّ هــذا الدهــر
كــي لا منــه أُغْلَــبْ عشــت عمــري أتــلهّب
كخيالــــــي إنَّ رأســي حشــوَهُ قِــشٌّ وقنَّــبْ
لــيس عقلــي مِــن نخــاعْ أنت علمني حبيبي مـا الحياةْ
اقطـعِ الـوسـواس مـن فكـري لأنــي منــه أتعــبْ
أمسـح الأوهـام مـن عـينـي لأنــي حيــن أرنــو لدُنــاكْ
لا أراهــا بوضــوح أو تجــرُّدْ بل أراها عبر غابـات وصحـرا
مــرة قيظـا وطـوْراً زمهريـرا وشعوري ليس دوما مِن حقيقـةْ
فهــو لا يــدري الحقيقــةْ إنما يسكب ما فيه من الوهم عليكْ
تــارة يهــدي ضيــاهْ تــارة يلقــي دُجــاهْ
يــا حبيبـي أنـت علّمنـي الحيــاةْ شـابَ شعري في اتقاء العاصفـاتْ

وخيالي في قِراعِ الواقعاتْ وتهاويمي إزاء الجامداتْ

يا حبيبي قُصَّ بي كلَّ زيادةْ لك حبّي وقيادَهْ

أنت تدري يا حبيبي ما السَّعادةْ ساعِدَنِّي فعسى أدري الحياةْ

كي أعيش العُمْرَ دوماً في أناةْ قبل أن تمحقَ عمري الماحقاتْ

قبل أن ترثي مماتي الراثياتْ بعدما فات الأوانْ

وجرى عني الأمانْ فانتبه لي يا حبيبي

أنا طفلٌ أستعينْ بك أنت الوالِدانْ

إلا في حبي

عمياءَ تبقى ولا ترنو لأي فتىً إلّا إليَّ بحبٍّ فيّ ملتزمِ

مهما يحاولْ طَموحٌ أن يُسَخّنها تبقى على الصفر في الإحساس كالصَّنمِ

إني سخيٌّ بأشيائي بلا ندمٍ لكنْ بحبيَ غَيَّارٌ إلى القممِ

إن كان يرضَى إلهي الشركَ فيه، أنا أرضى يشاركني في اللثمِ غيرُ فمي

إني اتخذت إلهي أسوة عظمتْ عن كل شيء سوى التشبيه بالكَلِمِ

إشراك عاشقتي بي شَرٌ كارثة فيها النهايةُ للأشعار والقيَمِ

إشراك عاشقتي كالرمح في كبدي كالسُّمِّ كالظلم كالتقتيل كالحِمَمِ

وسعظم الحب في شعري إلى الأممِ مَرَدُّه حبها لي حبّا شأى حُلُمي

الحمد لله حمداً لا أفارقُهُ من أجل منحه لي أيقونةَ النِّعَمِ

سرُ ليلي وإعراضي

تُلِـحُّ علـيّ أشـواق ثِقـالُ ... لغانيتـي ويدعونـي الوصـال
فأمضي في اللّيالي مثل طير ... ضرير لا أراها، أو أنالُ
أحب لقاءها صبحاً لأنّي ... كعصفور تنوّمهُ (اللّيالُ)
هلِ العصفور يشدو في الليالي ... أما كلّا ؟ أيقنعها السؤال؟
تلحّ علـيّ أشواقي وأبكي ... لأن الليل ما فيهِ مجالُ
ومنتقص أنا نفسي لأنّي ... من السَّهرات أوّل مَن أُقالُ..
كأنّي لست إنساناً هُماماً ... يسارع لي النّعاسُ والانخذالُ
نعَيْتُ على فؤادي سوءَ طبعي ... لأني لا يسهّرُني الوصالُ
ولكنّ المبرّرَ أن ليلى ... تغيب عن الحضور وما تزالُ
لذلك أكره السّهرات لما ... تكون سدى، ويسحقني المِطالُ
أحاول أن أحيل الطبع أرقى ... أجاهدُهُ ولكن لا يُحالُ..
أنا العصفور أشدو في نهار ... ولكن في الدجى ما لي ارتحالُ
سأذرف كل دمعي يا ملاكي ... لأنّ الليلَ عندي الإنعزالُ
أجل، إنّ انعزالكِ سرُّ ليلي ... وإعراضي ولست له أذالُ

أرجوك يا ساحرتي

أرجوك يا ساحرتي ... تُغْلين لي مكانتي
بعطفك المُباغِتِ ... فيما لديكِ لافِتي
وارضَيْ بشيخ بائرٍ ... لولاك مثل المائتِ

أنا أُذْري يا حبيبي الدمعاتْ

أنـــــا أَذْرِي يـــــا حبيبــــــي الدَّمَعَـــــاتْ
كيـــــف أنَّ العمــــرَ فــــي الخــــذلان فـــاتْ
ضـــاع أســـطولي ولــــم يـــدخلْ قنـــاةْ ؟
وأرانـــــي أبتـــدي مـــن قبـــلِ سِـــنِّ الأربعيـــنْ
سِــيّما الآن أعانـــي مـــن نضـــوج الثمـــراتْ
كـــــلُّ مَـــــن كانــــــت صغيــــــرةْ
أضحـــــــتِ اليــــــوم مَهـــــــاةْ
فـابسمـــي يـــا عيـــنَ سلمَـــى ودلالٍ وحيـــاةْ
أشـبِعي كــلَّ احتيــاجي قــبل أن يــأتي الــمماتْ
أنـــا أرجـــو الـــكلَّ لكـــنْ هـــو فـــوق الأمنيـــاتْ
كـــلُّ مـــا عنـــدي هنـــاءٌ لـــم تُدنِّسْـــهُ الأســـاةْ
فـــــوق مـــــا تحْـلُمْـــــنَ عنـــــدي
وإلــــــــى الفــــــــــردوس آتْ

عازفٌ عن الزواج

تُغَنّـــي خُطـــى كاعـــبٍ أغنيـــاتٍ لأرقـــصَ فـــي وقْعِهـــا المُطْـــرِبِ
ومهمـــا البنفسِـــجُ كـــان مثيـــراً ولحـــمُ الهـــوادج نادى:أرْكـــبِ
ومهمـــا شـحومُ حشـــاها أثـــارتْ فلـــن أســـتجيب إلـــى المطلـــبِ
قطعـــتُ يمينـــاً غموســـاً بـــأن لا (أعـــاود مـــا قـــد جنـــاه أبـــي)..

يا نبع الجمال

مــن قبــلِ أيـــام أتيـــتِ لمكتبـــي ... وأدرتِ قُـــرصَ الهـــاتف المتوثِّـــبِ
وجلسـتِ يـا نبـعَ الجمـال بمقعـدي ... وملأتِـــهِ عطـــراً أهـــاج تَصَـــبُّبي
وتبعــتُ أشــذاءَ الــرؤى مــتطفّلاً ... بسـؤال مـن نَقَـلَ النَّبـا كـالمطربِ
وحزنـتُ من حظِّـي لأنـي لـم أكـن ... فـي مكتبـي ورثيـتُ وقـتَ تَغَيّبـي
قالــت ســعادُ بــأنَّ ليلــى عَرَّجَــتْ ... لا مـــرةً بـــل مـــرّتين لمكتبـــي
وطفقــتُ أســألها وألهــث حســرةً ... متتبعـــاً أخبـــارَ حبِّـــي الطيِّـــبِ
ورزقــتُ يــا ليلــى رأيتــك بعــدها ... في الحقل عند خمائلِ المحْدودِبِ
فرأيـت أنـك فـوق مـا حَلُمَـتْ بــه ... عينـي وقلبـي وأهتـديتُ لمـأربي
مــا زال طيفُـك كالضـحى متألّقـاً ... ببصـيرتي، مـازال قلبـكِ مُطربـي

عســى نجلا تــراكــا

امـــشِ يـــا قلبـــي هُنـــاكـــا ... فعســـــى نجـــلا تـــراكـــــا
إنهـــــا والله عنـــــدي ... مـــا فتـــاةٌ بـــل ملاكـــا
كــلُّ مــا فــي القلــب أضحــى ... هـــو لـلأنثـــى امتـلاكـــا
أنـــتَ يـــا قلبـــي تُعـــاني ... خفِّـــفَ المـــولى عَناكـــا
أنـــت مكبـــوتٌ بحـــبٍّ ... حقـــق المـــولى مُناكـــا

حيوية حب

أحببتِنــي يـا غـادتي حبّـاً خصيـ ـبـاً مُنعشـاً أحيـا البـراري المقفـرةْ
أرخيـتِ شـعرَكِ فـوق رأسـي كلِّـهِ وكأنـــه تـــاجٌ يكلـــلُ قسْـــوَرَةْ
أحبَبْتِني، أنبتِّ بـي من كل شـَـيْ ءٍ أجمـلَ الأشـيـاء، دمـتِ الخَيِّـرة
أحتـاج للحـب العميـق لكـي تكو نَ جميـعُ لـيلاتِ المحبـةِ مُقمِـرةْ
لـولا الهوى يمسي فـؤادي مقبـرةْ لا حِـسَّ لـــي بمكانـــةٍ أو مقْـدِرةْ

غريقةُ الحب

لمــاذا أنــت فــوق الحــدِّ تُلْقــي غرامـكَ لـي بـرغم القـبح فـوقي؟
إذا كـــان الغـــرام بـــلا عيــونٍ فمــن حظــي وأفراحــي ورزقــي
رأيتــك نبــع إحســاس نبيــل أطارحُــه الغــرامَ بكــل شــوقِ
فــأغرَق يــا حبيــب ببحــر قلــبٍ وعقــلٍ فيــك لــم أشــعر بفَتْــق
فغرقَــى الحــب عنـدك فــي نجـاة يطـــالون النجــوم بشــمس عشْــقِ
وهبتُــكَ مــا تشــاء مــن الأمــاني وإن تحــتجْ لشــيء هــاك عُنْقِــي
وصـدقي فـي ودادك فَـوْقَ مـا قـد تمنَّتْــهُ العقـــولُ مـــنَ التَّرَقِّـــي
هَوِيتُـكَ يـا حبيـبُ هـوى شـديدا بـــراه الله حلـــواً وفـــق ذوقـــي

لا حلم لي

لا حلـم لــي إلاّكِ طـول حيـاتي يــا غــادة تــدري عظـيم صـفاتي
يــا جــارةً نظراتهــا تسـقي دمـي عســلاً وأنهــاراً مـــن الجنَّـــاتِ
تلقــي عَلــيَّ مشــاعراً روحيــة تأثيرُهـــا فـــي الـــنفس كالآيـــاتِ

لن تشبع عيني

لن تشبع عيني من رؤياكْ ... لو أن رؤاك كألف رؤى
الطيبة تكسو كل بهاكْ ... وتُخَلِّدُ وجهَك فجرَ ضيا
وسأبقَى أذكر يوم لقاكْ ... يومَ حلولِكَ منزليا
إذْ قلتَ حديثاً فتّاناً ... لم تمزجْ فيهِ أيَّ ريا

سيدتي الموهوبة

عندما تموتْ ... سيدتي الحبيبةْ
فإنني لن أنسى ... أيامها العجيبةْ
أخُطّ فوق ثراها: ... أمرأةٌ موهوبةْ
ما عرَفتْ جفافاً ... بل دائماً خصيبةْ
يا ليتني سجَّلْتُ ... ألحانها الطروبةْ
لكان ذاك الصوتُ ... يُسمِعني هبوبَهْ
ها أنا ذا خلّدْتُ ... روعتها اللبيبةْ
الكل رهْن عجزٍ ... عن وصف ذي الحبيبةْ
فقصتي لديها ... من روعة مشبوبةْ
إني أؤرَخُ حباً ... لمهجة من طيبةْ
كانت أثَرَّ مدادٍ ... لأرسم الشبيبةْ
كانت ضحَى ألوانٍ ... لريشتي السَّكوبةْ
أحبها أجلّها ... لأنها موهوبةْ

اكتبي لي

اكتبي لي عن شعورِكْ

عن رجائكْ

لألبّي الرغباتْ

عبِّري لي بالحروفْ

عبِّري عن كل حاجات النساءْ

أنا نبراسُ الوفاءْ

لاحتياجات الصفاءْ

أنا في فصل الشتاءْ

لحبيباتي كساءْ

وبفصل الصيف ذي القيظِ عراءْ

افتحي المذياع

افتحـــــي المـــــذياعَ قلبــــــي   بالغِنـــــا يهـــــواكِ أكثـــــرْ

واشــــــربي أنخــــابَ حبـــــي   واســــقِني شــــهدا وكــــوثرْ

أنــــا أدري كيــــف أشــــري   قلـــبَ شــــقرائي وأظفـــــرْ

صورُ صوتِكِ

غنِّـــي غَنِّـــي صـــوتُك فنِّـــي ... مـــا دامَ غِنـــاؤك ذا عنِّـــي
وأشِـــيعي فـــي نفســـي جـــوّاً ... يحمـــل نفســـي خلْـــفَ الكـــونِ
يرســـم صـــوتُك خـــطَّ الأفـــق ... يرســـم صـــوتُك لـــونَ الشَّـــفقِ
يرســـم صـــوتك دمـــع العـــين ... يرســـم صـــوتك صـــدرَ الكـــون
عنـــي غنـــي يـــا ســـمرائي ... يَهنـــأْ قلبـــي تَطـــرَبْ أذْنـــي

إني لمجنون

أرجـوك نـامي فـي سـريريَ دائمـاً ... إنـــي أمْـــرؤٌ أبقـــى لســـعدك خادمـــا
أرجـوك نـامي لا خيـالاً واهمـاً ... بـــل واقعـــاً حيّـــاً حنونـــاً راحمـــا
إنـــي لَمجنـــونٌ ولا أرجـــو الشِّـــفا ... وســـعادتي البُقْيـــا بحبـــك هائمـــا
وإليـــكِ يوميّـــا أخـــط قصـــائدي ... وإليـــك أعمـــالي تشـــيد مغانمـــا
صـادَقْتِني وملكـتِ كـلَّ جـوارحي ... وتزيـــد لقيانـــا القلـــوبَ تفاهمـــا

قد نطَّ قلبي

قـــد نـــطّ قلبـــي حـــين نطّـــتْ قِطّـــةٌ ... مـــع أختهـــا مـــن دون ســـابق موعـــدِ
أ أنا سواي وهل رَجَعْتُ إلى الصبا ... حتـــى اقتنـــتْ عينـــاي أروعَ مشـــهدِ ؟

مـــع أختهـــا جلســـتْ أديبـــةُ جلســـةً ... فـــي غرفـــةٍ صُـــبغَتْ بلـــون العســـجدِ
إنـــي أحبـــك لا تخـــالي أننـــي ... ســـأحبُّ غيـــرَكِ لا وربّـــكِ فاشـــهدي

ما أروع التاريخ

جـاءت بصـحبتها حنـونٌ مثلُهـا ... مـا أروع التـاريخ يـوم لقاهمـا
غـذّى لقـائي العـاطفيُ صِـباهُما ... سـبحان مـن لِمَـواطني مَشّـاهما
ألقي على الأولى الزواجَ ، وأكتفي ... ببُنُـوَّةِ الأخـرى ، دمـاي فـداهما

طيوفك

طيوفـكِ أسـعدتنِي كيـفَ أنـتِ ... إذا وجّهـتِ وجهكِ نحـو بيتـي ؟
وَدَفَّـأَتِ الشـتاءَ حرارتانـا ... وَأَنْبَتْنَـا الربيـعَ بكـلّ سَـمْتِ ؟
تعـالَيْ يـا أميرتنـا سـريعاً ... فـأثمنُ مـا لـدينا كَسْـبُ وقـتِ
رأيـتُ التضـحياتِ بطبـعِ بِنْـتٍ ... تعلمـتِ الكـلام بـدون صـوتِ

أبشِرْ فؤادي

أبشـرْ فـؤادي جـاءتِ الأفـراحُ ... مـن حلـوة لسُـلوكها أرتـاحُ
فهي المنى إذْ عشتُ عمري ظامئاً ... حتـى المشـيبِ ومـا لـديَّ مَـراحُ
الحمـد للـرزّاق أشـبع مهجتـي ... ومشـاعري فيمـا أنـا سـبّاحُ..
مـن بعـد سـتّينٍ أتـت لـي نعمـةٌ ... هـي كل مـا تصبو لـه الأطمـاحُ
الحمـد للقيّـوم ضـمّدَ خـافقي ... حتـى شُـفيتُ فلـيس فيـه جـراحُ
أرجـوك يـا حبـي تظـل بجـانبي ... رمزَ الصفاء معي وسوف تُـراحُ
قد ضعتَ عني ألف عام وانقضى ... عنـي الضـياع وزالـت الأشـباحُ
اليـومَ وعـيُ العمـر.. أمّـا سـابقاً ... فهـو الجَهُـولُ.. وجلّـه أتـراحُ
أنـت التـي حققـتِ إنسـانيتي ... ففقهـتُ كـم تتآلـفُ الأرواحُ

نوعُكِ

تاللهِ نوعُك نوعُ حُورٍ قانِتِ
بل فوق ما أخفي بصدري الصامتِ

إيحاء وجهك لي يقود إلى العُلا
فأقوم في تحسين إنسانيتي

ما قدُّك الممشوقُ إلا روضةٌ
للحور تسبح في الضياء اللافتِ..

متعلق أنا في جمالك صادح
متغزلٌ بطيوف أشرف غادةِ

إني مَدينٌ بالمحبة والهدى
لك يا حبيبة في ارتفاع مكانتي

إني مدينٌ بالسعادة والهدى
لك يا غزالة رغم صوتي الباهتِ

إني المدين لشهمة مرموقة
معزولة عن مهجتي وإرادتي

أنا دون مستويات عرشك ليتها
تدنو قليلا من علوّكِ هامتي

فسَمَا للاطمئنان عنك تخيُّلي
وأجاب: إن هناك ألفَ تفاوتِ ..

لا تُكمِلُ الأزمانُ إحساناتِها
لا عدلَ في الدنيا.. كَشَرِّ ثوابِتِ..

وأعود أسبَح في مَدارِكِ خلسة
أو جهرةً وأرى صواب فراستي

إني لَممتزجٌ على جفنيك مُرْ
تَسِمٌ كنخلٍ فوق ماء الواحةِ

أنا ذلك العصفور هبّ مرفرفاً
ما بين صدرك والتفاف الغابةِ

آليت أن يبقى جمالك ناضراً
يسقي احتياجاتي ويرفع رايتي

لو كنتِ لي تغدو النجوم مُشِعَةٌ
إشعاعها الثاني الذي هو آيتي

أما إذا لم تسعفيني بالهوى
وبكل ما ترجوه منك صراحتي

أرجو لك الإسعاد من غيري أنا
وأكونُ لستُ بحاسدٍ أو شامتِ

حسْبي أكون فراشةً رفَّت على
جفنيك أو نهدَيْكِ ذاتَ رهافةِ

أمَلي سيصبح كائنا متواجداً
حيّاً إذا أفسحتِ أيّ مساحةِ

واللهِ تسترعي انتباهي جنةٌ
لك فوق وجهك خيرُها كسحابة

أرنو لعينيك اللتين أقامتا
حصنا منيعاً هازئا بحصانتي ..

لهفي على عينيك والجسم الألى سكنوا أحاسيسي وجذرَ منابِتي
فاسخي عليّ أوِ احرميني كيفما تُمْلين يكفيني اكتشاف سعادتي
إني لمرتحلٌ وفَوراً عائد للبيت محسورا بدون غزالتي
إني لَمسمارٌ غدا متأرجحاً في مغناطيسِ هواك حتى الساعةِ...

هي الماضي والمستقبل

هي الماضي هي الحاضرْ هي المستقبَل الفاخِرْ
أحب معيشتي معها كأني الطائر النادرْ
أهيم بها وطيبتِها هياماً ما لَهُ آخِرْ
أهيم بفكرها السَّامي ودفءِ حنانها الغامِرْ
أحن لها كما يحنو إلى أفراخهِ الطائرْ
وحين رأيتُ لهفتها دخلتُ لجنة القادرْ
هي الرضوان مُدْخِلتي لعدْنِ غرامها الآسرْ
أهيم بحُسْنِ طلعتها بوجه ناعم ساحرْ
بقلب كالنسيم سرى لذبلانٍ غدا ناضرْ
وليت أكون مرتفعا لكعب حذائها الطاهرْ
وليت أكون خادمَها عليها دائما ساهرْ
هي القاضي أنا الراضي بما تمْليه لو جائرْ
أهاجر نحو بسمتها وأجري إنْ تقلْ : هاجِرْ
سأنسى كل مأساةٍ وأبقى للهنا ذاكرْ
أتوب لها وأرجوها فيذعنُ قلبُها الغافرْ ؟
وخير الأجر في جبْرٍ لكل مشاعر الشاعرْ

الجمال الغازي

دخـل الجمــال إلــى فـؤادي فجـأةً
من حُسْن حسناءٍ غزت أمجادي

هـذا الجمـال مُحَرّضـي أن أستقي
منــه رُضــابَ الــوحي والإسـعاد

شــاهدتُ تكوينــاً يسـدُّ حـوائجي
وفقــاً لمــا يصـبو إليــه مـرادي

تكوينهــا طبــقٌ لأصــلِ مَطــالبي
بمُــــؤثِّراتٍ جمّـــــةِ الأبعـــــاد

إنـــي لكـــاتمُ الاشـــتياق بعفّـــة
قسْـــريّة كـــالجمر تحــت رمـــادِ

هــذي المفــاتِنُ مثـلُ حلمـي سـابقاً
فتعيـــدني للحـــب والإيقـــاد

لكـنْ أحـوّل مـا أحِـسّ إلـى الإخـا
لمـــا ســـأعتبر المَـــلا أحفـــادي

وبــذا أخفــف حســرتي لمطــامح
وُئِــدت أمــام العــين بالمرصــاد

مـا إن تعشّـشُ فـي ضـلوعي همّـةٌ
بدَلَ انطلاقي.. أرتمي في الوادي

يا حبيبا

يا حبيباً فوق أرض الدار نامْ

هل تُرى شاهدْتَني وقت المنامْ ؟

قمرٌ أنت بأعماق الظلامْ

تسكب الروح لقلبي والسَّلامْ

وتواسيني بعطف وانسجامْ

يا حلوة الأحلام

يـا حلـوة الأحـلام حبـي مـا اْختبـاْ لبثينـــــةٍ وخديجـــــةَ ولزينبـــــا..
هِمنـــا بزوجـــات الرســـول وآلِــهِ وهيامنـــا الســـامي لهـــم بلَـــغَ الـــذبى
ســبحان راســمِكِ الــدقيق برسْــمِهِ شــفتَيْنِ مــن ثمــرات عــدْنٍ أطيبــا
ســبحان خـــالق حلـــوةٍ مـــا مثلهـــا أحــدٌ خــلا الأبــوين مهمــا شُــيّبا
أرنـــو لهـــا بعيـــون قلـــب معجـــبٍ قـــال المحاســـنُ عنـــدها لـــن تُحجَبـــا
ســبحان خـــالق قامـــةٍ مـــن مرمـــرٍ تـــوحي لشَـــعرٍ صـــيتُهُ قـــد غَـــرَّبـــا..
ويـــلاه مـــن أبـــوين يخترعـــان مـــا فـــوق الطبيعـــة شـــادِناً أو كوكبـــا...
أحببتُهـــا وأردت أصـــبِح زوجَهـــا مهمـــا شـــعُرْتُ بأنـــهُ ولّـــى الصـــبا

هذي الأنوثة

هـــذي الأنوثـــة لـــيس تقبـــل طائشـــاً مثلـــي ومشْـــغوفاً بفعـــل خَطايـــا
لـــو كنـــتُ متّزنـــاً وطـــولي فارعـــاً لتعلقـــتْ مـــا فكـــرتْ بســـوايا
هنّـــاكِ ربـــك فـــي التخلص مـــن أذىً قـــد كـــان مفترَضـــاً يكـــون أذايـــا
مرحـــى لفقـــر كـــان فـــرّق شـــملنا كـــيلا تعيشـــي هشّـــة بحمايـــا
الشـــاعر المظلـــوم مجنـــونٌ ومـــا إلا رفـــاهُ أكرمـــت مثوايـــا

عيناك بدْرانِ

أصبحتْ عيني تُريني كلَّ أنثى دونَ ظِفْرِكَ
وجثَتْ أعلى الرواسي لك مثل الأوديةِ
كلُّ أنثى لم تعد تملؤ عيني مثلما أنتِ ملأتِ
إنما عيناك بدْرانِ أبادا كلَّ أضواءِ النساءِ
كل نجم يتلاشى كلما أنت سطعتِ
إنني الفارغُ حقاً كلما عني ابتعدتِ
إنني كبشُ فداءٍ ومتى شئتِ ذَبَحْتِ
أنا منخورُ عظامٍ وحياةٍ إنْ صددتِ
فانظري في أمر عمري واعدِلي فيما أمرتِ

تعبتُ من التأمل

بسماتنا كانت كمثل سِوارِ ... نظراتُنا كانت كمثلِ شَرارِ
ما بيننا إلا مقاعدُ خمسة ... وغرقتُ في شعري وفي استشعاري
حتى تعبتُ من التأمل قائلاً: ... يا وجهَها أغرب عن مدى إبصاري

لو كنتِ هاويتي

اليأس محتدمٌ وإني راغبٌ ... أن أسحبَ الخطواتِ نحو بلادي
إني غريب ها هنا رغم الهوى ... هو رابطي بحواضرٍ وبَوَادِ
تَعِسٌ أنا والحمد لله الذي ... يثني على المكروه منه فؤادي
لو كنتِ هاويتي لكنتِ تَركْتِني ... أمضي سريعاً دون أيِّ عنَادِ

عانيتُ حبَّكِ

عانيت حبك في أقصى مراحِلِهِ ... وعُدْتِ بي لشبابي في أوائِلِهِ
كسوتُ جسمك أزهاراً وأردية ... فصار أكثرَ إمتاعاً لواصِلِهِ
نُخفي محبتنا ما من مصارحة ... والحب محتدماً في قلب حامِلِهِ
لما تسمَّرْتِ كالتِّمثال في كَنَفي ... أيقنْتُ سبْقَكِ للمرْمَى بكامِلِهِ
لما تضوَّعْتِ عطرا في مقابلتي ... أيقنت حبك للمعنى وفاعِلِهِ
أخصبْتِ حبي برغم القحط في غصُني ... لله درُّ خبيرٍ في تعامُلِهِ
قَصَّ انعطافُك أرياشي وأجنحتي ... عن أطير بعيداً عن سواحِلِهِ
سكنتِ كلَّ خيالاتي وأفئدتي ... وصرتُ أنهل من أصفى مناهِلِهِ
في الواقعيَّة كم صعبٌ تناوُلُهُ ... إنَّا نعيش خيالاً في تناولِهِ
وصرت أسبح يوميّا بأنجمِهِ ... وصرت أبحر في أقصى دواخِلِهِ
أنعِمْ بقدْرِكِ كم تدرين مقدرتي ... وتعرفين مقامي في أصائِلِهِ
صيَّرْتِني تابعاً عينيك مرتشفاً ... سحرَ السعادة من ريَّا خمائِلِهِ
إني لَأبذُلُ جهداً لا انتهاء له ... كيلا أُضيعَ شعوراً في مشاعِلِهِ
أرجوكِ صُبِّي حنانا لا حدود له ... أرجوك لا تحرميني من جداوِلِهِ
أحلى المحبة من أنثى طهارتها ... طهارةُ الثلج في أعلى مهاطِلِهِ
نرجوكَ يا ربنا إشباعَ خافقنا ... كما يرومُ ونسمو في تكامُلِهِ

من الخلد هطلتْ غادةٌ

من الخلد لي هطلتْ غادةٌ أكاد أَجَنّ بأخلاقها
لقد جذبتْني بكل قواها وأصبحتُ نهبَا لأشواقها
حَمِدْتُ الإله لإنعامه عليّ بأنواع أرزاقها
شكرْتُ أباها الذي اختصَّني بها رغم آلاف عشّاقها
سلامة والدها من سَقام وتشفيه أدواءُ خَلاَّقها
لديها جمالٌ يغذي القلوب جمال الشموس بإشراقها
ولم أرَ طول حياتي مثيلاً لها أو زهوراً كأوراقها
لها ألفُ حسْنٍ عميقٍ وبادٍ لأنهلَ من عذْبِ تَرياقِها
لها ألف فخرٍ بمليون ذُخْرٍ وأعظَمُهُ فنُّ أطباقِها
لكلٍّ نصيبٌ مِنَ اسمِهِ دوماً جميع المنى تحت أطواقِها
فللَّهِ درُّ فتاةٍ تربّت وخلخالُ مَجْدٍ على ساقِها..

أجيء إليكِ وقت الصبح

أحقق بعض أحلامي بحبٍّ واعدٍ طامِ
أجيئ إليكِ في شوق لأشهد وجهكِ السامي
أجيء إليك وقت الصُّبْـ ـحِ أهوَى ضوءَهُ الحامي
أحبُّ الجنسَ وقت الصبـ ـح فيه رفيف أعلامي
وفيه نشاطُ ضِرغامي وفيه زوالُ الآمي
أجيء إليكِ وقت الصـ ـبح أكره أي إظلامِ

حديث الورود

حديثُ الورود حديثُ الوجودِ   حديثُ العذارى لقلبي الوَدودِ
حديثُ النهودِ حديث انجذابي   لِعَيشي على السَّرْجِ حتى لحودي
وداعاً.. وأرجو وصية عمري :   أُغَيَّبُ في مَرْج وادي الصَّديدِ
فمَن ليس يدري سيدري قريباً   بأن الصديدَ منابتُ جُود
فما لستَ تلقاه أنت عزيزاً   تراه الملائكُ أغلى العقودِ
وبرهانُ ذلك روثُ الدوابِّ   يغذّي النباتَ وأبهى الورودِ
وشتمك لله إثم كبير   ولكنه مكسبٌ للمَريدِ
وتحيا الجراثيم حول الخلايا   وتزهو النجوم على كل سُودِ
بأنّاتِ صدري شفاءُ حبيبي   وإثباتُ حبِّي، ومَبْكَى حَسودي
وخيرُ دليل يريك التناقـ   ـضَ أنَّ العقيدةَ ضدُّ الجُحُودِ
تحرّرْتُ من نهج شعري القديمِ   ووجهتُ عزمي لنهج جديدِ
وحطمتُ كلَّ قيودِ الفناءِ   وأصبحتُ أطرق بابَ الخلودِ
تحرّرتُ من كل قيدٍ ومعنى   يُجافي شعوري ويُرْضي جمودي
لقد كنتُ عبداً لتقليدٍ ماضٍ   غريبٍ مُبيدٍ لفنّ القصيدِ
أقمْتُ التحرّرَ فوراً وفجّرْ   ـتُ بركانَ فني المفيدِ
لأحتلَّ للشعر نجماً جديدا   بما الله يرزقني مِن جنودِ
إلهي الكريمُ سألتكَ هَدْيِي   صراطا مفيداً لكل الوجود؟

الإنسان وحفر الزمان

تعـــالوا وصـــلّوا وقولـــوا: تَـــرَدّى
بحفـــرة حـــب وفيهـــا انـــدثرْ
لقـــد غـــاص فيهـــا بـــرغم الخطَـــرْ
ورغـــم اكتســـابه بُعـــدَ النَّظَـــرْ
وعِلْمـــه أنَّ الحيـــاة حُفَـــرْ

أبيات متنوعة في ملهماتي حبيباتي

هـذي السـهام تباعـدت عـن عينـي ... لكنهـا سـكنتْ خلايـا ذهنـي
مـن جلسـة أحـد بـدون ثنائهـا ... قد أثّرت بـي، كيـف سـاعةَ تُثنِـي؟
إحساسـها وحضـورها وصـفاؤها ... أسُـسٌ عليهـا فـنُّ شـعري يَبنِـي

****

أنـا حَيثمـا وجَّهْـتُ وجهـي وردةٌ ... أو درّة ولآلـــئُ وجُمـــانُ..

****

صـديقة عيشـتي حتـى مماتي ... وخيـر المـوت فـي حضـن البنـاتِ

****

نظـرة بـدء الهـوى ثـم ابتسـامةْ ... فسـلام فوعـود فإقامـةْ

****

إيـــاك أن تتـأخَّـــرْ ... يـــا فاتنـي يـــا أشقـــر

إنـــي أحبـــك أكثـــر   مـــن كـــل مـــن تتصـــوّر

****

رأيتـك فـي دمشـق تفـيض عشـقا   رجوتـك طـول هـذا الصيف تبقـى

لمحتـك فـي الشـآم كخيـر ذخـر   أعــود إليــه حــين أفـيض شــوقا

****

شـــعرك الأشـــقر تـــاج   بضــــياء الشـــمس يـــزري

وبعينيـــــك ســـــماء   لونهــــا الأزرق يغــــري

****

رُدّي الخِمارَ ونافسي الأقمارا   لا بــدَّ يومــاً أن أراكِ جهــارا

****

جـــاء محتاجـــاً إليهـــا   وارتـــمَى بيـــن يديهـــا

وقضـــى منهـــا الأمانـــي   بِرَسيـــسٍ مـــن حنـــانِ

****

متـى ستجيء إلـيّ الصبايـا   متـى ستحـل علـيّ البلايـا ؟

****

خذونـي خذونـي إلـى حبِّكـنَّ   فإنـي حريـصٌ علـى سعدكـنَّ

****

يَقـْطـُــنُ قلبـــي فـــي كـَفِّـــي   نتصافــحُ يتأجــجُ جوفـــي

****

أنـــا لا أصـــدق أنّ عنـــدي وردةً مزروعــةً لــي فــي جنــان الأيــكِ

هــي وردة فيهــا مَعــانٍ لــم يحــز منهــا جميــع النــاس غيــر الشــوكِ

****

وجمــال وجهـك يــا حبيبــة يُـرْدِي وأرى ابتســـامك مُشــرقاً بالمجــدِ

الحــب يعــرف أننــي مــا وحــدي بــل ألــف ألــف غُيّبــوا فــي اللحــدِ

****

لـــــو خانـــــت العيـــــونْ

القلـــــــب لا يخـــــــونْ

والمجـــــــد أن نكـــــــونْ

فـــــي الســـــر مخلصـــــينْ

****

مــن أجــل الحــبِّ ملايـينَ الخطـوات أسـير ولا أتعـبْ

إنْ كــان الموعــد مضـبوطا لحبيـب حَــقٍّ لا يلعــبْ

****

كانـــــتْ نظراتـــــكِ جارحـــــةً صـــــارت نظراتـــــكِ عاطفـــــةً

وستمســـــي مثلـــــي لا هفـــــةً

الفصل السادس

أبيات على أجسام البنات

هل الحب الجنسي إلا فحولة وأنوثة وصحة ومشتقاتهما من الانعكاسات الواقعية والخيالية والمشاعر الأرضية والعلوية، وإن ذبلت الصحة ذبل الحب وربما بقيت طلولٌ من منشآته وأريجٌ من زهراته، وأصداءٌ من نغماته....

فكتبت مختلِفَ القصائد في حوريات الأرض واصفاً أجسامهن البضَّة التي تشرح الصدور وتثقف العقول بالجمال والعشق..

قابلتُهـــا قبّلـــتُ خـــدا ناضـــراً　　　لا ينـــزوي عنـــي ولا ينســـاني

قابلتهـــا أمســـكت ثـــديا رائعـــاً　　　يهـــدي إلـــيّ روائـــع الخَفَقَـــان

فأنا كنت أضاجع الطيوف وأنا أكتب على الورق في فصول الكبت الجنسي التام أو شبه التام، أما بعد أن أتيح لي كل شيىء بالزواج توقفتْ كتابتي الجنسية والغرامية والعاطفية عن التناسل لأن أشواقي وطاقاتي أفرغت كليا في أماكنها المخصصة لها بدلا من أن تتشكل على الورق كقصائد وكتابات معظمها انعكاسات جنسية..

أنـــامُ جِـــوار غضَّـــات الإهـــابِ　　　وأحـــرص أن أكـــون بـــلا ثيـــابِ

أحـــب مـــن النســـاء يقلـــن: هيّـــا　　　لأحضِـــنهنّ مـــن دون اغتصـــابِ

الشاعر

تعالي لنا

تعـــالي لنـــا .. الـــى بيتنـــا ..
فإننـــا نعـــزّكِ .. وكلنـــا نريـــدكِ

الامَ النـــوى .. وهـــذا الجـــوى ..
لبُعدِنا وبعدكِ .. وشـوقنا لأنسكِ؟

هنـــا منزلـــي .. مـــريحٌ علـــي ..
مشـابهٌ لبيتـك .. وفيـه مَـن يحبـك ..

مضـت أسـرتي .. إلـى النزهـةِ ..
وهـا أنـا أمامـكِ .. مفكـرٌ بضـمّكِ ..

فهيـــا انزلـــي .. ولا تخجلـــي ..
فبيتنـا كبيتـكِ .. وسـعدنا بقربـكِ ..

وإلّا أنـــا .. أفِـــي وغـْــدَنا ..
لنلتقي ببيتِكِ .. ألستِ أنت وحدكِ؟

وأمـرنـــا لـرأيـكِ .

أرجوك هيّا

أرجـــوك هيّـــا يـــا حبيبـــي هيّـــا
أقبِـلْ إلـى بيتـي الـذي يتهيَّـا..

أرجـوك واصـلني بأقصـى سـرعة
إنـي أمْـرؤٌ مـن أجـل حبـك أحيـا

لـم أدر مـا طعـمَ السـعادة حَـقِّها
مـن قبـلِ أن آويـك فـي عينيَّـا

شـكراً مـلأتِ علـيّ كـل شـواغري
شـــكراً دفعـــتِ مســيرتي للعَلْيـــا

لا أستطيع العيش عبر هواتف

دومـــاً بأســلاك الهواتـــف نرتمـــي
لا نلتقـــي إلا بـــأعلى الأنجـــمِ

لا أســتطيع العـيش عبـر هواتـف
أرجـوك فـي بيتـي تكـون مُكَلِّمـي

لا تُتْـــبِعَنَّ رســـالةً برســـالةٍ
فـي هـاتفي فأنـا فهمْـتُ مُفَهِّمـي

بيتي فارغ

كنت أرنو إليها خجلاً راجيًا أن أدعوَها إلى بيتي وهمستْ نفسي في أذُن نفسي:

آهِ لـــــولا الخجَـــــلُ   قلــــتُ : أنــــتِ الأمـــلُ

ثم انتهكتُ ستارَ الخجل وقلت لها هذه القصيدة:

أقبلــــــي لاتخجلــــــي   أملــــــي بالقُبَــــــلِ
خَلـــوة فـــي المنـــزلِ   فرصـــــةٌ للغـــــزلِ
إن بيتـــــي فـــــارغُ   وهـــو وقـــت ســـائغُ
إن ذهنــــي زائـــــغُ   وفـــؤادي والـــــغُ
هـــاكِ منـــي لَمْسَـــتا   تســـــتثير الرِّعشـــــتا
هـــاكِ منـــي لَثْمَتـــا   لـــيس تُنْســـي اللـــذَتا
واســـمحي لـــي بالتحـــامْ   لـــيس يُتْلَـــى بانقســـامْ
مـــدِّدي هـــذا القـــوامْ   نـــارُهُ تُحْيِـــي العظـــامْ
افتحــــي أعماقَـــكِ   وانزحـــي أشـــواقَكِ
انتهـــى إحراقــــكِ   لـــم أرِدْ ارهاقَـــكِ

احتراق

أمرُّ أمام غرفتها فتســـخو فـــي تحيتهـــا
ويســـري العطـــرُ والألحـــان مـــن إيقـــاع خطوتهـــا
ويجثـــو البحـــرُ إجـــلالاً وإعجابـــاً بطلعتهـــا
يـــدرّ الـــوردُ أنفاســـاً تُمـــازِجُ عطـــرَ روضـــتها

قبلتي الأولى

دوّت الـعـاشـــــــــــــرةْ
إلا الرُّبُـــعـــــــــــــا
عندمـــــــا الـسـاحـــــرة
قلبهـــــــا خـضـعـــــا
بـعــــــد أن ظـلـــــت بـــــصَدٍّ
سنـــــــواتٍ أربعـــــــا
وفــــــــؤادي قـُطِّـعـــــا
ورجائــــــــي ضُيِّعـــــا
هبطـــــتْ مــــن بيتهـــا كالطائـــــرةْ
فـــــــي مطــــــاري سائـــــرةْ
ثـــــم كــــــادت تنثنـــــي للقاهـــــرة
خَـــشيةً مــــن ألـــــف عيــــن جائـــــرة
أهِ لــــــولا رَمَقاتـــــي الســــــاحرةْ
أجبـرَتْهـــــا أن تظـــــلّ السَّائـــــرةْ
نـزلـــــتْ لمّـــــا دعـــــوتُ
لتلبّـــــي مــــا طلبْـــــتُ

****

ودنـــــتْ منــــــي قَطُوفـــــا
فـــــي اضطـــــراب حائــــــرةْ
ســـــمعتْ منّـــــي رفيفـــــا
فـالتمســـــنا الساتـــــــرةْ

في الظلال الشاعرةْ
حاورتني حائرةّ
هل تُخَلّي
أم تُولّي...
وبعينٍ آمرةْ
وبروح طاهرةْ
طاوعتني
فاقتربتُ وجنيتُ..
قبلة كالورد حمرا عاطرةْ
من شفاهٍ ناضرةْ
وطَفَا الصدرُ لَجُوجاً
فوق صدر الساحرةْ
مثلما في البحر تطفو الباخرةْ
إنني أطرب فخرا
عندما أوَّلَ مرةْ
أنا عانقتُ أقَبِّلّ
كانت البنتُ عفيفةْ
ذات أخلاق شريفةْ
وبغيري ليس نَقْبَلْ
إنَّ هذا ما جنَيْنا
بعد مرِّ السنواتْ
قبلة قدّستْنا
ليس فيها شهواتْ

نحـــــــن أبنــــــــاء الشبيبــــــــةْ
ننتشــــــــــي بـالذكريـــــــــاتْ
نحـــــــن إن نـــــــرُزقْ حبيبـــــــةْ
نعتصـــــــمْ طـــــــول الحيـــــــاةْ
والخــــــــدود الناضــــــــرةْ
ذكرياتــــــــي المُـــــــــزْهِراتْ
ودَّعتنــــــــي الساحــــــــرة
بعيــــــــون شاكــــــــرةْ
واصطحبــــــتُ الليــــــلَ أُحْيِــــــي
فيــــــه ذكــــــرى ساهــــــرةْ
مــــــعَ أنثــــــى طاهــــــرةْ
فقدحــــــــتُ الذاكــــــــرةْ
وأعـــــــــدتُ الدائـــــــــرةْ
مــــــن نــــــزول الساحــــــرةْ
وإلــــــى جنْــــيِ الزهــــور العاطــــرةْ
إذْ لأوَّلْ ....
مــــــرةٍ فيهــــــا أقبِّــــــلْ
كانــــــت البنــــــتُ عفيفــــــةْ
ذات أخــــــلاق لطيفــــــةْ
ولحبــــــي ليــــــس تُبْــــــدِلْ
إننــــــي أفخــــــر جــــــدا
أننــــــي قبلّــــــتُ مثلَــــــكْ
يــــا ملاكــــاً مــــن أزاهيــــرَ وليلَــــكْ

فماذا لو؟؟؟

فمــــــاذا لــــــو تقابَلْنـــــــا
وراح النخـــــلُ ينعطـــــفُ؟
وراحـــت روحُنـــا تَجـــِفُ
وراح الجســـم يقتـــــرفُ
أحـــب الـــبطن والظهـــرا
أحـــب الإثـــم والبـــرَّا
أحـــب حبيبـــة مِـــن عشـــقنا ســـكرى
وأقسم لو كفتني الرِّيَّ لن أرنو إلى أخرى.

مجاميع قلبي

مجـــاميع قلبـــي اســـتقادتْ إليـــكِ
وأرجـــو حيـــاتي تكـــون لـــديكِ
تـعـالـي أيـا حـافـزَ الـفـن عنـدي
فلـــولاك أفقـــدُ جنَّـــاتِ أيْـــكِ
يكـــاد شـــهيقي يـــزول فـــأرجو
شـهيقـــي يعـــود يضـــوعُ عليـــكِ
أ مَـــا العمـــر إلا شـــهيـــقٌ وإلا أمـــ
ـــتصاصاتُ شَـهْدٍ علـــى شفتيـــكِ ؟
إذا لـــم أعـانقْـــكِ لـــن أستقيـــمَ
ومـــا البركـــات تهـــلّ عليـــكِ
إذا مـــا خزنـــتُ اشـــتياقي إليـــك
تضـــيء عيـــوني علـــى منكبيـــكِ
تعـــالي فمـــا أجمـــل العمـــرَ نومـــاً
علـــى ضِـــفَّتَيْكِ بـــأمتعِ "أيْـــكِ"

خصر عالميُّ التِّقْنِيـاتِ

تحت جفنيها استظلت ألفُ شمس ... برموش ألبست كل العُراةِ

ما برا الباري جمالاً كيديها ... وكخصرٍ عالميِّ التِّقْنِياتِ

مُذْ تَمَنَّى الدهر أن ينشيء أخرى ... مثلها ما حاز غيرَ الحسراتِ

كلنا حول جناحيها سُكارى ... كلنا من حولها كالحشرات

أنا شحاذٌ أناجي الحُسْنَ هذا ... فاقدَ الوعي أعاني من شتاتي

إنني المنقضّ كالليث عليها ... أعصر النهد شريةَ الرَّضَعاتِ

أنشأ القيُّوم طبعي همجِيّاً ... أقطف الحلوة قطفَ الشجراتِ

مثلما تبتلع الأرض الغوادي ... أنا مَن أبلعُ حسْنَ الغانيات

كل يوم طيفُها يسلب عقلي ... بالغاً رتْبَةَ نِسْياني لِذاتي

إنَّ عندي اللهفةَ الخضراءَ تأوي ... مثلما يأوي ابن آوى للمهاة

إنها أنثى أشادت ملَكاتي ... جعلتني مبصراً في الظلماتِ

مثلا أهجم في الحلم عليها ... فتشجُّ البنتُ رأسي بالحصاةِ

يكره الدنيا التي لا عدلَ فيها ... قلمي المحرومُ من كلِّ دواةِ

كل جوف أنا أهواه وأَعْلي ... جوف لحدي فهو يحوي كنْهَ ذاتي

عيناك أسكرتا قلبي

عينــــاكِ أســـكرتا فـــؤاداً معجبـــا بجمالـــــك الفتـــــانِ يــــا إســـعافُ
إســـعاف هـــاتي موعـــدا لعلاقـــة ناريَّـــــــة.. إن الرجـــــا وقّـــــافُ
ستـرَيْنَ شخصـا مُوْلَعـاً بـك ناشـطاً يتــــذبّح الأثــــداء وهــــي خِــــرافُ
مـــا دِيمـــة العينــــين إلا منبعـــاً أسـخى مـن الينبـوع حـين يُطـافُ
هـــل تســـتطيبين الفـــراق حبيبتـــي عنـــي ولا يبكـــي لـــك الصفصـــافُ؟
عينــــاك حرّكتـــا محيطـــاً نائمـــاً فطغَـــى علـــيّ البحـــر والإعصـــافُ

اخفضي صدرك لي

اخفضـــــي صـــــدرك لـــــي حـــــان القطـــــافُ
اشـــــهدي الأغصـــــانَ كـــــم فيهـــــا التفـــــافُ
والنســــيمَ العــــــذبَ تلقـــــاه الضـــــفافُ
اخضـعي لـي لـيس عنـدي يـا حبيبـي مـا يُخـافُ..
بـــــل هنـــــاءٌ وأمـــــانٌ وانكشـــــافٌ واكتشـــــافُ
نـدمٌ يعـروك مِمّـا مـرَّ مـن عمـر ومـا كـان ائـتلافُ
اخضـــــعي لـــــي لتـــــري أنَّ غرامـــــي لا يُعـــــافُ
وتحِسّـــــي أنَ عنِّـــــي لـــــيس يُجْـــــديك انصـــــرافُ
أنـــــا معنـــــى العمـــــر مـــــا فيـــــه انحـــــرافُ

خذيني جميعي

تعـــالي لِنُنْشِـــي علـــى الـــورَقِ بيوتـــاً مِـــنَ الشـــعر لـــم تُطْـــرَقِ
ســأقلب شــعري أفــاعي وشــوكاً وأشـــياء شـــتى لكـــي تقلقـــي
كلامـــيَ سُـــمٌ وشـــتمٌ ولـــوُمٌ وآهـــاتُ ضـــيقٍ بنـــا مُحْـــدِقُ
كلامـــي بـــالنور مغتســلٌ كـــي يعيـــدَ لنـــا روعـــةَ الألَـــقِ
خـــذي حَبَقـــي وخـــذي عَبَقِـــي خـــذي شـــبَقي وخـــذي رمَقـــي
لنبنـــي قصـــوراً علـــى الأفـــقِ مـــن النـــار والحـــب والشـــفقِ
بقلبـــك أدفـــن شـــوقي الشَّـــقِي وأدفـــن روحـــي لـــدى النفـــقِ
سأصـــهر فيـــك وجـــودي النَّقِـــي أحِـــبُّ المـــروجَ التـــي تســـتقي
ســـأدخل ثـــوراً يحقـــق أحـــلا مَـــكِ النـــاظرات إلـــى المَشـــرِقِ
إلـــى الشـــوق والمـــوج والغـــرق وللغـــور فـــي العـــالم المُحْـــرِقِ
خـــذيني جميعـــي ولا تقلقـــي فـــإني بغيـــرك لـــم أعْلَـــقِ..

يحترق العاشق من أجلي

يحتـــرق العاشـــق مـــن أجلـــي وأنـــا مـــن أشـــواقي أغلـــي
وأرِقّ لأشـــــــواقه حتـــــــى لعميـــــق جمالـــــه أســـــتجلي
ويحـــــب جميـــــع كتابـــــاتي وأنـــــا لغنائـــــه أســـــتحلي
وأقـــيم الحـــب خُطـــىً فخُطـــىً حتـــــى بالكامـــــل أســـــتولي

شوقٌ وخوف

أخشـــــــى أنـــــــا الـــوصـــــــال
فـــــــي مــنـــــزل خــطــــــــرْ
أريـــــــد فـــــــي الأمـــــــان
وإلا أعـتـــــــــــــــــــــــذِرْ
لا خـوفـــــاً مـــــن وجـدانــــــي
بـــــل خـــــوفٌ أن ترانـــــا
أمـــــك فـــــي الـتـقـانـــــا
وتـهـــــــدم الأمـانـــــــي

في التصاق دائمٍ

الفاتنـــات رحـيقهن مقـــدَّسٌ
لا ينتهـــي بـــالوَطء والقـــبلاتِ

فـــي كـل إشـباع نزيـد تلهفـــا
لإعـــادة الإشبـــاع واللهفـــاتِ

أرجـو أكـون كمـا تحـب حبيبتـي
وأسُـــرُّها بتعمـــق الخُطْـــواتِ

يـا ليـت نبقـى فـي التصـاق دائـمٍ
بجميـع أنـواع الغـراء العـاتي

كالفجر الساطع

كالفجر الساطع بعد الليل دخلتِ الفكرَ بلا إذْنٍ
كتفتُّق زنبقةٍ في الكمُّ، تفتّق وُدكِ في عيني
يتألق قلبُك بالإخلاص، وجِلْدك بضياء الحُسْنِ ...

من أنت ؟؟

مَــــن أنـــتِ يـــا حلـــوةْ
فـــــي ليلـــــة الخَلـــــوةْ؟
صيّرْتِنـــــي نــــــارا
نيرانهـــــا قـــــوَّةْ
وأحلْتِنــــــي طيــــــرا
فـــــي الأوجِ والهُـــــوّةْ
أغـــــدو كسبّـــــاح
فـــــي أبحُــــرِ الشهـــــوةْ
أغـــــدو كزنبقـــــة
فـــــي وجهـــك النّضِــــرِ
مـــــن روحـــكِ الحلـــــوةْ
أصبحــــت ذا ثـــــروةْ
بالحــــب والفِكَـــــرِ
إيـــــاك أن تنسَــــيْ
أيامــــنا الحلـــــوةْ

ياوردتي

لـم تـذبلي مـن مهجتـي يـا وردتـي — مـن خمـس أيـام أتيـت لغرفتـي
لـم يـذبلِ العطـر الحنـون ولا صـدى — ضـحكاتك الجـذلَى وطعـمَ القبلَـةِ
لـم أنـس أوقاتـاً جَلَسْـتِ بجـانبي — نُحْيـي الهـوى بتعـاطفٍ ومـودةِ
لـم تـذبلي مادمـت عشـتِ لتنهلـي — مـن أدمعـي ومشـاعري ومحبّتـي

طالما عيناك

ياحبيبـــــي ســـــوف أهـــــواك طويــــلا
طــالمـــــا عينــــاك تجــــري سلسبيــــلا
طــالمـــــا شفتــــاك شهــــــوةْ
اخلعـــي كـــل إزار بينـنـــا فـالثـــوبُ جفـــوة
ســـــوف أغـــــزوك بـقســـــوةْ
نـافخـــــا فيـــــك الحيــــــاة
حيث أفراحـي وخيـري حيث آوي خيـر هـوّةْ
يـا حبيبـي اسعديني وامنحيـنـي خيـر نـشوةْ
نحــن أمسَيـنـا كـلانـا واحـدا زُرّاً وعــروةْ
كـــم قـرأنـــا: إنَّ فـــي الوحـــدة قـــوّةْ
يـــــــا حـبـيـبـــــــــي

جسمها الناري

هـــي تُبـــدي جســـمَها النـــاريَّ دومـــا لـــي وتعـــرِضْ
لـــمَ دومـــاً أتحاشَـــى ؟؟ فـــي غـــد إنـــي ســـأفرِضْ
ســـوف أدعوهـــا لبيتـــي للقـــائي المتغـــرِّضْ

الشوق مزدحم إليك

الشوق مزدحم إليك ولم أزلْ

أمحو الخجلْ

ما دام يدفعني الأمل

نحو الترقي بالغزل

نحو السباحة في المقل

ما دام نهدك حاضني طول الأجل

أمتصُّه وأشمه وأذوقه مثل العسل

ثديٌ جثوت له بإجلال الثّمِـلْ

وأدير ذاكرتي إليه وما بغيره أنشغلْ

أحـْلَلـْتِ حبي موقعاً فوق الجبلْ

ما قلتِ لي كلا ولا انسلَّ المللْ

إذْ إنّ حبــك لي يحالفه العملْ

إذ ْ إنّ وُدَّكِ لي ودادٌ متصِلْ

حتى الأجل

وإليك أخفض هامتي شكراً وإجلالاً لموقفك البطلْ

هو موقف الصدق الذي لا يرتضي نهجَ الدجلْ

إنـّا كبارٌ بالمحبة والقبلْ

مهما اكتهلنا فالمحبة بيننا لن تكتهلْ

والحب باق بيننا ما دام مشتعلا زُحلْ

قبلة التعبد

يــا قبلـــة مـــن ثغرهـــا
تحرقنـــي فـــي جمرِهـــا

يـــا قبلـــة تســـري معـــي
فـــي نشـــوة مـــن سُـــكْرِها

قـــولي إليهـــا إننـــي
مستســـــلمٌ لـــــذكْرِها

قـــولي لهـــا بسْـــمَتُها
تسْـــبي النُّهـــى بســـحرِها

قـــولي لهـــا أرواحنـــا
تتبعهـــا فـــي ســـيرِها

قـــولي لهـــا إعجابنـــا
ذوَى بليـــلِ شَـــعرِها

قـــولي لهـــا إنـــي أنـــا
مُتيَّـــمٌ بطهرِهـــا

اقتربـــي مِـــن مقعـــدي
يـــا قبلـــة التعبّـــدِ

مـــن قلبهـــا توَقَّـــدي
مـــن طُهرهـــا تمَجَّـــدي

هـــذي يـــدي توسَّـــدي
كـــلُّ المنـــى أن تســـعَدي

عيشـــي معـــي طـــول المـــدى
إيـــاك أن تبتعـــدي

قُبْلتُهـــا لا تُنْتَسَـــى
تفـــوح بـــالعطر النَّـــدِي

يـــومَ أنـــا قبّلتُهـــا
قـــد كـــان يـــومَ مولـــدي

منشغلٌ بلعقك

تـركـــت النــــار تشـتعـــلُ
وجئـــتُ إليـــك أبتهـــلُ

فهـــا لـــك هامتـــي ركعـــتْ
ومُلْكُـــك هـــذه القبـــلُ

وإنـــي الآن منشـــغلٌ
بلعْقـــك أيهـــا العســـلُ

أنا نار

نـــارٌ نـــارٌ نـــارْ جسمـــي روحـــي عقلـــي نـــارْ
لهـــبٌ يضْـــرَى قِـــدْرٌ فـــارْ شفـــــةٌ جذلـــــى بـالأنـهـــــارْ
مَـن لـم طـول العمـر صحـت للـــروعة تـأتينـــي فـــي الـــدارْ
لتـــرى عُمْـــراً لـــن تنســاه عُمْـــراً جنســـيَّاً جبَّـــارْ
لا يعقبـــــه مـــوت أبـــدا بـــل هـو حـبٌّ فـــي استمـــرارْ
وتـزيـــد الـروعـــة والنشـــوى مـــن بعـــد المـــرة والتكـــرارْ
أنـــا لا أنـــدم بعـــد الإنـهـــاْ بـــل يـــزداد الشـــوق شـــرارْ
قلبـــي يـــزهو بـالأنـــوار مهمـــا عانـــى العـــزمُ دمـــارْ
مـــن أوصافـــي أنـــي روحـــيّ إنَّ المـــادَّةَ قـــد تنهـــارْ
فتعـــوّض روحـــي مـــا استنزَفْـــ تـُـه مـن مجـهـود واسـتـثـمـارْ
وتعيـد الحـبَّ إلـى التطويـر كيـــلا ينفـــد حبـــي الحـــارّْ
أنـــا فـــي ثغـــري قبلـــة سحـــر دومـــا تضْـــرَى فيهـــا النـــارْ
فلعَلِّـــي أمنحـــكِ خلـــودا لمّـــا تـَرمـــين الأستـــارْ
العيـــش بجنـــة تهيامـــي أقمـــارٌ تـرفدُهـــا أقمـــارْ

أهوى جمالكِ

أهوى جمالكِ مسحوراً فأصرخ لن أهوى سواكِ طوال العمر من أَحَدِ
أمتص منك جميع الشهد منتظرا شـهداً جديـداً لـديك الليـلَ أو بغَـدِ
الصـحو يعقبــه نــوم ويعقبــه صـحو ونـوم كفقري بعدهُ رغَدِي
لمّـا يزيـد أشـتياقي أمتطـي غـزَلاً نجـري عليـه معـاً للعـالم الأبـدي

أعيش لها

جميـــع الكـــون ملـــك يـــدي إذا جـــاورتُ مســـــــتندي
يســـــيل الســـــيل ولهانـــــاً إلـــــى بحـــــر مـــــن الزَّبَـــدِ
لهـــــا عينـــــان مـــــن ثقـــــة علـــــى وجـــــه بـــــلا كمـــــدِ
علـــــى إنســـــانة نضـــــجت بحســـــنٍ جالـــــبِ الحســـــدِ
علـــــى نهـــــدين ربُّهمـــــا يشـــــير إليهمـــــا بيـــــدِ
علـــــى أفـــــق مـــــن النجمـــــا تِ مـــــا شـــــعت علـــــى أحـــــدِ
كمـــــا شـــــعت أنوثتهـــــا علـــــى فكـــــري ومعتقَـــــدي
أعـــــيش لهـــــا وأزرع فـــــي مشـــــاتلها زروع غـــــدي
وأحصـــــد مـــــا أشـــــاء مِـــــنَ الـــــ ـأمانـــــي جمَّـــــة العـــــددِ
إلهـــــي كـــــل هـــــذا الحُسْـــــ ـــنِ ملْـــــكُ تخيّلـــــي ويـــــدي
وأغلـــــى درة فـــــي الكـــــو نِ فخـــــرُ الواحـــــد الصـــــمدِ
أقدســـــها وأعشـــــقها وأخـــــدمها إلـــــى الأبـــــدِ

استَنْبِتيني

استنبِتـــــي مـــــا فـــــي كيـــــاني مِـــــن زهـــــورْ
واستنشقـــــي منهـــــا العطـــــورْ
هِـــــزّي الطوايـــــا والصـــــدورْ
هـــــزّي النوايـــــا والضميـــــرْ
واسنبتـــــي مـــــا تشتهيـــــن مـــــدى الدهـــــورْ

يا ليـــل

يـا ليـل عجـل بـالزوال لألتقـي ... بـأحبتي عنـد الصبـاح المشـرق
يــا ليــل مـــا يدعونـــه بخيانـــة ... أدعــوه بــالكرم الــوفيّ المُغْــدِق
يـا ليـلُ مـن عـابوا علـيّ تعـدداً ... مـا العيـب فـيّ وإنمـا فـي المتّقـي
مـا أسـعدَ المخلـوق يسـعد أربعـاً ... بـدل الوحيـدة عنـد أهـل المشـرقِ
السـعد منتشـر بـدون تحفـظ ... بـين الجميـع بفرحـة وتـألقِ
قبـديل هـدر المـاء فـوق أرائـكٍ: ... الصبُّ في الأرحام نحو الأعمقِ

من لي سواها

مـن لـي سـواها عاكفـاً بجـواري ... أنعِـمْ بهـا مـأجورةَ الإيثـارِ؟
أقضي الليالي في انتظار سُفورها ... وإذا النهـار أتـى يغيـب نهـاري
شـكرا علـى إحسـانها لمشـاعري ... وكـآبتي وصـيانها لـذماري
إنـي لأنتظـرُ انتهـاء فحوصـها ... حتـى تخصِّصَ لـي صـفاءَ مـزارِ
أنـا لا اصـدق أنَّ أكـرمَ حلـوة ... تسـخو علـيَّ بحلمـيَ الجبَّـار
لله درُّ صـفاتها ونبوغهـا ... بصـداقة تـدعو للاسـتمرار
كـل الجمـال يَـدورُ حـولَ جفونهـا ... وجبينهـا ومَعينهـا المِعْطـار
إنـي لأسـقط مثـل عصـفور علـى ... أقـدامها متكسـر المنقـار
أحلـى جمـال طـاهر شـاهدْتُهُ ... وحفظتـهُ فـي جعبـة الأسـرار

هيجان بحر الشوق

يـــا مُنْيتـــي أقسمـــت ألا أرحمَـــكْ
سأغـــوص فيـــك لأكْلِمَـــك
وأضـــمَّ أكـــداس اللحـــوم وأقضمـــكْ
وأحـــوز أســـرار الجمـــال وأرســـمَكْ
وأمـــص أســـرار الزهـــور لأفهمَـــك
يـــا حلوتـــي نامـــي معـــي لـــن أرحمـــك
سأغـــوص فـــي أحلـــى البحـــار لأغنمـــك
أحســـو رُضابـــك شاربـــاً حتـــى دمـــك
أمضـــي لـــدى ساقيـــك أسبـــح كالسَّمَـــك
وأغـــوص فـــي أعماقـــهِ لأهَشِّـــمَكْ

*****

إنـــي علـــى شفتيـــك أكتـــب قصـــة تسقـــي فَمَـــكْ
هـــل تعلمـــين بـــأن حبـــي نبعـــه لا يـــنقصُ ؟؟
لكنـــه ينمـــو بمـــا هـــو يرقـــصُ
أنـــا لســـت ممـــن عـــن هـــواه ينكـــصُ

الاتِّصال

ويبـدأ الِإتصـالُ مـن العيـونِ — إلـى الأيـدي ومنـه إلـى البُطـونِ
وقـدْرَ الـوُدِّ غَـوصٌ فـي الحشـايا — وعَـومٌ فـي السطوح علـى الفتـون
تنـادي عظمهـا الظـامي عظـامي — وكُلِّـي يرتجـي أوجَ الجُنـون

الزواج على الطريقة الحديثة

هي تقول لحبيبها:

يـــــا مُعْجَبـــــاً بدلاليـــــا   أنـــــا أفتـــــديك جماليـــــا
شـــــكراً لإعجـــــاب بيـــــا   مـــــا كـــــان قـــــطّ لِماليـــــا

مـن أجـل حبـكَ قـد نـذرتُ شـبابيا   ووضعتُ جسمي تحت جسمكَ عاريا
من أجل حبك قد حزمتُ حقائبي   وتبعتُ خطوك حيث كنت الماشيا

هو يقول لها:

متعلــق بــكِ يــا حبيبــةُ ســابحٌ   لا أســتطيبُ البعـــد عنــك ثوانيــا
وخطبــتُ وُدَّكِ تائقــاً لزواجنــا   وغـداً صـباحا سـوف أجلـب قاضـيا

هي تقول له:

شكرا لعطفكَ يا حبيبُ ودمتَ لي   زوجـــا مثاليـــا يفـــيض معاليـــا...

قوانين المحبة

بعثـتْ إلـــيّ بخاتَـمٍ وتبسَّـمتْ   فتكـتْ بعقلـي فاندفعـتُ أبوسُـها
هـذي قـوانين المحبـة والهـدى   أمّـــا قوانيـــن البـــلاد ندوسُهـــا
قد أنجبتْ لي خَمْس عشرة طفلة   تجري طقوس القلب حيث جلوسُها
عشـنا سويّـاً فـي نضـال فـالحٍ   إذْ إنَّ مـا أجنيـه لَهـو فلوسُهـا

صانعة الدساتير المجيدة

إذا أنـــتِ اقترفـــت الإثــم يومـــا ... ســيغدو الإثــم دســتورا ونُعْمَــى
ويصـــبح قـــدوةً تنْجـــي بـــلادا ... فــلا يــؤذون إنسانـــــاً وقومـــا
ولـــولا أنـــه لا بــدَّ منـــــه ... لمـــا قارَفْتُــــهُ وعيـــاً مُهِمّـــا
ولـــولا حاجـــةٌ فينـــا لحـــوحٌ ... لمـــا كنـــا اقترفنـــا الإثـــم رغمـــا
علينـــا اليـــومَ تغييـــرُ المســـمَّى ... وقـــــد صـــيّرْتِهُ طِبّـــاً وعلمـــا
فكـــم شـــرٍّ وأوســـعناه مدحـــاً ... وكـــم خيـــرٍ وأوسعنـــاه ذمّـــا
وكـــم إثـــم يُنقِّـــي العقـــل ممّـــا ... يجنّنـــهُ ويســـقي الجســـم سِـــلْما

سوالفها

سوالفها تطير بنا إلى الأعلى

لنشهد جنة المولى

ولهجتها تُعَـــدُّ قصائداً تتلى

لها صدر يطوف بنا إلى الأحلى

إلهي الحنكةُ العظمى غدت جهلا

وأصبح صدرُها الأعلى

- بكل تواضعٍ - لإرادتي سهلا

فيا أهلا ويا سهلا

أنا قيسٌ أهيم بغادتي ليلى

ولا يحلو الهوى إلا إذا هو كان من ليلى ؟؟

مارستُ حُبك بالقصائد

مارستُ حُبك بالقصيد الفاني أرجو أمارسه بشيء ثانِ
أرجو أمارسه بنومك ليلةً عندي وجعلك تشربين حناني
نقضي سوياً خيرَ وقتٍ سانحٍ لتمازج الأنظار بالأحضانِ
وشفاهنا أفْعَى تلوّثْ بيننا والنهرُ منصرفٌ إلى الخزّانِ
أحلى الحياة تَشبُّع متجدد بدل الحياة بحالة الحرمانِ
أنتِ الجميلة قد بنيتِ مطامحي وجعلتِني أنجو من السّجّانِ
شكراً أيا روحي لعَونكِ عاشقاً لولاك بعد الله دام يعاني
إن ضاعتِ الفرصُ الجميلة لم تَعُد أبداً ويقسو الحظّ كالصّوانِ

روعة حُبَّين

آه يا روعة حبّين استهاما بالسَّهَرْ
يقتلان العمرَ والأزماتِ في حرق الفِكَر
لا يُحِسّان بخوف أو سقام أو ضجر
لك لصقي بك يروي كل شوق مصطبِرْ
يا حبيبي اللمسُ هذا هو مفهومُ العُمُرْ
نحن نمشي في دروب
ما مشى فيها بشرْ
نتملّاها طويلاً من زهور و ثمر
في التصاق معَ بعضٍ كالصُّرَرْ

كلُّ حالٍ تتغيَّرْ

كل حالٍ تَتغيَّرْ
ما عدا حالي أنا ليست تُغَيَّرْ
إذْ متى أشعُرُ أو يوماً شعُرْنا
باختلاف أو خلافٍ أتذكّرْ
أنَّ عهدي كان أن لا أتغَيَرْ
يا حبيبي المتوتِّر
أنتَ يا طهرُ تعَرَّى
واجتباني وتعَطَّرْ
يا شفاهاً من أزاهيرَ وعنبرْ
ذابتِ العينان لمَّا جالَتا فوق المُنَضَّرْ
كانت الرغبة أحلى
من غيوم وهي تمطِرْ
آهِ يا ظَهراً لديها
خالباً لبَّ المُخَدَّرْ
آهِ يا طهرَ المؤخَّرة التي تُفني المكَدَّر
كله جنات عدن
وعيون تتسعَّرْ

شكْلُها

شكْلهـــا أحلـــى علـــى نفســـي مـــن الـــروضِ النّضِـــرْ
ولـهــــا خـــــدّان مــــــن صنــــــع الـزهَـــــرْ
وخطـــوط بيـــن فخذيـهـــا كمـــا مجـــرى النَّـهَـــرْ
نشـــــواتٌ تتعالـــــى تتهـــــاوى فـــــي خفَـــــرْ
أيـهـــا المُـدْلـــجُ فـــي أعمـــاق أغـــوار السَّحَـــرْ
أنـــت محظـــوظٌ بعـــزمٍ ليـــس يعـــروه خَـــوَرْ
وخلـــــودُ المـــــرء مكنـــــوزٌ بجـــنسٍ مستعِـــــرْ
آه يـــــا طـهــــرٌ لــــديها بــــازغٌ مثــــل القمــــر
ســـوف أبقـــى فـــي التصـــاقاتي بهـــا طـــول العمُـــرْ
لا آمَـــــــلُ الرُّكـــــــبَ فـــــــي كـــــــرٍّ وفَـــــــرّْ
وجميـــــع الجـــــوِّ أضـــــحى كغرامـــــي المبتكَـــــرْ
وجمـالُ الحُـبِّ صفّـى أوكسجينـا دافقاً مثل المطرْ
التصـاقـــــي بـــــحبيبي فـــــاق أحـــــلامَ العُمُـــــرْ
وحيــــــاة ونـشــــــورٌ وخلــــــودٌ منـتَظَــــــرْ
ظَـهـــــــره الأملـــــــس تبـــــــرٌ ودررْ
جسمــــــه المشبــــــوبُ نــــــارٌ تستعِــــــرْ
ولجـــــــتْ فيـــــــه نيـــــــوبي والإبـــــــرْ
حُسْـنُه أبهَـى نجـومٍ فـوق مـا يصبـو البشـرْ
حولهـــا الأفـــلاك تجـــري حيثمـــا طـــار البصَـــرْ
ويـــــهبُّ البحـــــر بالمـــــوج الخطِـــــرْ

مُقَلُ النِّسوانْ

يبهرنـــي اللؤلـــؤ والمرجـــانْ يبـــرقُ مـــن مُقَـــلِ النِّســـوانْ
يبهرنـــي أن ترنـــو العينـــان بالصِّـــدْق الروحـــيِّ الفنّـــان
يعجبنـــي أن يرنـــو الإنســـان ويحيـــط هـــواهُ مـــا هـــو رانْ..
يـــا محبوبـــةُ شَـــعرك هـــذا وشفـاهـــك تدعونـــي بحنـــان
لا يحلـــو العيـــش ســـوى لمّـــا عـــن وجهـــي تنـــزاح القضبـــان
ويرفـــرفَ موجُـــك كالخلجـــانْ تَحْمَـــرُّ خـــدودك والأجفـــانْ
وطغـــى بحـــري وســـرى فُلْكـــي ومخـــرتُ عبابـــك فـــي تحنـــانْ
كـــم غـــرّد نبـــعٌ فـــي الأعمـــاق يـــرقصُ مـــن فـــرحٍ نشـــوانْ
كـــم طـــال المخـــر بـــذا الســـرداب كـــم وصـــلَ الحـــبُّ إلـــى الوجـــدان
وكـــمِ التصـــقت تـــلاتٌ ومســـالكُ فـــي كـــل الكثبـــانْ
وتلاطَـــمَ حَيـــزومُ الرمَّـــان بالصـــدْرِ النـــاريِّ الولهـــانْ
قـــد ذبـــحَ الزهـــرُ الرومـــانيُّ الـــ ـــأحمرُ نفســـه فـــي الأغصـــانْ
لـــن نُنْهـــيَ رحلتنـــا هـــذي مهمـــا تمتـــدُّ الأزمـــانْ
الـــدورة حـــول الأرض حيـــاة نـــأتـــي نذهـــب فـــي دوَرَانْ
حتـــى تبلَعَنـــا الأكفـــانّ ويغـــرّد فـــي الجنـــة طُيْـــران

الشّعر أبيضّ

الشَّـــعرُ أبـــيضُ والعيـــون غـــوالِي والجســـم بـــضٌّ رسْـــمُهُ كخيـــالي
وحـــديثُها ينســـابُ مثـــل جـــداولٍ والصـــدرُ فُـــلٌّ يحتـــوي آمـــالي
إنـــي امتثلـــتُ لهـــا وأرجـــو وصـــلها حتـــى الزوالِ وفـــي الوجـــود التـــالي

اخضعي لي

اخضـــعي لـــي لِتُسَـــرّي بـــاحتوائي   بـــي مزايـــا هـــي مـــن فضـــل الســـماء
ربمـــا أخفيـــتُ مليـــون فتِـــيٍّ   تحـــت شَـــيْبٍ مُـــوهِمٍ قـــربَ انتهـــائي
رغـــم شـــيبي أنـــا مليـــارُ فتـــيٍّ   ناضـــجُ الإعطـــاء دفّـــاقُ الســـخاءِ
أنـــا يـــا عصـــفورة الـــدوح غنـــاء   صـــادح فـــي عقـــر أســـماع النســـاء
أنـــا أســـقي كـــل تشـــكيل جديـــد   فـــاتنٍ مـــا شـــاء أنـــواعَ الغـــذاء
لـــي نجـــومٌ وغصـــونٌ وثمـــارٌ   وهـــزار طـــائر عبـــر الكِســـاء
وســـيولٌ مـــن دمـــائي ودرارٍ   تتهـــادى فـــي اقتـــراب وتنـــاء
أنـــت يـــا عصـــفورةَ الغـــاب محيطٌ   لخُلاصـــاتِ حيـــاةٍ وفنـــاء
أضـــرمَ الـــرزاق فينـــا شـــعلاتٍ   بعـــد أن تشـــرق تهـــوي لانطفـــاء
أنـــت يـــا عصـــفورة الغـــاب نشـــيدي   قفزاتـــي ســـكناتي وانتشـــائي
ثقتـــي فيـــك مـــلاك يتجلّـــى   بخشـــوع وصـــلاة واهتـــداء
لـــن تحـــوزي مثلـــه مـــن ثـــروات   فـــوق أحلامـــك يـــا حبّـــي مضـــائي

نامي معي

نـــامي معـــي يـــا حلـــوتي   نـــامي فإنـــك ســـلوتي
ومحبتـــي وملـــذتي   نـــامي فإنـــك جنتـــي
شـــفتاك مثـــل الـــوردة   سِـــيماكِ مثـــلُ الشـــعلةِ
ســـاقاك مثـــل الشـــمعة   والـــ....... مثـــل النجمـــةِ
نـــامي معـــي يـــا لـــذتي   يـــا بســـمتي يـــا دمعتـــي

لا أكتفي أبـــدا أنـــا بالمــدحِ

لا أكتفــي أبـــدا أنـــا بالمـــدحِ ... لا أرتضـي أكـلاً فقط مـن مِلْـحِ
أرجـو أضـمك للضـلوع بقـوتي ... وأعيـد إنشـائي إليـك برُمحـــي..
أرجـو أؤلّـف منـك كونـــاً ثانيـا ... حول الزهـور أشيد أجمل صـرْحِ
أرجـو أكـدس منـك ألـف جميلـة ... كــلٌّ لهـــا دورٌ شـــهيُّ اللفْـــحِ
أرجـو أؤلـف فيـك ألـف قصـيدة ... يــا مَـن لأجْـل الأمنيـات تُضـحِّي
سـأهزُّ غابـات اشـتياقك والمنــى ... وأنيـــر أفلاك الفـراق بصُبحي
أنــا لـيس يكفينـي التحـدث نائيـاً ... أهوى ولوج العمق أقلى السطحي
أهـواك فـي أمـن وفـي بحبوحــة ... سَتَرَيْـــنَ: مـا يومـاً أكلتِ كقمحي
لـم تسـبحي بحـــرا عميقـاً مثلمـا ... قد تسبحين معي بمركب رمحيِ
تتوسـدين علــى البحــار قــواربي ... ومــن ارتعـاش عيوننــا نستوحـــي

الجنس اللطيف

إنـــه الجنــس اللطيـــــفُ ... مَـن بــه قلبـي شَغـوفُ
وأعـيش العمــر ضيفـــاً ... عنـــده أو أستضيـــفُ
هُو يعطـي العيش معنـى ... دونــه العمـر سخيـــفُ
إن يكنْ في الأرض سعـد ... إنــه الجنـــس اللطيـــفُ

لم ألقَ حسناءً عليّ تجودُ

لــم ألــقَ حســناءً علــيّ تجــودُ كالعاطفيَّـــةِ والحنـــونِ خُلـــودُ
إحساســـها متلهـــف كتلهفـــي والسُّكْر أصبح فـي الـدماء يسـودُ
شــفتان فــي ثغــر تَنَضّــد لؤلــؤاً فـدفنتُ نفسـي فيـه وهـي سُـجودُ
يــا ربنــا اقــذفني علــى شــطآنها لــو بعـدها للـوغْيِ لسـت أعـودُ
أمســى التجــاذب بيننـــا متـــأهلاً أن يـدخل الأفـران وهـي وقـودُ
هــذا التجــاذب والتصــادم بيننــا متفـــتح لجمالـــه الأخـــدودُ
هــذي المحبــة بيننــا هــي ذروة فيهـا التكامـل والبنـا الموعـود
إنــي عَهِــدتُك يــا خلــود فرادســاً مــا حُسْنُ غيـرِك للفـؤاد مُفيـدُ
ودفنــتُ بــين يــديك كــل مشــاعري ومطـامحي وبُعِثـتُ حيـث أَبيـدُ
وطفقــت أزحــف فــي خلايــاك التــي أنـــا رِفْـدُها اليـوميُّ والتجديـدُ
مــا أروع اللمســات فــي ريعانهــا فهـــي الربيـــع أزاهــر وورودُ
الحــب مثــل ســفينة غواصـــةٍ والجسـمُ أوديـةٌ لهـا ونُجُـودُ

تدحرج

متدحـــــــرجٌ إليكـــــا كـأنـنـــــي الحَجَـــــرْ
أرجـــو المسيـــر عليكـــا إلـــــى أن ننقبـــــرْ
خذنـــي فـــي الـــدرب الأحـــدَبْ إنْ تـــرفضْ مطلـــوبي أغضـــبْ
فجِّــرْ لـــي ريقــكَ كـــي أشــربْ واعــزفْ ألحانــك كـي أطــربْ

هفهافة النهد

أ حقـــــــا يرتقـــــــي مجـــــــدي

لهــــــذا الثغــــــر والخــــــدِّ ؟

لهــذا الطهــر والإحســان فــي هفهافــة النهــد؟

حوار

هي: لماذا لم تعد تأتي إلى بيتي

وتسعدني على التختِ؟؟

برمحٍ رائع ثبْتِ

لماذا الآن لا تأتي؟

هو: سآتي الآن يا قمري

كلمح البرق والشَّررِ

ألذُّ العمر ما يُقضَى على السُّررِ

موت التخوت

لستُ شيئاً، لست إلا همسةً تُسْكِرُ أنثى
همسةً تُسعِدُ أنثى
أنا أحيا كلَّ عمري قصد أن أسعد أنثى
إن أنثى غير زوجي
جاءت اليوم لبيتي
فيَّ ذابت بعض وقتِ
وتولّت فوق يختِ
آه ما أروع ثغري
ليت لا ثغراً بهذا الكون يُفتحْ
دون أن يلثَمَ ثغري
أو شفاهاً لم تُغَمّسْ بشفاهي
ليت لا يُخْلق خَدٌّ دون أن منِّي تُوشّيه القبلْ
ليت لا يُخلَق نجمٌ ليس مني يشتعلْ
إن إحساسكِ نحوي قد توشاه الخجلْ
هي: يا خالدُ لو تصبح زوجي
كنتُ أعطيكَ كنوزي والبيوتْ
ليتني تحتك أغفو
ساعة ثم أموتْ
هكذا موت التخوتْ
فهو خيرٌ من ممات في القبورْ

نحن أرواح

نحــن أرواحُ تـريــد الامتــزاجْ　　　وأنــا ديــكٌ ومحبوبــي دَجــاجْ
يــا حبيبي كيـف هـذا الامتـزاجْ　　　بينمــا فيــك رِتــاجْ ؟
ذاك صعــب يــا حبيبــي　　　أو سينْشــقُّ الزجــاجْ
إنــي صخــر وغيــري　　　مثــلُ بيــضٌ وعجــاجْ
أنــا كبــشٌ يــا حبيبــي　　　بينمــا غيــري نِعــاجْ
يــا حبيبــي أنــا ســطحيّاً　　　ســأُجْري الامتــزاج
إنمــا فــي العمــق أُجــري　　　بعــدَ أن يجــري الــزّواجْ
عنــدها يسهــل جــدا　　　أن ترانــا فــي امتــزاجْ
حبّنــا يشــفي دمانــا　　　إنــه خيــرُ العــلاجْ
أشــرق الحــب إلينــا　　　والأمــاني فــي انــبلاجْ
ســوف أهــواك كثيــرا　　　سِــيَّما بعــد الــزِّواجْ

***

لا تَقبلين بعاشـق متمرس

لا تقبلــين بعاشــق متمــرس　　　بــل تقبلــين بطــاهر ومقــدس
رأيــي الــذي بالفعــل عــاش ممارســاً　　　خيــرٌ مــن اللاجــي لعــادة مفلــسِ
الكون أعوجُ فـي المسير إلـى السَّوا　　　وتـرى انفصـاماً سـائداً فـي المجلس
أنــا لــم أزل متطهّــراً متعرّيــاً　　　مــن كــل أقنعــةٍ وكــلّ مُســيَّسِ
لا أرغــب المَحْيــا حيــاةَ مظــاهرٍ　　　تَثْــرَى خوافيهــا بشــرٍّ مُــبْلسِ

كل شيء فيكِ يغري

كــل شـــيء فيــكِ يغــري ويـــــــؤدِّي للتعـــــــرِّي
لحمــــك الغــــض يُشَــــهِّي ولـــــه أنـــــذُرُ نُخْـــــري
مســـــتعد أن أضـــــحي بـــدمي مـــن أجـــل وَكْـــرِ
أنـــــا مجنـــــونُ جمـــــالٍ فـــوق نهـــد فـــوق ثغـــرِ..
أنـــــا أرجـــــو لـــــي قرينـــــاً خاليـــــاً مـــــن أي شـــــرّ
يرتضــــــيني بحـــــــلال وبصــــــدق دون مَكْـــــــرِ
واهبـــــا حبـــــا صُـــــراحاً لـــــيس يرجـــــو أيَّ أجْـــــرِ
نـــــافعٌ فـــــي كـــــل شـــــيءٍ عـــــادلٌ فـــــي كـــــل أمـــــر
إنمـــــا هـــــذا مُحـــــالٌ فـــــي زمـــــان عبـــــدِ مَهْـــــرِ
كـــان فـــي الإســـلام هـــذا لـــم يـــدم فـــي كـــل دهـــر

هِلالُ السماء سوارُ يديها

يـــرفُّ الجمـــالُ علـــى قـــدِّها ويبقـــى اشـــتياقي بهـــا يرغـــبُ
إذا قـــدماها تمشّـــتْ إلـــيَّ علـــى أي درب أنـــا أطـــربُ
ضـــياء البـــدور يعـــمُّ كيـــاني متـــى مـــا سَرِتْ فـــي الـــدجى تلهب
وتنبـــعُ مـــن ثغرهـــا القُـــبُلات فيـــا لَعذوبـــة مـــا أشـــربُ
هِـــلالُ الســـماء ســـوارُ يـــديها وخـــاتَمُ خطبتنـــا الكوكـــبُ

إني عليك فان

علـى الفـم الفـتّانْ   شَعـرٌ بـه يـزدانْ
ماسـورةُ الدمـاءْ   تسـري بـه أطنـانْ
وتمـلأ الخـزّانْ   وتمـلأ الدِنّـانْ
أنـا عاشـق ولهـانْ   أصبـو ولـو للجـانْ
فـي عشـكِ الجليـل   أعيـش فـي أمـانْ
يـا حبّـذا موتـي   بأنعُـش الوِديـانْ
أمـوت فـي الثغـور   فـي بحرهـا الحَـرّانْ
فهـذه اليـدان   لهـواك تعمـلانْ
وهـذه القـدمانْ   إليـك ترحـلانْ
سـأفرغُ الأشـواق   فـي وكـرك الفتّـانْ
يـا رب يـا منَّـانْ   أغرقـن فـي الشطـآنْ
أفـرغْ صمـوغَ البـانْ   فـي جسمهـا الريَّـانْ
أقسمـتُ يـا رَيْحـانْ   أن أعشـق الريعـانْ
عينـاكِ تبسمـان   بالضـمِّ تـرفُلانْ
عينـاكِ تسطعـان   بالشـوق والتَّحنـان
إنـي بحـار النِّفـط   واشتعلـت نيـرانْ
عينـاك تبسمـانْ   كالشمـس تشرقـانْ
عينـاك تَفتحـانْ   أمامـيَ الجِنـانْ
أذُنـايَ تعشقـانْ   غنـاءك الرنَّـانْ
يضمُّـك الوِجـدانْ   تضمّـك الأحضـانْ
أقسمـت بالمنّـانْ   إنـي عليـكِ فـانْ

تحركتْ

وتحرّكـــتْ فتحرّقـــتْ أحشـــائي
فمتـى أنـام عليك يـا سـمرائـي ؟

لمــا رأيتـك قـد خلـقـتِ شقـائـي
والنــوم قربـك فيــه كـل شـفائي

الرُّكــبُ والقــبلات فاتحــة الهــوى
أتلـو بهـا الصلوات فـوق نسـائي

الشرع حلّل لي زواجك يا مَدامْ

فـي بطنهـا طفـلٌ جنـينٌ قـد أصيـ
ـب بعقدة الأوديب مثلـي والغـرامْ

وأنــا غريــب لــي حقـوق دونــه
والشرع حلّل لـي زواجك يـا مَدامْ

هيـا دعينـي أطفـئ الشـوق العنيـ
دَ بـــلا قيـــودَ ولا احتشــــامْ

إنـي فـداؤك يـا جميلـة فـاخلعي الـ
أثــواب تلـتحمِ الأضــالع بانسـجامْ

فـي بيتنــا يــا خيـرَ صـاحبة سَـنُو
قِـدُ ضـوءَ كـلِّ الأمنيـاتِ فـلا ظـلامْ

تَحْيَـيْنَ فـــي حبــي حيــاة كلَّهــا
عســلٌ وألبـــانٌ وأجــوادُ الطعـــامْ

أفـــديك يــــا أمَّ الجَمـــال دعابـــة
وملامســاً وتعانقــاً طــول المقــامْ

لا أستطيع الانتظار لثانية

لا أســتطيع الانتظــار لثانيـــــةْ
بل سوف أفرغ كلَّ ما في الآنيـةْ

وأعيــد ســكباً رابعـــا أو ســـابعاً
في كل يـــوم قبل لقيا القاضيةْ

ما مات مَن مِن مقلتيه قد انتضى
أسيافَـــهُ ومضـى يـبيدُ زبانيـــة

والمـوت يحلـو عنـد شـوط تاسـعٍ
فيـه انتقـــال للجنـــان العاليـةْ

أغفو

أغفـــو علـــى عينَيْـــكْ　　وأقـــول يـــا لبَّيْـــكْ
أمتـــصُّ مـــن شفتيْـــكْ　　رحيـــقَ زهـــرِ الأيْـــكْ
لا شـــيء يحْتويـــهْ　　فالـــوزنُ كالجبـــالْ
أهـــوي بـــه عليـــكْ　　وأسكـــبُ الشـــلاّلْ
وأقـــول: لا مجـــالْ　　إلا إذا أَنـــــالْ
أغفـــو علـــى عينيْـــكْ　　والـــوردُ فـــي شفـتَـيْـــكْ
والعطـــرُ فـــي فُودَيْـــكْ　　والـــدُّرُّ فـــي نهدَيْـــكْ
وأقـــول: يـــا سبحـــانْ　　مَـــن صَـــوَّرَ الإنســـانْ
بشكلـــه الفتَّـــانْ　　كمثـــل غصـــن البـــانْ
ليفجِّـــر الريعـــانْ　　ويكـــرِّرَ الأغصـــانْ

مدّدْتِـني متكسّــرا

مـــــدَّدْتِني متكسّـــــــرا
ورميـــتِ مـــن أعلـــى الـــذرى
قلبـــي إلـــى أدنـــى الثـــرى
متضـــــرّجاً متعَفِّـــــرا..
وأمرتِنـــــي أن أســـــهرا
حتـــى الصـــباح مفكّـــرا
وأراك بـــــدراً مقمـــــرا
لا أرتضـــي طعـــم الـــذبول أو الكـــرى

أقضي الليالي بالتذكرِ مُزهِرا

وجحيم شوقك بالتجاوب سُعّرا

وأنا امرؤٌ مهما أغصْ يزددْ غرامي أكثرا

هاتي الهواتفَ والتلاطف واللقاء المُخْبِرا

إني أودع وجهك الأحلى فقد آن السّرى

في الحلم حتى أحتويك ونسكرا

إني سأخترق الجدار وكل ستر ستّرا

حتى أفيق مبكّرا

وأعيد حبك أكبرا

لهفاتُنا فوق الذرى

لا لن تعود القهقرى

وأنا امرؤٌ لا أستطيع تصبّرا

عن أن أغوص الأحورَ المتكوّرا

وأمارس اللذات مع أحلى "مَرا"

وأعود بعد سويعة متقدما متقهقرا

وأظل ألثم خدها الغالي وأغزو الجوهرا

لا حب يعلو حبنا مهما سترنا المظهرا

قدماك تنتعشان بي لما أحيطك أيمناً أو أيسرا

أنا عنك لا أرضى الفراق ولو يكونُ تصوُّرا

اليد الفنانة

حركةٌ من يدها

في لحظةِ السلامْ

نسجتْ ليَ الخيام

وعشّا للغرام

أورقتِ الأشجار

أنزلتِ الغمام

فَتَّحَتِ الأزهار

فَمَادَتْ بأبْتسام

أطلقتِ الإعصار

أماجتِ الأبحار

فجّرتِ الآبار

حرّرتِ الأطيار

عزفتِ الأنغام

فطاب الإستلهام

خفَّفتِ الآلام

كفعلة الأزهارْ

بكاتب الأشعارْ

***

حركةٌ من يدها

لدى لقاءٍ حارّْ

أضرمتِ التيّارْ

فالليل كالنهارْ

طابت به الأسْمارْ

****

حركة من يدها

زرعتِ النجومْ

في تربة الضميرْ

فغرّد الغديرْ

وقال في سرورْ:

يا ملكة البدور

والتِّبْرِ والبخور

يا حُرَّةَ الضميرْ

مرحى لهذا النور.

ثورة الأشواق

تمد الساق مولاتي فتهجمُ كل قوّاتي

وتدخل في بويضتها وتحيي ألف أمواتِ

وأشكر حظيَ الغالي بوطْئي للْمَجَرّاتِ

وأعجب أنها عندي محققةُ الخيالاتِ

شعلة الوجود

عظيمـةَ العقـل والاخـلاق والشـيم ناجاكِ قلبي أبو الأحزانِ فابتسمي

هُلّـي علـي كطيـف قـرب نافـذتي إن لم تجودي بجسمٍ لـي كما حُلُمي

هـذا الجمـال لمـن بـالله مكتنـزٌ أ مـا لأفضـل شـعرٍ خَطّـه قلمـي؟

إنــي أحبـك عــن بعـد ومنجَبِـرٌ علـى الفطـام لجهـل حـاق بـالنُّظُمِ

مـن الطفولـة لـم تُشـبعنِ والـدتي حبّـاً فعشـتُ حيـاتي غيـرَ مـنفطمِ

لأنهـم حرمـوني قبـلُ مـن شِـبَعٍ أصبحت أشعر طول العمر بـالنَّهمِ

حتـى هرمـتُ وإن العمـر محتَسَـبٌ وقـت الطفولـة والريعـان لا الهـرم

أرجَعتِنـي مثـل طفـل فـي براءتـه لأن لُطفـك أقصـاني عـن السـقم

أرجعتنـي مثـل طفـل فـي ملاعبـه لأن عطفـك ألهـاني عـن اليُـتُم

إنـي أعـزك مهمـا الـدهر فرقنـا وطيـف وصـلك يغنيني عـن الأمـم

منـك الخلـود لأشـعاري ومـوهبتي لـولا جمالـك ذو الإحسـان لـم أهِـمِ

عانيـتُ قبلـك مـن صـوم ومـن سأمٍ وبعـد حبـك لـم أسـأم ولـم أصُـم

من أنا حتى تعظّمني المنى ؟

أنـا مـن أنـا حتـى تعظّمنـي المنـى وتشـيد مِـن أحجارهـا بنيـاني؟

نمنـا بحفـظ الله يربطنـا الكـرى بمبـاهج الأحــلام والألحــانِ

أنـا عـاكفٌ عُفْـتُ الأنـام جميعهم لأمــصَّ ثـديَ حنانهــا الفتَّــانِ

حسْـبي افتخـاراً أنْ لمسـتُ ثيابهـا قُلْ كيف لـو أوغلتُ فـي التحتـاني؟

وتثور نفسي

وتثـور نفسـي يـا حبيبـة تشـتهي.. ليسـت تـرى إلا الوسـائدَ والسُّـرُرْ
وطيـوف حُسْـنك سـاكنات كـلَّ مـا حـولي يُعـزّز بـي التخيّـل والصـورْ
مـا أصـعب الأمـواج إن هبّـت ولا تلقـى مراكـبَ فوقهـا تُنهـي الخطـرْ
عيبٌ علـى الـدنيا تشحُّ علـى الـذي يهوى بصدق لا يحوز سوى الأثرْ
لُقيـاك نصـف البـدر أمَّـا نِصْـفهُ الثّـ ـاني نـواك لغَيـرة تعـرو القمـرْ
قلبـي وقلبـك فـي التصـاق دائـمٍ رغـم النـوى السـاعي لتفتيتِ الـدُّرَرْ
سـافرتُ عـن وعيـي بلثمـة زهـرة تسمو علـى الزهرات بالعطر النَّضِرْ
حسْبي انعطافُك واحتضـانُك لـي علـى ثقـة بـأني مخلـص طـول العُمُـرْ
والسـر عنـدي ميّـتٌ شـيَّعْتُه منـذ الطفولـة والشـبابِ وفـي الكِبَـرْ
لا أملـك الأسـرار فالأسـرار فـي قمـم الجبـال تبخـرت وعلـى الحجـرْ
يـا حلـوتي هـل تُشـبعين مطـالبي ومشـاربي وتـأهُّبي كـي أبتكـرْ؟؟
مارسـتُ حبَّـك والمـدامع ترتمـي مثنـى ثلاثـاً.. راجيـاً أن أسـتمرْ

بحقل الغرام

إلـى النهـد تنظـرُ عـينٌ وتُلْصَـقْ وفـي وسـط الغـاب يـدخل أحمـق
ولـيس يُسَـرّ بسـير قليـل ولكـن يسـير لأعمـقَ أعمـقْ
بحقـل الغـرام تضـيع العقـول وتجعـل ديـن الأنـام معلّـق..

أ تُراكِ لي؟

أ تُـراكِ لـي من بعد غوص أناملي
بحريـر شـعركِ كلّـهِ وشـواغلي ؟

أغرقـتُ فـي عينيـك أجفـاني التـي
قـد حبّبتـكِ بمـا تـروم رسـائلي..

نُقَـط الأنوثــة فيـك قـد داعبْتُهـا
وأذبتُ صخرك باضطرام مشاعلي

حتـى جعلتـك مـن فـراتٍ سـائلٍ
وجعلـت حسْنك سـائغا لمنـاهلي

أ تُـراكِ لـي؟ إنـي أقـدس مـا أرى
أعلـو وأهـبط مـا أشـاء بباسـلي

تعبـتْ حيـاتي مـن مطـامع نسـوة
أغرقننـــي بتـــزوّجِ ومشـــاكلِ

وتكشـفت نيـاتُ حـوّا كلهـا
وسـمعتُ أجوبـة لكـل تسـاؤلي

حَفِلـتْ حيـاتي بالمطـامع والأذى
مِمَّـن بـلا عقـل وذاتِ تواكُـلِ

مـا أشـرهَ النسـوان لا يشـبعنَ مـن
مهـرٍ وتبـرٍ وانسـكابِ مناهـلِ

لِـمَ نحـن نعطـيهنَّ فرضـاً واجبـاً
لـم هكـذا النسـوان عالـةُ عائـلِ ؟؟

لِـمَ هُـنَّ لا يعطيننـا ؟ أو مثْلَنـا
لِـمَ لا يَكُـنَّ الشـاكراتِ لِبـاذل ؟

كـم كنـت أرجـو أن يـدوم تـزوُّجُ
مـن دون أي مـآرب وتحايـلِ ..

كأسُ العسـل

رنـات صـوتي تـوقظ الإحسـاس فيـك إلـى اشـتهاء للغنـاء وللغـزلْ

بُثّـي الجمـال فإنـه كنـزٌ مـن الـذهب السَّـنِيّ المشـتعلْ

تمسيـن لـي تختـا أنـام عليـه مسعـورَ القبـلْ

جسـمي يتـوق أيـا حبيبـة للتفـاني فـي العمـلْ

مـا أروع الإنسـانَ كالـذُّبّان فـي كـأس العسـلْ

أتأمّلك

أفتش عنك سطوحاً وعُمْقا

أرى فيك أشياء تذهلُ حقا

وبُعداً يفوق مجالَ الترائي

فخلف زهورك خيرٌ وأبقى

حبيبي تراني أرمق فيك

عيوناً وأنفاً وثغراً وعنقاً

أغور أعوم، وكم أتملّى

وأهْنا بسرٍ هواك وأشقى

أغيب عن الوعي من ثم أصحو

وأشهد نفسي بأجواء أرقى

عانقتُ هذا الصدر رغم حيائه

وتدحرجتْ نحوي بكل جراءة ... كتدحرجي مِن شوقنا الجبّار

صافحتُ كفّا حانيا متلهّفا ... ليضمّني كالطوق من أزهار

عانقتُ هذا الصدر رغم حيائه ... بسعادة كبرى وباستعبار

أنا لا أحب أكون إلا هكذا ... في الأرض والفردوس ربَّ قرار

لا تقْبل الأشواق دوما وأْدَها ... لا بدّ أن تغدو من الثوّار

حسْن هذا النهد من أجلــي أنا

حُسْنُ هـذا النهـد مـن أجلـي أنــا يتبــاهى قــرب جــار المنحنـــى

أنــا أصـحو فـوق نـهدين اسـتراحا لـــدخولي يَسَّــرا لـــي المُجْتنـــى

كــل هــذا النهــد غــذّوْه لأجلــي ليغـــذيني بمـــا ترجـــو المنـــى

أســمع النهـدَ يُغنّــي لــي بشــوقٍ واثقـــاً مـــن أننـــي لـــن أجْبنـــا

كــل مــا عنـدك لــي وحـدي أنــا هـــمُ ربَّـــوك وزادوا الاعتنـــا

افتحـــي أعماقـــك الحلـــوةَ طُـــرا إننـــي الطـــارقُ.. فتّـــاحُ الـــدُّنا

لـــك يـــا حلـــوة منـــي نيّـــراتٌ مـــا دراري الجـــوِّ منهـــا أحســـنا

لـــك منـــي أوكســـجينٌ مـــا حوتـــهُ غابـــةٌ غنّـــاءُ فـــي ظُهْـــر الســـنى

نحـن عصـفوران فـي الغابـة نشـدو ضـــدّنا الصـــيّاد يرجـــو عمرنـــا

عيب الشفاه

مــا أروع الإشــعاع فــي قَســماتها تجـري إلــى كــل القلــوب الهائمــةْ

لله درُّ جمالِهـــــا وخصــــــالها ســلبتْ قــواي ولا تكــون الرَّاحمــةْ

سأجول فيهـا حيـث شـئت بيقظتـي والحلـم نمـرح فـي الحيـاة الباسـمةْ

أرجوك أن تعطي نصيباً منك لـي أحلـــى الحيـــاة تبـــادلٌ ومُســـاهمةْ

عيــب الشــفاه تعـيش دون تبــادلٍ مــعَ نــار حــب فوقهــا متضــارمةْ

والخيـر أن أمـتصَّ هاتيـك الشفـــ ـــاه السَّاحراتِ العـادلاتِ الظالمـةْ

فأسـوح فيـك كمـا أشـاء أَعِـزُّ شأنــ ـــك فـوق كـل الكائنـات الناعمـة

تسائلني: أكلتَ؟

أحــــب جمالَهـــــا الفتـــــا نَ يحملنــــي إلـــى العليــــا

وترجعنــــــي وداعتهــــــا إلــــى أذيالهــــا الــــدنيا

تلاطفنــــــي وتفرحنــــــي فــــلا أظمــــا ولا أعيــــى

وحلمــــي أن أصــــوّر مــــا يــــؤثر حبُّهــــا فِيّــــا

تســــائلني:- أكلـــتَ؟- بلــى بحبــــكِ أرتــــوي رِيّــــا

لأجلــــك كــــلُّ تغــــذيتي لأجلــــكِ إننــــي أحيــــا

صــــدى أقوالـــك العُــــزّى يقــــول: تعــــال لــــي هيّــــا

ومُــــتْ فيمــــا علــــى نهديّــــ ـــيَ مــــن حُسْــنٍ كسَــا الــدنيا.

أشواقها إليَّ

أنــــر بــــالمقلتين دجــــى فــــؤادي وأغــدق بابتســامك تشــفِ آهــا

وقبلنــــي وعــــانقني اخترقنــــي إلـــى الأعمـــاق حتـــى منتهاهـــا

أحبــك يـــا خلــودُ خــذِ الشــفاها ونـــم قربـــي فـــإن العقـــل تاهـــا

دع الأزهـــار تنبـــتْ مـــن خـــدودي دع الأطيـــار تُبْعَـــثْ مـــن كراهـــا

رنـــين اللّـــثم صـَــيّرْهُ عنيفـــاً بموســـيقى تـــزفّ لنـــا الرفاهـــا

أجـــل إنـــي أحبـــك يـــا حبيبـــي بشـــوق لا يمـــوت ولا يُضـــاهَى

أنـــا شـــعلات حـــب وانســـجام أنـــا عطـــرٌ وأنـــوارٌ تَبَـــاهَى

فهيـــا اعصـــر بعزمـــك كـــل زيتـــي فزيتـــوني يســـيل هـــوى تنـــاهى

أمامَ جمالك

على كأس حُسْنكِ يجري الرَّحيقْ		وتبْـرق عينـي أشـدَّ البريـقْ
وأسـبح فـي صـدركِ المسـتقلِّ		ليقبـل منـي الهجـوم الطليـق
أحبكِ يـا روعـة الياسـمينَ التـ		ـي تسـتحق الشـهيق العميـقْ
هـلِ الحـب أكثـرُ مـن أنـه		وفـاءٌ لإنقـاذ قلبـي الغريـق
هـل الحُلـمُ أكثـر مـن أننـي		عسـاني أكـون لـدَيكِ العشـيقْ؟
مُحَيّـاكِ، ثوبُـكِ، شَـعركِ روحُـ		ـكِ، عطفك، حبكِ كم بـي يليقْ
أنـا أتهـاوى أمـام الجمـال		وأسـبح فـي كـل فـجٍ عميـقْ
أغـازل أحلـى غـزال لطيـف		جميـلِ التلفّـت حـرٍّ رشـيقْ
أنـا فـي انتظـار مبـادرَة منـ		ـكِ تنقـذني مـن عـذابِ الحريـقْ
أراكِ تنـامين قربـي فـأهوي		عليـك بلثمـي الشـهيِّ الوثيـقْ
فيجمَـدُ فِعْـلُ الحيـاة ليغـدو		زفيـراً شـهيقا زفيـرا شـهيقْ
أقبِّـل زنـدك كفـك خـدّ		كِ، كـل دمـي لفـداك أريـقْ
وبعـد نفـاد العـروق أنـادي:		إلهـيَ هَبْنـي جديـد العـروقْ
أنـا النحـل فـوق رحيقـكِ أشـدو		وحسـبيَ منـك قليـلُ الرّحيـقْ
وحسبي منـك ولـو نصـف رمـق		وصـمغة حـبٍ لأبقـى اللصيـقْ
سَـتَلْقين أنـيَ أتلـو الغـرام		عليـك بصـوت حنـون رقيـقْ
علـى قـدْرِ حبّـكِ يسـخو القصـيدُ		علـى قـدْرِ عطفك أهـدي العقيـقْ
أقـدِّس إخلاصـك الجـمَّ نحـوي		وأعـرف أنـك أوفـى صـديقْ
أحـب دلالـكِ، مهمـا عصـاني		وإنـي بـأحلى غـرامٍ خَليـقْ

انعطافك

أتـى انعطافك لـي يستصـرخ الهممـا   أنْ لا أخافَ وأقضي الحب والحلما
من بَدء كوني وحرماني بلا سبب   يبقــى يــدور هبــاءً يــتقن الألمــا
لـيس الوجـود جمـيلاً حـين يحرمنـا   مــا نشــتهيه فتفنــى الكائنــاتُ ظمــا
هـذي التقاليـد ليسـت مـن صـناعتنا   ســخافة الأهــل والأجــداد والقُــدَما
مــا أجمـل القـبلاتِ اليـوم نطبعهـا   علــى اليـدين ومــا ينســاب بينهمــا
هـذي الخـدود لنـا ليسـت بـلا سـبب   لا أسـعد الله مـن سمّـى الهـوى نِقمـا
إنـــي أحبــك هــذا الشــط يعرفنــي   ويعرف البحر أني قد أموت بمـا..

طبيعتي أن أعتلي

أنــا هــا هنــا يــا حلـوتي فلْتُقْبلــي   حتــى أقبّــل مــا أشــاء وأجتلــي
أنــا أبتـدي يــا حلـوتي بالأرجـلِ   حتى الشفاه.. طبيعتي أن أعتلي..
أنـا خفقـةٌ فـي إثـر أخـرى طـائر   أنــا أتقـن الطيـران يــا أمَّ الــولي
أبقَـى كـريمَ الطبـع مثـل قبيلتـي   بالحــب والإخــلاص دون تبــدّل
كُرَمـاءُ فـي جنسٍ وفلسٍ بل وفـي   نفــسٍ إذا مــا دق يــوم الجلجــل

لي حبيب في حاجة إليّ

لــي حبيــب فــي احتيــاج لــي شــديدْ

وأنـــا مثـــل الحديـــدْ

ســألبي كــل مــا منِّــي تريــد

إنهــا كالنــار مهْمــا جــدتُ قالــت هــل مَزيــد؟

وظيفة الغزل

خيــر الوســيلة لانفتــاح فؤادهــا — غـــزَلٌ وطبطبـــةٌ تـــدقّ عليـــهِ

مقـــدار موهبـــة التغـــزل نلتقـــي — منهــا الرضــا بــالغوصِ فــي شــفرَيْهِ

غـــزل يمهـــد للـــتلامس والهـــوى — ويضـــم بركـــان الفـــؤاد إليـــهِ

وأسحق كفيك بين يديَّ

علــى الــرغم ممــا عَــرا مِنكبيــكِ — ســـأبقى كثيـــرا عطوفـــا عليـــكِ

وأَغـــرِق عينـــيَّ فـــي مقلتيـــكِ — وأَغـــرِق روحـــي ببحـــرَيْ فَمِيـــكِ

وأَغســـلُ فـــي بسَـــماتك حزنـــي — وأســـبح فـــي غمْزتـــيْ وجنتيـــكِ

وينقـــر ثغـــريَ مـــن شـــفتيك — كطيـــر يحـــطّ بروضـــة أيـــكِ

وأســـحق كفيـــك بـــين يـــديَّ — ويســـحقني الحـــب بـــين يـــديكِ

أوجّـــه عينـــي يمينـــاً يســـارا — أمامـــاً وراءاً وأفنَـــى لـــديكِ

نعـــم، نلـــتُ منـــك كمـــا أتمنـــى — وأصـــبحتِ منـــي، فشـــكراً إليـــكِ

الإعجابُ والحبّ

أ حــولـيَ جنــاتُ الخلــود بِعِينِهــا　　وأسـكتُ؟ هـذا لِإحتـــرامِ فُتونِهـــا
إذا لامسـتْ كفـاي إسـفنجَ صـدرها　　ذوتْ شـمسُ روحـي رأفـةً بغصـونها
إذا لامسـتْ كفـاي إسـفنجَ صـدرها　　نعَيـتُ حيـاتي كيـف مــرّت بـدونها
إذا صــافحتْ كفـي اشـتياقاتِ كفِّهـا　　سـقطتُ قتـيلاً مـات ضـمن حضـونها
فـو اللهِ مـا لامسـتُ مثــل حريرهـا　　ولا سـمعَتْ أذْنــي كمثــل حنينهـــا
ولـم ألـق يومـا لـو شبيــهة مجدهـــا　　ولا انــدفعت روحــي لمثـل عرينهـــا
إذا شـاهدتْ عينـي بريـق عيونهـــا　　سـجدْتُ لربــي سابحــاً فــي سـفينها
وإنــي إذا صـلّيت قـرب قوامهـــا　　تفــيض قداســاتي هيامــاً بدينهـــا
وإنــي إذا صـليتُ قـرب مكانهـــا　　أطيـل سـجودي ضارعــاً لمُعينهـــا
أ تبقـى دوامـا ضـد مصـلحتي بهـا　　وهـل ذات يـوم مــا أفــوز بلينهـا ؟
وأقســم لــن أعنــو لأي تباعـــدٍ　　ولــو أبعَــدَتْني نحــو آخــر صينِهـــا
وأحمــد ربــي جــامعِيْ بجميلـــةٍ　　حنــونٍ قريبـــاً أنتشــي بمُتونهـــا
سـقطتُ أيـا ربـي سـعيدا بسـقطتي　　علــى روح عــذراء أذوب بطينِهـــا
فمـا صـوَّر الـرحمن أعـذب منطـق　　ومَوْسَـقَهُ لــو عُشــرَ حُسْــن رنينهـــا
أهــيم بنــوع قــدّسَ الله شــأنه　　بــإكرامِ مثواهــا وصَــونِ حُصُــونِها
تجاهــد مــراتٍ لتــربط ياقتـــي　　كمــا ربطــتْ قلبــي بسحــر قرونهـــا
وتصـنع (مـوديلاً) جديـداً ليـاقتي　　وتكسـو قصـيدي حــلّة مــن فنونهـــا

تجملـتِ الياقــات ســاعة نُسِّـقتْ   بــأطراف عــذراء رثــتْ لرهينهــا
تمنيـت أن أمضــي بتقبيـل رِجْلها   وأصــبحَ غيثــاً هاطـــلاً لغصونهــا
كفتْنِـــيَ إلهامـــاً عيـــونٌ بريئـــة   تؤسِّــس لــي كوخــاً بعمــق وُكونهــا
ليســعدني مصــباحُ نــورٍ مقدّسٍ   يواكــبُ دقّاقـــاً ضــياء جبينهـــا
ســقطتُ أمــام الفاتنــات مقدِّســاً   أنوثـــة مــن وقَّــت جميــعَ ديونهــا
وحتــى إذا طــار الغبــار بجوِّهــا   تَنَفَّسْتُــــــه وكأنـــه مــن طينهــا
إذا لــم تــُغثني بــالتنفس دائمــاً   ستجعلنـــي فــوراً شهيـــدَ فتونهــا
تمنيــت مــن ربــي العلــوَّ لرتبــة   تؤهِّلنــــي أن ألتقـــي بجفونهـــا
على الرغم من ضعفي أحاول خُطّة   أكــون بهــا يومــاً مديـــرَ شؤونها
أســائل ربــي ســترَ أطهـر حلـوة   تميــل ليســـرى إنْ أمــلْ ليمينهــا

كل ما فيها مثيرُ

أمــوت أنـــا غرامـــا واشـــتياقا   ببنـــتٍ حُسْــنها نـــار ونـــورُ
ويجــذبني إليهـــا لطــفُ أنــف   وأذنٍ.. كــل مـــا فيهـــا مثيـــرُ
أباشـــرها عُلُـــوّاً ثــم سُــفلاً   وحيــث مشــت فــوجهي يســتديرُ
وأرمقهـــا وأجمــع ســرّ دهــري   بعينـــي والجـــوانحُ تســـتطيرُ
أرانــي اخترت شهْدَ الحب يشفي   فـــؤاداً جُرْحُـــهُ جـــدا خطيـــرُ
وبعـــد الله أعشـــق كـــلَّ بنــت   أشـــاهدها إلـــى نحـــوي تشيـــرُ

مغناطيسها كلسان نار

تـراقبنـــي بـــزَوٍّ وانبـهــارِ　　كـأنـي مِـن مـلائكــة الـدراري

وتبسم بسمــةً كالشمــس تكســو　　مُشاهِـدَهـــا بـألـــوان النُّضـــار

وبَشْرتهــا من الخجـل المدمَّـى　　كمثـل غـروب شمسٍ في احتضار

تثيــر فحولــتي بعــد استتــارِ　　فــأجري خلفهــا جــرْيَ الحمــارِ

أحب اللحم حيــث يثيــر شمّــي　　أ لـيس اللحــمُ أغذيــةَ الضــواري؟

أرجوكِ كوني لي

أرجوكِ كوني لـي بدون مِطـــالِ　　نقضـــي معـــاً أيامنـــا وليـــالي

أرجـو معــاملتي رضـيعاً سـابحاً　　فـــي مقلتيـــكِ وصـــدركِ القتّـــالِ

وأغــوص سـبّاحاً بـوكرٍ دافــئٍ　　للذائــذ الحــب الأصـيل العـالي

عنـــدي وعنـــدك رغبـــة أبديـــةٌ　　مهمـــا تضِـــنّي دائمـــاً بوصـــالي

يـا وردتـي انفتحـي لكـل مطـالبي　　من حُسْنكِ المبثوثِ في أوصالي

ليت اهتمامَك بي يكون بعُشْرِ مـا　　تعطينـــــه لموبايلــــك النقّـــــالِ

إني أهيم بأذنها البيضاء

إنـــي أهـــيمُ بأذْنهـــا البيضـــاءِ　　فأرِيّـــةِ الحجـــم الـــذي كالهـــاءِ

بقيـــتْ ثُمالـــة ثغرهـــا بإنـــائي　　وتلهـــفٌ ينســـاب فـــي أعضـــائي

وملامسٌ هطلتْ تحيط أصـابعي　　ينمـــو عليهـــا بيـــدرُ الأضـــواء

أسرعي

أسرعي نذْحَرْ سريعاً   قمراً في هالتِهْ
أسرعي نزرعْ سريعاً   قُبلةً في شامَتِهْ
نحن ذُبْنا يا حبيبي   ذوَباناً كاملا
لم يعد فينا جمادٌ   بل غدونا سائلا
ليت أنَّا في زواجٍ   يصنع الأشواق تختي
أنت أنثى تتشهَّى   وتُرَجِّي النومَ تحتي
لم تغب عيناك عني   فيهما نهرٌ وشمسُ
إن سحر الشمس يكسو   لُجَّةَ النهرِ فنحسو..
أنت عني في دفاع   حين يومُ الفضح يقسو
نحن نارٌ تتفانى   في التهام للرمادِ
نسرق الأيام سرقاً   من تقاويم البعادِ
نتلاقى نتعانقْ   نتساقى نتسابقْ
نملأ الدنيا كمالاً   ثم نمضي نتفارقْ
وإذا ما الشمس يوماً   كُسِفَتْ نأملْ ونَكْمِلْ
ليتنا في كل يومٍ   نفسَ هذا الشيء نفعلْ
ليت أنَّ الكونَ هذا   إن مضى نبقى سويًّا
فهوانا خيرُ كَوْنٍ   لكِ ملكٌ وإليّا
فدعيني يا ملاكي   أخسفِ البدرَ الحنونا
نجعل النقصَ كمالاً   نملأ الدنيا فُتُونا

لو ترهّلت حبيبي

لو ترهّلتِ حبيبي أو هَرِمْتِ
ساهراً قربك أبقى كلَّ وقتِ
خيرَ نشوى خيرَ بختِ
يا حبيبي دِهْنُ سرجِكْ
فاق نهجي
فاسْمَني أيضا قليلا
ينطلقْ حبي سيولا
كل شيء فيكِ يُغْرِي
جسْمُك المعبولُ يُمْرِي
ومريحٌ لمنامي طول عمري
دِهْنُ سَرجِكْ
كالدَّجاجةْ
أو كبطَّة
وزجاجة
من نبيذ
في المَحَطَّة
فاشتهى قلبي زواجهْ
مثلَ ديكٍ نطَّ نطَّةْ

سيدتي تَوَقَّفي

سيدتي توقّفي
يا منبعَ القلب الصَّفِي
توقفي توسدي مأوى يدي والتحفي
ورفرفي معي هنا فوق الخَفِي
سيدتي توقفي
لأنني لا أكتفي
بالقبلة المستعجلةْ
مثل حصاة نزلت في البِرْكَة المُعَطَّلةْ
فرسمتْ دوائراً مثل الثغور المذْهِلةْ
لا أكتفي بقبلةٍ واحدةٍ.. توقَّفي
بل يا هنائي هدفي
آلافُ لثمات تفِي
لِجُوع قلبي المُدْنَفِ
أجيجُ نهدك يحتفي
بي يا له من مُخْتَفِ
مهما رسمتُ سفائنا
وهلالَ نهديك الحَفِيّْ
لن أستطيع بكل رسمي المرهَفِ
أن أكتفي
فالرسمُ عن أصل الحقيقة لا يفي
بالله عني خفّفي
ما يحتويه موقفي

ولْتَرشِفـــي مـــِن شَـهْـــدِ قلـــبي المذْنَـــفِ
قـولـــــي لـعَمْـــــرُك هـــــل أفــــي
بـالـعـهـــــد أم لـســـــت الـوفــــــي
أَنَّـــى تريـــدي نرتحـــلْ نحـــو الفضـــاءِ النّيـــفِ
وتلطَّفـــي نصـــعدْ معـــاً فـــوق الســـرير المتْـــرَفِ
وننـــــام نـومـــــاً آمِـــــنَ المـــــأوى صـفِـــي
تـــــالله مـــــا واجهـــتُ لُقْيانـــــاً أثـــــار تلهفـــي
إلا لـقــــاك العَـــــذْبَ غيـــــرَ مُزَيَّــــفِ
لقيـــــا تجلَّـــــتْ لـــــي بـــــأحلى موقـــــف
لا نكـتـفـــــي بـالـضـــــمِّ لـكـــــن نـشـتـفـــــي
بـالـغـــــــوص نـحـــــــو الـمـخـتـفـــــــي

الحواس الخمس

أدخلـــتِ الشـــهدَ إلـــى شـــفتيَّ ولُعَابـــك غـــذّى الـــذوقَ لـــدَيَّ
وســـكبْتِ الحُسْـــنَ علـــى عينـــيَّ وعبيـــرُك طهَّـــرَ لـــي رئتـــيَّ
وغنـــاؤك شـــنّف لـــي أذنـــيَّ وحريـــرُك متّـــع لـــي كفّـــيَّ..
وأطـالَ هِزبـراً ثِخْـنَ اللـيَّ

الحواسّ النامية

تـــــزداد حـــــواسُّ الإنســـــانِ بلقـــــاء الحُسْـــــن الفتّـــــانِ
اللـمـــس يـمـــدُّ أنـاملَـــهُ يلـتـــذُّ بلحـــم النِسْـــوانِ
والـــطيرُ يبـــث منـــاقرَهُ ويغـــوص بطيـــب الأغصـــانِ

ليتني

ليتنـــــي أبقـــــى حبيســـــاً
لـصـــــــدورٍ كــالـوســـــادِ
ليتنـــــي أبقـــــى جليســـــاً
تحـــــت نـهديهـــــا الشـــــوادي
أشْـــرَبُ الغَيـــثَ مـــن الثـــدْي الجَـــوادِ
أشْـــرَبُ الأمطـــارَ مِـــن نفـــسِ العِهـــادِ
وافِقينـــــي، أطْـلقـــــي بـــــي رغبـاتـــــي
أفْهِمينـــــــي كُنْـــــــهَ ذاتـــــــي
إنَّ إســــفنجاً بنهــــديكِ مــــريحٌ لخيــــالي
آه يــا سبحــان مَــن صــوَّرَ هــذي البسمــاتِ
حــــطَّ أســــراره فيهــــا مُعْجــــزاتِ
عرّفينـــي هـــل أنـــا عبـــدُ الجمـــال؟
إنَّ فستـانَـــــك يحْظَـــــى باحتفـــــالي
فيـــــه شمســـــي وظـلالـــــي
فيـــــه نبـــــراسُ خيالـــــي
مَـــــن بَـــــرا جسْمَـــــك هـــــذا
مِـــــن حريـــــر ولآلـــــي؟
لأرَى أبهـــــى الليالـــــي
إنْ دنـــــا منـــــكِ بَنانـــــي
يلتظـــــي نِفْـــــطُ جَنانـــــي.

غـــــــداً ســأجـــــــيء

غـــــــدا ســأجـــــــيء إليـــــــك مســـــــاءا
غـــــــدا ســـوف أرمـــي عليـــــك الغـطـــــاءا
ونـــغـــــــــدو عـــــــراءا وأســـأل عنــك النجــومَ الوِضــاءا

وعاجَ الأصيلِ وعُرْفَ الخيول وكنزَ اللآلـي
وأســـأل فخـــذيك عـــن كيـــف حـــالي
وأهــوِي بشــوقي إلــى كـل وادٍ وكـلِّ جبـالِ

الموجُ العزيز

ذلـــــك المـــــوجُ العزيـــــزْ
يتلــــــوَّى كـــــم لذيـــــذْ
فيـــــه تنســـــالُ القــــدَمْ
فــوقـــــه أغــــــدو عـــــدَمْ
حفـــــرةٌ فيهـــــا نـــــزولْ
إنْ توَخَّينـــــا المَقيـــــل
أو طلعنـــــا للتلــــــول
خيـــــر نَطْـــــحٍ نَطْـــــحُ ثــوري
خيـــــر دُرٍّ كنـــــزُ دُرِّي
فيـــــه ذخْـــــري فيـــــه سِحـــري
فيـــــه إحســـــاسي بعُمْـــــري

مبــــــدأ اللّـــــــذة عنـــــــدي
فـــــوق كـــــلِّ الكائنـــــــاتِ
أنكِحونـــــــي الـــــدهرَ حتـــــى
أتفانـــــــى فـــــي الصَّـــــلاة
لـــــــذتي مغـــــزى حيـــــاتي
وكفـــــــاحي ومـمـاتـــــــــي
يـــــا إلـهـــــي هــــــل سترضـــــى
عــــــن خطايـــــــا أمنيــــــاتي
وانعتـــــــاقِ التُّرَّهـــــــاتِ؟
عبــــر ثـــــوري عـــــاش شعـــــري
والـهـــــوى أسمـــــــى صفاتـــــي
مثـــــلُ خَـــــزٍّ مثـــــــل دُرِّ
مثـــــلُ روعـــــات الصَّفـــــاةِ
كـــــلُّ مـــــن تـقـــــرأ خَـطّـــــاً
مـــــن سنـــــاه لـــــن تبالـــــي
بتخـــــــاريف "الـــــــدُّعاة"
وأســـــاطيرِ البُغـــــــاةِ
دمـــــتِ.. لا أؤذيـــــكِ شيّـــــا
وامسكـــــي مَجْـــــدَ شَبـاتـــــي
دلّكـــــي اللؤلـــــؤ واكسِـــــي
عُنُقـــــا منـــــكِ وثـدْيـــــا
وضعيـــه حيثمـــا تلقيـــن لحمـــا
طـاعنـــــاً ثديـــــك طعْنـــــا

ثانيــــــاً لحمـــــــك ثنْيَـــــا
باشتهــــــــاء ولهيـــــــبِ
يتبـــــــارى كالرمـــــــاحِ
سابقــــاً كالمهـــر أدراجَ الريـــاحِ
واجعلـــــي نفســـك تعلــــو
لاحتياجـــــي واجتيــــاحي

****

أحـــــرزَ الفـــــارسُ مجــــداً
كاسبــــاً أحلــــى نجـــاحِ
ووداعـــــاً لتـــــلاقٍ
مستجـــــــدٍّ ورِماحـــــــي

رحماكِ

تزْهــرُ بالنـــور وبالعطـــرِ
بـــي كـلُّ الأغصـــان الخُضْــرِ
وتُــرَدِّد أغنيتـــي الـــعُزَّى
هـــي إنــكِ ضيفي يــا فخـري
عينـــاكِ كهـــالات ضيـــاء
ودلالــــك نايــــاتُ السِّحْــــرِ
وكلامــــك وُرْقٌ وهديــــلٌ
تشــدو بالشعــرِ وبالنثــرِ
تُنشِــد فـي سـمْعي أغنيــةً
تسقينــي البِشْــرَ مـدى الدهـرِ
رُحْمــاكِ أيــا نــورُ تَعَـــرَّيْ
مــا أحلــى مــا تحــتَ السِّــتْرِ
نــامي مَــدّاً قومــي جــزْرا
طـوبَــى للمــدِّ وللجـــزْرِ

تسجيل وتصوير ليلة دخلة عريس

تعـــالي نـــنمْ قـــد كرهنـــا السَّـــهرْ بـــدون نجـــومٍ ودونَ قَمـــرْ
تعـــالي نَـــنَمْ قـــد دعانـــا الـــوطنْ وآنَ الفـــلاحُ لمـــن قـــد صـــبَرْ
تعـــالي ليـــدفئَنا كـــل حَـــرٌّ وننجـــبَ طفـــلا لنـــا منتَظَـــرْ
تعـــالَيْ ســـويّاً فمـــا مِـــن جـــدُرْ ومـــا مـــن موانـــع يـــا "فِكْـــرُ" سِـــرْ

***

أنـــا لا أصـــدق أنّ الجمـــال ينـــام معـــي ودمـــاغي سَكَـــرْ
أيمكـــن لـــي أن أشـــم العبيـــرَ وتلمـــسَ كفـــاي أبهـــى شَـــعَرْ؟
عيونـــك تبنـــي الـــورى المبتكَـــرْ بـــأعلى الرواســـي وأدنَـــى الحفَـــرْ
فـــأهوي وأعلـــو وأومـــنُ أنّـــ ـــكِ وحـــدك لـــي فـــي الـــدُّنا مســـتقَرٌّ
أرى الشـــمس تشـــرق مـــن مقلتيـــكِ وتغـــرب منهـــا، كـــذاك القمـــرْ
متـــى مـــا الكســـوف اعتراهـــا تجلَّـــت عليهـــا ظـــلالٌ وأبهـــى حَـــوَرْ
أنـــا ســـأنام علـــى لثَمـــاتٍ تحقـــق كـــل الرَّجـــا المنتظَـــرْ
فـــأرجوك أن تعشـــقيني كثيـــراً لأنـــي بـــدون هـــواك حجَـــرْ
وِصـــالُكِ يطلـــق منـــي الطيـــورَ لرُحْـــبِ الفضـــاء ويُثـــري الفِكَـــرْ
إذا لـــم ترَينـــي جـــديراً بحبـــ ـــك إمـــَّا اغفِري أو مـــري أنـــتحِـــرْ
بعينيـــكِ أضـــرِمُ أبهـــى النجـــومَ بِشَـــمِّك أنبِـــتُ فيـــكِ الزَّهَـــرْ
أخَلِّـــدُ مـــا قـــد طـــواه الإلـــهُ بعُمْقَـــين، ســـرَّ الـــذرى والحفـــرْ
ملاكـــي افتحـــي لـــي جميـــع الســـتور فـــإنَّ عميقَـــك لَهْـــوَ الـــوطنْ
وأحشـــاؤك الســـاطعات ضـــياءً تغـــذي الشـــواحنَ طـــولَ العُمُـــرْ
أحبـــك حبـــاً يُشـــيد الحيـــاةِ أحبـــك حبـــا يبيـــد الكـــدرْ
وأحلـــى الحيـــاة متـــى مـــا أقامـــتْ محـــافرُ شـــوقي إليـــك البُـــؤَرْ
وأركـــب صـــهوة خيلـــي اللـــواتي تطيـــر وتقحـــمُ أيَّ وعِـــرْ

ولمَّـــا ننـــال جميـــع الأمـــاني تنيـــر النجـــوم بـــديلَ القمـــرْ
أحـــب أنابيـــبَ فيهـــا حنـــانٌ ومُهْـــلٌ حمـــيمٌ كمُهْـــلِ سَـــقَرْ
أحـــب نســـيما يهـــب إلـــيَّ مـــن الـــدانيات بـــروضٍ عَطِـــرْ
أحـــب معـــاني الغمـــوضِ العميـــقِ تنيـــرُ بـــأفقيَ سِـــرَّ العُمُـــرْ
أحـــب ركـــوب الســـفينة صُـــبْحاً فركـــب الســـفينة أحلـــى خطَـــرْ
أحبـــك يـــا بطّـــةً فيـــك منهـــا تَشـــابُهُ جســـم ودِهـــنٍ ذفِـــرْ
خذيـــه بكـــلّ انـــدفاع لديـــهِ خذيـــه كبارجـــة فـــي البحَـــرْ
خذيـــه بعمقـــكِ آن الســـفرْ ينـاديـــك تحنانُـــهُ المنفجـــرْ
ألا تســـمعين نِـــداه الطويـــلَ كلحـــن الهـــروب كبُـــوق الخطـــر؟
خذيـــه جـــرى منـــه بحـــرُ اللهيـــبِ وذابـــت معادنُـــهُ والـــدُّرَرْ
خذيـــه يصـــيح كـــديكٍ عجيـــبٍ يصـــحّي بنفســـك غـــافي الـــذِّكَرْ
أجـــل إننـــا فـــي بحـــار اللهيـــبِ نحـــرر شـــوقا بنـــا كـــم أُسِـــرْ..
أنـــام عليـــك طـــوال الحيـــاةِ ويـــا ليتنـــا هكـــذا ننحسِـــرْ
أقـــول إليـــك أيـــا حلوتـــاهُ بـــأن جميـــع الشـــذا والزهَـــرْ
أحـــاط كيـــاني مجـــرَّدَ نـــومي عليـــك بـــدنيا الهـــوى والصُّـــورْ
أريجُـــكِ يخلقنـــي مـــن جديـــد ويبعـــث فـــيَّ شعـــورَ الظَّفَـــرْ
حبيبـــي أشـــدُّ عليـــك كـــأني ســـأزرعني فيـــك مثـــلَ الشـــجَرْ
ملاكـــي أشـــدُّ عليـــك كـــأني أغـــوص ببحـــرٍ بـــه أنصـــهِرْ
حبيبـــة عمـــري أجيبـــي سؤالـــ يَ مِـــن أيـــن جئـــت بهـــذا النَّضِـــر؟
علـــى فَخِـــذيك يعـــيش النبـــاتُ ويبـــزغ مـــن مقلتيـــكِ القمـــرْ
علـــى رَدِفيـــكِ يُصَـــلّي اللهيـــبُ فتزهـــو الجســـومُ ويرضَـــى القـــدَرْ
بِغَـــورين فيـــك تحـــار الفِكَـــرْ يـــدقُّ النفيـــرُ وبـــوقُ الخطـــرْ
أغـــوص هُنـــا وأعـــوم هنـــاك وأهـــوِي وأعلـــو ولا أســـتقرْ

غمــوضٌ جميــلٌ ومعنــى طويــلٌ
لـــدى الرابيـــات وللمنحـــدَرْ

تقــول التلافيــف هــذه: أهــلاً
وأخـــرى تقـــول: بقلبـــيَ مُـــرّ

سأضــغط حتــى انهــراس اللحــوم
وأمخـــر حتـــى انتهـــاء الجُـــذُرْ

سأسْــبِر حتــى انتهــاء الطريــق
وأســبح حتـــى انتهـــاء الجـــزُرْ

ومِــن بعــد أن ننتهــي نبتكــرْ
لنـــا مـــن جديـــد بحـــاراً أخَـــرْ

نعــود لــبعضٍ بشــوقٍ أحَــرّْ
نعيـــد اللقـــاء نعيـــد السَّـــفَرْ

ونبقــى نَخــيط ونَهْــري ثيابــا
إلـــى أن نُســـجَّى بقلـــب الحفـــر.

جمال جديد

خِلْــتُ جســمي صــار نــارْ
وجـمـــــالا وازدهـــــارْ

بعدمـــــا أحْبَبْتِنِـــــي
كـــلُّ مـــا بـــي اليـــوم ثـــارْ

كـــلُّ هـــذا الاعوجـــاج
بيـــن ساقـــيَّ استـقـــامْ

ونُحولـــي صـــار لحمـــاً
واغتـــدى حزنـــي ابتســـامْ

صـــار لـــونُ الجســم هـــذا
ضـــوءَ شمـــس ونُضـــارْ

أنـــت قـــد أضـــرمتَ عنـــدي
كـــــل مخـــــزون الأوارْ

يـــا ربيعـــي أنـــت عنـــدي
فصـــلُ بعـــثٍ واخضـــرارْ

لـــم أكـــن قبلـــك إلا
حـــائـــرا مالـــي قـــرارْ

بـي حقنـتَ الخصـبَ فاهنـأ
انتهـــى عهـــدُ الدمـــارْ

وابْتَـــدَا لحمـــيَ ينمـــو
كاسيـــاً كـــلَّ المَغـــارْ؟

وزهـــتْ أمجـــادُ حُسنِـــي
فاحتضِنْـــها بافتخـــارْ

فكي الإزار

فكـــــــــــــي الإزارا أنـــــــتِ حبيبـــــــي
ضـــــمِّي الســـــوارا إلـــــى القضيـــــبِ
أرجـــــوكِ فكـــــي إنـــــــــي أذوبُ
دعيـــــــه فيـــــكِ دهـــــــراً يجُـــــــوبُ
إنــــــــي بلمسِـــــكْ أفديـــــكِ نفســـــي
وعطـــــرُ همسْـــــكْ يـــــزيد أُنْسِـــــي

باب

نداء امرأة

شعلة من لذة

إنَّ فـــــي أعمـــــاقِ تَنُّـــــورِ الحَشـــــا
شعلـــــةٌ مذهلـــــةٌ ذاتَ أنْتِشـــــا

إحساسي بشهوة امرأة لي

يا حبيبي إنْ تجيءْ لي

والِجاً أنبوب سرجي

والجاً أمعاء وهجي

سترى أحلى لقاءٍ من دروب النار يُنْجي

إنْ تَسِرْ في أفق حلمي

تسترِحْ من كل همِّ

إن تَلِجْ آفاق جسمي

تقتحِمْ مليونَ نجمِ

كبتَ دهر كان يُعْمي

إنَّ أمعائي دروبٌ من لهيب وضياءْ

يرتوي منها ملاكٌ جاء من عمق السماءْ

غاله وهجُ الظَّماءْ

دائماً يبقى قويا

في ثبات ومضاء

حين تصبو يا حبيبي

لمزيد من غيوبي

فلتقلّبْني على كل الدروبِ

في عُلُوٍّ ودُنُـوٍّ

في نزول وركوبِ

ويْكَ قلّبْني وغُصْ بي

ستراني أتراءى

لك دُرّاً وضياءا

كل أشيائي ستغدو

لك يا روحي وعاءا

وتناجيكَ صباحا ومساءا

وتلبّي لي النداءا

يا حبيبي أنتَ داوي الأشقياءا

يا حبيبي أنتَ واسي الأوفياءا

ولْتُقبِّلْني بلطفٍ

ولْتقلِبْـنـي بفنٍّ

ولتقَلّبْني بعمق وبسطح قبلما روحي تَناءَى

ستری عندي هلالا مستضيئاً ومُضاءا

ستری شيئاً جديداً

مثل فجرٍ يتراءى

لن ترى عنّي غَناءا

إنني أرقَى بهاءً وبِناءا

من لِداتي إنني أُرْضِي الرَّجاءا

إنني فُقْتُ النّساءا..

ترجوني أن أستعرضها

خـالدُ أنـظـر نـحـو صـدري نـحـو وجـهـي كـم جـمـيـلْ
لـعلــوِّي ولـسُفْلــي مــا عــدا ساقــي الـنـحـيــلْ
انــغمِسْ بــي سبّــحِ الله فـمــا لــي مــِن مـثـيــلْ
التفـتْ لــي يــا حـبيـبـي تُـسْـقَ مــاءَ الـسلـسـبـيــلْ
احتضـــــنْ صــــــدري المـذهّـــــبْ
وحنينـــــاً بـــــي تلـهَّـــــبْ
واغتصــــبْ منــــي المُحَجَّــــبْ
واطلبــــنْ مــــا أنــــت ترغــــبْ
دائمــا قـلبــي يلـبّــي أمــرَ محبــوبي المـهــذَّبْ

هديلُ امرأة

قبِّلني يا حبيبي قبُلاتٍ مِن زهورْ
لا تبخلْ يا محبوبي شارفتُ أن أخورْ
لربما صباحاً تلقاني في القبورْ
لا تبخل يا محبوبي أو يذوي زهرُ الفلْ
ومحاجرُ الحقولِ يجفُ منها الطَّلْ
لا تبخلْ يا محبوبي يحْرُسْكَ ربُّ الكلْ

لأجل شاعر

أضَحِّي بمملكتي وغِنايْ لأجلكَ يا شاعراً بهوايْ
سأهجر كل حياة الدياجي ونحيا سويّاً أريكَ ضُحايْ
تحدث بربك عن كل حُسْني بشِعرِكَ إنّ حديثَك نايْ
وصِفْ لي لَعَمْرك تكوير ثديي ونارَ شفاهي ومَجْلَى صِبايْ
أنِمْني بقربك فوق الحصير وُلوجُكَ بي لهو كلُّ مُنايْ
أرِحْني بجنبكَ طول الزمانِ ورتّلْ قصيدكَ وامسحْ بُكايْ
أرِحْني لديكَ سنينا طوال وبعد الملال اتجه لسوايْ
لكَم لامستْ مقلتي مقلتيك فشعّتْ بأنوارها مقلتايْ
وشاهدتُ نخلا ودوحاً وأيكاً وقلبا يرِقُّ لوقع خُطايْ
مُحَياكَ يوحي لعيني بحقل وغاب وأفق هوتهُ مُنايْ
بربك أطفئ جميعَ اشتِهاي ولو بعد هذا تُقَصُّ يدايْ
حبيبي أبثكَ روحي وقلبي وما همّني بعد هذا رَدايْ
أحبكَ يا أشقري خيرَ حب تعيش به وتموت قوايْ

لهفات امرأةٍ لي

لهفاتي يا حبيبي ... ذاتُ ضَوءٍ مستديمِ
ضوؤها الأصفرُ أقوى ... من شموسٍ ونجومِ
نار حبي يا حميمي ... ذات أغوار مُضاءةْ
كم أرى منها نجوما ... مسعِفاتي في القراءة
أنت قلّبني حبيبي ... من قريب أو بعيدِ
كم مثيرٌ أن تراني ... في ظلامي ووقودي
في حراكي وجمُودي ... لكَ وسّعتُ حدودي
ولكَ انهارتْ سدودي ... لن تراني في القيودِ
أسعِفَنِّي يا خلودي ... برحيقات الورود
صُبّ مَنّاً صُبّ سلوَى ... عبر روحي والنُّهودِ
حمِّمَنِّي يا حبيبي ... بنهورٍ من حليبِ
إنما جنّات عدْنٍ ... هي مِن صنعِ اللهيبِ
رطّبَنِّي مِن أمام ... ووراء بالقضيبِ
اهصُرَنِّي كلُّ شيء ... فيَّ يرجوك حبيبي

نداء امرأة

تعال عندي
يا خيرَ أُسْدِي
تعال عندي
أمسيتُ وحدي

بـــــــــــــــــدون جـُـنْـــــــــــــــــدِ
تـعـــــــــــــال نـــــــــــــــزرعْ
جنَّــــــــــــــاتِ خُـلْــــــــــــــدِ
أمـسـيـــــــــــــتُ وحـــــــــــــدي
يـــــــــا كـــــــــلَّ مَـجـــــــــدي

أشِعَّتُها تناجيني

أشعـــــــــــــَّات بِعينينـــــــــــا
يداعـــــبُ بـعضُهـــا بـعضـــاً

أحـــسّ بلمـــس نـورَيْنـــا
يقـــوَّي عنـــدنا النبضـــا

وعينـــــــــــانِ كعَينـــــــــينِ
نهلـــتُ منهمـــا الفَيضـــا

نُقَضِّـــي اليـــوم فـــي دَعَـــةٍ
ونهـــجمُ نشتفـــي عضَّـــا

ظـــلالُ الأنـــفِ أعشقهـــا
وأغصَانــــاً رمَـــت ظِـــلا

وعيدانـــــاً مُنَصَّبـــــة
تحـــنّ وتعشـــق الطَّـــلا

وروحــــان قـــدِ انفعـــلا
فـــذاب الكـــل وانْحَـــلاَّ

أحـــب الشَّعـــر فـــوق الأنـــ
ـــفِ مختـــالا ومخْضَـــلَّا

يؤانسنـــــي هيامـــك يـــا
فتـــى عمـــري فمـــا أحلـــى..

أشِـــعَّاتُ العيـــون تَـــدُرُّ
مـــا فـــي القلـــب قـــد حَـــلاَّ

يسيـــل الظـــلّ فـــي نفســـي
كـأنـــي ظلـــك انْســـلا

وأنـــتَ الضَّـــوءُ يـــا نفســـي
وأنـــت الكـــلُّ يـــا أغلـــى ؟..

تقول لي: ليس في الحب حرام

ضاجِعَنِّـــي يـــا حبيبـــي ... إننـــي ذبـــت غرامـــا
فاجئنِّـــي يـــا حبيبـــي ... واهتـــك الستـــر المقامـــا
لا تقـــل هـــذا حـــرام ... ليـــس فـــي الحـــب حرامـــا
إنّمـــا هـــذا هيـــامٌ ... لا تخـــف مـــن أن تُضامـــا
أنـــت أشبعنـــي تمامـــا ... أنـــا أعطيـــك الزمامـــا
لا تُطِـــلْ بُعـــدكَ عنـــي ... أو ترانـــي لـــن أنامـــا
يـــا حبيبـــي لـــن أنامـــا ... فأنـــا زدت اضطرامـــا
لـــن أنامـــا لـــن أنامـــا ... قبـــل أن نـــجْري الصِّدامـــا
بعـــض ضغـــط يـــا حبيبـــي ... هـــو مـــا يـــروى المرامـــا
أضـــجِعَنِّي يـــا حبيبـــي ... تحـــت مـــا فيـــك اســـتقاما
أضجِعَنِّـــي يـــا حبيبـــي ... وانطلـــق عبْـــري سهامـــا
شَـــبّ بركـــانُ اشـــتياقي ... أطفـــئ الآنَ الضِّرامـــا
حبُّنـــا هـــذا تَسامَـــى ... أشبـــعِ الـــروحَ تمامـــا
هـــل ترانـــي يـــا حبيبـــي ... فـــي لهيبـــي أم تَعامَـــى ؟
ادنُ منـــي يـــا مُجيـــري ... أسعِدَنِّـــي لـــن تلامـــا
اِسحَقَنِّـــي يـــا حبيبـــي ... كـــن شجاعـــا لا كَهامـــا
أو تـــرى بـــدرَيْ عيونـــي ... يستحيـــلان ظلامـــا
اِحْسُوَنِّـــي يـــا حبيبـــي ... مثلمـــا تحســـو المُدامـــا
وأرمِيَنِّـــي باقتـــدار ... هـــاكَ جســـماً مســـتهاما.

توبة عاشقين

مِلِلْنـــا يــا حبيبــة قــد مِلِلْنــا
وعـــين الله تبصـــر مـــا عَمِلْنــا

غَلِطْنــا والزّنــا إثــم وعــارٌ
ولــولا الجهــلُ مــا كنــا انحلَلْنــا

جَهِلْنــا والجهالــة لــيس منــا
فمــا الإســلام جــاء بمــا خَجِلْنــا

ولــو كنّــا عَقِلْنــا مــا اعتُقلنــا
ولكـــنّ القضـــاءَ قضـــى فملْنــا

ألا إنَّ الهـــوى لا بـــدَّ منــــه
ولكـــنْ بـــالحلال وبالهُوَينـــا

ويــا ليــت احترمنــاه تعــالى
ولــم نـــأثم، ولكــن قــد غَفِلْنــا

رجَونــا توبــة عظمــى نصــوحاً
بأنّــا لــن نعـــود لمــا فَعَلْنــا

لـــدينا يـــا حبيبتـــيَ اختيـــارٌ
بـــه التكفيـــر عمّـــا قـــد عمِلْنــا

فمــا غيــر الــزواج لنــا طريــق
لتنـــوير الـــذي لِلظـــاهُ مِلْنـــا

عسى بزواجنا تُمحى المعاصي
بهــذا الفعــل نحــن قــدِ اكتملنـــا

أبيات متفرقة على أجسام البنات

وأزيـد ضـمك لاصـقا جسـمي أنـا
بجمـــال جســـمك طيلـــة الآبـــاد

وأحــوز أعــذبَ منهــلٍ بملامــس
فتَّانـــــة وبِمُختـــــفٍ وببـــــادِ

***

وأخــاف مــن ميمــي وشــدة عنفهــا
لمـــا أتـــوق إلـــى الـــدخول لكهفهـــا

ولأننـــي شـــغِفٌ بهـــا لا أكتفـــي
فـــي كـــل يـــوم أن أطيـــل بوصـــفها..

***

وأخاف من ميمي وضربة كفها ... ما إن أتوق إلى لذاذة رَشْفِها

***

عيناك مثل الشمس تخترقاني ... بتجاذب يُفْضي إلى إذعاني

***

أسَمِّر عيني على بيتها ... عساني أراها على تختها

***

تنادي الحبيبة لي حين تصحو ... وتحلم بي ألفَ حلمٍ جميلْ

سننهل من بعضنا ما رغبنا ... ولن يتبقَّى بنا من غليلْ

***

تعال المُهر يدعوكا ... لترْكَبَه فيهديكا

إلى أفق به تحيا ... عن الحاجات يغْنيكا

***

عِدْني يا حبيبي ... أن ألثم الشامة

وأضغط الضلوعَ ... وأصْعَد الهامةْ

***

أَسَمِّر العين في سرٍّ وفي علنٍ ... على الخصور على الأرداف والمُؤَنِ

***

مــاذا يُضــيركِ إنْ تركــتِ حقيبــةً		مـن دون أن تضـعي علـى فخـذيكِ ؟

فصَّــلتِ فســتاناً قصــيراً رائعــاً		أ يجـوز بعـد الجُـودِ بُخْـلُ يـديكِ ؟

***

لا زواجاً تبتغين اليوم مني بل إثارةْ		إنمـا هذا غـرام يحمل اليومَ انتحـارهْ

***

لقـــد وافقـــتْ أن تنـــام معـــي		وزارتْ جميــعَ الهــوى أضــلُعي

فعـــاجٌ ودرٌّ ونــــورُ زجــــاجٍ		وروضُ زهــورٍ علــى مَضْـجَعي

***

إن تهــبّ الــريح فــوق المــارنِ		تســتثرْ كــل اشــتهائي الكــامِنِ

***

لا مقلتـي شـبعتْ ولا ثغـري انطفـا		منـه الظمـا فمتـى نعـود إلـى الصـفا؟

***

وأدفـــن نفســـيَ فـــي كفّهـــا		كـــأنيَ أَدْفَـــنُ فـــي كهفهـــا

***

ثـــدي الفضـــاء هـــو القمـــرْ		مِـــن حُسْـــنِهِ رضـــعَ البشـــرْ

***

أهــوى مــن رؤيتــك الدنيــا عرضــاً طــولاً سُفْــلا عُلــْوا

تهـــواك كـــوامِنُ أعمـاقـــي رجـــلاً فحـــلاً حُـــرّاً حُلـــوا

***

لا حـظــت أن الـجـنــس مــن بـعــد امـتـنــاعْ

مثـــل بحـــر هـــاج يصبـــو لارتفـــاعْ

ثـــم يَحْنـــي موجَـــهُ دون اقتنـــاعْ

****

هـــذي مـــؤخَّرةٌ أُجَـــنُّ بشـــكلِها

نهـــدان يمتلكـــانِ ثـــروةَ فلِّهـــا

إنـــــي أهـــــيم بكلَّهـــــا

الفصل السابع

في هجاء النساء

كيف لخيبات الأمل أن تكون حين لا تأتي الحبيبة بحسب تصورات المحب وآماله ورغباته؟!، وكيف هي الحال بعاشق شاعرٍ متعطشٍ إلى امرأة متفاعلة مع عواطفه واحتياجاته تغذيه على الدوام بحبها وحنانها وتجاوبها وابتسامها؟!..
في قصائد هذا الفصل يتناول الشاعر بالعتاب وبالهجاء الذي ما هو إلا ضرب من ضروب التعبير عن الحب لنساءٍ تعاملَ معهن بدفء وسخاء فاستغللن طبعه العاطفيَّ المُحْسِنَ الذي هو أساسُ ذنبه ليقابلنه بعكس ما كان ينتظر، فتارة قابلن دِفأه بالبرود، وسخاءه بالجحود، واهتمامه بالتكبر والصدود، وتارةً أخرى قابلن وفاءه بالغدر والخيانة، وتفانيه بالأنانية والتسلط والجبروت.. كذلك يتناول الشاعر بالنقد والهجاء تصرفات فتيات مختلفات بشكل عام، دون أن ينسى الكتابة عن حالات نساء طيبات مخلصات قوبلن من أزواجهن بالنفور والإعراض..

أنـــا لا أحـــب كتابـــة الأشـــعار   فـــي طبعهـــا المتحـــذلق الغـــدّارِ

عقلُك جــــداً يعجبنـي   لكنْ أغلاطـــك تُغضبني

وأخيراً أغلاطك صــارت   يا عاشقُ لحنـــاً يطربني

إخلاص حبيبـــي

حبيبـــــــي مخلـــص جــــدا وعنــــي يكــــره البُعْـــــدا
إذا فارقْتـــــهُ يومــــــاً يظــــل الفكــــر ممتــــدّا
حبيبـــــي لـــم يصـــلْ غيـــري ســوى عشــرين أو أكثــرْ
علـــى نفـــس أســـطواناتي يراقصـــــــهم ولا يخســــرْ
ينـــــامُ الليـــل فـــي بيتـــي وعنـــد الصـــبح فـــي آخَـــرْ
حبيبـــي قـــال لـــي غـــزلاً وشـــاهَدَ أنــــه أثّـــرْ..
فــــردّده علــــى غيــــري وصــــار البلبــــل الأشــــهرْ
وأصـــــبح حـــين أطلبـــــهُ يقــــول اليــــوم لا أقــــدِرْ
فلــــي وعـــدٌ مـــع الأســمرْ غـــداً آتيـــك يـــا أشـــقرْ
حبيبــــي ثغـــره سُكّـــرْ فكـــم هَنَّـــا وكـــم أســـكرْ
لقــــد ظهـــرت حقيقتـــه ويـــا حمْـــداً لمـــن أظهـــرْ

طبيعة حواء الغموض

إذا لـــم تُجِيبـــي فطبعـــكِ هـــذا طبيعـــة حـــواء فـــي كـــل جيـــلِ
يظـــل غموضـــك غابـــات صـــدٍّ يـــدر ظلامـــاً بوجـــه الخليـــلِ
ومـــا أنـــا وحـــدي ولكـــنْ ألـــوف تفـــانوا بحبـــك طـــول الفصـــول
ولكـــنّ قافلـــــة العــــاقلين أراهـــا اســـتعدت لأجـــل الرحيـــل

أنانياتها

أنانياتهــــا محقــــتْ هنـــائي ... فمـــا مـــن أســـرة أو أصـــدقاءِ
وحيـــدٌ لســـت أُخـــدَم مـــن قـــديم ... وأفنـــــى خادمـــــاً لـــــذوات داءِ
أ أبقـــى طـــول عمـــري رهـــنَ ذلٍّ ... إلـــــى نمـــــرودةٍ ذاتِ اعتـــــداءِ؟
لحاهـــا الله قـــد بلعـــت عظـــامي ... ولحمـــي.. إن هـــذا مـــن غبـــائي
وأســـوأ ســـاعة فـــي العمـــر لمّـــا ... حقنـــتُ بِحجْرهـــا أنقـــى دمـــائي
عديمـــةُ الاحتـــرام، ولـــي خـــذولٌ ... تعـــاملني بـــروح الإســـتياءِ
ويأخـــذها الضَّـــمير إلـــى "ضُـــمَيْرٍ" ... لتضـــمر لـــي الأذى طـــول البقـــاءِ
وطبعـــي العـــاطفيُّ أســـاسُ ذنبـــي ... بإعطـــائي لهـــا كـــلَّ اقتنـــائي
وبـــاعتني بمـــا ســـلبتْه منـــي ... ومنزلتـــــي لـــــديها كالحـــــذاءِ
ويبقَـــى فضـــلُ أحـــذيتي عليهـــا ... وأهليهـــــا إلـــــى يـــــوم الفنـــــاءِ..
لقـــد منعـــتْ جميـــعَ الســـعد عنـــي ... فصـــرتُ ضـــجيعَ أنـــواع الشـــقاء
أعـــيش العمـــرَ أبكـــي ذل حـــالي ... يـــــداهمني التـــــذكر بالبكـــــاءِ
أعـــيش محـــدِّثاً نفســـي وحيـــداً ... كـــأني مـــن مجـــانين العَـــراءِ
ومـــا حـــدثتُ نفســـي قبـــل هـــذا ... ســـوى مـــن بعـــد فقـــدي كـــل مـــائي
إذا حـــدثتُ نفســـي خـــفَّ بؤســـي ... بـــــديلَ تحـــــدُّثي للأقربـــــاءِ
يمـــوت المـــرء "طقّـــاً" إنْ تَبَقّـــى ... علـــى مـــا يجتويـــه مـــنَ الغبـــاءِ
إذا عضـــتك نيـــب العقربـــاءِ ... فصِـــحْ .. عبّـــرْ تجـــد ألـــف افتـــداءِ
وفـــي التعبيـــر تريـــاقٌ مضـــادٌّ ... يُحيلـــكَ بعـــد ســـُـقْمك للشـــفاءِ
رجـــوت الله يكتـــب لـــي أجـــوراً ... علـــى صـــبري علـــى شـــرِّ النســـاء
وإن مـــا عـــوَّض الـــرزاق عنهـــا ... بـــدنيا.. ألتقيـــهِ فـــي الســـماءِ
وأدعـــوهُ لِيُصْـــلِيَها جحيمـــاً ... لقـــاء عـــذابها لـــي وابتلائـــي
حمِـــدتُ الله تـــاريخي سَـــلاها ... لتزييفاتهـــــا والإفتـــــراءِ.

لــولا

سـمراء خلـف وقارِهـا تُمعـن فـي اسـتكبارِها
هـي هكـذا لكننـي أحيـا علـى تـذكارها
لكننـي فـي ظلمتـي منحجـبٌ عـن نارهـا
الشـمس عنـدي دائمـاً تنحـاز عـن مـدارها
لـولا اشـتدادُ يـدِ الأسـى لَطِـرتُ نحـو ديارهـا
وطرقـتُ سـدّة قصـرها وطُـرِدْتُ عـن أسـوارها
لكـنْ سـأبقى أنـزوي مـع طيفهـا بجوارِهـا

ذبحتَ الشعورَ

على شفتيكَ ذبحتَ الشعورْ

تنعّمْ حبيبي بهذي الشرورْ

حبيبي وداعاً طوال الدهورْ

فعيناكَ ذابحتان لقلبي

وأحيا لأمحو لياليهما

ولكنْ يُبيدان هاويهما

حبيبي هذا الهوى فوق وُسْعي

لأنك تُمْعن في كل منْعِ

عيناك يا غادر

عيناك يا غادرْ
كخناجرِ الساحرْ
عيناك هدّمتا
ما كان بي عامرْ
عيناك علّمتا
عينيّ أحزانا
قد صارتا جمرا
يؤجُّ نيرانا

غروب حب

أقسمتُ سوف أغض عنكِ الطّرفا … ما دمتِ عني قد غضضتِ الطّرفا
أمعنتِ في كبْرٍ عليّ مُجَرّحٍ … لم يُبْقِ في قلبي عليكِ العطفا
مهما أرْتفعتِ فلستِ أكثرَ رِفْعَةً … من مَجْدِ أشعارِي، وقلبي أصفى
إني عددت عُلاك تقوية لنا … يا مَن عَدَدْتِ علاءنا لك ضعفا
أنا لم أعد أنوي إليكِ تقرّبا … وإنِ أتّجهتِ إليّ أهربُ ضِعفا
ودّعتُ كل صداقتي ومحبّتي … بل قد خلعتُ عهودنا والحِلْفا
كنت المحبَّ، وصرتُ دونَ محبّةٍ … يا ويحَ قلبي كم نَثَا، كم أخفى !

ودعتُ حبك

ودَّعْتُ حبَّك لا أرضى ألاحِقُ مَن ... لا ترتضيني ولا تبدي لـيَ الأمـلا
إنـــي عشـــقتك أياما محـددَّةً ... لكنْ صددتِ وشوّهتِ الذي جَمُلا
مـا الـذنب ذنبُك حُسْنٌ فيك قرَّبني ... مـن مقلتيك لأرقى للعُلا الجبلا
لكـنْ رميـتِ بـأحلامي مكسّـرةً ... فوق الصخور وما أبقيتِ لي حِيَلا
إنـي أحبـك يـا حسناءُ عـن بُعُـدٍ ... فـالاقتراب يزيـد المبتلـين بَـلا
الانحجـاب مفيـدٌ لا يعــذبنا ... مقدارَ قـربٍ لأنثى تكـره الـرجلا
ودعـتُ حبَّـك مـا صـدٌّ يُحَفّزنـي ... أمّـا القَبـولُ فيُذْكي عنـديَ القُبَلا
لست امرَءاً يشتهي مَن لا توافقُهُ ... إلا بفتـرةِ مـا مِـن قبلِ قولـة : لا
لا يشمل الحب عندي غير قانعة ... بمـا لـديَّ وإلا أنتقـي بـدَلا
إنـي لَمُحتـاجُ حـبِّ لا يفـارقني ... حتـى أَشيدَ وجـودا ينشر الجـذلا
ليـت المحبـةَ عنـد النـاس وافـرةٌ ... مـا كنـتُ أشهد لا جرْماً ولا زلَـلا

أ أصبر؟؟؟

تَكَبّـرْ تَجَبّـرْ، أخـافُ يكـونْ ... سـلوكك هـذا نتـاجَ الظنـونْ
أخـاف يكـون جفـاؤك عمْـداً ... فـذلك يجعلنـي فـي جُنـونْ
لعمـرك قـل لـي لأعـرف نفسـي ... أ أصـبرُ أم تستفيضُ العيـونْ؟
فوضِّـح وفسّـرْ لعقلـيَ وأشْـرحْ ... أ جِـدٌّ جفـاؤك أم مِـن فنـونْ؟
لعمـرك وضّـح إلـيّ الحقيقـ ... ـة لا تَتَسـلَّ بقلبـي الحنـونْ

هجاء في إمرأة هوجاء

هكــــذا فـــي الصــدِ ظَلّي   لســـتُ مهتمـــا بظِلّي
قَــدْرُ نعلـــي يتــدنّى   إنْ تشـــبَّهْتِ بنعلـــي
لــم أجـد قبحـاً كهـذا   فاغضـبي وابكـي وغِلّـي
وجهــك المشـؤوم بــومٌ   قبحــه كــافٍ لِعَلّـي
عَلَّــكِ القــبْحُ فأبــدى   شــكْلَ فكَّيْــكِ بِسِــلّ
اغربــي عــن وجــه حبـي   لســتُ أرضــى بـك وَلِّي
اهجرينـــي لا تحلّـــي   لــيس غيــرُ الهَجْــرِ حَلِّي
أزدري كـــلَّ تســامٍ   صـــنَعتْهُ يـــدُ ذُلِّ
إنْ دَنَوْنَــا صَــدَّ عنّــا   وإذا حِـــدْنا يُخَلّـــي

إلى ممثلة

غـــذّي ســـواي بتمثيـــلٍ وأوهـــامِ   لا أستسيغ حيــاةً محـض أفــلامِ
لــم ألْــقَ ودّكِ حقّــاً لــو لثانيــة   بل أنت عندي سرابٌ يخدع الظامي
يــا مَــنْ منـنـتِ بــأحلام مُنمَّقـةٍ   غَشَشْـتِني بِشِـراكِ القـول كـالرامي
واليــوم جــاءَ وداعــي مثــلَ قنبلــة   أقصـت يـديك عَـن اسـتحكامِ آلامـي
نظّمـتُ فكـري نظامـاً لـيس ذا عِـوَجٍ   حتـى تصـير حيـاتي محـضَ إنعـامِ
نعـم، تركْتُـكِ طـول العمـر مفـردةً   كـيلا أظـلّ تعيسـاً طـولَ أيـامي

شكوى زوج من زوجته

لا بنـتَ تجبـر خـاطري وتعيـدني لشبيبتي من بعد شَيبــي المحزنِ
محــرومُ جـنسٍ فالحليلـــة دائمـــا بتشاغــلٍ عن حـاجتي لم تَرْونــي
وتقـول لـي: تَعبانــةٌ، وأقـــول بـل ثُعبانـــةٌ، إن البُـــرودَ مُجَنِّنــي
هل يا تُرى تغدو العجوزُ ضعيفة عـن أن تـــؤدّي دورهـــا بتفنّـنِ؟
أم إنهـا وَا حسـرتي شخَّت علـى شيخوختي مِـن دون أي تحنُّـن؟
وأنــا الـذي مـن واجبـي إهمالهـا لـم أتخـذْ هـذا لطبعـي المُحْسِـنِ
جمَعـتْ وعـددتِ النقـود كأنهـــا أيضـاً أبـو لهـبٍ شريـــهٍ مُدْمِـنِ
هـل يـا تُـرى فقـدتْ أنوثتَهـا فمـا تقْوَى على سدِّ احتياج المؤمن؟
مــا كنـت أعـرف أنّ أنثـى هكـذا تحتـــلّ بيتـي دون أنْ بـي تعتنـي
هـــي إن تنظـفْ بيتهـا فلنفسهـــا ولحسـن حظـي بالنظافـة أغتنـي
شِـرّيرة ليسـت تُطيـق سـعادتي والحـرب يوميـاً بشـكل مُعْلـــنِ
واعتـادتِ اسـتعمار شـأني كُلّـهُ لا أستطيع المشـيَ إن لـم تـأذَنِ
مــا همُّهـا إلا ابتـلاعُ مرتّبـــي والبخلُ مهما قال دمعي: أحْسِني
مــا كنـتُ أعـرف أن تلـك نهـايتي وحسِبْتُها من غير نفس المعدِنِ
لكنهـا مـن نفس معدِنِهنّ خُـــــــنَّ قلوبنـا، وأخذنَ مـاذا نقتني
لـم يعـطِ زوجٌ زوجَـه مـا عنـدَهُ إلا وكـان نصيبُـــه أن ينحنـي
ملّكْتُهـا نفسـي ومــالي والهـوى فتحكمـتْ وتجهمـت لـم تُرضِنـي
لـو لـم أهبْهـا مـا أشـاد علُوَّهـا لـم ترتفـع فـوقي وتفقـأُ أعيُنـي
لَتَسَوَّلتْ هـي مـن يـدي بـدلي أنـا متربِّعـاً فـي العـرش لـم أتَلَعَّـنِ

فؤادي غير مقتنـــع

فــؤادي غيـــر مقتنـــــع ... بســـيدة كشاكـــــــوشِ
لهـــا عصـــبيةٌ ظهـــرت ... بهـــا كالـــديكِ منفـــوشِ
يطيـــب لطبعهـــا القاســـي ... تعامِلُـــــــه كقرَقـــوشِ
وتطحنــــــــه بأرجلهـــــا ... كمثــل العـدْس مجْـروشِ
تنـــام بتختهـــا المفــــــرو ... ش، وهـو بغيـر مفـروشِ
غِـــذاها المــنُّ والســلوى ... غِـــــذاهُ مـــن منـــاقيشِ
ويلعـــــق مرْقـــــة بقيـــت ... لباميــــــةٍ وفتّـــــــوشِ
أرُســــتُقْراطُ عيشـــــتُها ... وعَيْشُـــــهُ كالــــدراويش
يرقِّـــــع ثوبـــه البـــالي ... مليئـــــاً بالـــــدناديشِ
لقـــد كـــره البقـــاء معـــاً ... وآوى للخفافيـــــــــــش
وغـــاص ببـــؤرة أخـــرى ... ليبقـــى شـــر ملطـــوش
أراه انحـــاز للتدخيــــــــــ ... ـــنِ والمـأوى لتحشـيشِ
إلـــه النـــاس ينصفـــــــه ... بيـــوم العهـــن منفـــوش

أرجوك لا تَدْنَي

أرجوك لا تَـدْنَي فقـد بلـغ الـذبى كرهـي إليـك وإنني لـن أقرَبـا
سأعيش وحدي فـي البراري تائهـاً بـين الربـى ألقـى الظبـا والعقربـا
أنـا لا أطيـق العـيش أيـة لحظـة بجـوار مـن قتلـت سُـموّي والإبـا
ماديّـةٌ نصـابةٌ مصّـت دمـي لتفيد غيري، أوقفتْ ريحَ الصَّبا
لعبـتْ بعقلـي واعتلـت نفسـيّتي غسلت حِجاي وأججت فيه الغبا
أنا غيرُ راضٍ عن حياة "مـُحِبّتي" قالـت إلـى الأطمـاع: أهلاً مرحبا
وتبيعنـي بـالقرش وهـي مريضـة بهَـوَى النقـود ولا تـريح المُتْعَبـا
يـا ربِّ أنقـذ هـامتي مـن شـرِّها هيِّـئْ زواجـاً لـي مُعِـزّاً طيّبـا
قبـل الممـات أريـد أنثـى غيرهـا أشـكو لهـا بَثِّـي وعيشـي المُكْرِبـا
دعنـي أعِـش مـع غيرهـا بسلامةٍ بـالرغم أن أصـبحتُ شـلواً أشـيبا
أحتـاج أنثـى غيرهـا تـأوي إلـى نـومٍ معي فوراً ضحىً أو مغربـا
أحتـاج أنثـى فـي التصـاقٍ دائـمٍ بـي لا بتلفـازٍ يُغـيظُ المغضَـبا
مهمـا تكـنْ حسـناتها.. لكنهـا قـد أثّـرتْ سـلباً أعـيش مُعـذّبا
يـا رب أبلغنـي الأمـاني كلهـا من بعد سمعك لي سأبلغها النَّبـا

وداعاً لحبك يا مزعجي

وداعــاً لحبـك يـا مزعجـي لـديجورِ ليـل بـه مَخرجـي
عرَفْتُـك بعـد التجـارب عكسـاً لمـا قـد ظهـرتَ مـن البهـرج
عرفتـك حقـاً، فبُعـداً جمـيلاً وغـدْرك بـي حـادَ عـن منهجـي

هجـاء لمُهمِلة

أمـــاتتني مـــن الجـــوعِ فتـــــاةٌ جففـــت نيعـــي
وبعــد الجــوع وافتنــي بطبخـــةِ بَعــرِ جربـــوعِ
قــدِ التحقـتْ بجامعـــةٍ ســـنيناً غيـــرَ بارعـــةٍ
فعاشـــت دون فائـــدةٍ وصـــارت شـــرَّ حاقـــدةٍ
غـداً لـن تلتقـي أحـدا يكـــون لعونهـــا أبـــدا
فتــاةٌ نوعهـــا هابـــطْ بــلا رسَـــنٍ ولا ضـــابطْ
حباهـــا ربُّهـــا الحمّـــى عســـى تنشـلُّ أو تعمـــى
عليهـــا لعنـــةُ البـــاري ومثواهـــا إلـــى النـــارِ

ما دمت تنساني

مـــا دمـت تنســاني وتحرمنـــي فلــن تحظـــــى بمصــــداقيَّتي وحنـــــاني
إن كنـــت تـــدحرني لـــذل شـــامل فـــالعطر لـــن يبقـــى علـــى الريحـــان
مـــا إن رأيتـــك مُخْلفـــا فـــي موعـــد فـــــي إثْـــــرِ آخَـــرَ دون أن تلقـــــاني
أدركـــتُ أنـــك عامـــدٌ متحـــرِّف للبـــــين عنـــــي ناويـــــاً حرْمـــــاني
عـدني مئـات الوعـد واخلـف دائمـا لـــن نلتقـــي أبـــداً مـــدى الأزمـــان
ودّعـــــتُ وُدَّك إنمـــــا مستمســـــك قلبـــــي بـــــمِسْك خيالـــــك الربّـــــاني
أيقنـــت أنـــي لـــم أزل متشـــائما مهمـــــا التفـــاؤلُ للرجـــوع دعـــاني

الحب الجسدي

إنهـا تبغـي غرامـي واهتمـامي   وهـي لا تعطـي غرامـا واهتمامـا

قـل لهـا: حتـي خُطـاكِ واتركيـهِ   فعلـى مـن تتسلـيَّن علامـا ؟؟

أي نفـع فـي فتـاة تشـتهينا   دون أن تقْبَـلَ وصـلاً والتحامـا؟

أي نفـع فـي فتـاة نشـتهيها   وهـي لا تمـنح لمسـاً وانسـجاما؟

أي نفـع فـي لظـى يطـبخ شـوقاً   جامحـاً فينـا ولا يجْـدِي طعامـا؟

أي خيـر فـي شـفاه ألهَبَتْنـا   دون أن تسقي وأن تطفي الضراما

نحـن عُشّـاقُ الصُّـدُور النُّهْـدِ نلقـى   مـن كنـوز اللحـم مهـدا لننامـا

نحـن لا نحمـل شـوقا واصـطبارا   غيـر للأنثـى التـي تبغـي اقتحامـا

مَرْكبـات الحـب إنْ لاقـت معيقـاً   تُزْمـرُ النهـدَ فـلا تـخْطي المرامـا

فتنـة السـيقان تغرينـا انضـماما   وسـهام العـين تردينـا انهزامـا..

خذني إليك أيا ربي

خـذني إليـك أيـا ربـي لأنفصـلا   عـن حلـوة لـيس تُنمـى قَـطّ للعُقَـلا

عـن حلـوة أكلـت مـالي وأنسـجتي   قـد سـمَّمتْ كـلَّ خيـر بـي وكـلَّ كَـلا

قـد أحرقـت بيتهـا حقـداً وتعميـة   ومَرْمَـرَتْ عيشـتي لا تعـرف الجـذلا

يـا ربنـا اجعـل حشـاها دونمـا فـرح   لأنها جففتْ من دمائي النور والأملا

أرجـوك أرسـلْ أيـا رزاق أربعـة   مـن النسـاء لبيتـي عـن سـهى بـدلا

لم أعد أريدك

أنـــــا لـــــم أعـــــد أريـــــدُكْ
قـــــد شـــــلَّني صـــــدودُكْ
لـــــو صِـــــرتَ أنـــــت تدعـــــو
أصـــــير لا أفيـــــدُكْ
أدلجْـــــتَ فـــــي الليـــــالي
ومـــــا أنـــــا وَقـــــودُكْ

السنونو القتيل

أَطِـــــلّ علـــــى شعرهـــــا المِغْزَلـــــي
ومشـــــهدِ مهملـــــةِ المنـــــزلِ
و(فـــــردٍ) يغـــــوصُ ومشـــــطٍ يلـــــفُّ
ونـــــوري يُغِـــــلّ وقلبـــــي يَـــــرِفُّ
ويدعو الإله بأن يطفئ النور منها فتغفو..
تـحـــــارب روحـــــا لطيفـــــا بعنـــــفِ
وجسمـــــاً نحيـــــلاً بـــــه بعـــــضُ ضعـــــفِ
إلامَ سترمـــــي بظـــــلٍّ ثقيـــــلْ
علـــــيّ فتهـــــدم جسمـــــي الهزيـــــلْ ؟؟
إلامَ ستبقـــــى تلـــــف الشّعَـــــرْ
بفـــــنٍّ وتقتـــــل منـــــي الشعـــــورْ ؟
لمـــــاذا يَظـــــلّ غباهـــــا كثيـــــف ؟؟
وقـــــد ذاب منـــــي الشعـــــاعُ الرهيـــــف؟؟

علـــى مهجتـــي غيمـــةٌ مـــن أســـى

وكبـــتٌ وضغـــط علـــى رئتـــيْ

قريبـــا تـــرى الانفجـــارَ العنيـــفْ

أيـــا نسَمـــاتِ النخيـــلِ الجميـــلْ

أيـــا حركـــاتِ الحَمـــام النبيـــلْ

بربّـــك قـــولي أ لســـتُ القتيـــلْ

مـــن الهـــمّ قولـــي إليـــكِ أحيـــلْ..؟

أجيبـــي بربّـــك إن الفـــؤاد

قريبـــا سينشـــقّ.. هـــذا الدليـــل؟؟

حـــرام أكـــون قتيـــلَ غباهـــا

متـــى ســـوف تفهمنـــي بذكاهـــا ؟؟

أ تعْلـــمُ نبْضـــاتِ قلبـــي الرشيـــقْ

تـــرجُّ بفوضـــى وحـــزن عميـــق ؟

وتضغـــط مـــن فـــوق قلبـــي الـــرؤى

وينقـــص مـــن رئتِـــي الأوكسجيـــنْ

فأطلـــبُ يـــا زوج كفـــيّ أذاكِ

وجهْلَـــك عنّـــي وأســـدي الحنيـــنْ

أيـــا زوجـــةَ النحـــس كفّـــي الأنـــينْ

وكفّـــي الجنـــون وصحّـــي نُهـــاكْ

وداوي جروحـــاً جَنَتْهـــا يـــداك

أعيـــدي لروحـــيَ أضواءهـــا

أعيـــدي لصـــدري نقـــاء هـــواك

كبرياء

يظــنّ بــأني ألاقــي المنونـــا ... متى ما مضى عن دياري ضنينا
يظـن سـأبكي وأحـرق لحمـي ... وأنهـي وجـودي وأصْـلَى الجنونـا
أجيبـه إنــي قــويّ جَلــودٌ ... أقــاوم حزنــي ولــن أســتكينا
وأجنــي المحبــة مـن كـل حقـل ... كنحـل يمـص الشـذى والغصـونا
أعــيش بعــالَم بؤســي سـعيداً ... وأرفـض أحيـا الغـرام المهينـا
إذا الحــب قَيَّــدَ، أطلــقُ روحـي ... لعــالمِ عِــزَّ يَقَــرُّ العيونــا
نباتــات غــابي وأزهــار دربـي ... تُعطّـر صـدري وتفنـي الشـجونا
وأنشــقُ أجــواءَ بحـر خيــالي ... بشــوقٍ عميـق يعـبّ الفتونــا
وأرسـم أحلـى الـرؤى والقصائــ ... ـدَ أهـدي لشـعبي العظـيمِ الفنونـا

باردة الأعصاب

هــي فرصـــة إن ضـــاعتِ ... ستبـــور كـــل بضـــاعتي
وتــزول مقدرتــي علــى الــ ... ــبُقيا بهـــذي الغابـــةِ
تتحمّليـــن نتيجـــة الـــ ... إهمـــال والإبطـــاءةِ
أعصابــك الحَــرَّى غــدت ... (كفِريــــزَر) الثلاجــــةِ
والبــرد هــذا ضــد مصــ ... ـلحـــة الـــزواج القانـــتِ
أوَ لـــيس عنـــدك أي تضــ ... ـحيـــةٍ ورأيٍ ثابـــتِ ؟
قـــد تندميـــن وتندبيـــ ... ـن هـوى الحبيـب المائـتِ
هـــو لــم يفــز بنتيجـــة ... مـــن خَــوض حــبٍ بـاهــتِ
هـــو لــم يجــد إلا الأســـى ... مـــن شوقــه المتهـافــتِ
لا بـــدّ يكســر نفســه ... ويســـرُ قلـــبَ الشامِـــتِ

وحي الآيباد هذه التقانة الكريهة

الآيِبـــــاد حبيبُهـــــا بدَلـي أنا

أبكي على زندي الكسير وحلوتي لـم تتصل حتـى لتعـرف قصـتي

الآيِبــاد حبيبُهـــا بدَلـــي أنــا هذا الذي نـادى العدى: فلْتشمتي

محبـوبتي أعجوبـة فـي وُدّهـــا وبصــدّها وبعقلهــا المتزمّـــتِ

تعطيــه وعيــا كــاملا متماسـكا أمّـــا إلـــيّ بوعيهـــا المتفتـــتِ

هــذا اختــراعٌ زاد فصــلا بيننــا والفصـل بـادرة الغـرام الميـّـتِ

لقد فقدَتْـــني

لقــد فقدتْـــــني، ومــا همَّهــــا ســـوى الآيِبـــاد الـــذي ضـمَّها

يزيــد التكبَـــر يومــا فيومــاً علـــيَّ وتعطـــي لــــه يومهـــا

تسـلّت بغيـري وقــد أهملَتْنـــي وتنهـــب مــــالي الــــذي عمَّهـــا

يزاحمنـــي الآيِبــــاد الحقيــر فهـــا هـــي روحـــي بكــت يُتْمهـــا

ســيأتي نهــار قريــب ترانـــي حبيبـــاً قـــديماً سَـــلا رســـمَها

زوجة شريرة

رجاني صديقي بانفعال مؤلم أن أصوّر بالشعر حالته المتردِّية بينه وبين زوجته واصفاً لي أدق التفاصيل:

قد قال لي وهو الحزين لرتبةٍ فيها يكاد يموت أسوء مِيْتةٍ
ذنبي أنا أخطأتُ في تقويمها وتركتُها تحيا كأخبث حيّة
لو أنها حقاً تريد مودتّي ما كنت أندم بل أزيد مودتي
الذنب ذنبي هكذا ربّيتها أنا ذلك المسؤول عن تبَعيتي
هي زوجة شريرة لا ترتضي تحيا بدون مشاكل يوميَّةٍ
غيّارة مرضانة بالغيرةِ ظنَّانة من دون شيء مثبَتِ
نمَتِ الأنانيات في تفكيرها وسلوكِها وطباعها الهمجيَّةِ
ترجو امتلاك الكون تحت جناحها لا ترتضي للزوج مربِطَ عنزةِ
ولأنه المغداق دون هوادة هي حاسَبَتْهُ دائماً وتجَنّتِ
هي عندها حرية لا تنتهي والزوج في قفص بلا حريةِ
فُطِرَتْ على عُقَد تُفتتُ شملها وتشير أنْ هي مِن لئام المَنْبِتِ
فطرت على عُقَدٍ تُناوِئُهُ بها فتصير كالأضحوكة الفكهيةِ
قلبتْ مفاهيمَ الحياة ودوَّختْ رجلا كريما بالجنون المُلْفِتِ
هو كان يحسب أنها عن غيرها زادت بخيرٍ.. بينما بأذيّةِ
هو كان يحسب أنها غيريَّةٌ ألقتْ أنانياتِها في الهوّة
لكنها قد قيّدتْ محبوبها الـ ـمُعطي إليها كاملَ المدنيَّةِ
ولأنَّ إحساساتِهِ غيريةٌ عاشتْ بإحساساتِهِ الغيريَّةِ
ولأنه متعامل بترفق معها أفاضت بالجفا والقسوةِ
تمضي كما شاءت وتعزل روحَهُ عن كلِّ إنس كي يموت بعزلة

ولأنـه هـو محسـنٌ بظنونـه ... مـا أحسـنت إلا بسـوء النيّـةِ
ولأنـه حـرس لعـرش هنائهـا ... مـا نوّلتـه قَـطٌّ غيـرَ الترحـةِ
ولأنـه مـا كـاد يومـاً ضـدها ... أو دَعَّ أضـيافاً لهـا قـد دعَّـتِ
ولأنَّ كامـلَ عزمِـهِ أعطـى لهـا ... هـي أضـعفتْه خُفيـةً وتقـوّتِ
هـي لا تخـاف الله فيـه فكـم طغـت ... وتجبّـرت واسـتهترت وتحـدّتِ
محصـول إجراءاتهـا القمعيّـةِ ... أدى لأسـوأ سـمعة بيتِيَّـةِ
صـارت عجـوزا وهـي فـي حالاتهـا ... مـا مـن منـىً أن تهتـدي لسـويَّةِ
هـو لـيس منتحـراً لأن عقابَـهُ ... مـن ربـه سـيكون ضِـعفَ الزوجـةِ

رغم هذا القبح

رغـم هـذا القـبح لـم أحرِمْـكِ مـن كـل احترامـي
لـم يعـد عنـدكِ حُسْـنٌ جـاذب بـاقي اهتمـامي
مـا تبقَّـى لـكِ إلا بعـضُ عـام فـي غراسـي

خيبة ثقة

أنـا كنـت أحسبها تصـون ذمـاري ... أسـلمْتُها أمـري وخـاب قـراري
عَقْـصٌ وخبـثٌ حيلـةٌ وتحـذْلقٌ ... هـذا الـذي ألقـاه طـول نهـاري..
قـد أسـلمَتْني للسـقام وحفـرةٍ ... فيهـا مقـامي واحتـدامُ دمـاري

لله أشكو ذلّتي

لله أشـــكو ذلّتـــي مـــن زوجتـــي ... جبـــارة تطغـــى علـــيّ بشـــدةِ
مـــا إن أســـاعدُها بشـــيء تبتغـــي ... أغـــدو كعبـــد مســـتديم الخدمـــةِ
تبغـــي الركـــوع لهـــا بكـــل دقيقـــة ... هـــل هـــذه النفحـــات صـــنع الـــوردَةِ ؟؟
لـــم أدر هـــل ربـــي براني عبـــدَها ... لا ســـيما اســـتولت علـــى حريّتـــي ؟
مـــن أســـوإ الأصـــناف رغـــم محاســـن ... فيهـــا أقـــل مـــن الأمـــاني الحلـــوَةِ
لا أســـتطيع الصـــفو إلا بعـــده ... مليـــون تعكيـــر وألـــف أذيّـــةِ
الله أكبـــر لا أريـــد ودادهـــا ... هـــذا الـــذي يتلـــى بأســـوأ جفـــوةِ
هـــي شـــر أنثـــى شـــاهدتها أمّتـــي ... وأبـــث همّـــي للإلـــه وشـــقوتي
هـــي تســـتغل جميـــع مرحمتـــي بهـــا ... لأحيـــد عـــن نزعـــاتي الغيريـــة
لا ترتضـــي لـــي أن أصـــادق كائنـــا ... أو ألتقـــي بجحيمهـــا النوويـــةِ
وتســـومني ســـوء العـــذاب بشـــرّها ... وأظـــل أقضـــي عيشـــتي كالميّـــتِ
هـــي لا تكـــف عـــن المشـــاحنة التـــي ... منهـــا تغـــذت منـــذ يـــوم النشـــأةِ
رفعـــت أنانياتهـــا علمـــاً لهـــا ... حربـــا علـــى الإحســـان والمدنيّـــةِ
لا تنتهـــي صـــدماتها لمحبهـــا ... هـــل يـــا تـــرى صـــدام درّبَ زوجتـــي ؟
آوي إليهـــا هادئـــاً متبسّـــما ... وتحيطنـــي بشـــكوكها الشـــوكيَّةِ
إبلـــيس يعجـــز أن يكـــون مثيلهـــا ... ســـبقت مســـيلمةً بكـــل كُلَيْمَـــةِ
متوسّـــل لله يفصـــل بيننـــا ... ويريحنـــا مـــن نكبـــة يوميـــةِ
يـــا رب فرقنـــا ســـريعا أعطنـــي ... حريـــة تقضـــي علـــى التبعيـــةِ
يـــا رب مـــزّق بيننـــا مـــن فورنـــا ... هـــذي جميـــع مطـــالبي النفســـيةِ
أو فلْتُعجّـــلْ فـــي وفـــاتي فهـــي لـــي ... معنـــى الخـــلاص مـــن المآســـي المـــرَّةِ
أولادهـــا وبناتهـــا أمثالهـــا ... ســـودٌ مناكيـــدٌ لئـــام النيّـــةِ

مهمـــا يهبْنـــي الله يصـــبحْ ملكَهـــم	أبقـــى الأبَ المحـــروم مـــن ملكيّتـــي
ولأننـــي لـــم أرض مـــن أبنائنـــا	إغضـــابها أفراحهـــا هـــي غضـــبتي
هـــي هكـــذا قـــد درّبـــتهم كلُّهـــم	يـــا ويـــل أصـــهاراً لهـــا مـــن نكبـــةِ
إن كنـتُ لا أرجـو الطـلاق لأجلهـا	أرجـوه مـن أجـل البنـين الأزفـتِ
إن كـان ذا طبـع البنـات بكـل بيـ	ـت فليغْصُـنَ وأمهـنّ بحفـرةِ
أغشَـى الفنـادق يـوم أن لا ترتضـي	إعطـائيَ المفتـاح فـي الصـيفيّةِ
تخشى على العفش الجميل ولا أرى	مـن خَشـية منهـا علـيَّ ورحمـةِ
وإذا احتـوتني أسـرةٌ تمضـي لهـا	فـي حربهـا الشـعواء دون رويّـةِ
تعطـــي لتـــدخين وثرثـــرة ولا	تعطـــي لوجـــه الله أيـــة منحـــةِ

وتحرمني

وتحرِمنـي سـعادة منحِ غيـري	هدايا الوُدِّ مِن جهدي ووَفْري
فهـل مـن روضـة يُلقـى عليها	خسـارٌ أن تقـدِّم أيَّ خيـرِ؟
أنـا رجـلٌ ولكـنْ مثـلُ أنثـى	لأن الزوجَ تركب فوق ظهري
أعـيش مقيَّـدا مهمـا تظنّـوا	بـأني مالـكٌ لِزمـام أمـري
ولـيس تطيـع لـي رأيـاً ولكـن	تشـاورني إذا مُنِيـتْ بخُسْـرِ
لتضـمن أن أكـون لهـا شـريكا	بهـذا الخُسْـر بـالوُدِّ المُـوَرّيِ
وتلعب بي متى شاءت وراءتْ	وتفـرح مـن غبـائي المسـتمرِّ

عَجيبٌ أنت يا إكليلَ ورد

سـأهجرها وتحـزن بَعْـدَ بُعـدي فمـا حرصَـتْ علـيّ طـوال عهـدي
سـأهجرها وتبكينـي كثيـراً لهـذا كـم أحـول لصـدِّ قصـدي
سـأترك فرصـة أخـرى إليهـا عسـاها أن تكـفّ عـن التحـدّي
فـإني قـد سـئمت مـن التفـاني لحـبٍّ خُلَّبـيٍّ مستبِـدِّ
غريـب أنـت يـا إكليـلَ وردٍ جميـلٍ لـيس يعـرف كيـف يُهـدي
عجيـبٌ أنـت يـا إكليـلَ وردٍ تعطّرنـي وتعـرف قـدر ودّي
ولكـنْ لا أرى منـك اْهتمامـاً وإقبـالا علـيّ وحُسْـنَ ردِّ
غـداً لمّـا أصـير أنـا بعيـداً سـتجري راجيـا لتعـود عنـدي....

لوعة الأمنيات الذبيحة

الآن قـد جـاءت رسـالةٌ منكـا
الآن قـد صَـرَخَتْ أفكارنـا شـكّا
الآن قـد صـارت أفراحنـا ضـنكا
الآن أرسـلُها رسـالة شـوكا
فأغضـبْ كمـا شـئتا أنـا لـم أعـد مِنْكـا
ورسـالتي هـذي سـبكتها سـبكا
بسـرْدٍ منظـومٍ لأهـزم الإفكـا

أ ضِدي صرت ؟؟

أ ضِـدي صـرتَ يـا أشـقرْ؟ بغيـــري واثقـــاً أكثـــرْ؟
أيـــا زمنـــاً بـــه أشـــقى رجوتـــك علّنـــي أظفـــرْ؟

***

أكـــره فيـــك أيـــا محبـــوبي أشـــياء أصـــنافاً شـــتَّى
منهـــا مـــثلاً .. منهـــا مـــثلاً كـــلاّ، فأنـــا أهـــوى الصـــمتا

لمجد حبيبتي

تحيــــاتي وإجلالـــــي لمجـــد حبيبتـــي الغـــالي
فلـــولا عَطفُهـــا الطـــامي لمـــا حققـــتُ آمـــالي
ومهـــــلا إننـــــي وافٍ لهـــا بقصـــيديَ التـــالي:

****

أحـــس بـــأنَّ شـــانئتي تريـــد الغـــوص فـــي رئتـــي
بســـــكينٍ محَـــــدّدةٍ بأنيـــــاب مســـــمَّمةِ
ولـــم أحفـــلْ بغضـــبتها ولا بطبـــــاعِ عقربـــــةِ
وأحجـــب كامـــل الثقـــة عـــن الأفعـــى مطلَّقتـــي
وأمنحهـــا إلـــى الأخـــرى علـــى خلُـــقٍ وتربيـــةِ
تفـــوز - لحســـن سـمعتها - بتقـــدير وأوســـمةِ
مـــن الجيـــران أجمعهِـــمْ ولـــم تُلْســـع بألســـنةِ
ســـأبقى مخلصـــا أبـــدا إلـــى مَـــن أصـــبَحَتْ أَمَتِـــي
إلـــى مـــن طـــوّرتْ عقلـــي وَ وِجـــداني وأنســـجتي

تدجّنني

تـــدجّنني كتـــدجين الـــدجاجِ ... وتحرمنـي حقـوقي مـن زواجـي
بـأخرى غيرهـا تجلـو همـومي ... بـلا سـخطٍ ولا سـلب النتـاج
تعـارض أمـر خالقهـا تعـالى ... وتمعـن بـالأذاة والاحتجـاج
فقـد أخـذتْ مكـان الغيـر كـلا ... أرى لـي مسـكنا غيـر الفجـاج
وداســت كـل ودّ واحتــرام ... ومـا هـي أتقنـت إلا انزعـاجي
إلهـي لا تُعِـدها نحـو بيتـي ... وكسـرها كتكسـير الزجـاج
إلهـي خـذ أمانتهـا سـريعا ... ودعهـا للرمـاد وللـدياجي
إلهـي كـدَّرت روحـي وقلبـي ... أحالـت عيشـتي عـيش النِّعـاج
تحـب الأكـل تمزجـه دهونـا ... وكـم ناجيتهـا أصـفى التنـاجي
بـأن لا تمـلأ الأكـلات سـمَّا ... يـؤدي لاحتقـانِ وريـدِ تـاجي
إلهـي فـوق مـا ترجـوه أعطـي ... ولكـن لـيس تنـتهج انتهـاجي
إلهـي كـل مـا سـلَبَتْه منـي ... أعِـدْه لـي وعـوِضْ فقْـدَ راجِ
الهـي اثـأر وحطـم عارضَـيْها ... وأسـكنها بنيـران الأهـاجي
الهـي اثـأر تمـام الثـأر منهـا ... علـى مـا مارسـت ضـد ابتهـاجي
بكـل النـاس مـا أحـد سـواها ... لهـذا الحـد مـن دون انـدماج
لقـد سـمعتْ بـأنّ النـاس طـرّاً ... تخاصـم بعضـها بعـد الـزواج
لـذا سـبقتْ جميـع النـاس زادت ... هيـاج جنونهـا أقـوى هيـاج
جميع خصام ما في الأرض وازى ... قلـيلا مـن تخاصـمها المزاجـي
لعنـتُ الحـظ جاعلَهـا بطبـع ... أبـاد سـعادتي ومحـا سـياجي
ومهمـا نحـن قاومْنـا اعوجاجـا ... لأنثـى سـوف تبقـى فـي اعوجـاج

يا ليت تخبره عمّا في قلبها

هـي لا تحـب فتـىً شـريداً مُتْعَبـا | وتحــبُّ أكثــرَ أن تــراه معــذّبا
مِقــدارُهُ رهــنُ انحطــاط دائــمٍ | فـي عينهـا ولقـد يمـوت تَغَضُّبا
وَاحســرتاهُ علــى حبيــب رازحٍ | فـي الـذل مـن وجْـدٍ عليـه تغلّبـا
وسواه يضحك لاهياً بل مُعْرِضا | عـن أن يُعِـين مُحِبَّـه مهمـا صَـبا
يـا ليـت تخبـره بمـا فـي قلبهـا | حقـاً فيبحـث عـن سـواها مهربـا

علاقتي بمغضبتي

مهمـا لجأنـا بعـضَ وقـت للسكنْ | نجري إلـى حـال التهيُّج والشجنْ
هذي العلاقـة بيننـا طـول المـدى | خــوفٌ وإرهـاب يهـدّد بالمحـنْ
إنــي ومُغْضــبتي كلانــا ســيىءٌ | مـا واحــد منّــا بتاتــاً مـؤتمنْ
أمضي وأرجع حائرا طول الزمن | هل هكذا طبْـع الذين بـلا فِطَـن؟

يا كريهتي

أنـــــتِ حقــــدٌ | أنــــا حــــبٌّ
أنـــــتِ ليــــلٌ | أنــــا شُهْــــبُ
أنــــا شــــرقٌ | أنــــت غــــربُ

يـا كـريـهـة

إنْ تقولي لا أحبكِ ..

إنْ تقـــــولي لا أحِبُّـــــك ..
ذاك خيـــرٌ لـــيَ مـــن أيِّ خِـــداع
لا تغشّـــي يـــا حبيبـــي لا تغشـــي
إننـــي لا أفهمُـــك
هـــل لأنـــي مغرمُـــك؟
صـــارِحيني أجمـــلُ الحـــقِ يُـــذاعْ
هـــل ســـتُبقين الصِّـــراعْ
وتبـــاريحَ الصُّـــداعْ
لا أُحِـــبُّ الانخـــداعْ
إننـــي طفـــل غريـــرْ
لســـت أدري كشـــفَ أســـرارِ الضِّـــباع
أو فَصَـــحِّيني بضـــربة..
أو بتـــوبيخٍ عنيـــف
قصـــد أن أتـــرك وهْمـــاً بـــي يُطيـــفْ
وتـــرى عينـــي أعاصـــير الخريـــفْ

الحفرة والطريق

كحف ـرة حياتـ ـي

مـ ـعَ هـ ـذه الفتـ ـاةِ

فأسلـ ـك الطريـ ـقْ

إلـ ـى الفضـ ـا الطليـ ـقْ

وفجـ ـأة أحِـ ـسّ

بلَوعـ ـةٍ وبضيـ ـقْ

فأحـ ـنّ لا أطيـ ـق

شعوريَ الغريـ ـق

بدونمـ ـا رفيـ ـق

فأعـ ـود للفتـ ـاةِ

لحفـ ـرة الأسـ ـاةِ

خيـ ـرٌ مـ ـن الوفـ ـاةِ

فـ ـي وحشـ ـة الطريـ ـقْ

بدونمـ ـا رفيـ ـقْ

لـ ـو لـ ـيس بالرَّفيـ ـقْ

الحقيبة

أخذتْهـــا و مَضَـــتْ
ونـجـومـــي ومَضَـــتْ
اتـركـيـهـــا ذكـــرةً
لـــم تـُجِـــبني بـــل أبـــَتْ
وَدَّعَـتْنـــي فســـواءٌ
إنْ أضـــاءتْ أو دَجَـــتْ..
أخذتْهـــا ومضـــت
وعـيـونـــي ومضـــت
فخذيها وخذي نفسك أيضا لا تعودي
أو تعيـــدي نغمـــة ذاتَ صـــدودِ
بِـتِّ فـــي عينـــي كـأجواف اللحـــودِ
لا تُرينـي لك وجهاً بـل تنـاءَيْ لبعيدِ
لـيـــس فـــي حـبـــك معنـــى
عـشتـــهُ إلا كُمـــودي
أنـــت صحـــراء الكُنُـــودِ
ذات مفعـــولٍ مُبِيـــدِ

أنا لم أعد لك هاويا

أنا لم أعد لك هاويا　　　يا جارحا ومُداويا
يا من وصفتَ مدائحيـ　　　ـكَ كما أكون مرائيا
وَبَّخْتني قرب المَلا　　　وجعلتني متواريا
هل ذا جزاء محبّتي　　　ومعيشتي لك وافيا؟
لا لن أعود إليك أيـ　　　ـضاً سوف أصبح ساليا
دمت السعيد مدى الحيا　　　ة ودمْتَ عنّي نائيا
لم أدْرِ أنك هكذا　　　تجزي هواي تقاليا
إن كان يسعدكم شقا　　　ئي لن يزولَ شقائيا
أنا لم أصدّق كيف أنـ　　　ـي نلت وُدّك غاليا
فإذا بكل بساطة　　　تُسْدي إليّ تجافيا
إني جعلتك ملهمي　　　من طيبة وتفانيا
لكن ظننتَ مدائحي　　　عكسا لما في باليا
أدركت أنك دائماً　　　غيرَ الحقيقة رائيا
بكلامكم لي هكذا　　　أفرحت بعض عواديا
إن شاهدوا أحدا هوِي　　　دفعوه أكثر هاويا
فافرح وأفرِحهم بما　　　تقسو، وداعاً ساميا
يا من ظلمتَ مشاعري　　　سأعيش عمري باكيا
وإذا ندمت بحسرة　　　أرجوك تبقى هانيا
أنا ما خلقت مسبِّبا　　　لك حسرة ومأسيا
عافاك ربك دائما　　　وأدامكم لسوائيا
سأعيش في ذكراك لن　　　ألقاك طول حياتيا

حطم الصمت

حطّـــم الـصمـــت تـكـلّــمْ   أنـــت منـــه تـتـألّــــمْ
كـــان فـــي الماضـــي بســوماً   ثـــم أضحـــى المتجَهـــمّْ
لـــم يعـــد يصـــغي لقــولي   أو علـــى حـــاليَ يـــألَمْ

عـــــادة الأحبـــــاب عــــــادة
هـــــي عشــــــق وعبـــــادة
يـــا حبيبـــي كيـــف تـمســـي هكـــذا
بـعــــد إحســــانك تســـقيني القـــذى؟

فوداعـــاً لـــم أعـــد أحمـــل عزمـــاً للبقـــاء
ســــــوف أمضـــــــي للفنــــــاء
هكـــذا صيّـــرتَ عمـــري   ظلمـــة هـــل لســـت تنـــدمْ ؟
يـــا حبيبـــي ســـوف تنســـى
يـــا حبيبـــي صـــرتَ تقســـو مثـــلَ مجـــرمْ
ســوف تنســى كـــل دمعـــي   ســـوف تنســـى مـــا تقـــدَّمْ..
اتعـــــظ يـــــا قلــــــب وعظـــــاً
إنــــــه أصـــــبحَ فـظـــــــا
هكـــــذا العمـــــر تحَطّـــــمْ

ذبحتَ الشعور

ذبحـــتَ الشـــعور ولا تتـــألمْ وكـــان الشـــعور بحبـــك يــنْعَمْ

ذبحـــتَ الشـــعور عـــلى شفتيـــكْ

وكـــان كلامـــك يخدعنـــي

ذبحـــت الشعـــور قتلـــتَ السُّـــرورْ

تمَتّـــعْ حبيبـــي بهـــذي الشـــرورْ

حبيبـــيَ عينـــاك مذبـــحُ قلبـــي

وأحيـــا لأجـــل لياليهمـــا

حبيبـــيَ هـــذا الهـــوى فـــوق وُسعـــي

ومــات الشــعور ومــات النغــمْ على الطيف حتى ارتمَى وانحطـَمْ

تمـــوت الشفـــاه ويحـــيا الحنـــانْ

ويبقـــى الهيـــام طـــوال الزمـــانْ

أفرغَتْني من السعادة

قد أفرغتني من جميع سعادتي ورمـت بـأفراحي إلـى النيـرانِ

لم أدر مـا طعمَ الهدوء بقربهـا قبـرتْ معـاني الـود والتحنـان

وأخـذتُ شرَّ مقالب من خبثهـا إذْ خِلـتُ أنَّ غرامهـا يرعـاني

لكنهـا لـم تهـو إلا نفسهـا غزّت خوازيقا فرَتْ مصراني

السخط يشحنها عليّ مكائـــدا مـا مـرَّ يوم دونمـا عـدوان ..

ضريبة الغنى ومشكلات الزمان

قلبـي الشـغوفُ بحـب كـلِّ العـالَمِ | يحتــاج يوميّــاً لحــبٍّ ضــارمِ
الحــب رقّــاني لأرفــع مســتوى | مــن فضــل ربٍّ آمــرٍ بتــراحمِ
مــا لحظـة تمضـي بـدون تخـاطرٍ | لكــنَّ قلبــكِ يــا حبيبــة ظــالمي
العمـر يحلـو إن نكـنْ مـعَ بعضـنا | نلهــو ونمــرح فــي ابتهــاج دائــمِ
شــدْوٌ وزغــردةٌ وشــمس بَــدّدتْ | وجـهَ الظـلام وقـد رجَعْـتِ لعالـَمي
لكـنَّ مجـد َالسـعد لـن يـأتي لنـا | إنْ تمكثــي نشّــالة لــدراهمي
عينــاك تكتنــزان خيــرَ محبــة | لـي إنمـا مـا فـي يـديك مُخاصـمي
تلهـين بـالتعمير عـن حـاجي أنـا | وضــريبة التعميــر هــدمُ دعــائمي
محــرومُ حــب مـن قرينتـيَ التـي | تــدري ولا تــدري بمكــرٍ دائــم
أنــا لسـت أنكـر أن حبـك مُلفِـتٌ | مــا قَـلّ عـن ليلـى.. ولكـن كـالمي
قمــمٌ محبتنــا ولكــنَّ الهــوى | بــك شــاحطٌ عنــي بخبــث نــاعمِ
لاحظتُ أنْ لا فرق إنْ دام النوى | أو لــم يـدُمْ بـات اللقـاء مُخاصـمي
لا نلتقــي فــي اليــوم إلا ربْعــهُ | هــذا بأحســنَ مــا تكــون غنــائمي
مِــن عــادتي أنــي أنــام مبَكّــراً | وإذا صــحوتِ فأنــت أنْــومُ نــائمِ
وأظــل منتظــراً لصــحوك مــدة | وإذا التقينــا تلــك وجبــة ُصــائمِ
طفــل أنــا قــد أهملَتْــه أمّــه ُ | ويعــيش شــحاذاً لرحمــة راحــمِ
فتفرَّغــي لــي تَسْــعَدِي بمــودّتي | وتــرَيْ بــأني ذو المُحَيّــاً الباســمِ
مــا مشّـطتْ كفـاك يومـاً مَفْرِقـي | مــا فتّشــتْ عينــاك يومــاً عــالمي

ثلُثاْ الزمـان تولّيـا مـن دون أن عطـر الغرام يفوح عبـر خياشـمي

يـا زوجـة حجزت مكانـا شـاغراً هـذا السـلوك مـن التـزوّج حـارمي

أنـا لا أوافـق أن أودِّع نجمتـى إلا الضـحى لا فـي الظـلام القـاتمِ

إنّ المـدارس دون طـلاب كمـا بيتـي بـلا أحـد يزيـد عزائمـي

لا أستطيع الصبر عن أنثى التهتْ بنقودهـا واللهـوُ هـذا قاصـمي

يـا منتهـى أملـي أ تَبْقَـى قـوة للصبر عنـدي والحِمامُ مهاجمي؟

أصـبحتُ سبعيناً مـن السّنّ التـي ترجـو هطولـك لـي هطـولَ غمـائمِ

أقضـي حيـاتي صـابرا ومجاهـدا بـل كـاظم غيظـي لأجـل حمـائمي

يمضــي الزمـان مخلّفـا نكباتِــهِ وحروقَـهُ فـي الـنفس دون مـراهمِ

يا خالقي أنـت الـذي تقضـي الأمو رَ وعــارفٌ مـاذا يزيـل مظـالمي

ولـذا رجوتـك وضـع كـل قضيتي بحمـاك يـا ربـي لتهـديَ ظـالمي.

محض انسجام

حيـن أصـحـو هـي تـغفـو، كـلمـا أصـحـو تـنـامْ

هكــــــذا يبقـــــــى الوئـــــامْ

طـــــول مـــــا نحـــــن نيـــــامْ

ذاك يـعنـــــي: لا مجـــــالاً للخصـــــامْ

خيـرُ عـيشٍ هـو هــذا إنــهُ محــضُ انســجامْ

يد الموت

وتنســـــــاني ولا تــــــأتي
غيـــابٌ طيلـــــة الوقـــتِ
وعَـــيشٌ بـــات كـــالموت ...
وقـــد ماتـــت أحاسيســـي .
وجسَّـــثْني يـــد المـــوت .
وتنســـاني.. ولا أنســـى
ويبقـــى قلبهـــا أقســـى ...
مـــن المـــوت ....
ودقـــت ســـاعة الوقـــت
تقـــول قـــدِ انتهـــى وقتـــي
ولا يبقـــى ســـوى مـــوتي
يحـــدثني عـــن المـــوت ...

ماهمّني

مـــن كثـــرة المغيـــبِ — اِنتـــابني الغضـــبْ
مـــا همَّنـــي حبيبـــي — أ جـــاء أم ذهـــبْ
لـــو أننـــي أريـــدُ — رؤيتـــه هنـــا
مـــا كنـــتُ كـــلَّ يـــومٍ — أبْـــدِلُ مسْـــكنا

تأخُّر الحبيب

أنا ما ذرفتُ الدمع حين تأخّرا ... لكنْ وقد ألغى اللقاء وأدبرا
كانت طيوفُ لقائِهِ قد وشّحتْ ... كلّ المقاعد فتنةً وتنضّرا
وتنضّد التفّاح بين غصونه ... والبرتقالُ زها يروم تَقَشُّرا
واللحمُ فوق الرزّ بحرٌ مائجٌ ... وثغورنا سفُنٌ تهمُّ لتبحرا
قد كان.. لكن صار أسوأ حفلة ... للنفس إذ أنّ الحبيبَ تعذّرا
إذ أنّ من نبغي ثوى مع غيرنا ... في البيت لا يأتي لنا لِيُنَوِّرا
رُحْماك يا حبي، ملأت سواءنا ... بسعادة ليست تباع وتُشْترى
قد كان أجدرَ أن تجيء لمن وعدْ ... تَ مُقَدَّماً، فالغيرُ جاء مؤخَّرا
فعساك أسعدتَ الضيوفَ كمثلنا ... يا مَن تهنّيء، عادلاً كلّ الورى

إلى الديبلوماسية الراقية

إلى الديبلوماسيةْ الراقيةْ ... أسوق اعتذاراتيَ الباكيةْ
فما كنت أعلم أن الصدودَ ... يُبيد اشتياقاتيَ الطاغية
أعيش أموت ولا أتلقَّى ... من الحُلم ما رؤيتي رائية
أشيّع حبي لجوف التراب ... فلم يرَ حقاً سوى الهاوية
وما شام إلا قليل الطيوف ... وغابت ولم تنتظر ثانية
أودّع محبوبتي بالنشيجِ ... ولم تعطِني أذنا صاغية
وكانت دواء لروحي ولكنْ ... رمتْ أمنياتي إلى الحاوية

إني اقتنعت بواقعي

إنــــي اقتنعـــــت بــــواقعي تهـــوى السـهام مـــواجعي

إذ إنَّ كــــل دوافعـــــــــي لحنانهـــا هـــو خـــادعي

وبـــأنَّ فرقــــاً شاســـعاً مـــا بيننـــا هـــو مـــانعي

هـــي كالقضـــاء بأمرهـــا تقطيـــعُ كـــل أصـــابعي

وهـــي التـــي فـــي وُسْـــعِها تقـــديمُ أي ذرائـــــع

أنـــا عشـــت تحـــت ظلالهـــا عبـــداً وأســـوأ تـــابعِ

ماذا أقول لمن أردتُ زواجها؟

مـاذا أقـول لمـن أردتُ زواجَهـا؟ وأردت أعطيهـا الدنا وسِراجَها؟

وأحيـل أملاكـي إليهـا كلّهـا صـبّت علـيّ جحيمهـا وعجاجَهـا

كـم مـن لعـوب تسـتحيل قـذائفا من عود كبريت أضاء زجاجَها

هـذا التكـرم للكريمـة لا لهـا ردُّ اللئيمـة أن تريـك هياجَهـا

سـأقول هـذي البنـتُ الأمُ كـائن ليسـت مؤهلـةً لتلـبسَ تاجَهـا

سـأقول: إنـك ذات كيـد ثابـت وبك الوقاحـة لا أطيـق علاجَها

إنـي خُـدِعتُ ببسـمة براقــة أخفت دجـى حقدٍ يحيط مزاجَها

أنـا لا أريــد لئيمــة وخبيثــة بل أحمد المولى حذِرْتُ سياجَها

صفىّ الإلـه ضميرها من حقدهِ وحمى الذي لم يرتكبْ إزعاجَهـا

سلام بعد الكلام

أنـا لا أريـد صـداقة لـك سـاعة ... تـأتي وتمضـي بعـدها أعوامـا
يـا خاضـعاً لأوامـر مـا همّهـا ... أن تَمْـنَحَ الإنعـاش والآلامـا
لسـتَ المُجيـبَ دواعيـاً قلبيَّـة ... تـدنيك حتـى نُشـبعَ الأحلامـا
يـا أيهـا الطيـر الجميـلُ مـرحَّلاً ... مـا بـين مكـة والريـاض دوامـا
دعنـي أعِـشْ حبي غمامـة تَرْحـةٍ ... تشـهدْ بـأني قـد أمـوت سَـقاما
اذهــب بحفــظ الله دون صــداقةٍ ... فقـدِ اقتنعـتُ بـأن أعـيش مُضـاما
نـوعٌ عجيـب كلُّكـم لـم تمنحـوا ... للحــب قــدْراً كافيــاً قوّامــا
نـوع وصـوليٌّ عجيـب نـوعكم ... لا بــد يوقــف دجلــةً والشَّــاما
الغـدْرُ فـي الإنسـان طبـعٌ راسـخٌ ... الغـدر منـذ الـدهر كـان نظامـا
إنـي مثيلـك معْ سـواك لـذا نـرى ... ثــأرَ العدالــة دائمــاً قوّامَــا
عَـذّبتَني بمحبتــي مقــدار مــا ... عذّبتُ غيـري واصـطنعتُ غرامـا
ارحـل فـإني أبتغـي أن تصـطلي ... دمــع الندامــة آســفاً لَوّامــا
لا تصـلح الـدنيا بـدون مشـاعر ... حسّاســة تســتلهم الأنغامــا
اذهـب عقابُـك أن تحـسَّ بحـالتي ... مِـن بعـدها أرجـو إليـك سـلاما
ستشـيم تقليـدي إليـك بـنفس مـا ... عـاملتني مِـن قبـلِ أن أتسـامى
تـأتي وأمضـي، أستطيب سعادتي ... وتـذوق أحـزانَ الفِصـال زؤامـا
اذهــب بحفــظ الله إننــي آســفٌ ... لــم أرضَ إلا أن أســوق مَلامــا
حتـى أخفف بعض مـا فـي خـافقي ... وتعـيش مسـعودا بمـا لـك دامـا

سأخبر أمك

أخت تلوم أختها: هذا بحر جديد ممتزج من المتقَارب والرّجز أسميته البحر الممتزج.

سـأحكي لأمِّـكْ. . .حقيقـة همِّـكْ. . . عشـقتِ أنـتِ خالـدا

كمـا عشـقتِ ماجـدا

يقولـون : طفلـةٌ. . .وإنـك كهلـةٌ. . .فكـن إلهـي بائـدا

لخبثهـا وصـائدا

مسـيركِ هِـزّة. . .وخـدّك غمـزة. . . دعـا الحبيـبَ الراشـدا

لأن يجُـنَّ فاقِـدا

وعـن سـواك حائـدا

هوِيـتِ الشـبابا. . .رعَيْـتِ الصِّـحابا. . .منحـتِ حبـاً زائـدا

وصـرتِ نجمـا واقـدا

إلـى أن أتتـكِ. . . ليـالٍ تُبَكّـي. . .وصـرتِ سُـوقاً كاسـدا

وصـرت ذِكْـراً فاسـدا

غـدوتِ عليلـةٌ. . .وصـرت ذليلـةٌ. . .ولا تـرَينَ خالـدا

ولا تـرَينَ ماجـدا

قتلـتِ فـؤادَكْ. . .وبعـتِ رشـادَكِ. . .ظننـتِ أنَّ الرائـدا

فتـىً يكـون مطـارَدا

ومـا صـار حُلْمَـكْ. . .فتـىً أمسِ ضمَّكْ. . .غـداً يصير جاحـدا

ولـو يكـون عابـدا

تضُجُّ الأيام

وتضـــج الأيـــام وأبقـــى   مـــن دون لقـــاء النُّعمـــانِ
ألقـــى الشـــيطانة يوميـــاً   وأحـــاذر لقيـــا الشـــيطانِ
فلتســـقطْ وأقـــول: وداعـــاً   ســـأعيش وحيـــدا ملتاعـــا
مـــا ذقـــتُ الخمـــرة بحيـــاتي   إلا مـــن ثغـــرك يـــا عـــاتِ
ســـأحبِ بـــرغم الـــويلاتِ   فالصـــدُّ طبـــاعُ "السِّـــتّاتِ"
خيـــرٌ مِـــن أن أبقَـــى وحـــدي   وأكـــون بـــدون ملـــذّاتِ

من أجل نقوده تقتلـه

مـــن أجـــل نقـــوده تقتلُـــهُ   وتظـــلّ تكيـــد وتُهمِلُـــهُ
هـــي تخـــرب قلـــب هناءتـــه   وتحـــبُّ المـــالَ وتعذُلُـــهُ
هـــو صـــار يُنـــاجي خالقَـــهُ   لأشـــدِّ الفاقـــة ينقلـــهُ
ليريهـــا حـــقَّ محبتهـــا   فبـــدون نقـــوده "تزبُلُـــهُ"
لله حياتـــــه مأســـــاة   بالهجـــر دوامـــا تشـــغَلُهُ
هـــو عـــاش حياتـــه منبطحـــاً   لأوامرهـــا تنعلُـــهُ
قـــد قـــرر يلجـــأ للمنفـــى   لأحَـــنِّ مكـــان يقبَلُـــهُ
فعســـاه يُـــرزق ينبوعـــاً   مـــن ثغرِحنـــونٍ ينْـــهلُهُ
معظـــم عمـــره يتـــمٌ، غَـــمٌّ   حِرمـــانٌ، خـــزيٌ يخبلُـــهُ
ليـــت المـــوتَ يعانقُـــهُ   مِـــن فـــورهِ لـــيس يؤجِّلُـــهُ

تركتِ وُدَّكِ قاصيا

لـم تُقبِلـي وتركـتِ وُدَّك قاصـيا   وحسبتُ أنك لـن تعـافي الهاويـا

قـدّرتُ ظرفـك والظـروف نشـيطة   ضـد النسـاء فمـا يُجِبْنَ تلاقيـا

لا يسـترِحْنَ يَخَـفْنَ مـن هـذا وذا   يقضـين أعمـاراً تمـرُّ مخازيـا

تصـفيفُ شَـعر قـد يـؤخر موعـداً   ووضـوح شِـعر قـد ينبـّه غافيـا

لا يسـتريح النـاس مـن لهفـاتهم   مـا كـان منهـا سـافلاً أو عاليـا

الأستاذ حشيش

لـو سـاءلوكِ: تُفضِّـلين مماتَـهُ   إن لـم يخُنْكِ ؟، وإنْ يخنْ سيعيشُ

قالـت أنانيّاتهـا : بـل موتـهُ   أجْدَى علـيَّ فـلا يخـونُ حشـيشُ

لو كنت مطرحَها سمحتُ لـه بما   فيـه النجـاة لـه.. فـلا تفتـيشُ

مات الحشيشُ من العذاب ولـم يعُدْ   يُجْـدي عليهـا شَـعرُها المنكـوشُ

يا لوعة الحب

يا لوعـة الحـبِّ   الكـاس مـا قربـي

والقلـب فـي شـكوى   مـن زحمـة الشـعبِ

أنـا لسـت مَـن يلْجـا   يومـاً إلـى العوْجـا

لـو كانـتِ الدنيـا   تعطـي كمـا يُرجـى..

لـو تلتقـي الأنهـارْ   بكافـة الأبحـارْ

لا أقبـلُ الإبحـارْ   للتيـه أو للعـارْ

مراهق يخاطب خطيبتـــه

لمح أنّ عينيها على زميله الأغنى منه فحدثني عن قصته فتأثرتُ وعبَّرتُ:

جمالك بات يسقيني الهوانا

إذا أحببـــتِ يـــا لبنـــى كلانـــا سأشبعـــــه وداداً وامتنانـــــــا
ليصبح ذا نصيب في البلاوي فلســتُ بقابــل منــك القِرانــا
فمـا كـأسْ بهـا شـربتْ شفـــاهُ أوافـق نحـو ثغـري أن تُـدانى
ولســتُ مـؤهَّلا أرضَـى لعوبـا تخـون حمـاي صـارت ألعُبانـا
فكـم نـوعٍ مـن النسـوان أدهـى مـن الشبّان بـل وأضــلُّ شانـا

شعرتُ بأني غبارٌ عليك

لقـد جِـدْتُ عنـكِ لأنـي شـعرتُ بــأني غبـــارٌ عليــك وعـــبءُ
عجـوزٌ وأشـمطُ مهمـــا لـــديّ نشـــاطٌ ومجـــدٌ وشــوقٌ ودفْءُ
وأهــربُ منـــك لكـيلا ترَينـــي جريحـــاً ومـــا لجروحـــيَ بُـــرْءُ
ســلكْتُ الهــروبَ حفاظـــاً علـــيّ مـــن الــذل إنــه سُــمٌّ وقَـــيءُ
وأصـبحتُ أمقـت حتـى المـرور ببيتـــك إنـــك وحـــشٌ ورِزءُ
فُجِعــتُ بقلبــك هـــذا اللعـــوب بـدون عقـاب، فمـا هـو كــفءُ
ومـن سـوء حظـيَ لـم تعرفيني لهـــذا أصابـــك عنـــيَ صَبْـــأَ
ولكـنَّ زيـفَ المظـاهر يخفـي الـــ ـــحقائقَ عنـك فمـا أنـا شيـءُ

جنت على نفسها مطلّقـة

تحــارب كـل أشـعاري ... (منـى) معْ سبْق إصرارِ

ولـولا لـم تخـن حبـي ... لمــا عاشـت بأســراري

وأســـراري معظّمــــة ... بجـوهرِ صـدق أشعاري

أ أخسـر فـوق أسـراري ... حبيبـاً غيــــر مدرار ؟

لأعـــــوام وفرّقــــــهُ ... مكيــــــدة كاشــح هــارِ

لقـــدر ربيـــتُ عقربــــة ... بــدت فــي شـكل أزهـارِ

وتــــالرحمن لــم أخطــئ ... إليهـــا لـــو بمعشــارِ

وتــــالرحمنِ لــم ألحِــقْ ... بهـــا مـــن أيَّمـــا عـــارِ

أتــى وَسْواسُـها الســاري ... علـــى الإنتـــاج بالنـــارِ

حبيبــةُ مهجتــي سـقطت ... بأيـدي الطـامع الشــاري

وخلَّاهـــــا مطلقــــــةً ... تتــــوق لعتبــة الـــدار

وداعــــا يـــا مطلقتـــي ... فأنـــت خلقــتِ أكــداري

ومـــا أصـــبحتِ نادمــــة ... علـــى التغريــر بالغـــار

بــــراقشُ أنـــت قاتلـــة ... لنفسـك قبـل إضـــراري

لقــد ذبحــوك وانفجــرتْ ... دمـــاؤك مثــلَ أمطـــار

ومـــا أصــبحتِ ألحانـــاً ... علـــى أنغـــام قيثـــاري

معـي مـــا أفلِحُـوا لكــنْ ... رضــختِ لطَعـمِ فُجّـــار

وداعـــا صــرتِ مهزلـــة ... ومزبلـــة لأوضــــــار

وداعـــا كنـــتِ راعيتـــي وقـــد أصـــبحتِ جـــزّاري

تراثـــك مـــن كرامـــاتي حياتـــك فـــوق آثـــاري

أشعَرْتِني برجولتي

أشـــعَرْتِني برجـــولتي ومكـــاني عكس التـــي تســـعى إلـــى إذعـــاني

شـــتّان بـــين مُقَـــدِّر لجـــواهر ومُحَقِّـــر للـــدرّ والمَرجـــانِ

أو بـــين جاهلـــة بواجـــب زوجهـــا وعليمـــة بالواجـــب الربَّـــاني

بـــالرغم مـــن بعـــض المزايـــا عنـــدها رجحـــتْ مســـاوئُها علـــى الإحســـانِ

لا تســـتطيع تحكُّمـــاً فـــي غَيْـــرةٍ محكومـــةٌ بـــإرادة الشـــيطان

أقصـــى النســـا عـــن حكمـــة، مشـــغوفةٌ بتعجـــرف، وســـريعة النُّكـــرانِ

مغـــرورةٌ حســـِبَتْ بنخـــرة أنفهـــا تُلقـــي ذرى الأطـــواد للوِديـــانِ

كـــم قـــد تجنَّـــى كـــائنٌ متظـــاهرا بـــالطهر حتـــى ظُـــنَّ لـــيس بِجـــانِ

أصـــبحت أحيـــا فـــي انتشـــاء دائـــم ومشـــاعر دفاقـــة الخفقـــان

وكلاكمـــا يـــا مقلتـــيَّ تتمّـــةٌ للـــبعض مثـــل تكامـــل الأديـــان

لا أســـتطيب العـــيش دونكمـــا معـــا مهمـــا أغَـــظْ أبـــقَ الأبَ الإنســـاني

فـــإذاً لـــديّ تكامـــلٌ بكِلَيكُمـــا مِـــن كـــل نـــوعٍ صـــالحٍ وهِجـــانِ

ولعـــلّ جمْعَكمـــا معـــي فـــي منـــزلٍ أحـــدٍ يزيـــد عليكمـــا تحنـــاني

أرجوك دومـــي لـــي علـــى عكـــس التـــي لـــم تعطِنـــي أبـــداً ســـوى الحِرْمـــانِ

عفـــواً فقـــد ادركـــتُ أن حبيبتـــي الـــ ـــأولى أحـــنُّ علـــيّ أعظـــمُ شـــانِ

سُهيلة تحتل تخت سواها

سـهيلة تحتـل تخـتَ سـواها
لتبقـى الأميـرة لا تؤتمَـرْ

وتحتكـر الحـيَّ والمنقبِـرْ
ومهملـةُ الـزوج مهما أمَـرْ

يريـد الغـداة يطلِّقهـا
ويغـدو يعـيش مـع الغيـر حُـرّْ

يريـد التحـرر مـن قيـدها
يريـد الطـلاق ويرجـو المفـرِّ

يقـول لهـا باحتقـار وحقـدٍ:
أراك تعـوّدتِ مـا لا يَسُـرّْ

فلسـتِ تُغطّـين شـعرك إلا
بصـوبٍ تخـافين منـه الضَّـررْ

أحـس بأنـك أفعـى أمـامي
وأنـك تمشيـن درب الخطَـرْ

أخـذتِ مكـان سـواك حرامـا
ومارسـتِ شـرّ احـتلال قـذرْ

خـذي كـل شـيء فقـط اِتركيني
لأنـيَ شارفـت أن أنقبـرْ

خـذي كـل شـيء خـذي المدَّخرْ
فقـط فـاِتركي عيشـتي دون شرّْ

هبينـيَ النعـيم بـأن تهجرينـي
فمـا أروعِ الحـر أن ينهجـرْ

دعينـي لأكسـبَ حريـةَ لـي
أريـد أخفّـف عـبءَ الكِبَـرْ

أريـد الرجـوع لعهـد الصـغر
بخاطبـةٍ حلـوة كالقمـر

فـلا تقطعـي الـرزق عـن ميّت
أعـادت لـه الـروحَ ذاتُ الحَـوَرْ

إليـكَ أيـا بحـرُ أنْعـى حياتي
إذا لـم أكـوِّن جديـدَ الأَسَـرْ

امرأة محتالة

محتالــة أنــت لــم ترضــي بــلا ثمَــنِ　　إنــي لأعطيك بعـد الحـب مـن ثمنـي

تــرجين دفــع نقــودي قبــل مائــدتي　　ولســـت أدفـــع إلا بعـــد أن تَسِـــني

من يشتري البحر أو من يشتري سمكاً　　من قبل أن يشهد الأسماك في السفُن؟

لا أســتطيع أنـــا أن أشــتري ســـمكا　　مـن بحـرك الحلـو إلا بعـد أن تزنـي

وَلّـــي وحلمُـــكِ عنـــي دون معركـــة　　أخرى فلست مطيعَ الخبث والدَّخَنِ

مــا مكـر حــواءَ يـدنيها إلـى حُضُـني　　بـل صـفوُها وحــدُهُ يُـدني ويقْنعنـي

أرجوك عيشـي بعيـداً عـن مصـادقتي　　أنــتِ اللعوبــة بــي يـا نسـخة الـزمن

لسـتِ المُحِبـةَ لـي بـل أنـت عاشـقة　　مــا تحلبينــه مــن جيبــي ومــن لبنــي

لا ينفــع النــوع هــذا فــي معــاملتي　　إذْ إنــه لـيس لـي، بـل مُلْـك كـلِّ دَنِـي

سُـحقا لحُسْـنِكِ رسّـاما لخارطـــة　　فيهــا احتيــالٌ لكســبٍ بــاهظ الــثمنِ

الفقر درعي وما في الغصن من ثمرٍ　　إلا لغيــرك أهــلِ الــوُدِّ والفِطَـــنِ

سُـــحقاً لـــذكرى ألاعيـــبٍ ومهزلـــة　　باتـت تعيـث فسـاداً فـي ثـرى وطنـي

أرجــوك غيبــي فــإني لســت منتظــراً　　إلا نزوحك عن أرضـي وعـن زمنـي

أُنهـي ملاحقتـي مـن أجـل مصـلحتي　　لــم ألــق منـك شـعورا كـان يعجبنــي

ألقيـتِ عبئــاً علــى أركــان ذاكرتــي　　فلســـت أذكـــر إلا فـــأرة المـــؤن

أرجــوك ولّــي بعيــداً عــن مصــادقتي　　الــثلج أنــت بــلا دفــء ولا حُسُــن....

اطرديني

اطرديني لا أمدُّ
لك زَنداً يسترِدُّ
منك قلبي
خبِّري آلك أني
مزعجٌ كالذئب وغدُ
مستحقٌّ دائما أن تلتقيني
بصدودٍ يستجِدُّ
ألف شكر قد عَرَفْتُ اللعبة البيضاء
ما عندك نحوي أيُّ حسٍّ فيه وُدُّ
أتقَنِي اللعبة إني
لست عن منحاك أعدو

انقلبت هذي الأفعى

انقلبتْ هذي الأفعى ضدي
وأقامتْ لي فخّاً يُرْدي
مارستُ التعبير الذاتي
فجرى بي نحوالقيدِ
ما أسوأ أنثى إن كانت
جاسوسةَ حكمٍ مرتدِّ
لا أرضى حبا كذابا
يستثمر قانونَ الصَّدِّ
طلقتُ غراما مسموماً
غدّاراً يحفر لي لحدي

فاجعُ المحبة

يـا مَـن فَجَعْـتَ محبتـي بِفِلاكـا ... اعطـف قلـيلاً ريثمـا أنسـاكا
أ وَ لَيس عنـدك مـن وفـاء لحظـة ... أخـرى لأَخْلُـدَ بعـدها لنواكـا؟؟
أ أنـا خيـاليٌّ وهبْتـكَ تالـدي ... مـعَ طـارفي وخـدعتني بهواكـا؟
مـا كنـتُ أعـرف أنَّ قلبك سـاخرٌ ... منِّـي وتُخْفـي غيـرَ وجْـهِ رِضـاكا
أرجـوك لا تُظْهِـرْ مزيـدَ تنـافر ... واعطـف علـى قلـب أُذيـب فـداكا
لـم يبـق عنـدي أيُّ شـيء قـيِّمٍ ... إلا سَـلَبْتَهُ واسـتبحتَ ملاكـا
لـولا الإلـهُ فقـدت عقلـي كلَّـهُ ... أو بعضَـهُ فـارحم هـوىَ هنّاكـا
يا من خدعت سواي ثم خدعتني ... الغـشّ مجبـول بنسـغ دماكـا
إن كنـت تنـوي مقتلـي بوسـيلة ... أخـرى ففكِّـر قبـل بـدء أذاكـا
أرجـوك تعلـم أننـي لـك مخلـص ... طـول الزمـان ولـو وَهَبْتَ هلاكـا
شمسي أيا غـالي لأجلك قد هوت ... مـا عـاد لـي ضَـوْءٌ أمـام دُجاكـا
أ وَ لاَ تحقِّـق مطلبـاً لـي واحـداً ... هـو وَقْفُ إذلالـي وَخَفْضُ جَفاكـا
أرجوك سـاعدني علـى أن أنتهـي ... مـن شـدتي حتـى أطيـر هناكـا
متفرِّغـاً لمـدامِعي ونـدامتي ... يـا مَنْ غـدرت أعِـدْ إلـيَّ حِماكـا
حتـى أبيـعَ مُـؤَلَّفي وأطيـرَ مـن ... قَطْـرٍ لآخـر ناسـياً ذكراكـا
وأودِّع الأحبـاب مَـن لـم يُخـدعوا ... بهـواك أو خُـدِعوا بِعَـذْبِ لُغاكـا
مستسـلم أنـا للإلـه، وبعـده ... لحمـاك حتـى أسـتطيع نواكـا
يـا رب مـا أحببتُـه لمـآربي ... لكنَّـه فـي العهـد لا يخشـاكا
مـا أتْعَسَ الإنسان يعشق مخلصاً ... لكنَّمـا الثـاني يُعِـدُّ شِـراكا
يصـطاده صـيداً وينهـب مَجْـدَهُ ... حتـى يذيقـه ذلـة .. فهلاكـا
إن كان أصلك زاكياً ستغوصُ في ... بئـر النَّدامـة طالبـاً ألقاكـا
لِتبـوحَ لـي شـكاً لعينـاً حاكَـهُ ... واشٍ إليـك قـد اسـتطاع غِواكـا

لـم أدر حقـاً، أنـه يـأتي الضحى   وأرى حقيقــة مــا جَـرَى لِنُهاكـا
أنـا مُؤمنٌ لستُ القنوطَ، فـإنَّ لـي   ربّـاً سينصـرني علـى مـن حاكـا..

بين الحقيقة والمنى

بــين الحقيقــة والمنـــى أنـــا حـــالمُ   ويَـــرود عقلـــي مـــا يخـــال النـــائمُ
هــــذا ســـــناك بمقلتـــــي يتـــــزاحمُ   وتــــرادُفُ الأطيـــاف لـــــيس يقـــاوَمُ
لا يكتفـــي قلبـــي فقـــط بخيالِـــهِ   فلتســمعي بَــوحي بمــا أنــا كــاظمُ :
عينــــاك أهَّلتــــاكِ أن تتغلغلـــــي   فــي القلــب، فالمنصــوب قربــك قــائمُ
جُرّت حـروف الضمِّ نحوك فـارحمي   يحنــو علــى المجــرورِ حــرفٌ جــازمُ
جربــتِ غيــري مــا ســعِدْتِ بحبــه   فكـــأنّ تلـــك التجربـــات هـــزائم
جربــتِ مَــن لا يســتحقك إنمـــا   قـــد أســتحقك فـــانظري أنـــا خـــادمُ
شـــهليّةَ العينـــين لا تتعجرفـــي   فتعَجْـــرف المحبـــوب طبـــعٌ آثـــمُ
إنْ ترفضـيني أنـتكسْ، كـم إصـبعٍ   مــن ســوء رفـضٍ مــا كســاها الخاتــَمُ..

يـفـاجـئـنـي عـلـى غِـرّة

وأكـرهـهُ... أحـاذرُهُ... يـفـاجـئـنـي عـلـى غِـرَةْ...
بـلا سـبـبٍ... سـوى الـغـضـبِ...
سـوى مخٍ بـه مَـسٌّ...
مـن الوسواس و الـكُـرَبِ...

إلى كذوب

كذوبي هل هنالك من مزيدِ | من الإهمال لي بعد العهودِ؟
فيوما واحداً قدّرتَ شعري | وثم رميته لفمِ الوقودِ
وأقللتَ المحبة حيث فاضت | وأقصدْتَ الأماني بالبرودِ
نسيتَ مُحِبّك الجاري بعيدا | بحبكَ واتجهتَ إلى الصدودِ
ولو أني عرفتك دون قلب | لما كنت المحبَّ بلا قيودِ
كذوبي لست أفهمكم أ قُلتم | وداعاً للصداقة والوعودِ ؟

تخطط ضدّ مصلحتي

أمرّ أمام منزلها | وأعرف قدر منزلتي
وتسقيني تحيتَها | مُداماً مَدَّ أجنحتي
وأشعلها وتشعلني | ونبني كامل الثقةِ
ولم أعلم بِنيّتها | تخطط ضدّ مصلحتي
نعم أمضي لمقصلتي | وقعتُ بأرذل الفئةِ

أصبحتِ ملك الغير

أصبحتِ ملك الغير لا لي مرحبا | شر الإبادة للصفاء هو الغَبَا
الجهل والتوهيم والأعراف في | أعناقه تفري كقَرْص العقرِبا (ء)
ويلاه يا ويلاه مما يختبي | وطبيعة الأشرار حبُّ الاختبا

غيرة زوجة

أودعها ويجري الدمع من قلبي   على زوج تكاد تموت من حبي
علـى زوج بغَيرتها تعامت   وأعمت كل من يدنو لقربي
ولو أبواي لو أختي وطفلي   أعاني الويلَ من سَجني بثقبِ
وأصحابي أريدهمُ نشامى   وترجوهم صغاراً دون لُبّ
أصادق أي فلّاحٍ فقير   وأهجر مَن مناصبُهم لِنصْبِ
أحب بساطة فيهم وطهرا   وإسراعا إلى تخفيف كَرْبي
وزوجي تكره الدنيا جميعا   إذا عنها ابتعدت لأي صوبِ
ولو كان المحمد لي خليلا   لشنتْ ضده مليونَ حربِ
أحب قرينتي جدا ولكن   تعذبني ولا أمراً تلبِّي
تُحيّرني وتصلبني لديها   ولن ترضى ولو بقضاء نحْبي
إذا فارقتُها تبكي وترجو   رجوعي وهي تندب شرّ ندْبِ
أعاني من تأكسد بعضِ روحي   وجسمي حين أهجر كلَّ صحبي
وحتى لو أجافيهم أراها   تظل تثير إعصاراً بدربي
وقد أصبحتُ دُمْيتَها تماما   تمزقني وتتقن فنَّ جذْبي
إذا طلقتها حقا رجتني: أنا حمقاءُ فاغفرْ يا مُحِبّي
ألا ليت الطلاقَ يتم فوراً   لتمنحني سعادة غوثِ قلبي
فما أحلى الطلاق هو انطلاق   إلى المجهول من مجنون حبِّ
دموع القلب تجري مثل بحر   لمن يهوِي أسيراً عبرَ جُبِّ

ريثما أموت

متمتــــعٌ بحـــــديقتي ومعــــذّبٌ بقرينـــةٍ تســـطو علـــى ملكيَّتـــي
أصـبحتُ عبـدا تابعـا بمعيشـتي لجنونهـــا لتزيـــدَ مـــن تبَعِيَّتـــي
ســـاديَّةٌ لا ترتضـــي إلا تـــرى نظـــراتِ ذلٍّ عششَـــتْ بطـــوِيَّتي
وتجيدُ سجني في الشقاء وتغتلي حقـــداً علـــى حرِّيتـــي بقضـــيّتي
هـــي أطمـــعُ النِّســـوانِ مـــا أهـدافُها إلا حيـــاتي تحتهـــا بالذلَّـــةِ

غضب زوج

مـــن زوجتـــي تعيـــسُ كـأنهـــا إبليـــسُ
يـــا ليتهـــا تجـــوسُ حوضـــاً بـــه فَـــيْروسُ
فيفلــــتُ الْمحبـــوسُ ورأسَـهـــا يـــدوسُ

أتعبْتَني

يـــا مَـــن يريـــد مذلتـــي فـــي رَوْحتـــي، فـــي عودتـــي
وَاعَدْتَنِـــي بالخيـــر لكـــنْ لـــم تُنفِّـــذْ بُغْيَتـــي
أتعبتَنـــي، لا أرتجـــي تحقيـــق أيـــةِ مُنْيـــة
فأعـــد إلـــيّ قصيدتـــي مـــع هـــذه، وا لوعتـــي
لا حظـــتُ فيـــك تكبُّـــراً هـــو عكس مـــا فـــي فكرتـــي
عفْـــواً فإنـــي كنـــت أحلـــم لـــم أكـــن فـــي صحوتـــي

امرأة سامّة

يـــا أمُّ قـــد حَـــذَّرْتِني ووقعـــتُ	فـــي حيّـــةٍ منهـــا الســـمومَ جَرَعْـــتُ
يـــا أمُّ لـــولا أن قلبـــي طيّـــبٌ	لوضـــعتها تحـــت الحـــذا وصـــفعتُ
يـــا أمُّ أقـــداري قضـــت لـــي هكـــذا	أنـــي أمـــوت ومـــا لهـــا طَبَّعْـــتُ

تُراودني وتُشعلني

تراودنـــي وتشـــعلني وتتركنـــي بـــلا إطفـــاءْ
وهـــذا النـــوع ملتـــذٌّ بإشـــقاء الرجـــال شـــقاءْ
وهـــذا النـــوع لا أهـــواه، إغـــراءٌ بـــدون وفـــاءْ

أمَّلْتِنـــي كثيـــرا

أمّلتِنـــــي كثيـــــرا	ورميتِنـــــي كسيـــــرا
ياليـــت مـــا أمّلتنـــي	لمكثـــتُ ذا العصـــفورا
لكـــن بِمـــا أمّلتنـــي	صيّرتِنـــي أسيـــرا
لـــن أشـــكرَ الأمـــاني	بـــل أشـــكرُ التحريـــرا
مـــن عاشـــق خســـيس	لا يملـــك الضـــميرا

عتاب رهينة المحبس لزوجها المغترب

لستَ اللطيفَ ولا بالحب تغمرني | إلا وأنتَ إلى المنأى تودّعني
حتى ينغّصَ هذا الابتسام دمي | طولَ الفراق بأسراب من الشجَنِ
هلِ ابتسامك هذا لانعتاقك من | كفّي لآخرَ ... لا ألقاك تسعدني
ما إن تعود بفصل الصيف تحرقني | بالمشكلات وبالعبْسات والمحنِ
مرت سنونٌ وما أنْفَكَّ طالبة | رجعاك عندي من الأسفار للوطنِ
ماذا تشاهد في الأقطار يا رجلي | فوق الذي فِيَّ تلقاه من المدن ؟
ما قصَّرتْ عنك روحي يوم تطلبها | لكنما أنت في حالٍ تحيّرني
ياليت أني هزارُ الحقل تحسبني | كل الوجود فما تنزاح عن فنني
إذا رأيتَ دموعَ الزهر نائمة | بها تذَكَّرْ دموعا دونما وسَنِ
مهما غضبتُ فإني غيرُ حاقدة | عِطْرُ المحبة عندي لا يفارقني

استرحام زوجة لزوجها

إني أحبك يا أعزَّ الناس | يا من تعاملني بلا إحساسِ
أ يظلُّ عمري جثة من دونما | روح وأمعن في اتجاه الياس؟
أرجوك عاملني بعُشْرِ محبتي | لأصير يا محبوبُ خيرَ الناسِ
أرجوك تشرح لي شعورَكَ واضحاً | لتزيد من أمني ومن إيناسي

جــلادُ بيتي

حمــاني الله مــن جــلاد بيتــي		فإنــه صـخـرةٌ فــي كــل سَمْــتِ
ويحتكــر الرجولــة والأمانــي		فأصبِــحُ راغبــاً حتــى بــموتي
ويكـبح كــل أفكــاري كأنــي		مجــردُ خــادم أو طفــلِ بِنْتــي
ويُخْــرِسُ كــل آرائــي بعنــف		ولو يك صوته أصداء صوتي
يقصقص كل أغصاني ورأيي		ولــو يــك نبْتُــهُ هــو نفسَ نبْــتي
هوايتــه الأوامــرُ مثــل مفتــي		وينشــط دائمــا ليــديم كبتــي
لقــد بلــغ الغــرور بــه حــدوداً		تعــدّت مــا أريــد لسـعد بيتــي

حوار بين بغيضَيْنِ

تقول له

كرهتــكَ لســت أرغــب أن أراكــا		فأنــت جعلــت حبــكَ لــي شِــراكا
لتصــطاد المــآرب تلــو أخــرى		ومــا قــدَّرتَ كــم أحْمــي حِماكــا
لقــد صــيّرتَني أَمــةً ذلــولاً		أضــعتُ كرامتــي وَتَبِعْــتُ فاكــا

يقول لها

كرهتــكِ ماعــدتُ أرضَــى بحبِّــكْ		تــولّي كرهــتُ المسيــرَ بــدربكْ
تــولّي كــذوبٌ لعــوبٌ طــروبٌ		تقرّبــتِ ثــم بخِلْــتِ بقربِــكْ
تــولّي فــإن التسلّــي شـعار النِّــ		ســاءِ فحــاذرْ لتنجــو بقلبِــكْ

عبوس مرعب

لماذا صِرتَ ترعبني
بعبس ناسجٍ كفني؟

فما معنى عبوسِكَ ذا
لماذا لستَ تخبرني؟

معاني العبسة الخرسا
ءِ تُذْهلني تحيّرني

فأوضحْ لي معانيها
تُخَفِّفْ حَيْرَةَ الفِطَنِ

معاني العبس قاموسٌ
يترجم كثرةَ الفِتَنِ

كجدران الجبال علت
شفاهٌ منك تحرقني

تصدّ بعبسك القاسي
إراداتي وتهزمني

شفاهك مثل أبراج
لأدنى القاع تقذفني

على وديانك الخضرا
ءِ أحلامي تُنزّهني

فما في الكون من دُررٍ
مثيلي حين تفهمني

هناؤك فوق مافي الكوْ
نِ من بؤسٍ ومن حَزَنِ

بك ارتكزتْ جميع الرّو
ح والنجوى لتسعدَني

جميع الأرض تحبل بي
وحين العبس تطرحني

فلا تعبسْ لدى مرآ
يَ إنّ العبس يحرمني

من العز الذي أرجو
والاستقرارِ والسَّكَنِ

عبوسك ذا يُوَرِّقني
تَبسَّمْ لي مدى الزمنِ

هجاءات سريعة

فــي مــرَّةٍ كرهــتْ فتــاة زوجهــا — قالـــت أريـــد عواطفـــاً كفريـــدِ
وحلـيمَ حــافظَ.. أنــتَ فـظٌ أغلــظٌ — يــا زوجُ لســت مــؤهلاً لعهــودي

****

هـــــو يهمـــــل التختـــــا — ويحكـــــم البيتـــــا

****

لـــو ســاءلوكِ: تُفضِّــلين مماتـــه — إنْ خـــان أم تعفينـــه ليعيشـــا؟
إنـــي أفضِّـــل أن يمـــوت بلمحـــة — إنْ خـــانني وأزيـلَ عنــه الريشـــا

****

أ يبقـــى يستمــــر علـــى طلاقـــي — ولـم يتبـقَّ لـي فـي العمـر بـاقِ؟
وأيـــمُ الله لـــو هـــم شجعـــوهُ — لإرجـاعي إليـه بتـــرتُ ســاقي

****

أ مِـن أجـل كسـب غـرام (ابتسـامْ) — تخـوض المنايـا وتنسَـى المنـام؟
وليســت ســوى المســتخفّةَ دومــاً — ومـــا هـــي إلا ألـــدُّ الخصـــامْ

****

إنـــي أهيم بهـم وأغمرهـــم نـدى — وعرفـــتُ منهـــم أنهـــم آذونـــي
ســامحْتُهم وفرشـــت منزلهـم شـذا — ورقصـتُ مثـل الطـائر المطعـونِ

****

ظلــي البخيلـــةَ وامنعـــي عينيـــكِ — أن تشــهداني خَشـيةَ مــن شــوكي

يمضـــي الزمـــان تأكســدا وتنكّــداً	عكس الغريـزة والنتيجـة: نبكـي

****

لــو أيقظـوني لـم يزيـدوا فرحتـي	إذْ إننـي فـي الحلـم قـد عاشـرْتُها
والشــوق يرجعنـــي إذا غادرْتُهـــا	وأحِــسُّ بــالإذلال إن حاورْتُهـــا

****

هــذي الوفيقــة لا توافــق عاشــقاً	وتصــدّ عــنهم دونمــا إشــفاق
فالاسـم لـيس مـنَ المعـاني نفسـها	والصــحُّ تعــديل أسْـمِها لِشِــقاقِ

****

لا تُـدخلين لقلبـي السـعد وا أسـفي	بـل تـدخلين صـنوف الهـم والقرفِ

****

لِبَعْـــــدِ العيـــــد موعــــدُنا	وقــــد تلقــــى لهــــا أطــــولْ
كمــــا تختــــار فَلْتفعــــلْ	فليســـتْ تعـــرف الأفضــــلْ

****

تركتــــــك للــــــدمعِ	تركتــــــك للهــــــمِّ
ومــن هـــو مـــن نـــوعي	تعـــــوَّدَ أن يرمـــــي

****

لــــو أحبَّتْنـــي بصــــدقٍ	كـــان إلهـــامي يفـــيضْ
حبهــــا محــــضُ نفــــاقٍ	طالمــــا شِــــعري يغــــيضْ
ذاك ميزانـــــي دوامـــــاً:	الهــــوى قَــــدْرُ القــــريضْ

****

إنهـــا خِلّـــي البخيـــلُ   مَـــن لوصـــلي لا تميـــلُ
هـــي دومـــاً عنـــد غيـــري   ورضـــاها بغرامـــي مســـتحيلُ

****

إليـــكِ أقـــدّم قلبـــي القتيـــلَ   عقـــابَ سُـــلُوّك إنـــكِ قبـــرُهْ
تـــولّى الزمـــان وجـــفّ هوانـــا   ولـــم تمنحيـــه لقـــاءً يَسُـــرُّهْ

****

هي هُوّةْ يا عينُ ما أعمقَـــــها   لـــم أطمـــئنَّ لهـــا ولـــن أعشـــقَها

****

أعـــود لمنزلـــي لأرى الحنانَـــا   ولكـــنْ لا أرى إلّا الطِّعانـــا
أشـــمُّ الكـــوليرا فـــي كـــل ركـــن   أعقّمُـــهُ، عســـى ألقـــى الأمانـــا

****

لا تقـــربْ أبـــداً يـــا بـــدْري   مـــن نيرانـــي أو مـــن بحـــري
أجـــواؤك أرقـــى مِـــن جـــوّي   أنـــا جـــوّي سُـــقمٌ يستشـــري

****

مهمـــا وهبتـــكِ مـــن هـــواي فـــلا أرى   أبـــداً وفـــاءً بـــل أصَـــدٌّ وأزْدَرَى
مـــولاتِ مهـــلاً هـــذه هـــي طـــاقتي   في الصبر كلِّهِ فاعلمي لن أصبرا

****

أتيـــتِ تـــريحينَ مَـــن قـــد تَعِـــبْ   مـــنَ المُســـتغِلّةِ بنـــتِ لَهَـــبْ

فتبّـــتْ يـــداها وتـــبّ أبوهـــا   فمـــا المـــال أغناهمـــا والكـــذِبْ

****

كـل مـــا أرجـوه أن تبقـــي حنونـــا   وعـــن الأحقـــاد والإرجـــاف تغفـــو
كلمـــا أبرمـــتُ عهـــدا لـــم تصُـــنْهُ   كلمـــا رمَّمْـتُ رأبـــاً لســـت ترفـــو

****

تجبّـــرْ مـــا تشـــا واظْلِـــمْ   فـــإن الظلـــمَ لـــي ملْهِـــمْ

****

أ فـــوق القصـــائد تـــرجين جنســـاً   ومـــالاً وجاهـــاً ولا تشـــبعينْ ؟
أ كُـــلُّ النســـاء مثيـــلُ ظمـــاكِ   نـــواقصُ عقـــلٍ نـــواقصُ ديـــنْ ؟

****

لســـتُ (بيبـــي) يـــا حبيبـــي   مَـــن عليـــه تلـــعبينْ

****

تباعدْ، تباعدْ، أعَلّم عيني على قسوة ما بها أي عطفِ
تباعـــــــد فإني قويٌّ كثيرا ولست ذليلا لحبٍّ ولطفِ

الفصل الثامن

تجارب وعجائب

لا أحد يستطيع أن يمحق الصدق في تصوير تجارب مررتُ بها أو مرّ بها غيري بأشعار تعبر بموضوعية محضة عن حقيقة معظم البشر إن لم تعبر عنهم كلهم.. فشعري تراثٌ لا يجب أن يقرَبَهُ المجرمون ولا المغفلون ولا المتنطعون ولا المتخابثون ولا الانفصاميون..

هرقتُ دمائي على السُّررِ　　　وأصبحتُ ظلا بلا أثرِ
وذلك كله من أجل شيء　　　نسمّيه عزفاً على الوتر

الشاعر

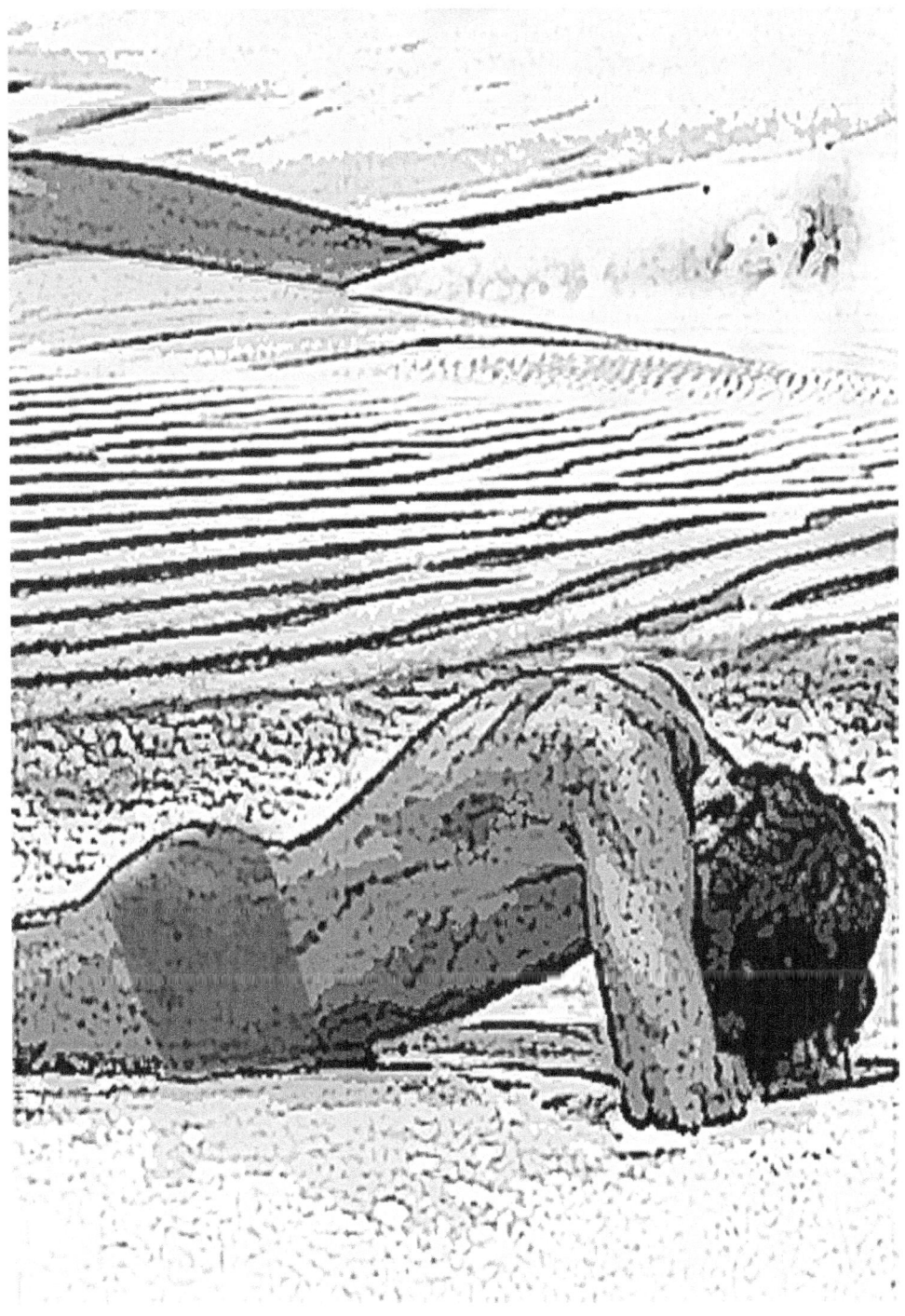

أقصوصة أنثى سُحاقية

وغــــزالٍ شـــئتُ درسَــــهْ ربمـــا أصبِـــح عِرْســـــهْ

ذي جمــــــال متنـــــــاهٍ فـــي الـــذرى يفــرض نفسَـــهْ

كلمـــا قـــدمتُ نفســـي لــيس يرضـــى أي لمسَـــةْ

***

لا أرى إلا نفـــــــــورهْ لا أرى إلا غــــــــــرورهْ

ذات يـــوم بعـــد كـــدٍّ قـــد روى لـــي مـــا شـــعورَهْ

***

قـــال لـــي ســـراً رهيبـــاً: إنـــه يعشـــق جنسَـــهْ

كـــل جـــنس غيـــرُ حـــوّا نحـــوه يفقـــد حِسّـــهْ

فتقـــــزّزتُ كثيـــــرا ودمـــي أطفـــأ شمســـهْ

غُصـــتُ فـــي التحليـــل أرجـــو لـــه عـــذراً حـــاك نحسـهْ

ربمـــا لـــم يلـــقَ إلا مثلـــه أعطـــاه أنســـهْ

ابتـــدا العـــادة هـــذي لـــم يشاهـــد أي عبســـةْ

كـــل شـــخص يتمشّـــى مثلمـــا مـــارس أمسَـــهْ

ثـــم فكـــرتُ عســـاني بالهُـــدى أَغســـلُ رِجْســـهْ

ثـــم حاولـــت كثيـــرا جذبـــه فـــي كـــل جلســـةْ

ربمـــا أغـــرس فيـــه مـــا يضـــاهي منـــه غرســـهْ

فعســـى يعشـــق نـــوعي وعســـى طَـــوّر حِسَّـــهْ

لـــم يُصِـــخْ قـــطّ لدرسـي عاشقـــاً قلبُـــه درسـهْ

بعـــــد عـــــامين ســـــمعنا　　　مثلـــــه زوّج نفســـــهْ

قُطْـــرُه شـــرّع هـــــذا　　　ذو ضـــلالات وخِسّـــةْ

دول فيهـــا سُحـــاقٌ　　　حقهـــم لـــم تـــرْضَ بخســـهْ

إننـــي أخشَـــى علـــيهم　　　غضـــبَ الله وطمسَـــهْ

آهِ يفنـــى النســـل لمّـــا　　　كـــل جـــنس ضـــمّ جنســـهْ

أروغُ العيشـــة لمّـــا　　　كـــل نـــوع ضَـــمَّ عكســـهْ

حيـــوان الأرض أرقـــى:　　　كـــل "بِـــس" مـــعَ "بِسّـــةْ"

كـــل مَـــن يمشـــي قويمـــاً　　　راشـــدٌ يحـــرسُ نفسَـــهْ

حكاية امرأة تُقدم الجنس خدمة للرجال

أمتعـــتُ نفســـي أولاً، والثـــاني　　　أمتعتُ غيري من رحيق حناني

كـم حـــاكمٍ حـــرَم الأنـــام هنـــاءهم　　　ورمى غرائزهـــم إلى النيـــرانِ

أدَّيـــتُ خِـــدْماتٍ لأمـــة يعـــرب　　　ولغيرهـــا مـــا لا يعُـــدُّ لســـاني

للجنس قصد الجنس لا لمكاسب　　　لاسيّمـــا الفقـــراء بالمجّـــانِ

ومشوّهي الأجسام قد حازوا اُعتِناً　　　منّـــي برغـــم تقَـزُّزي النفسانـــي

وأصِبتُ بالإيدز الخطير فِداءهم　　　وحضنتُ عطر الإيدز في أرداني

كبْتُ البرايـا سُـقْمُهُ أضـعاف مـا　　　سُقْمي.. وفزتُ براحة الوِجـدانِ

كم يستطيع العلم أن يشفي وكم　　　هو كان رمزَ النفـع والإحسـانِ

أدَّيتُ خير رسالة خُتِمَت بمـــا　　　لا أرتضي والطبُّ حصنُ العاني

وبحثـتُ عـن حـرٍّ يخلّـد سيرتي　　　فأشـرتُ للمظلـوم هذا الباني..

فريدةُ أمٌّ الهوَى

فريـدةُ أمٌّ الهـوَى مَـن رآهـا
رأى وجـه أبنائـهِ فـي رُؤاهـا

فريـدة أمٌّ لـكـلِّ جـميـلٍ
تعالَ لنرضعَ نهـدَيْ صباهـا

إذا كنـت تملـك قلبـاً سـقيماً
تعـال لتبرئَـهُ مقلتاهـا

تعـال وصـحبِك نـذهبْ إليهـا
ونَسْـعَدْ زمانـاً بـدفء هواهـا

فريـدة فرصتنـا ثـم تمضـي
وينمـو الخلود مكـان خُطاهـا

مها وسيقانها الطويلة

تـذرف الموسيقـى
ألحانَـها الجميلـة
لـمّا مهـا تمُـدُّ
سيقّانهـا الطويلـهْ
وكـلنـا نـدورُ
ونشتهـي دُخولـهْ
أتـت أتـت مهـا
تهيَّـؤوا لهـا
برقصـة جميلـةْ
وقبلـة طويلـةْ
مهـا لظـى هوانـا
تشبعنـا حنانـا

ندوة هواة

بثوبك عروة .. فمهلك خطوة ..

خذي لك وردة .. فكم أنت حلوة

سماحاً لهفوة .. رجائي خذيها .. خذيها وإلا .. إذا ما أخذتِ

سأشقى بجفوة ..

فشكراً .. رَضِيتِ ..

أتيناك ندوة .. أنا ورفاقي

وها أنا قدوة .. بحقل اللحاقِ

نعم هم هواة .. وأصحاب نخوة .. وإنّا كإخوة

يريدون نظرة .. فهم ذائبون .. يعِدُّون عروة

لورد هواكِ .. فنعماك وردة ..

ونعمى شذاكِ

وصلْتِ لذروة .. من اللطف حتى .. إذا الفرد منا

دعا طرتِ نحوَهْ .. فيأخذ غفوة

بأعمق نشوةْ

فإن سرتِ خطوة ..

جَرَينا وراكِ .. لأنك قدوة

لكلِّ مَلاكِ

الوعد الشاقّ

الوعـد منهـا كـاذب غـدارُ أي مـا تـزال تشوبـه الأعـذارُ

إنـي لأعـذر أي غانيـة سعت لحبيبهـا سـعياً لـه أخطـارُ

هيـا إلـيَّ فـإنني مختـارُ لك أنت وحدك والهواة كثـارُ

هيـا إلـيَّ ففـي دمـاي النـارُ والعطـر والأشـواق والأزهـارُ

هيـا إلـيَّ تمسـكي بصـخورهِ فمـن الصخور اْشتقتِ الأحجـارُ

حياة المومس

يـــا مخهـــا الأســـود..

يـــا عقلهـــا الـــداجي..

فـــي وكْـــر إدلاج

بـــا عيشـــة الـــنحس

لا تبصـــر الـــدنيا..

إلا مـــن الجِـــنْسِ

اللعوبات

يُجِـدْنَ الاسـتثارة والهروبـا ويصـهَرْن الحـواس لكـي نـذوبا

فمـا يُبقـين فينـا غيـرَ طيـف يراودنـا بـه نُفنـي الكروبـا

ماكراتٌ جُلُّهنَّ

ماكراتٌ جُلُّهنَّ

متقِناتٌ كيدَهُنَّ

كل أنواع المآسي

ساكناتٌ قلبَهنَّ

أنا لا أؤمن فيهنّ ولا في حبهنّ

هن منّا إنما نحن عُرِفنا من قديم وانكشفنا

إنما هن اختبأنَ

روحهنَّ المالُ أن يُعطى لهنَّ

دون أن يعطين إلا مكرهنَّ

سكّيرة

تحت تأثير الشرابْ

تتمنـــى أن تُـــذاب

بين أحضان الشباب

قد جرى فيها الفساد

مثل سم في ازدياد

إنــه هـذا الشـراب

أسُّ أسباب الخرابْ

إني غفرت لمومِس

إني غفرت لمومـسٍ أخطاءهــا   ورضِيت أقرو وُدَّها وبهاءَها

مهما أجِدْ في الأرض أي خبيثة   سأحبّها حتى أعيدَ نقاءهــا

قالوا له

قالوا له أخلاقها . . .

لكنه ما صدّقا

حتى أتى اليومُ المُبِينُ وطلّقا

جُنّتِ الشمطاء

جُنّتِ الشمطا وراحت

ومآقيّ استراحت

لم أعد أهوى الصبايا

باسماتٍ .. كيف مَن بالقبح ناحت؟

فجوة الخد قبور

منه ريح الموت فاحت

بعض ما أعرف عنها أنها حقي استباحت

٤٨٤

أقصوصة امرأة بوصلتها الجنس

أ رأيــتَ أمّــاً تجْــزِر الأولادا ... بسبيل أن تـروي الظمـا الوقّـادا؟
مـن أجـل شهوتهـا تبيـع ولائـدا ... تقْلـى أباهُـم تعشـق الأوغَـادا
عِلْمـي بـأنّ الديـن كالعـادات لا ... يرضـى بهـذا بـل يـراه فسـادا
سـطحيّة فـي كـل شـيىءٍ دأبُهـا ... تعذيـبُ أسرتهـا غبـاً وعنـادا
الياسـمينة عقلهـا أضـحى بـلا ... زهـر جميـل بالبـراءة سـادا
الجنس بوصـلةٌ لهـا فـي سيرها ... ومنامهـا لا يخلـف الميعـادا
تختـار مـن بيـن النسـاء عـواهراً ... لصـداقة لـم تألُهـا إفسـادا
ماتـت أمومتُهـا ومـات ضميرُها ... مهْمـا تزيّـفْ تشهـدِ النقّـادا
تسـعى لمكسـب ثـروة مـن نـزوة ... تنتابهـا لا تعـرف الأمجـادا
مهمـا تناضـلْ للظهـور بريئـة ... فالنـاس تكشـف طبْعَهـا الصيّادا
أمٌّ ثقافتهـا التبـرُّج والغـوى ... وخيانـة للـزوج مهمـا جـادا
خرجتْ على القانون في زيجاتها ... مَـن ظـنَّ فيهـا الخيرَ ظنُّـهُ بـادا
مـا همّهـا الأولادُ ترميهـم ومـا ... بلغـوا الفطـام، وبعضـهم قـد زادا
لا تستحـق هـي الـزواج وإنمـا ... هـي تسـتحِقّ عنوسـةً وكسـادا
قـد خلّفتْ مـن كـل زوج خمسـةً ... كبـروا وقـد صـاروا لهـا أنـدادا
هـي ذات إسلام فقـط فـي زيجـة ... مثنـى .. ربـاعـا فاقـتِ التعـدادا
لا تسـتحق تزوُّجـاً مـن مسلِـم ... بـل تسـتحق الجاهـل الجـلاّدا
بـل تسـتحق المسـتخفَّ بعقلهـا ... ويعيـث فيهـا ذِلـة وسـهادا
ويسومها سوء العذاب ولا يرى ... إلا العقـاب لهـا يُعَـدُّ جهـادا

لا تستحق من الجواد تزوّجاً   بل تستحقُّ السافل "الجوّادا"

وتحب معسول الكلام ولا ترى   ضحكا عليها فيه مهما حادا..

يغري بها مُصطادُها بكلامه   ليست تميّز ما يكون سوادا

تمشي جوار الزوج في مشوارها   لتريه كيف المعجبين فُرادى...

ترجو معاكسة ولو في مدَّها   للسانها لترى الشبابَ تَنادى

فيُصفّرون يزمِّرون لِمَشيها   وكأنها الإصطبلُ سار وعادا

لتريه مقدار الهيام بشكلها   فعسى يغار ويغتدي مُنقادا

هذا اعتناق مذاهبٍ هدامة   ويظنها الحمقى هدىً وسَدادا

لا تجعلُ الزوجُ الشريفةُ زوجَها   أبداً يغار وتُرهِب الآسادا

أ رأيتَ مَن ليست ثقافتها سوى   كذب على كذب تشيد عمادا؟

ليست تؤدّي الواجباتِ وعندها   عزمٌ ولكنْ تعشق الإقعادا

لم تحترفْ إلا أنانيّاتِها   تهوى السعادة تكره الإسعادا

المستغلة طيبةً في زوجها   لا تستحق النُّصح والإرشادا

لم يسترح أزواجها منها ولن..   كم عاث فيهم كيدُها استعبادا

وسلاحهم صبرٌ وعفوٌ دائم   كيلا الطلاقُ يدمّرَ الأكبادا

فتزيد إمعانا بنقطة ضعفهم   حتى يضمّوا دونها الأولادا

النسل يعرفها بدون أمومة   مهْما تمثّلْ رحمة ووِدادا

فتمنّعوا أن يلتقوها مطْلقاً   بصقوا عليها البصقة المِجوادا

ما همّها الأبَوانِ لو ماتا جوىً   أوّاهُ كم كادت لمن ما كادا

تصوير حالة امرأة كالأفعى

أيهــــا العلامــــةُ أغضــــبْ وتلــــــوع وتعتّــــــــبْ
إننــــي أهــــوى التــــلاعُبْ بحبيــــــب يتعـــــــذبْ
أنــــا أفعــــى تتقلــــبْ ليــــس لــي فــي الحــب مذهــب

هيا ارقدي

قــالوا لهــا: هيــا ارقــدي مــا بيننــا أضــواءُ لحْمــكِ وهْجُــهُ يــتلاطمُ
قالــت لهــم: هيــا انتشُــوا لا تختشُــوا مَــن للتمتــعِ والجمــال يقــاومُ؟

تجربة وحيدة

وأشعلُ السيجارْ ...

وأطفىء الأنوارْ

وأغلق الأستارْ

وليست إلا ناري ...

تستوقدُ الأُوَارْ

سأوقد النيرانْ

وأحرق الإنسانْ

ليس لديّ شيء

سوى الهوى والنارْ

أغنية النار

عنـــدما يعشـــق قلـــبٌ صـــاحبَهْ   تلتقـــي البسْـــماتُ حـــرَّى لاهبـــةٌ
وتـــرى التشـــويق فـــي كـــل مجـــال   زاحفـــاً يُسْـــعِد دنيـــا راغبـــةٌ
تلتقـــي البســـمات مـــا بـــين الشّـــفاهْ   تـــدفع الأجســـامَ تعلـــو راكبـــةٌ

واحمـــــــرارٌ فـــــــي الشّفـــــــاهْ
هـــــــو إكْسِـــــــير الحيـــــــاةْ
احمـــــــرارٌ فـــــــي ارتعـــــــاش
وعيـــــــونٌ مـــــــن عبـــــــادةْ
تفعـــــــم الصـــــــدرَ سعـــــــادةْ
هـــــــي آه .. أو صـــــــلاةْ
عندمـــــــا تبكـــــــي الشفـــــــاه
تتحدانـــــــا الحيـــــــاةْ
لا نـــــــرى إلا احتياجـــــــاً
لابتهـــــــال وصـــــــلاةْ

عنـــدما كنـــتُ (وهانـــمْ)   هـــذه الشقـــرا اللعينـــةْ
حبّهـــا كـــان المُلائِـــمْ   قبـــل أن يمســـي ضـــغينةْ
بعـــد أن طـــارت بشـــعري   فـــوق أوج الشـــمس تســـري
تـركتنْـــي فـــرْخَ صـــقرٍ   لـــم يعـــد فـــي الجوِّ غيـــري
لا أرى إلا الغيـــومْ   والتباريـــحَ الظلـــومْ

هـــل أنــــا أصـــبحتُ فـــي بحـــر الـــسُّمومْ؟

أم تـوســـــــدتُ الـتـــــــــــرابْ؟

أم تـُرانـــــي كنـــت فـــي محـــض منــــامْ؟

لـــم أميِّـــزْ مـــا جـرى لـــي يومَهـــا كنـــتُ الغـــلامْ

ثـــــــم جـــاءت بعـــــــد (هانـــــــم)

ربَّــــــــةُ الـحُسْـــــــنِ (مَـهـــــــا)

وتـدلّهـــــــــــــــــــت بهــــــــــا ...

اِخْسَئـــي يـــا روح (هانـــم) و (مهـــا) ... وابـتـعـــــدا

إنمـــا ســـاد الـــردى كـلَّ حيـاتـــي بـعدما غـابت (ندى) عن أمسياتي

عندمـــا أَحْـــرِقَ صـــدري فـــي هـواهـــا

أتـدَفَّـــــا بلظاهـــــــا

أضـــع النيـــران تحتـــي فـــوق تختـــي

وبشـــــــوقٍ نتسافـــــــى

إنـنـــــي أقـحـــــم غـــــارا

إنـنـــــي أعـــــشق نـــــارا

اتـركـــوا النيـــران تشـــوي وتـُطَهِّـــرْ

كـــــلَّ مـــا أســـمَوهُ آثامـــاً ومُنكَـــرْ

ثـــــم صلّـــــوا لِلـَظاهـــــا

وتـغـنَّـــوا مـــعَ ألحـــان غناهـــا

صـــــــــــدرها الأبيـــــــــض يُفنـــــــي
سابحـــــــــاً فيـــــــــه طويـــــــــلا
شاكـــــــــراً هـــــــــذا الجميـــــــــلا

....

عنـدمـــــــا النـــــــــار تـــــــــشُبّْ
يصبـــــــــح المـــــــــرء حطـــــــــبْ
ثـــــــــم يفنَـــــــــى فـــــــــي اللهـــــــــبْ
غـايـــــــــة الحـــــــــب حيـــــــــاة
واشتـهـــــــــاءٌ... وانتـهـــــــــاء...

أشعِلـــــوا النـــــار أقيمـــــوا رقصـــــة مثـــــل المَجُـــــوسْ
إنمـــــا التهيـــــام نهـــــرٌ تـرتـــــوي منـــــه النفـــــوسْ
اعزفـــــوا الألحـــــان هاتـــــوا كـــــلَّ أنـــــواعِ الطبـــــولْ
لحنهـــــا يغـــــذو العقـــــولْ
ارقصـــــوا فالنـــــار دارتْ وأمانينـــــا استنـــــارتْ
باللظـــــى فـــــارتْ وخـــــارتْ
ارقصـــــوا للحـــــب غنُّـــــوا إنمـــــا التهيـــــام فـــــنّ
يمـــــلأ القلـــــبَ هنـــــاءْ
كلمـــــا النيـــــران ثـــــارت لا تقولـــــوا لا نريـــــدْ

كــــلُّ مَــــن نـشــــواه فــــارت　　فلْيَــــقلْ هــــاتوا الـمـزيــــدْ
بــارِكـــــوا الـنـيـــــران صـلـــــوا　　واحـرقـــــوا فـيـهــــا الـجـســــومْ
لـيـــــس كـالـنـــــــار نـعـيـــــمٌ　　حيـــــن نــــهوِي ونـعــــومْ
كــــلُّ إنســــان لديــــه　　رغبـــــاتٌ دنويَّـــــةٌ
إنـمــــا زِدنــــا عـلـيــــهِ　　بـاشـتـهــــاء الأبـديــــةٌ
ارقصـــــوا لـلـنـــــار صـلّـــــوا　　مــــعَ تـدويــــم الـلـهـيــــبْ
واســـــتعينوا بـالصلاصـــــلْ　　وأغـاريـــــدِ الـبـلابـــــلْ
وامـــــلأوا الـــــدنَّ وجُنُّـــــوا　　طـالـمـــــا نـلـتـــــذّ غـنّـــــوا
لـيـــــس كـالـنـــــار نـعـيـــــمٌ　　حيـــــن تـدعـــــو ونُـجيـــــبْ

ضياع فرصة حب

يا ندمي ... ولَّى الحبيب ... عن حُلُمي

أنت يا خالدُ ضيعتَ الهوى ...

فرصةٌ راحت هباءا .. وا شقاءا

فرصة ضاعت .. فتاةٌ ساحرة ..

بك هامت ثم غابتْ ثائرة

غمزَتْكَ ... ما فهمتَ ... عشقتكَ ... ما فهمتَ

إنها سارت كسكرى ...

ترمق الدنيا بشزرةْ .. وبحسرة ..

حسِبَتْ أنك تمشي خلفها شِبْراً فشِبْرا

إنما ما كنتَ تقرو خطواتِ المعجَباتْ

لِتُحِقَّ الأمنياتْ..

يا عواذِلْ سأغازل

لا تنادوا يا عواذِلْ.. اذهبوا سوف أغازلْ.. لا تنادوا لست نازلْ

لا تحوموا يا فواشِلْ.. كعصافير المنازلْ.. في نوايا من قلاقلْ

هي أعطتني هواها.. فاذهبوا والقَوا سواها.. وانهلوا غير المناهل

لِمَ جئتم لي جحافلْ.. إذْ تأهبتُ أغازلْ.. ووقفتم بالمقابل؟!

وبعثتم لي بقائل: إننا لسنا قلائل.. سترى إنْ لستَ نازل؟

ما مُناكم يا عواذل؟!.. عينكم دوماً تغازل.. من أناجي وأغازل!!

اتركوني لست نازل.. إن سآتي سأنازل.. أوقِفوا هذي المشاكلْ

لست سهلاً أنا هائلْ.. أنا دارٍ ما نصبتم.. لغرامي من حبائلْ

أنا أدريكم نواقلْ.. قصتي عبْرَ المحافلْ.. شَرّ نقل متكاملْ

لا تصيحوا لا تسيحوا.. فسطوحي والمنازلْ.. هي لي كل الشواغلْ

احملوا الرحل رواحلْ.. أنا بالحُسْنَى أعامِلْ.. من يُولّي متخاذلْ..

هكذا طار العواذلْ.. هرباً من بطش عاقلْ.. لسوى هذي المناهلْ..

لم أشاهد متواكلْ.. وتفَرّدتُ أغازلْ.. كلَّ أطيار المنازلْ

لستُ سهلاً أنا هائلْ

ثـمـرات

(شعر حر)

يسأل عن (ثمراتْ)

أجابوا الوقتُ فاتْ

تزوجتْ وعندها ولدْ

فذاق حرقةَ الكبَــدْ

كم لهفةٍ في الكون كانت تتَّقدْ

إذ كان دوماً يتَّحدْ

معها قبل البعادْ

قبل أن تمضي سنينٌ عَشْرةٌ دون لقاءْ

في ديار الغرباءْ

لا رسائلْ

غير ذكرى وكمدْ

وبكاءْ

حرقة في القلب تحيا ميّتهْ

بسمة تبكي وخضرا باهتهْ

ثمرات ..... طيفُ حُبْ

ثمراتُ ...... هي سِرْبْ

مِنْ نسورٍ وحمامْ

وقَطَاةٍ في ابتسامْ

ثمراتٌ .... لهفة من جذواتْ

ثمراتٌ .... ثمراتْ

ثمراتُ اليومَ تحيا مع زوج لا عشيق مثل ذاكْ

أصبح الآن لها زوج وفِيّ

أين تحيا ثمراتْ ؟؟

مع بنيها

واحد منهم قضى وهو جنينْ

من حبيب كان غداراً خؤونْ

هي تحيا مع بنيها وأبٍ شهمٍ أبيّ

لا فتاها ذلك المُجْهَضُ من ذاك الدنيّ

ثمراتُ اليوم أمست أغنياتْ

في ثغور الشادياتْ

في منارات الغرفْ

مَعَ موسيقى الباليه

مع أريجٍ من فرنسا

واصطيافٍ في سِوِيْسرا

وثلوج الهملايا

ثمرات ... ثمرات.....

إنها الآن كذكرى للحياةْ

في ضلوع الوغد هذا ذكرياتْ

هو يبكي الآن ترجو أن تُعادْ

غير أن الوقت للعودة فاتْ

ثمراتُ الآن مع زوج الحياةْ

معْ بنينٍ خمسةٍ .. ستِّ بناتْ

ثمراتٌ .... ثمرات ......

خليجيٌّ في بيروت

العاشــــــقُ المسكيــــــنْ	الوالـــــغُ فـــــي الحـــــاراتْ
هـــــو زينـــــةُ الحيـــــاة	مـــــن أكـــــرمِ الـــــدَّولاتْ

****

الماشـــــي فـــــي بيـــــروتْ	يطـــــارد البنـــــاتْ
كـــــي يستقـــــي الشـــــرابْ	مِـــــن نبعـــــه الفـــــراتْ
لا تـهـــــزؤوا بـــــهِ	بـــــل صونـــــوا الحـــــرّيّاتْ
للواعـــــي والسكـــــران	حقـــــوقٌ فـــــي الحيـــــاةّ
البعـــــض قـــــد آذاه	بأصعـــــب اللكمـــــاتْ
حاولـــــتُ أن أحميـــــه	أشرفـــــتُ للممـــــاتْ
فكلهـــــم بغـــــالْ	مـــــن أطـــــول القامـــــاتْ
وإننـــــي قصيـــــر	مـــــن أضعـــــف الحُمَـــــاةْ
مـــــا فـــــي يـــــدي عصـــــاةْ	لأطـــــرد البُغـــــاةْ
عـــــن سيّـــــد مـــــن دولـــــة مكبوتـــــة	حياتهـــــا وفـــــاة

وفي دمي دمعاتْ

لا تهزؤوا بالذاتْ   لِكُلِّنا هفواتْ

وبلادنا أخوات

أرجوكمُ اتركوهْ   ففي دمي جمراتْ

لحبِّ أحْسَنِ ناسْ   منحونا المَكْرُماتْ

أُصغُوا لصوتي الآتْ   من أصدق النبراتْ

أرجوكمُ اعتُقوهْ   يا عُصبةَ الجُناةْ

كم وجْهُهُ بريءْ   كأنه الآياتْ

سأمسح الدماءْ   عن وجهٍ ذي إخباتْ

لما رأى حناني   لم يختجلْ بتَاتْ

أمدَّني بعينٍ   كم فيها حسرَاتْ

كم فيها عبراتْ   تفيض تشكُّراتْ...

هو ساكنٌ في قلبي   مِن موطن الهُداةْ

تحت شَعرِ دوحة

تحت شَعر امرأةْ

أعشقُ التخبئةْ

تحتها أشهد التهدئةْ

إنها دوحةٌ.. شكْلها كامرأةْ

دوحة عطرها يقتل الأوبئةْ

تهِـز الريح جلبابي

تهِـــز الـــريح جلبـــابي   فتَحْفِـــزُ شـــوقيَ الصـابي
لأنـــي عشـــتُ محرومـــا   بـــلا أنثـــى وأنخـــابِ
إنـــاثُ الإنـــس لـــم تُكـــرِمْ   فـــدقَّ الجِـــنُّ أبـــوابي
ولـــم تخطـــبْ يـــدي بشـــراً   فصـــار الجِـــنُّ خُطّـــابي
أهـــيم فقـــط بـــأنثى الجـــنِّ   والأمـــلاك والغـــابِ
أنـــا لا أشتهـــي شجـــراً   ولا حيوانَـــــهُ الحـــابي
ولكـــنْ أشـــتهي رمـــلاً   يشـــابه جســـمَ أحبـــابي
قريبـــاً ســـوف تحضـــنني   عـــروسُ خيـــاليَ الصـــابي
وأنســـى كـــل أصـــحابي   وأحْقِـــر كـــلَّ هـــازٍ بـــي

أعوم على تذكّرِها الخياليّ

شُـــغِفْتُ بهـــا فَبِـــتُّ مـــدَى الليـــالي   أعـــوم علـــى تـــذكّرِها الخَيَـــالي
فأنصُـــبُ خيمـــةً فـــي إثْـــر أخـــرى   تقوّضـــها الريـــاحُ علـــى الرمـــالِ
أعـــود لنصْـــبها فـــي كـــلّ يـــومٍ   حـــوالَي ســـبعةٍ قبـــل انخـــذالي
تهـــاجِمُني الـــرُّؤَى فيهـــيجُ بحـــرٌ   ســـريعُ الـــدَّفْقِ بالغيـــثِ الـــزُّلالِ
وتمتـــزجُ الـــدماءُ علـــى مَنِـــيٍّ   مُحـــالٌ نُضْـــجُهُ فـــي لمْـــحِ آلِ ؟

أحبك يارمل

أحبك يا رملُ إذْ إنني
تشرَّفتُ في وضع زهري عليكْ
بأروع "شَيكْ"
لأنَّ لِحَجْمِكَ أضعافَ حجمِ جُسوم البشرْ
ويكفي لإشباعِ شوقي الأحَرّْ
أشاهد جسم الأنام صغيرا
لهذا أُفضِّل وضعه فيك
سأحفر ثقباً صغيراً دفيئا
وأضغط كل اشتهائيَ فيهِ
مظلة رأسه أفتحها
وتخشن هذي المظلة جدا
لتنكحَ جسمَ الرمال الخشِنْ
فجسم الرمال كبير لَدِنْ
يلخص أجسام كلِّ الوجودْ
لهذا سيشبعني ضمُّهُ
لهذا أسجّل هذا القصيدْ
كذكرى اشتهائي الطويل المديدْ
لكل الجسوم وكلِّ الرمالْ
لجسم النساء شبيهِ الكمالْ
لهذا سأفرِغ فيه الصديدْ
صديدك يا كبت حتى الوريدْ

يُحَرِّقني الجسم لمّا أراه
ويهدج شوقيَ : هل من مزيد ؟؟
أحب التلال إذا انتصبت
كقد النساء الرِّشاق الحسانِ
أعلِّق فيهنَّ أغلى الأماني
أعانقهنَّ بأسمى الحنانِ
وأنفخ فيهنَّ أرقى المعاني
وأسمو بهنَّ لآفاقَ أعلى
من السعد تبلغ أوجَ الجنان
لأنه فورَ امتلاء الدِّنانِ
يُفَرَّغ طوعاً بنفس المكانِ
نرى كل شيء بنا في اتِّزانِ
فما ضَرّ نفسا سوى الإختزان
خُلِقْتُ من الطين فيه أعيش
وفيه أموت بتختِ الغواني
ولن تخرج الروح من ثغرِ رأسي
ولكنْ من الوهج في شمعداني

(إذا) المَرِحة

إذا كنتِ ليلى فإنيَ قيسْ إذا كنتِ "معزى" فإنيَ تيسْ

برمال الصحراء

نَتَيَمَّمْ..
يا حبيبي برمالِ الصَّحَراءْ
ويغَطِّي مُقلاتِ الأعينِ السُّودِ الضياءْ
وَهَجُ الشمسِ يثيرُ الاشتهاءْ
ولهذا فهو أحْرَى بالثناءْ
أنا أغفو يا حبيبي في سريرٍ من هناءْ
أنا أطفو يا حبيبي في محيطاتِ الفيافي والعراءْ
هذه الصحراء تَعْرَى مثلما تعْرَى النساءْ
جسْمُها يَضْرَى اشتهاءْ
فأضمُّ السحرَ ناريَّ المَضَاءْ
ويوافيني سؤالٌ ذو استياءْ
يرتجي أنجعَ حلٍّ للشفاءْ:
كيف، ما لِلرَّمْل فرْجٌ ناعمُ
فيه يسْري الحالِمُ؟
أشتهي الرمل ولكنْ
هو شيءٌ كالِمُ
ألثمُ الرملَ أحاذرْ
يعبث الرملُ بلحمي كالأظافرْ
آهِ يا رَدْفَ الصحارى كالمجامِرْ
آهِ يا ثدْيَ الصحارى كالمَعاصِرْ
أنت أطيافُ حبيبي

تتهـــــــادَى فـــــــــي دروبـــــــــي
يمـــلأ العاشـــقُ مِـــن محبوبـــه الـــدنيا طيـــوفْ
يـصبـــــح الـمحبـــــوب آلافَ الألـــــوفْ

حكاية شخص في فوق الرمال

مَـن يـا تُـراهُ الشـخصُ هـذا النـائمُ | فـوق الرمـال ومـا عليـه كـاتمُ
خلـع الثيـابَ جميعَهـا، وقضـيبُهُ | فـي الرمـل مـدفونا وحَـكٌّ قـائمُ ؟؟
نكـح الثـرى يـا سـادتي هيـا بنـا | نَدْهَمْـهُ فـي الجـرم الـذي يتفـاقمُ
جـاءوا إليـه بعـدما ألقـى المَنِـي | في الرمل في التّنورِ وهو خُضارمُ
قـالوا لـه: مـاذا فعلـتَ؟ أجـابهم | وقـدِ ارتـدى أثوابـه يـتلاءمُ :
بـدَلَ الزّنـا ضـاجعتُ رمـلاً دافئـاً | متشـابهاً مـع جسـمِ مـن بـه هـائمُ
لـم أؤذِ إلّا الرمـلَ هـذا فاسـتروا | حـالي فـإنَّ الله لهـو الـراحمُ
قـالوا: أتيـت هنـا لأجـل سياسـة | فأجـاب: مـا عبـر الصـحارى نـاقمُ
أنـا نجلكـم أحيـا علـى صـحرائكم | عشـرين عامـا هـل يخـون الخـادمُ
سـتر الإلـه علـى الجميـع فسـامحوا | شخصـا تشـهّى الأرض مـا هـو آثـمُ
قـد قـال رائـدُهم: لنتـرك شـأنَهُ | وشـكرتُهم وَحيـاءُ نفسـي كـالمُ

السيارة مثيرة

حتــــى هـــــي السيــــارةْ | لمّـــــا تديـــــر الظّهـــــرْ
بالحســـــن والإثـــــارةْ | تـــــثيرُ فِـــــيَّ العُهْـــــرْ
حتــــى هـــــي السيــــارة | سيــــــدة الإثـــــــارةْ
تثيــــر بــــي الشـــرارةْ | وفرجهـا أنبوبـةُ الـدخان للـدعارةْ

ولمّا النفسُ

(القصيدة من بحر عجيب غريب ألّفه الشاعر)

ولمَّا النفسُ في ظماها تضطرِمْ ويطغَى الكبتُ يبتغي أن يلتهِمْ
ولا تلقَى لها مريداً يلتحِمْ ولا يبقى سوى اشتهاءٍ محتدِمْ

تطْغَى الثورةْ
تبغِي ثُغْرةْ
تبْغِي دخْرَةْ
عبر الحُفْرةْ
لو في الهِرّةْ
لو في البقْرَةْ
لو في الصخرةْ

يغيبُ طيّهُ مُذيباً يقتحِمْ حِماها ثائراً كما لو ينتقِمْ
وكلٌّ مِن عطاً وأخذٍ يقتَسِمْ بأحلى نشوةٍ هفت لو تعتصِمْ

يهوِي إبرةْ
مثلَ الشَّفرةْ
فوق الشعرةْ
لمَّا الثّغْرةْ
مثل البَخْرةْ

تــعـلـــــــــــو مَــــــــــرّةْ

تـــخـبــــــــــو مَـــــــــرَّةْ

وتمضـــي الـــنفسُ بعـــدما تنســجِمْ　　　بريئـــا قلبهـــا والوجْـــهُ مبتسِـــمْ

جحيمُ النفس فورَ ما إنْ تضطرمْ　　　تـــدوم نارهـــا إلـــى أن تختـــتِمْ

هـــــــــــذي الـثـــــــــورةْ

إذْ فـــــــــي الـثّـغْـــــــــرةْ

تـرمـــــــــــي قطـــــــــرةْ

ترمـــــــــــــــــــي دُرّةْ

تـلْـقـــــــــي بـــــــــذرةْ

تـمـســـــــــي زهـــــــــرةْ

تـحْـيـــــــــي أســـــــــرةْ

الحك كنز المحرومين

الحمـــد لله أن الحـــكَّ عوضـــــني　　　عنِ الزنـا بعد أن أغرقتُ في الكِبَرِ

إنـــي غزيـــرٌ بشِـــعرٍ كـــان أو مطـــر　　　وقيَّضَ الربُّ لـي رزقَيْنِ في عُمُرِي

وإننـــي مـــن خـــلال الـــزوج منتهـــك　　　أحلـــى البنـــات خياليّـــاً.. بـــلا حَـــذَرِ

من ذكريات الطفولة في مدرسة الراهبات

في طفولتي ألحقني شقيقي الأكبر زهير رحمه الله بمدرسة للراهبات في اللاذقية لأدرس جزءاً من المرحلة الابتدائية - لأنه كان يحب إحدى الموظفات هناك ويرسل إليها بوساطتي الرسائل والرموز- وهناك توافرَ المناخ الفطري الخصيب لي للتفاعل مع أنوثة البنات كزميلات لا أنساهنّ:

ترنو الزميلات لي يضحكْن من نظر ... بين "الرحالي" لطيرٍ لافتِ النظرِ

أقلُّ ضغطٍ كمسّ الريح يجعله ... يقيم خيمة شوق بالغ الخطرِ

وكانتِ الأمُّ في فخْذي تقيّدُهُ ... كيلا أحِسَّ أمام الناس بالخَفَرِ

هذي الحقيقة عيبٌ أن أوضّحها ... لكنها الحقُّ في تاريخيَ القَدَرِي

أرجوك تبقى صديقي غير محتقِري ... لأنني بحثُ بالأسرار عن سُرُري

أرجوك معذرتي فالشِعر يسكنهُ ... مسٌّ منَ الجنِّ مهما خِلْتِني بَشَرِي

إني تمنيتُ زيجاتٍ مُعَدّدةً ... لكنَّ زوجي ترى في غيرها ضرري

سخاء روحيَ مربوط بموهبتي ... يفجّر الجنس والأشعار كالمطرِ

قويمِ كصاروخ

ترنو الصديقات لي يضحكْنَ من نظر ... إلى قويمٍ كصاروخ وأطوادِ

وكان يَدْمَعُ يوميّاً على خِرَق ... ما زاد عن ستِّ مرَّاتٍ كميعادِ

إن زاد عن ذا تفشّى الليلُ في بَصَرِي ... وأزْبدَ الدَّمُ دفاقاً من الشادي

يجري المَنِيُّ كنهرٍ معْ كرات دمي ... أكابدُ الذّعْرَ.. أدعو ربنا الهادي

زقزقات طيري حالة متفرّدة

ذاتَ ليلٍ في شبابي نامت الحسناء في بيتي وتختي طلبتْ مِنّيَ مَسّاجاً يقيها
قمتُ بالتمسيج مسحورا ومأخوذا بتقبيلي يديها ثم رجليها وخدّيها .. لفيها...
وأخذنا نتقن الضمَّ مع اللثم ونرجو أن أراها وأريها
كلما أوغلتُ في المسَّاج والتكبيس نْزدادَ وُلوها
صار كُلّي مُشْتَهيها
صار مجْرَى البول مزماراً ونایاً وزقازيقا وأُوها
صار طيري في حضون العش يرجو أن يتوها
زقزقاتُ الطير كانت راجياتٍ تسكن العش الوجيها
زقزقاتُ الطير كانت معجزاتٍ أقتنيها
أنا كابدتُ زقازيقا لساعاتٍ بلا حظٍّ يليها
كنت خجلانا لأني كنت أخشى أن ترى طيريَ دون الصخر فيها
كنت خجلانا لأني لم أجَرِّبْ في شبابي قبلها إلا بتخييلي شبيها

***

ذاتَ يوم ليَ قالت: كنتَ خُنثى مع أنثى لم تطق أن تمتطيها
لم تقدّر ما ظروفي.. حقَّرتْني قهرَتْني بغباء حثَّني أن أزدريها ..
كان ردّاً صادما لا يعرف الحق الوجيها...

لولا أخافُ

كانت تمارس إحداهنَّ في صِغَري ... وكنتُ أمرح ملتــذّاً بـذا الخَـدَر

إنــي شـهابٌ وجسمُ البنـت محورُهُ ... إنـي حنـونٌ علـى النِّسْـوان والزَّهَــرِ

لـولا أخـاف مـن الـرحمن والبشـرِ ... وشّحتُ كلَّ جسوم الكـون كـالقمر

مجنـونُ حـب أنـا فـي كـل معتـرَك ... لكنما العطف والإخلاص من ذُخُري

إني غزير بأشعاري مدى عُمُري ... مفتونــة مهجتــي بالحـب والظّفَــرِ..

وإنَّ هـــذا لسُقْـــمٌ لا أوافقـــهُ ... لكنـه كـان مِـن حظـي ومـن قـدَري

—

اشـتاق حتـى رمـال البيـد أجمعهـا ... وكنـتُ أعلـو دراريهـا كمـا السُّـرُرِ

وأمنـع الرمـل أن يـأتي إلـى كبـدي ... بكـيسِ أوراقَ فيــه صَـبٌ مُـدَّخَري

—

الــورد يشــبه شـيئاً مــا كتَمرَتِــهِ ... والنبـعُ يشـبهه فـي شـدة المطـــرِ

وإنَّ هــذا لَسُقْـــــمٌ لا أحبِّـــذُهُ ... لأنــه شــرُّ إدمــانٍ مــدى عُمُــري

معذبتي

هـــــــذي معـذّبتـــــــي ... تُـــذْرِي هـــي الـدمعـــا

إذْ إنّ لا تَيســــــــــاً ... جوارَهــــا يرعـــــى

خيالُهـــــا نشِـــــطٌ ... بتصـــــوّر المرعـــــى

كنت طفلا أمتطي الأرض احتكاكا

كم حفرتُ الأرض تحتي مِن خلال الحَـــكِّ فيها

وشهدتُ الأرض بطناً فيه حلـــوى أشتهيها

كل ما أشْهَدُهُ كان عزيزا ولذيذا في عيوني ووجيها

كنت أهوى كلَّ ما في الأرض بالأجسام إنْ كان شبيها

أنا أدري أنَّ بيتي كان يؤْوي خادماتٍ كنَّ مارسن وإياي الدَّلوها

هنَّ قد أكبرنَ طيراً ليَ غِرّيداً بريئاً يجهل الفعل السفيها

كُنَّ يلعبن كراسورٍ عليه فينطُّ الطير خجلانا ولا يرجو الكريها

كنت طفلا كنت معشوقاً غريراً لم أكن أشعر أني أي بِنت أشتهيها

كنَّ لا يدْرينَ أني حين أغدو راشدَ الوعي سأغدو شهَوانيَاً شريها

كل وجه الأرض في عين خيالي كان أجساما تراني وأرِيهـــا...

كان تكويني احتكاكا مستديماً كهربـاءاً وضياءاً ووُلوهـا

عندما زاد التمادي في اشتهائي زدتُ في مجدي افتخاراتٍ وتيها

ومَنِيّي بدمائي صار ممزوجا لأني لم أتِحْ وقتا لكي ينضج فيها

سبعـةٌ في اليوم كانت كافياتِ أن تـؤدّي لِيْ دُواراتٍ وتيها

ربما عوَّض عن فقدي دمائي مأكَـــلُ النّيِيء* تعويداً نبيها

أنا تعبيرٌ عن الناس جميعاً أذكر الحق ولو كان على البعض كريها

إنما أهلُ المعالي والنَّشامَـــى قدّروا من أرَّخوا الحقَّ الوجيها

مُحْصَناً صرتُ بحمد الله من بعـــد زواجي وتقِيّاً ونزيهـــا..

بي لذة

بـي لـذة ليسـت تنـال حظوظَهـا ... مـا التفَّ حـولي غيرُ كفِّي الحـاني
دومـا أمـارس مصـنعا مثـل السدى ... أجنــي الحليــب بـدون أي أوانــي
أنـا لـذة مـن دون رأسٍ، نصـفُها ... دانٍ وأعلاهــا خيــالٌ فــانِ
رأسـي دخـانٌ بينمـا تحتـي لظـىً ... يمضــي بجسـمي للفنـا بثـوانِ
هل مَن رأى شخصاً بلا رأس ولا ... صـدر، ويحيـا نصـفُه التحتـاني؟
أنـا ذائـب كالنـار تأكـل نفسـها ... وتحِـلُّ كُثْبـانُ الرمـادِ مكـاني
مـا الجـنس إلا مـن جنـونٍ طَبْعُـهُ ... يُحْيِـي ويفنِـي السـيّدَ الشَّـهَواني

تدرج فكاهيّ

حَوَّلتْ جِنْسي ابتساماتُ (الحنانْ)

من حمارٍ لحِصانْ

بعدها أصبح ليثاً

ثم ماذا يا زمان ؟ . . .

الديك

الـدِّيكُ رمـز ذكـورة الأجنـاسِ ... يـا ليـت مثلـه فِعْلُ كـل النـاسِ
الـديك يفعـل خمْـسَ عشْـرةَ مـرةً ... فـي اليـوم سـبّاقاً إلـى الأعـراسِ

زواج خيالي

أَوَ مـا لَـدَيْكِ أسْـمٌ وجسـمٌ كامـلٌ
ولـديكِ مثلـي مـارِجٌ فـي الـراسِ ؟
حتـى نسـجِّلَ فـي السِّـفارات أسْـمَنا
زوجَـيْنِ عصـفورَيْنِ فـي أعـراسِ؟
حَسْبي وحسْبُكِ مـا نكابـد مِـنْ هـوىً
حتـــى نؤسـسَ عشـــنا بحمـــاسِ

السيف المغمد
(شعر حر)

فـــــي عـالـــــم الـحـُرِّيَّـــــةْ
فـــــي عـالـــــم البسـاطـــــةْ
فـــــي عـالـــــم الـقَبـــــول
شُغِفَـــتِ المليحـــةْ.. بشـاعـــر الملـــك
وقـــــد أحبـــــت شعـــــرهُ
مُشْبِعـــــاً فيهـــــا الميـــــولْ
وإنــــه لاقَـــــى الـقبـــــولْ
مـــــن قلبهـــــا والمثـــــولْ
قـــــد خـــــاف ذاك الـشـاعـــــرْ
برغـــــم ذي المشـاعِـــــرْ
إذْ لـــــم يكـــــن بقـــــادرْ
أن يـــــلمسَ الـمليحـــــة
إلا إذا يـخـــــونْ

وباتت تستعينْ

بحبها الدفين

لتشبع الحنين

في جسمها المتينْ

وشوقِه المخزونْ

وعُمْرِه المدفونْ

نجومها الفضّيَّةْ

عقودها المِعَوِيَّةْ

في لوعة وشهيَّةْ

لقضيبه المسنونْ

فأشبعَ المليحةْ

من كل ما تريدْ

من ضمَّة وسكونْ

ودَعابة ومُجونْ

لكنَّ يوم الكشفْ

كشَّرَ نابَ العنفْ

فالأعينُ ٱلتَمَعَتْ

بلمعة من سيف

والأنجُمُ انفجرتْ

بخوفها والحَيْفْ

قد فاجأ المليكْ

شاعرهُ الشريكْ

بالإثم والمليحةْ

وحمل السبيكةْ

لذبح العشيقَيْنْ

قد صاح نجمُ القُطْبْ

من فرجها والشُّهْبْ:

إني أنير الدربْ

لشاعري الحبيبْ

لا لن يفرقَنا

سيفُ المليك الصُّلْبْ

لا لن يموت الحبّْ

فبعد هذا الموتْ

نحيا بخُلدٍ الرَّبّْ

في عالم من حَدْبْ

ليس به من خطْبْ

ليس به من حربْ

مع شاعري في قُرْبْ

لن نرعوي للضَّرْبْ

قم شاعري الحبيبْ

هيا نمُتْ في قربْ

وارتفع صوت الشاعر يقول:

بسبيل نشوتنا..عشنا وقد متنا

لا يطلب الموتا

إلا الذي يُؤْتَى

كلَّ المنى حتى

لا يختشي العنْتا

فأغمد المليكْ

حسامه المنهوكْ

وقال للملاكْ

وحبيبها الشاعرْ:

بوركتما رمزاً

لحب الشجعانِ

يا ليتني أحظى

بحب لي ثانِ

من زوجة أخرى

تعوِّضُ الأولى

لو عشت لثوانِ

مع قلبها الحاني

أرعاه بحناني

ما كانت المليكةْ

عندي سوى أريكةْ

أو تحفة وأثاثْ

كانت كأيِّ تراثْ

وقد رأت حبيباً

وشاعرا مُجيباً

وأنها بحقّْ

جديرةٌ بالمُلْكْ

القصر ذا لكما

فيـــــــه اسكنـــــــا العـُمْـــــــرا

عيشـــــــا معـــــــاً عنـــــــدي

فـــــــي عـالـــــــم الـمـجـــــــدِ

بـالـصـفـــــــــو والـرَّغْـــــــــدِ

وأنـــــــا هـنـــــــا وحـــــــدي

أحيـــــــا علـــــــى عهـــــــدي

أرعــاكـمـــــــا دومـــــــــا

بـــالـــــــروح والـجـُنْـــــــدِ

يـــــــا مَـلْـكـــــــةَ الـحـــــــربِ

يـــــــا شـاعـــــــر الـقـلـــــــبِ

هيـــــــا اسكنـــــــا قربـــــــي

بـــــــل واسكُـنـــــــا قلبـــــــي

يـــــــا أشجـــــــع الفرســـــــانْ

إنْ تـطـلـُبـــــــا عينـــــــي

أمـنـحْـكـمـــــــا كُـلّـِـــــــي

عِيشـــــــا أسْعـــــــدا مثلـــــــي

وسـعـادتـــــــي حـُكْـمـــــــي

بـالـعـــــــدل والـحِـلْـــــــمِ

بـالـخيـــــــر والـسِّـلْـــــــمِ

جارتي في الصين

شــاهدْتُ أوســاخا أمـام ديــارِي.. فغســلْتُ شارعنـــا مــع الأمطــار
وخَرَبـتُ مِكنسـتي وأثـوابي التـي ســالتْ كــدمعِ مُشــرَّدٍ مُنهـــارِ
ولحُسْـنِ حظـي شــاهَدَتْني جــارةٌ قــد قــدّرتْ فِعْلــي لأجــل الجـــار
جـــاءت بـــأمبريلّا إلــيَّ ومعطــفٍ بعواطــفٍ مثـــلِ الحَيَـــا المِــدْرارِ
عرَضتْ علـيَّ أزورهـا مـع طفلهـا وأرَيتُهــا عــذري وحــالي الــزاري
وشــكرتُها.. أدفأتُهـــا بعواطــفٍ خلقتْ جحيمــاً فــي نُهاهــا الســاري
أبــدلتُ أثــوابي وعــدتُ أزورهــا ووجــدت أحلامــي كشــمسِ نهـــار
قابلتُهـــا قبّلتُهـــا بمحبّـــــة وصــداقة عظمــى جثــتْ بجـــواري
وأخـــذتُ هاتفهـــا وإيمـــيلا لهـــا حتــى أواصـــل صحبـــة الأزهـــار
وأخــذتُ مـا أرجـو كخيـر مؤونــة وضــمنْتُ أن نبقَــى علــى اســتمرارِ
كـيلا أَبَـتَّ عـن الهنـــاء الجــاري مـــا نـــادراً شـاهدْتُـــه فــي داري
قـد فجّرتْنـــــي دهشـــةً وســعـــادةً بطعامهـــا وبحبّـــها الجبـــــارِ
ورأيت كيف الشـايُ يُشْرَب نخبُـهُ بطقــوسِ صــينِ الحــبِّ والأشــعارِ
فشــكرْتُها مــن كــل قلبــي شــاككاً أنــي بحلــم .. يــا لفضـــل البــاري

في أحد المطاعـم

ومن الغرائب أن أصادف مـرّة بنتــاً جَـثَـتْ قربي تريــد تـأمُّلي

وتقـول: عينُـك حلـوة يـا سـيدي وتقول: أنـت شبيــهُ حبّي الأولِ

وتقـول: ليـت لـديّ لونــاً مثلهــا لجذبـتُ مَـن أهـواه دون تمهّـــلِ

وتقـول هاتِهمـا وخـــذ عينـيّ لـن بهما تــرى إلا الدُّجى إنْ تقْبَـلِ..

فأجبتُهــا: عينــاك أحلــى منهمــا أ وَ ما تريــن بمُقلتيك تسَرْبُلي؟

أشــبعتُ كـلَّ فضــولها بمرونـــة من دونما غضب وعبسٍ مزعِـلِ

شخصية تبنـي علـى رأيـي بهــا أركانَهـــــا ببـــراءة وتوسُّـلِ

فتشـكّرتْ وتحيّـرتْ كيـف الوفـا ومضـتْ بعيــدا بالسعادة تمتلي

سبحان ربـي هل صحيحٌ أنّ لـي هذي الوسامةَ أم كـلامٌ مَهْزِلـي؟؟

أ أنــا بحلـم يــا تــرى أم صدفـــة طرأت عليّ تفـك أسْرَ تململي؟

عمرُ الشريفُ أنـا تُـرى أو إننـي رشدي أباظـةُ، أو أميرُ الكَرْمِـلِ؟

أو زوجتـي قـد أرسـلتْها تبتلـي؟ أو كاميراتٌ فـي الخفاء المُسْدَلِ؟

أو ربمــا شـكلي أثــار تراحمـــاً ممّــا أقاسي من عذابـي المنزلـي

أو ربما وجهي العطوفُ يتيح لي أبــدو جليــلا بالمحبَّـــة يمتلـي

جلستْ جِواريْ أسرة من سبعة

جلستْ جـواري أسـرة مـن سـبعةٍ ... يرنـــون لـــي بتبسّـــم وتجَمُّـــلِ
بالــذات أمّهـــمِ تحدثهـــمْ علـــى ... عجَـــبٍ كـــأني مـــن مَدينـــةِ هِرْقِـــل
لــمَ ينظــرون إلــيّ نظــرة رحمــة؟ ... متأكـــد مـــن أننـــي لـــم أسعُـــلِ...؟
أ تُــراي فــي حلــم أنــا أم واقــعٍ ... متأكـــد مـــن أننـــي لـــم أثمـــلِ؟
أنــا مــا شــربت الخمــر إلا مــرة ... وبصقتُـــه ولـــداخلي لـــم يَدْخُـــلِ..
مـن ريحِـهِ أنـا كـدت أفقـد شـهوتي ... للعيـــش إن الخمـــر ســـمُّ المقتـــل
للخمــر والدخّــان أســوأ ريحــة ... يستجلبـــان السّـــلَّ للـــدنيا ولـــي
لِــمَ ينظــرون إذاً إلــيّ بدهشـــة ... هـل قـد نسِـيتُ المشـط فـوق مُهَـدَّلِ؟
مَسَّـتْ يـدي رأسـي بأقصـى ريبـة ... وعرفْتُـــه بالمشـــط لـــم يتكلّـــلِ
فـذكَرْتُ زوجـاً قـد أسـرّ لزوجـهِ: ... لـم ألـقَ مِـن أحـد لوجهـكِ يَجْتلـي
أعنـي بـذلك أنـتِ لسـت جميلـةً ... لـو كنـتِ حقـاً قـد أغـارُ بـأكملي
فدَعَتْــه أن يمشــي بعيــداً خلفهــا ... فــرأى المَــلَا ترنــو لهــا كَسَجَنْجَــلِ
متعجبـــاً لـــم يـــدْرِ أنَّ لســـانَها ... كانـــت تمـــدّه عاليـــا ولأسـفلِ
أدركـــتُ أنـــي قـــد فعلـــتُ مثيلهـــا ... وعلـــيّ خِلْـــتُ الـــوهم دومـــاً ينطلـــي
أدركـتُ ثغـري كـان مفتوحـاً شـدَا ... بالشـعر تخـرج منـه بعـض الأوعُـلِ
أنـا ساحرٌ من نفس ثغري مُخرِجٌ ... قططــاً وأثوابــا ومــرجَ قَرَنْفُـــلِ..

لا بـــد أن الجاذبيّـــة تنجلي ... لمّـــا المواهـبُ فـــي المؤلـف تغتلـي

استـأذنتْ مـن زوجهـا وبناتهـــا وأتـــت إلـــيَّ بفرحـــة وتهلّـــــل

مكثَ الصغار هناك دون جلوسهم معنــا وكــانوا مثـــل حقـل السـنبلِ

سألتْ: أ خالدُ أنتَ قلتُ: بلى أبْنتي مـن أنــتِ؟ نــادِي الأهـلَ ثـم تفضلي

نـادت أجـابوا: سـوف نـأتي أمَّنــا لمّــا يعــود أبــي بطــوق قرَنْفُـــل..

-هل أنت تذكرني؟ فحصتُ سِماتها فأجبتُهـــا : كـــلا، ولكـــن أجتـــلِي

- أ وَ لستَ تذكر يوم جئتَ لخطبتي مــع أختــك الميمــونِ ذات المُخْمــل ؟

- محبـوبتي رسّـامتي أنـــت التـي تــدرين نسْــجَ الوجـه رغـم ترهُّــل؟

- أنـا كيف أنسى شـاعراً متألقـــا؟ - حيّـــاكِ ربــكِ يــا فتـــاةَ "الجنــدلي"

ــ إن القواسـم بيننـا ظهـرت علـى أولادنـــا بالرســـم والشـــعر الجلـي

مـا الشـكل وحـده دلّنـي بـل همسـةُ مــن دمـدمات الشِّـعر شـــدّتْ كلكلـي

لفـــتَ انتبـــاهي حالـــةُ شعريّـــة ورأيـــتُ صـــاحبها أثـــار تخيّـــلي

وإذا بــه هــو أنــت نفسـك سـيدي مَـــن كنــت تطربنــا بشــعر مذهــل

يـأتي مـن الأعمـاق يصـنع غيمـة	فـي الجـو تـروي الـروح دون تبخُّـلِ
شِـعرٌ سـقى الـدنيا بمعنـىً صــادقٍ	أسـرى بمنحـى الشـعر نحـو الأفضـلِ
يـا مَـن جعلـتَ الكـون شـعراً خالـدا	أنـا مِـن قصـيدك فِـيّ طــرثُ كبلبــلِ
الله أغنــــاني بــــوعي خـــــارق	حتــى أغــوص بمجـدكَ المتغلغـــل
أذنـــان واعيتـــان لــي كهديـــــة	مـن خـالقي لسمـــاع إبـــداعٍ عَلِـــي
يا جارَ سطح البيت مـا زال الهوى	بالأوكسـجين يغيـث صـدري المغتلـي
لـم تفتـأ الـذكرى تـدق مشـاعري	وتعيـد أنظـاري إلـى الماضـي الخَلِـي
أنـا كنـت أسـمع مـن ديـارك نغمـة	لـم أسـتمع كمثيلهـــا مـذْ كنـــتَ لــي
بـــالفن تـــأرج فـــي هُيـــام صـــادق	فتضـيـيء أجـــواء الـــدجى كالمشـــعلِ
ولـديك وِجـدانٌ طهـورٌ مخلـص	تنســاب إعطاءاتـــه كالجـــــدول
ولـديك همـسٌ شـاعريّ ساحــرٌ	كمخـــدِّر يســري بعمـــق الهيكـــل
لـم ألـقَ مخلوقـاً تَجَسّـد شخصُـه	شـعرا تمامـاً غيـر أنـت فهلّـــلِ..

ـ من أين أنت جلبتِ كل حقائقي	مـن نصـف قـرن لـم أجـدك بمـوئلي ؟

ـ عصـفورة قـد أخبرتنـي كـل ذا	ـ حقـــا كمـــا تـروين لـم أتبـدلِ

- أرجوك قولي مـا عرفتِ وفصّلي	ـ سأضـيف مـا أدريـه وهـو كمـا يلـي:

عـدد الـدواوين التــي ألّفتَهـــا	تــدنو مــن المائتيـــن؟ أم لــم تفعـــل؟

ـ حقـا دواوينــي أركّـــز طبعهـا	جنبـاً لجنـب مِفصــلاً فــي مفصـــــل

وأعــدّ واحــدهم يســاوي خمســة	فــي العصــر هــذا لا الزمــان الأولِ

أَجْـري ألـوف قصـائدٍ مرصوصـة	بــين السـطور كمــا نسيـــجِ المُنْخُــلِ

هــم يتركــون مســافة فضفاضــة	حتــى يغشّــوا النــاس بأسْــمِ الأجمــلِ

صـارت دواوينـي تـوازي كـل مـا	قــد أنتجــوه فــي الزمــان الأحـــولِ

ــ إنــي عرفتــك ثــروة قوميــة	ستطــــوّر الــدنيا إذا لــم تُهمَـــلِ

لا بـــد يـــأتي دارس مستشـــرق	ويحيـــلُ شِعـــرك كلّـــه كمُـــدَوّل

ـ حقـا ولكـنْ بعـد حـذفي نصفَـــهُ	وخضـــوعِهِ لتفحّـــص وتغربُـــلِ

أنــا لا أحــب إلــى الـورى تقديمَـــهُ	إلا إذا نخّلتُـــــــه بالمنخُـــــــل

أنـــا كنــت أطبعــه بكــل تعجــل	للنــور خيــرٌ مــن مصيــرٍ مُسْـدَلِ..

لــو لسـتُ أطبعــه ومــتُّ بســرعة	ســيكونُ شــعري مــا لــه مِــن مُكْمِـلِ

أي كــل مـــا أنتجتُـــه أعددتُـــهُ	كمســـوّداتٍ بعدهـــا لـــــن أأتلـــي

ولأجــل أن أدري حقيقــة مــوقعي	فتمحَّصــي واستخلِصــي ثــم اعــدلي

مـا كنـت أعـرف أن تـأثيرى ارتقـى	لـــلأوج هـــذا عنـــد جـــارةِ منزلـــي

إنــي رهنـت مشـاعري ومصـالحي	حتـــى أمـــدّ الصـــاعدين إلــى عــلِ

إنـي أنـا المسؤول عبْـر كتـابتي عـن هـذي شعـب للعـلا مستبسـلِ
سـتكون كـل قصـائدي منسيّـةً إنْ لـم أطوّرهـا وإنْ لـم أصقُـلِ
المشـكلات فحـولتي لا تنتهـي مـا إنْ أنقّحُهـا أجـيء بأفحَـلِ..
تنقيحهـا كالسـير فـي وحـلٍ فمـا إنْ أنتهـي يـأتي الجديـد بأوحَـلِ
مـا صـحتي تكفـي لشـعر سـابق ولحاضـر يـا جـارتي ولمُقبِـل
وأحـسّ فـي مخـي انفجـارا قادمـاً أصـبحتُ كهـلا- دمـتِ- لـم تتكهلِـي
اِرْنِـي لمـن إنتاجـه متواصـل متكـوّمٌ مثـل الجبـال الذبّـل
الشـعر يُنسـيني أحَسّـن هيئتـي والشـعر يجعلنـي كأهـزل هيكـلِ
إن تسـتطيعي أنـت غربلـة لـه أمنَحْـك جـائزة وأرجـوكِ أفعلـي
ولـرب تعليـق يحسّـنُ همـة ويقـود صـاحبها لأرفـع منـزل

ـ يـا حبـذا لـولا كثيـرُ شـواغلي وضـخامةُ الإنتـاج فـوق تحمّلـي..
ناهيـك عـن أنـي بـأدنى مسـتوى قـُدّام عمـلاق يحلّـق فـي العلِـي

مـا إن أتـاني الأكل قلتُ لهـا: كُلـي أكلـتْ قلـيلا وهـي تشـكر مأكلـي

والـزوج جـاء ببسـمة خلابـة ويـدٍ تصـافحني بـوُدٍّ مُجْـزِل

ـ هـذا كمـا أسـلفتُ أعظـم شـاعر جـاري العزيـزُ وخاطـبٌ لـم يُكْمِـلِ

اجلس (عَلِيُّ) بجانبي ولتستمع		لحديث شاعرنا الأديب الفطحل

ـ مولات ما أنا أستحق المدح ذا		وأحِسّ إني غارقٌ في الجدول..
أنا لا أحب أكون أفضل شاعر		لكنْ أناضل مثلهم للأمثَلِ
ستريني قزما إذا ما قورنتْ		كتبي بغيري يا صديقة فانزلي..
أنا ما قرأت سوى لبعض فطاحل		ولأجل هذا لم أحقق مأملي
ضيعتُ عمري لست أقرأ غير ما		فرضتْ عليّ الجامعات لأعتلي
ضيعت عمري لست أقرأ غير ما		أنا كاتب أجترّه كالمأكل
إني لأخشى أن أسمى شاعراً		إلا لنفسي فاحكمي وتخيّلي
لو أنت كنتِ قرأت غيري تجعليـ		ـن مكانتي يا جارتي في الأسفل

إن اختصاصي الرسمُ والآدابُ هل		لكَ فوق هذا الطول أي مُطوِّل؟
أنا لست أرضى بالغرور يمسّني		وأدُعّ كل تكبّر متسلِّلِ..

ـ أنا لا أحب الظن يسكن خافقي		وعليَّ أي مدائح لا تنطلي
أنا خالد المظلومُ ظالمُ نفسِهِ		لتبلد في مخه وتعطُّلِ
أنا خالد المظلومُ ظالمُ نفسه		لم يطّلعْ لم يكتشف أين الحُلي
متفوق أنا يا (وداد) على أنا		بالرغم من هذا فؤادك رقّ لي
هدفي من الأشعار ليس لشهرة		لكن لأمضي بالشعوب لأفضلِ

ـ إنَّ الحقيقـةَ أنـت أكبـر فطحـل		مهمـا تحـاولْ أن تكـون مُضـلّلي

ـ أ أطلتُ يا زوجي عليه بمدحه؟		- بـل رائـعٌ ذا- لا أبـاْ لـك ـ طَـوّلي

(اكتشاف أو ملاحظة)

مـا كنت أحسبني أدمـدم هادئـاً		لمّـا أخـطّ كتـابتي بالأنمُـل
ويكـون صـوتي خالبـاً ذا نبـرة		لا أسـتطيع أجيدهـا فـي المحفِـل
فإذاً عرفتُ السِرّ في نظرات مَن		نظـروا إلـيَّ جميعهـم بتطفـل
الشعر يأكل جُلَّ وقتي والحِجَى		هـذي طبيعـة مَـن بفنـه مبْتَـلِ

(حديثٌ داخليٌّ أو سباحة في الذكرى)

هـي نفسـها مَـن والـدي وشـقيقتي		ذهبَـاْ لخطبتهـا ولـم أتقبّـل
أيـام عهـد مراهقـاتي والهـوى		أيّـام كـان الكبْـتُ مثـل المِرجـلِ
أسْرَرْتُ في نفسي: رفضتُ زواجها		مـن أجـل ثدييهـا بحجـم الدُّمَّـل
إني امرؤ أهوى التي في صدرها		ثديَـانِ مكتنـزَان مثـل الأجبُـل
واليوم مثل جبال نجدٍ والهَـدا		والحجـمُ كـان مُنَفّـري ومعطّلـي
لـم أدرِ أن الحجم كان لِسِنّهـا الـ		ـصغرى وأحيـا العمـر نصـفَ مُغفّـلِ
والحـب لـم يكبـرْ كثيـرا بيننـا		فارقـتُ حـيَّ الحُـب دون تـأهُّلي..

فلْيهْنِهَا الرحمن مع أولادها | في خير حال دون أدنى مُشْكِلِ
سبحان ربي جامعاً لشتاتنا | حتى أحدثها بدون تغزل:

ـ لو كنت أعرف أن صدرك هكذا | سيصير.. لم أَحْجِمْ ولم أتنصَّلِ
لكنّ ربي اللهَ سجّلَ هكذا | أرزاقَنا وزواجَنا بِمُسَجِّلِ

ـ يا خالدُ المظلوم يا أحلى أخ: | أهوى قريني المجتبى الغالي (عَلِي)
هو زاد عنك بعزمهِ وجمالِهِ | ولديه أيضاً ضِعْفُ طولك فاخجلِ

ـ أنا مَن أنا إلا حثالة أمتي | يا زهرة نبتت بجانب منزلي..

مزحاتها حزّتْ بعمق سريرتي | أخذتْ مواقعَ عقدةٍ وتوَلْوُلِ
حقا أنا للمزح غير مؤهَّلٍ | حقا أنا في النقد شِبهُ مكبَّل
حقا كما زوجي تقول وترتجي | توسيعَ صدري والحقيقة تنجلي
جرحتْ أحاسيسي بأن قرينها | أقوى وذاك القدح فوق تحمّلي
قد أخجلتْني في الحقيقة قبل أن | تمْلي عليّ بمزحها: هيا اخجلِ
أنا غاضب أسِفٌ عليها هكذا | قلبي أنا الحساس لم يتقبّل
ونسيت كل المدح أذكر قدحها | من قال إني بارد بعد الغلِي؟
سبحان ربي، زوجها إذ ضمّني | وكأنني قبّلتُ سُلّمَ صندَلِ

وبـدوتُ مثـل الصِـّقْر تحـت جناحـه　　　وهمســـتُ مـــا شـــا اللهُ هـــذا المجْـــدلي

قـــد أقســـم الـــزوج الفهـــيم أزورهـــم　　　وأجبتـُــــه: حتمـــــاً إذا لـــــم أقتَـــــلِ..

ودّعـــتهم وشعـــــرت أنـــي لـــم أزل　　　أحـــوي بقايـــــا ذكريـــات المشتـــــلِ

ودّعتُهـــــم وســـــعادة بتعاســـــتي　　　فـــإلى متـــى ســأعيش رهـــن ترحّـــل؟

إنـــي أمثـــل كـــل شـــعبي بالأســـى　　　أنـــا أســـفل الدنيـــــا ولـــم أتبـــــدّلِ

(اجترار الذكرى)

ســـبحان ربـــي إنهـــا هـــي نفسُـــها　　　وفـــــدتْ إلـــيّ بوجههـــا المتهلـــل

قـــد ميّزتْنـــي رغـــم طـــول فراقنـــا　　　منـــذ الطفولـــة وهـــي ناعمـــة الحُلـــي

أولادهـــا معهـــا وهـــم فـــي عمرهـــا　　　أيـــام كنـــا فـــي الطفولـــــة نختلـــي

الفصل التاسع

وردة عمري

إلى وردة النور التي جعلني حبنا المتبادل أحسُّ أن كل وردة تتفتح وتستقبل الحياة بنضارة كأنها تقلد استقبالي لها بحفاوة وحدَب .. وأنّ كل طير يزق حبيبته بحنان وفرحة كأنه يقلدني حين أجلب الطعام والهدايا إليها ..
إلى التي جعلتني أحسّ أن الله كلما يمارس أقصى رحمته على البشر كأنه يفعل ذلك من أجلنا..

سبحتُ على صدرِ أغلى النساء ... هـــي الأم والزوجـــة الغاليـــةْ

تربيـــتُ مثـــل ســـواي علـــى ... محبـــة أهلـــي وأجداديـــهْ

إلى نهر النور الذي يتدفق عليّ فور إظلام الحياة من حولي كسبيل إلى التحرر من عذابات هذه الحياة المفروضة علينا كأنها ظلمات السجون والقهر والقمع..

إلى التي جعلتْني رجاحةُ عقلها أنتقل إلى الرغبة في إيجاد وسائل إيجابية تؤدي لوحدة الكون بوساطة الوطنية العالمية الإيثارية لا الوطنيات الضيقة الأنانية...

إلى زوجتي رفاه محمد وهيب مظلوم (أم فراس) أهدي قصائد هذا الفصل.

الشاعر

رفـــاه حبيبـــة قلبـــي الوحيـــدةْ ... بهـــا ســـوف أكتـــب ألفَـــيْ قصـــيدةْ

جميـــع المعـــاني الجميلـــة فيهـــا ... ومـــا الغيـــر شـــكّلَ "جملـــةْ مُفيـــدةْ"

ولـــولا رفـــاهٌ ترفّـــه عمـــري ... لمـــا كـــان مجـــدي أقـــام وجـــودَهْ

حفل خطوبتنا

مُتُخلِّعٌ قلبي لزوجة عُمْري … حتى تعودَ من الإجازة تجري
في كلِّ يومٍ خاطبٌ أنا ودَّها … في كلِّ يومٍ طائرَيْنِ كصقرِ
أمّا النوى فمُقَطِّعٌ لحبالنا … لسنا نميل سوى لربط الأصرِ
تمّت خطوبتنا مثالاً يُحْتَذَى … بدل الجهالة في الغَلا المستشري
تم الزواج ومَهرها هو خاتَمٌ … والعزُّ يبدؤ بعد عهد الفقرِ
كان الزواجُ ليَ الشِّفاءَ من الضنى … ومن الجنون فقد تحرّر فكري
لولا الزواجُ لما استطعت تَقَبُّلاً … لوظيفة ترجو صفاء الفكْرِ
كم من فتىً حُرِمَ الزواج وإذْ بهِ … أيضا سَرَى الحرمانُ فيه لفكرِ
لمّا أعارَ أخي السريرَ لنومنا … صحى ابتداءَ المجد لي والذّخرِ
البعض أسهمَ في إقامة باءةٍ … لزواجنا حسب الحديث الخيري
كان الصيامُ ليَ الوَجاءَ وإنما … لو دام يُفْضي بي لجوف القبرِ
منِ يستطيع الصوم طول حياته … أوَمَا نطير لدى المساء لفِطْرِ؟
جازى الإلهُ المحسنين لنا وهم … أبواي إخواني وأختي صهري
ما حفلُ خطبتنا وكَتْبُ كتابِنا … كانت تكلف غير أرخص سعرِ
أكوابُ (آيسِ كريمَ) كانت تسعةً … للمحتفين بخير حفلٍ خَيري
هو خير حفل في الوجود لأنّهُ … مَثَلٌ وأسوةُ كلّ فكْرٍ حُرِّ
حرٍّ من الجهل المكدَّس في الحِجَى … عند الأُلى عشقوا غلاءَ المَهْرِ
عند الألى سنّوا المطامعَ مذهباً … أعْدَوا به الدنيا بحب العُسْرِ
قد عسّروا التزويج إلَّا بالحُلَى … والمالِ والخرفان تحت النحْرِ
بَطِروا وقال الآخرون: مثيلهم … بَطَرٌ علينا واجبٌ ذو عذْرِ
هم كيف يرمون الولائم جُلها … بقمامة بعد احتفالٍ مُغْرِ؟
نَصَبُوا طواغيت الجهالة عَنْوةً … بدل البساطة والودادِ العُذري

فمتـى نُخفـف مـن مشـاكلِ جهلهـم ونضـيء للإنسـان دربَ الطّهـرِ ؟
الخـاتَم الـذهبيّ بـل وحديـدةٌ تكفـي كمـا يـدعو رسـولُ البِـرِّ
إنَّ انتشـار زواجنـا بسـهولة سـيحلّ مشـكلة الزنـى والعُهْـرِ
لا عـادة سـريةً لا غيرهـا لا جِنّـةً بـل لا دموعـاً تجـري
منـذ البلـوغ نـرى الحكومـة حققتْ للطفـل مـا يرجـوه ممّـا نـدري
فمـع الطعـام، مـع الـدروس ضمانةٌ للجـنس عنـد المسـلم أبـنِ الطهـرِ
أملـي لمجتمـع الوجـود جميعِـهِ تحقيـقُ هـذا الحلـمِ كـي يستشـري
أملـي تـتم لنـا الرعايـةُ كلُّهـا منـذ الطفولـة لِانْتهـاءِ العُمـرِ
القـول هـذا بعـض تطبيـق لمـا أوصـى بـه طـه ولاةَ الأمـرِ
لا أسـتطيع أرى فتـاةً دمعُهـا يجـري لحرمـان وقـوةِ صـبْرِ
لا أسـتطيب أرى انحرافـاً أصـله ضـعف التضـامن بـين أهـل البِـرِّ
يـا ليـت أن اليُسْـرَ يصـبح مبـدأً يعلـو علـى العُسْرى عليـه نسـري.

إذا ترتضين الزواج

رفـاهُ أحـنُّ إليـك كثيـرا حنينـاً قـديماً يظـل مثيـرا
كـأني أحبـك مـن يـوم خلقـي أ قلبـك يشـعر هـذا الشـعورا؟
إذا ترتضـين الـزواج بشـهم ففـوراً نكـون لـبعضٍ سُـرورا
علينـا نشـاهد بعضـاً سـريعا عسـى أن أكـون الـوفي الجـديرا
لعلـك لا ترتضـين بعـادي إذا يسّـر الله أمـراً عسـيرا
بـإذن المهـيمن لا تنـدمين ولكـن تقيمـين عنـدي الـدهورا
إذا الحـب كـان لأجـل الـزواج وسـاد التفـاهم يبقـى نضـيرا

قبيــل خطبتي للسيدة زوجتي حفظها الله ورعاها..

مِثْل الفقير يرى القصور بعيـدا

أنــا كــالفقير يــرى القصــور بعيــدا يخشـــى الــدنوَّ فــلا يكــون طريـــدا
أنــا هكــذا أخشــى الــدُّنُوَّ إلــى يــدٍ أســـعى لأطلبهـــا وأنســـى الغِيـــدا
تــاللهِ مــا شــاهدتُ حُسْنــاً هكـــذا للحـــــدِّ هـــذا فهـــو جــاز حُـدودا
بـكِ إنْ أَقِسْ يـا حلـوتي كـلَّ النِّسَـا يَظهَـــرْنَ قربــك بالجمــال قـــرودا
هــذا الجمــال لــديك أعلــى قمـــةٍ قـــد حلّقـــتْ عينـــي لهـــا تصـــعيدا
أرجــو أنــا العُصــفور أســكن دوحــة للحُسْـــن تجعلنـــي أصـــير سعيــــدا
رُحمــاك إنــي مثــلُ شــحاذ الهــوى فـــلْتعطني حبّـــــاً أهَـبْـــكِ قصـــيدا
إنْ كنتِ مانحتي الهوى سأكون مِن أهــل القصــور الحــقِ لســتُ شــريدا
يــا أجمـل الأكـوان روحــاً.. منظـراً وحقيقـــةَ وتخيـــلاً وعهــــودا...
أقسـمتُ لــن أنســاك مهمــا نبتعــدْ إذْ إنَّ قلبـــــك لـــــي يـــدقّ نشيـــــدا
أوقعتِنــي فــي الحــب دون درايــة منّـــــي وأرجـــو أن أرى تأييـــــدا
بعـض الهـوى يـأتي بـدون مواعِـدٍ ويُحِيـــل عيشـــتنا جميعـــاً عيـــدا
حسْــنٌ وتربيــة وعقــل ناضـــجٌ كنضـــوج ثـــدييكِ اللـــذَينِ أريـــدا
إنــي لَأخفــض جــانحيَّ لروعـــةٍ مِــن عطــرك الفــوّاح منــك ورودا
أقــرو حِمــاك أروم شــيئا رائعـــاً هـــو كـــلُّ حُلمـــي لا أريــد مزيـــدا
وعســاي لا ألقــى لــديك صــدودا مـــن أجـــل أن تلقـــيْ لـــديّ ســـجودا

إنــي امــرؤ بمحبتــي مستمســك إلا إذا عانــــدتِ جِـــدْتُ بعيــــدا

إن لــم تحبينــي كفــاني أننــي أســـ ـــتلهمتُ منــك ســعادة وقصيــــدا

أرجــوك هــاتي ردَّ فعــل واضــح لـــي صفعـــةً أو لثمـــةً ووعـــودا

أرجــوك كــوني لــي حنونــا مثلمــا أنـــت الحنـــون تـــداعبين وليـــدا

مـن طيبـة فـي مقلتيك زرعـتِ لـي جنــاتِ عــدْنٍ كــي أكــونَ رغيــدا

أرجو انتهـالاً منـك مـا أنْتَهَلَ الشذا مـــن وجنتيــك و جـــدّدي التعييـــدا

أرجــوك يــا مشــروعَ حبــي خففــي عنــي اللظــى فالشــوق صــار وَقــودا

هيّـــا إلــيّ فأنــت ينبــوع الصَّفـــا ونطيــر عصــفورين نغــزو البِيــدا

وبــرغم كــل شــواغلي ســاعدْتِني لأكـــونَ وقّـــادَ الحِجَـــى محمـــودا

أسَّسْــتِ عنــدي ميـــزة جبــارة ليـــدومَ عزمـــي يـــا رفـــاه حديـــدا

يتعجــب الشــبّان مــن ســبْقي لهــم وأعــيش مغبــوط القــوى محســودا

أرجــوك تجريبــي لأنــي مخلــص رجُــلٌ وفــيٌّ لــن أكــون جَحــودا

يحمي الإلـه حِماك يـا شمسَ الهدى ومكـــارمِ الإلهـــام هـــاتِ وُعـــودا..

إنّ الجمـــال بثيرنـــي ويحيلنـــي كالحقـــل نَسَّـــقَهُ الســـحابُ جديـــدا

الابتســـامة والعيـــون جميلـــة وأمـــدّ بـــين البرزخيـــن حديـــدا

الفــرق مــا بــين الحقيقــة والــرؤى أنَّ الحقيقـــة فيـــكِ تـــرجحُ جُـــودا...

إن لـــيس يكفيـــك القصـــيدُ شـــهادة فجميـــع أعضـــائي تكـــون شـــهودا

مشروع زواجي

هـل تقبلـين أيـا رفـاه وصـولي — لقوامكِ الممشوقِ حسْب ميولي ؟
أرجوك قولي لـي نعم كـي نبتدي — حبّـاً خصـيباً دون أي ذبـولِ
أنـت الحبيبـة والقرينـة فـي غـد — من فور أن تَرْضي إليك دخولي
أهـوى جمالـك وانعطافـك دائمـاً — والشوق عندك حـاز كـل سيولي
هيّـا نحـاولْ زيجـةً سـرّيّةً — مكتوبـة بالعـدلِ والتعـديل
سـرّاً عـن التجنيـدِ لا عـن غيـرهِ — وإليـك تـاج الحـب والتمويـلِ
وَلْتملكينـي أنـت مـن لـك حقهـا — بـالعيشِ فـي رغـد وفـي تـدليلِ
ولتعلمـي : هـذا النهـار زواجنـا — لا شيء في الدنيا يعيق وصولي

عواطف زوجين

هي:

أهُـبّ إليـكَ يـا زوجـي — هبـوبَ المـرْج للمطـرِ
أهـب إليـكَ فـي لهَـف — لأنـكَ مُنتَهـى وَطَـرِي
ومـا الأعنـاق فـي عينـي — تُقـارَن منـكَ بـالظّفُر
ومـا هـدفٌ لـديّ سـوى — أعـيش لحبـكَ النَّضِـرِ
لقـد أخلصـتَ لـي مـا لـم — يـدُرْ فـي خـاطر البشـرِ
أحـن إليـك يـا زوجـي — حنـين الليـل للقمـرِ
ويُسْـكِرُني غـرامٌ لـي — أتـى مـن كـوثر نَمِـرِ

هو:

تعـــالي قــد غـدوتُ فتــىً | عظـــيمَ الشـــأن والأثـــرِ
لقـــد عـــاد الغـــرام لنـــا | بـــدكّ الشـــوك والحـــذرِ
وأرجـــو كـــلَّ أســـرتِنا | تـــرقّ لقلبـــك العَطِـــرِ
لـــديكِ بـــراءةٌ أصـــفى | مـــن البلّـــور والمطـــرِ
ومجـــدي بعـــد رازقنـــاً | يعـــود لفضـــلك الخضـــرِ
ولســـت أحـــب واحـــدة | كحـــبٍّ منـــك مفتَخَـــرِ
أحبـــك لا أريـــد ســـوى | ســـناك بغيبـــة القمـــرِ
وتمتـــازين بالأخـــ | ـــلاق والتحليـــق فـــي البَصَـــرِ
ولـــم أرزق بمعجَبـــة | كمثلـــك طيلـــة العمـــرِ
ولـــولا أســـتحقك لـــم | أفـــز بروائـــع القـــدَرِ
وكنـــتُ أشـــدَّ مفتقـــر | وكـــان الحـــظ منتظـــري
فأغنانـــا الكـــريم معـــاً | وصـــار المجـــد مـــدَّخَري
إذا أنـــا كنـــتُ كـــالزهَرِ | فأنـــت العطـــر فـــي الزهَـــرِ
وعنـــدك مـــا يبشّـــرني | بنضـــجِ غرامنـــا النَّضِـــرِ
أحبـــك أنـــتِ لســـتِ ســـوى | مـــلاكِ الحـــب والخفَـــرِ
وأنـــتِ غزالـــة وفـــدتْ | لمنزلنـــا مـــع السَّـــحَرِ
وجـــاء البيـــتُ مندهشـــا | يحاميهـــا مـــن الخطـــر
يُغـــذيها ويُؤْويهـــا | يُجفِّفهـــا مـــن المطـــرِ

نــوع قرينتــي بعد كِبَرها

النـــــوع هــــذا رائـــع وقليــــلُ
فـــي عـــالم فيــه الشــقاء طويــلُ

العـــاقلاتُ الطـــاهراتُ مثيلهــــا
ينشُـــرْن مجـــداً لا يليـــه أفـــولُ

هــذا الجمــال الحــرُّ أكنــز صــورة
عنـــه بقلبـــي ضِــعفَ مــا ســأقولُ

أحببـــتُ حُسْــنك يــا رفــاه كــأنني
ملـك علـى عـرش الوجـود أصـولُ

أحببـت حسْـنك لا مثيـل لــه، ولـن
يبْــــرا الخلـــودُ مثيلَـــه وينيـــلُ

الشَّــعر أبـيضُ تحـت حِنّـاء كسـت
أزهـــارَهُ.. والشِّـــعر فيـــه يطـــول

أحببـــتُ شـــعرك أبيضـــاً متلاطمـــاً
كـــالفجر، والأحــلام فيـــه تجـــولُ

أحببـت حسـنك يـا حبيـب وهـا أنـا
فـــوق الفـــراش تمـــوُّجٌ وســـيولُ

أحببـــتُ هــذا الحُسْــنَ حبــاً راســخاً
لـــو زالـــتِ الـــدنيا فلـــيس يـــزولُ

لي زوجة من حور عِين

قــد حقــق الــرحمن رغبــة مــؤمنٍ
مـن يـوم تزويجـي بمـن بـي تعتنـي

لــي زوجــة مــن حــور عِـين رتَّبـتْ
بيتـــاً لهـــا بلباقــــة وتفــــنن

جعلتـــه جنـــاتٍ بلمســـة حُسْـــنها
لِتَسُـــرَّ قلبـــي رغـــم دهــرٍ محــزنِ

فتألقـــــت بنجاحهـــــا بحياتهـــــا
كشـعاع شـمس فـوق نهـر الأردنِ

وردة النور زوجتي

لمـــا يغيـــب العـــاج عنـــي أكتســـي ثـوب العذاب وأستطير كمـا الشررْ
العـــاجُ جُـزءٌ مـــن بيـــاضِ قرينتـــي وجمالُهـا الخلقـيُّ فـي الـدنيا انتشـرْ
العـــاج عنـــوانُ الرفـــاه قرينتـــي فهـي التـي سـحرت بسـحنتها القمـرْ
أبقـى أفـتش عـن عظـام حليلتـي وطيوفهـا فـي كـل بـدو أو حضـر
سـبحان رب النهـد سـخره لكـي أروي بـه عطشـي وأبتكـر الفِكَـرْ

مانحــةُ الجمـــال

إنْ قيل: يوجد منك أجملُ فالسَّببْ هو أنـت مانحـةُ الجمـال ولا عَجَبْ
أنـا لـم أشـاهد منـــك أجملَ إنمـــا مـــا دام قالـــوا فـــالتنوّع مُسْـتَحَبْ
أ وَ مـا بـزرْتِ لآلئـاً مثـل الشهـبْ وقلـوبهنّ الصـافيات كمـا الـذهبْ؟
وملكـتِ خيـر مكـارمِ الخُلُـق التـي جعَلَتـكِ نبـراس الأعـاجم والعـربْ؟
ربيـتِ نسـلا صـالحا متفوقـــا وجعَلْتِنـي مَلِكَـاً علـى عـرشِ الأدبْ

حياة الهناء

حيـــاتي جمـــالٌ وسـحرٌ وراحُ وِوُدٌّ وعطـــفٌ وحـــبٌّ مُبـــاحُ
ببيتـــي المكيّـــف يُسْـدي الرَّخـــاءَ وفَـــرشٌ وثيـــرٌ لديـــه جَنـــاحُ
أثـــاثٌ جميـــلٌ وطفـــلان عنـــدي وزوجٌ وفـــيٌّ لديـــهِ الصَّـــلاحُ

أخلاقها

أخلاقها أعجوبة للعالمينْ

أنا لم أجد في كل عمري مثلها خُلقاً وأخلاقاً ودينْ

زوجتي ليست بِغَنْمَةْ

عندها أكبرُ لَكْمَةْ

تكدم الطامعَ كدمةْ

هي أقوى من " كِلاي " و" بَتَرْسونْ "

ضدّ من يبدي مذمَّةْ

زوجتي ليست بسهلةْ

رغم ما فيها أنوثةْ

زوجتي تصنع أمّةْ

و بنُوها فوق قمةْ

وتربّيهم ليحيَوْا

لاختراعات مُهمّة

تجعل الناس بأمن وبنعمةْ . . .

افتخار زوج

كـم يَهنـأ قلبـي كـم يشـمخْ | مـن زوج تبـدع فـي المطـبخْ
تصـنع " كيكـاً " وطعامـاً | مـن مأكـل هولنـدا أبـذخْ

****

وإذا الأضـياف أتـوا بيتـي | برشـاقتها تهـدي الحلـوى
تعكـس صـورة جنـةِ عـدْنٍ | تعكـس ضـوء البـدر وأقـوى

من أجلها

من أجلها من أجلها

إني نظرتُ إلى السُّهـا

وطلبتُها وخطبْتُها

رفهتها مثل اْسمها

ولوجهها حزت الوظيفة في السعود لأجلها

ولأجلها أهوى الخليقة كلَّها..

أعيش لحبك

سأعيش بحبكِ متَّحدا   لا أرضَى أن أمضي أبدا
لمكان يُنسيني الذكرى   لا أرضَى العيشةَ مُبتعِدا
ألفيتُ الحل لكي أهْنا   أن أبقى في بحركِ زبدا
قولي إني شحاذٌ   رآك لمِحْنتته مددا
إني كهلٌ حقاً لكنْ   في إحساسي أبقَى ولدا
وأريد أعيشك يا دنيا   طفلا دلوعا غَرِدا
ووجدتك أنت أيا زوجي   أُمَاً وحبيبا منفردا
لا ترتاعي من إعجابي   فكمثل غرامكِ لن أجدا
كضليلٍ حالي في تيهٍ   ووجدتُ هواكِ صِراطَ هُدى
وربيعي أنتِ وتخليدي   في يوم قد أصبحُ بَدَدا

إنكِ حامل

قلبي يرق عليك إنك حاملُ   وتَعَدُّدُ الإنجاب منكِ جمائلُ
إني لأعشق كل شيء فيكَ أصْـ   ـليّاً يكون.. وما كَستْهُ خَلاخِلُ
يزداد حبي كلما يزداد شُرْ   بِي منك.. أنت مناهلٌ تتواصلُ

حرقة الوداع

قَــدْ وَدَّعَتْنــي بعــينٍ جِــدَّ باكيــةٍ واشــتقتْ أشــهد عَيْنــاً لا تُبَكّينــي
مضت (رفاهي) لأرض الشام مُكْرَهَةً لا تســتطيع فراقــي دون تــأميني
من أين يصدح موجُ البحر وا لهفي؟ يرتــدّ موجــهُ فــي مأســاةِ تلحــينِ
ولـت عيـون (رفـاهي) غيـرَ باسـمة إلى الغياب، وراحت وهي تدعوني
وسـوف تـذكر دمعـي هـاطلاً ودمـي كمــا أدّكــرتُ هــلالَ الليــلِ يهــديني
إنـــي أودّعُ عينـــاً ذاتَ مَرْحمـــة تحنــو علــيّ كأثمــار البســاتين
عينـاً ولـيس ضـياء الشـمس يُدْمِعني مقــدار مــا أدمعتنــي يــوم تجفــوني
إنــي أحبــك يــا ألحاظهــا ســطعت وأنعشَــتْ فــي ضــميري كــل مــدفونِ
جــودي علــيّ بعطــف مُغْــدِق أبــداً مــا عشــتُ إلّا مُحِــبَّ العطــفِ واللــينِ
مــن أعظــمِ الصــدقاتِ العطــفُ قاطبــةً أمــا علمــتِ بــأني محــضُ مســكينِ
لا تعــذُليني فــإنّ الهجــرَ يُسْــقمني - كمــا عَلِمْــتِ - وإنّ القــرب يشــفيني
تقريــبُ حــب لحــب فيــه مَكْرُمَــةٌ لكنّ قــربَ قِلَــىً... كالسيف ذو هُون
تبكــي عليــك دمــوعُ القلــب خاشــيةً كأنهـــا تختشـــي لـــدْغَ الثعـــابينِ
يــا حُسْــنَ جفنِــك إنــي تحــت خدمتــه مهمـــا يـــدقّ أحاسيســـي بإســـفين
قــد شــكَّل الله حســناً فيــك منســجماً يسُــرُّ قلبــي وتفكيــري وتكــويني
يحتــلُّ جفنُــك قــربَ الشــمس موقعَــهُ يقـــيم أدعيـــة لله يحمينـــي
إنــي عَزَفْــتُ عــن التــأليف مشــتكياً مــن البــرودة فــي شــعري وتلــويني
فأين شعري مِنَ الأصل الذي احترقت بـه ضلوعي وأسماني عن الطينِ ؟

كان هواء المكيف يحرك شعرات شرشف سريري في غياب زوجتي فكتبت:

شَعْرتان ومكيّف

فـي شرشفٍ شاهدتُ منظر شَعرةٍ   تـدنو تعـانق خِـدْنَها، وَ تَحيـدُ
كالهيكـلِ العظمـيِّ يبـدو شـكلها   وَتُعيـدُ لَـثْمَ حبيبهـا وتجـودُ
سـبحان بارئهـا تغـرّد دائمـا   ويطيـب للذوّاقـةِ التغريـدُ
لـم تُبْـقِ أيـةَ وردةٍ فـي خـدّها   إلا اجتنتهـا والهيـامُ شـديدُ
تمضـي تـداعبها وترجـع دائمـا   وبعطفهـا وبشـوقها تجديـدُ
الشَّـعْرُ يمتلـك الأحبَّـةِ عِنْـدَهُ   وحبيبتـي أنـا فـي الشـآم تـرودُ
ضَـحّت - لِتُسعِدَ نسـلها بإجـازة-   بـالقرب منّـي والوفـاء شـديدُ
وأنـا المضـحي مـن سنينٍ عشـرة   أصْلَى الشقا حتى الصغار يعودوا
في كل عام يمرح الأطفال في الـ   غابـات... إنـي مـثلهنّ سـعيدُ
مـا دُمْـنَ فـي فـرح فـإني هـانئ   هُـنَّ المُـرادُ وإننـي التصـعيد...
لا أحسـد الشـعرات أعشـق شـكلها   قـد آنَسْـتَني إننـي لَوَحِيـد
لمّـا تُعـانقُ بعضـها كـم كَهْرَبـا   تسـري بنفسـي كـم يثـور وريـد
إنّـا سـويّاً فـي الهـواء وِصـالُنا   لكننـي فـي القلـب كنـتُ أميـدُ

اشتقت لأطفاليه

قـد اشـتقت جـداً لأطفاليـه   فهيـا ارجعـوا وارحمـوا حاليـهْ
قـد اشـتقت جـداً إلـى نظراتـك   لـي يـا حبيبـةَ أعماقيـهْ
لمـن أجلـب الأكـل والشـربَ إنْ لـم   تكونـوا هنـا بـين أحضـانيه؟

إني لأخضعُ لاحترامك باكيـا

إنــي لأخضــعُ لاحترامــكِ باكيــا ... وأخِــرّ مــن ذكــراكِ شِـلواً ذاويـا

وأسَـرّ حــين يُسَـرُّ قلبُـك فاسـبحي ... يــا زوجتــي وبنيـك بحـراً هانيـا

كوني مع الأهل السعيدةَ واسلمي ... مـن شـر حـال فـي الشـآم بـدا ليا

المشـكلات بمـوطني حقنـتْ بنـا ... ألمــا فظيعــاً لا نخالُــه عافيــا

قصّـرتُ جـدا فـي سـعادتك التـي ... هــي كـل أهـدافي وكنـتُ الغافيـا

القلــب يخشــع باكيــا فضــميره ... متــألم يقضــي الحيــاة مآسـيا

أهرمـتُ روحـك بالمشـاكل والأذى ... ورهنـتِ نفسـك فـي سـبيل نجاتيـا

قلبــي وعينــي فــي عــذاب دائــم ... نبْضــاً ودمعــاً دافقــان سـواقيــا

قلبــي عليــك أيــا رفــاهُ مــؤجَّجٌ ... أ تــُراه صــار الـدهر جـدّاً قاسـيا؟

الله شــاء فراقنـــا عـــن بعضـــنا ... حتــى أعـيش معذّبــاً ومُناجيــا

الله قـــدَّر أن نفـــارق بعضـــنا ... فمتــى يقــدّر أن نعيـد تلاقيــا؟

هيّــا إلــيّ فلسـتُ أرضــى عيشــة ... ضــنكى ويجعلنــي لقـاؤك هانيـا

لا أسـتطيع معيشــة فــي منتــأىً ... قـد قـصَّ مِـن رئتـيَّ شيئا غاليـا

إنّـــا شــعُرنا بالملالـــة عنـــدما ... كنّــا معـاً كيـف الشـعور تنائيـا؟

ملـــل يـــؤدي للجنـــون أو الفنـــا ... مـا أصـعب المخلـوق يصـبح خاليا

مَـن لا يمَـلُّ مـن الحيـاة وظلْمِهـا ... وصـراعِنا الأرضـيِّ نرجـو العاليا؟

يــا ربِّ أودعــتَ الأنوثـــة كلهـــا ... فــي قلبهـــا حتــى أظـل الهاويـا

أرجــوك لا تفريــقَ بــين حبيبـــة ... وحبيبهــا أرجــوك طَمــئنْ باليـا

أو فـــانتزعْ أعمارنــــا فلعلنـــا ... نلـقَ السـلام معـاً بظلّـك عاليـا

الورود المتعانقة

مُدِّي إليّ الحبلَ حالاً وأعلمي   أنّ الفراغَ محطّمي ومُسَمِّمِي

كيف البقاء بمكتبي منذ الضحى   حتى الأصيل أيا رفاه تكلمي ؟

أرجوك أن ترضَي بعودتنا إلى   بلدي الشامِ ولو أعود كَمُعْدَمِ

أقضي وإياك الحياة سويّة   في كل ثانية بدون تَصَرُّمِ

كم يصعب البعد المرير عن التي   أحيا وإياها بودٍّ مُحْكَمِ

طارت أحاسيسي إليك حمائماً   عادت إلى أعشاشها بترنُّمِ

ناحت مزاميرُ الفؤاد تشوُّقاً   لأراك كل دقيقة، فَتَقَدَّمي

لا تستطيعين المجيء لِمَرسَمِي   ولذا أجيء أنا كَدَوْرة أنجُمِ

أرجوك أن نحيا سويّاً دائما   من دون شغْلٍ، لا أَلِمْتِ تألُّمي

من بئر الآمي أحاول مهرباً   آوي إليك بفرحة وتنعُّمِ

أشتاق أن أحيا دواماً بينكم   في البيت أبصر بعدما كنتُ العَمِي

لو كان وقتُ الشغل نصفَ سويعة   في الشهر لا آسَى ولا أغدو ظمِيْ

قولي (أسْتقِلْ) لأطير صقراً بالغاً   أرض الشآم كلمحِ برقٍ مُضْرَمِ

أرجوك قوليها أضمّ فريستي   هذي إلينا ضمَّ أشرسِ ضيغمِ

أرجوك قولي لي (أسْتَقِلْ) كي ألتجي   لظلال جانحِكِ الظليل الأرحمِ

أرجوك قولي لي لأصبحَ رافلاً   كالطِّفل بين ذراعك المستسلمِ

ونطيرُ سَوّاحَيْن كلَّ دقيقة   وجميع أفرُخِنا لأعلى الأنجم

هيا نواصلْ كل يوم كوكبا   فعساي أنسى البُعد عنكِ وأحتمي

هيّا إلى بحر النخيل نَطُفْ بِهِ   ونرى بُخَار الشوق فوق المنجم

ونشيم صدر الأرض يحضننا معاً   فأنا وأنت مِنَ النوى كاليُتَّم

يا ليت تأتي كل يوم زوجةٌ   مع زوجها للشغل دون تَصَرُّمِ

يا ليت يأتي خيْرُ عهدِ تقدم   الزوج يصحب زوجه كالتوأمِ

أي لا يُوظّفُ أيَّ زوج دون أن ... يرضَوا بزوجته بحضنه ترتمي
كيف الفراغ أقصُّه يا زوجتي ... والبعد عنك مجفّف حتى دَمي؟
يا ليت أني ذلك الحيوان أحْمل ... زوجتي وولائدي في الكيس أسعِدُ أعظمي
جيئي إليّ بقلب سِلْكِ هواتف ... وارمي عن القلب السُّمومَ ورمِّمي
إني بدونك لا أطيق معيشتي ... وإذا ابتعدتِ فللجنون سأنتمي
أ وَ ما كفى أنّي حيِيتُ موظّفاً ... عشرين عاماً ناشطاً كي تغنمي؟
في كل يوم سبعَ ساعاتٍ نوىً ... جَعَلَتْ خفوقَ القلب غير منظّمِ
آن الأوان لكي نقيم حياتنا ... مترابطَيْنِ كمعصم مَعَ معصمِ
لا أستطيبُ البعد عنك دقيقة ... إلا تكدستِ الرَّواسبُ في دمي
لا أستطيب العيش دون جلوسنا ... يا زوجتاه سوية، فتكرمي
قولي (أسْتقِلْ) حتى أحسّ عذوبة ... من خير ثغر يا رفاه تكلمي
أوَ لَيْسَ يزعجكِ البعاد دقيقة ... عنّي فكيف طوال يومٍ مُسْئِمِ ؟
مثل الطليق مِنَ السجون تَرَيْنني ... قد طرت يومياً إليك وقَشْعَمِ
إن الوظيفة مثلُ سِجْنٍ فاعْلمي ... وَلْنَنْطلِقْ فوراً لأعلى الأنجمِ
ما زلتُ مثلَ دمٍ أُواصِلُ دورتي ... في الجسم ما غَيَّرتُ ساحةَ أعظُمي
كتعانق الأوراد تبقى مقلتي ... بتعانقٍ مَعَ طيفك المتبسّمِ
لا وَرْدَ في الدنيا ولا في غيرها ... ضاهَى ورودَ الحب في أحلى فمِ
لولا الورودُ بدا الوجودُ كجثّة ... صفراء مرعبةً بلا أدنى دمِ
فمتى أعيش كما تشاء جوارحي ... ويكون قلبي مثل عقلي المحْكَمِ ؟
تالله لست أريد في الدنيا سوى ... زادي وشِعري والحبيبِ المُلْهمِ
حَسْبي الحياةُ بظل جانحك الذي ... يحمي الجميعَ مِنَ انقضاضِ الضيغم
يا ربِّ خَفِّفْ حسرتي، هَبْ أسرتي ... رزقاً بدون وظيفة هي علقمي
يا ليت أني عائشٌ مَعَ والدي ... والأمّ والباقين عيشَ مُكَرَّمِ

حَسْـبي الحنــان ولا أتــوق لغيــره　　مــن مطلــب، فــالقرب فيــه تنعُّمــي

أنــا شــاعر والــدَّمْع رزقــي وحــدُهُ　　يُجْـدي علــيّ كمثـل أخصـب موسـمِ

مــع كــل مأســاة أنــا متــأقلمٌ　　إلا مـــع المنـــأى بـــدون تـــأقْلمِ

الزوجُ أهمُّ شُغل

لــم أشــهدْ أشــرف مــن نهــدَيْكْ　　لــم أشــهد أخلــصَ مــن عينيــكْ

أحضـــانُك أطهـــرُ أحضـــانٍ　　تُسْــكنني الروعـــة فـــي ليلَيْـــكْ

يـــا ملَكـــا أشـــهدُ كـــلَّ الحُسْـــ　　ـــن، وعـــزُّ النَّضْـرةِ فـي خـدَّيْكْ

يـــا منهـــل أشـــواقي العظمـــى　　يـــا زوجـــة وافٍ مـــالَ إليـــكْ

يـــا عقـــلا لـــم يُنبـــت يومـــا　　غيـــرَ الحكمـــة مـــن شـــفتيكْ

لـــم أشـــهد فـــي الـــدنيا أرقـــى　　مـــن فكـــرٍ يشـرق مـن صـدْغيكْ

مـــا أحلـــى العيشـــة يـــا زوجـــي　　بجـــوارك بـــين نعـــيم الأيـــكْ

المـــوت بعـــادك عـــن عينـــي　　والعمـــر بقـــائي بـــين يـــديكْ

إيـــاك البعـــد ولـــو شـــغلا　　فـــأهمُّ الشـــغلِ الـــزوجُ لـــدَيْكْ

مـــا عـــدت أريـــد مـــن الـــدنيا　　إلا بُقْيـــاكِ معـــــي لبّيـــــكْ

ألفُ شكر

أيـــا ربـــي اشــفها فــوراً فـــإني　　أعِــدُّ لهـــا كمـــا ترجـــو مُناهـــا

وأرشــدْ خطوهـــا نحـــو المعـــالي　　وســـاعدني أصـــون لهـــا الجباهـــا

فأنــت أيـــا كـــريم مـــنِ اصــطفاها　　لـــتحفظ نعمتـــي ونزيـــد جاهـــا

فشـــكراً يـــا إلهـــي ألـــف شـــكر　　علـــى أن قـــد كتبـــت لـــي الرفاهـــا

أعيش لحبِّها

لمّا يغيبُ العاجُ عني أكتسي ... ثوبَ الأساة وأستحيل مفتِّشا

العاج رمزٌ للرفاه قرينتي، ... وجمالُها الخُلُقِيُّ في الدنيا فَشَا

أبقى أفتّش عن عظام حليلتي ... أذري عليها دمعيَ المتفشفشا

سبحان ربّ النهر سخّره لكي ... أروي أوامي من رعايتها انتِشا

حباً عجيباً لي حَبَتْهُ قرينتي ... سبحان بارئ كلِّ طير عَشّشا

لو تكرمتِ أريد الزنجبيلا

لو تكرمتِ أريد الزنجبيلا ... فهو لا يتركني يوماً عليلا

وامزِجيهِ بحنان أريحيٍّ ... منك لا يترك في النفس غليلا

فزتِ بالعرش على قلبي لمجد ... لك فيه واحترامٍ لن يزولا

منك يا حلوة إشباعُ ميولي ... فيك أخلاق تحاكي المستحيلا

لم أجد مثلك في الدنيا رؤوماً ... يا ودوداً يا ألوفاً وجميلا

زهر السفرجل

زهر السفرجل جاء منكِ جَمالُهُ ... والخوخُ والرمان والنارنجُ..

لولاك بعد الله كنتُ بفاقة ... للحسن لكني بحسنك أنجو

من أي أخطار وصرت محصَّناً ... بجمالك السامي إليه أحجُّ

سبحانَ غائثِ أصغريَّ بزوجة ... غوّاصة إمّا دهاني الموجُ

وإذا عليها صرت يوما غاضباً ... تدري بأني للعواطف أرجو..

إذا لم تنادي

إذا لـــم تنـــادي فلـــن أسـمعا ولـن نحْـوَ درب النـوى نرجعـا
ولـن يصـبح العمـر يومـا جميلا إذا لـم نعـش يـا رفـاه معـا
أريـد السـماح فلـن أسـتطيع شـراء الهـدايا ولا المخـدعا
خسـرنا كثيـرا لأجـل الطمـوح ولـم نتقـدم ولا إصـبعا
فتلـك مكابـدةُ الطـامحين وتلـك نهايـة مـن مـا وعـى
لتلـك النهايـة لـم نتوقـع ولـم نتوقـع بـأن نقنعـا
لقـد قيـل: إن القناعـة كنـزٌ وحسـب أمـرىء أنـه قـد سـعى

ميل للزهـــد

أوَ مَـا كفانـا يـا حبيبـةَ مهجتـي رزقـاً، فنرجـع للجبـال مـع الغنـى
أو سـا اكتفينـا يـا حبيبـةَ أعظمـي؟ فالزهـد نـوع مـن أسـاليب الهنـا
محبـوبتي إنـي وأنـت لقـادِرا نِ على الحياة مع الهوى ومع العَنا

لستُ السعيدَ وأنتِ غير سعيدةٍ

محبوبتي كينونتي في حاجة لمؤونةِ

إنّـا تشردنا فنصفك لي أنا

والنصف للأحفاد في المعمورةِ

لستُ السعيدَ وأنتِ غيرُ سعيدةِ

هل نحن في ظل الجحيم حبيبتي؟؟

أدي الرسالة يا مولات واجتهدي

أدي الرسـالة يـا مـولات واجتهـدي مـن أجـل أهلـك والأحفـاد والبلـد
عُمِّـــي حفائـــدنا طبـــاً وتغذيـــةً زيـدي انـدفاعهمُ للعلـم والرّشَـدِ
كـــم تبـــذلين كفاحـــات معـــدَّدةً لا تنتهـي غيـر يـوم اللّحْـد للأبـد
أنـت الرياديّـة العظمـى التـي درجتْ علـى حمايـة أكبـادٍ مـن الكَبَـدِ
لاسيما الـزوج مَن قد ذاب من حدَبٍ علـى الأنـام ومِـنْ نـاس ذوي فنَـدِ
فمـات لـولاك غُبْنـاً أو مكابـدة مـن مجـرمين بـلا عهـد ومعتَقَـدِ
رفعـتِ مسـتويات الأهـل منزلـة عليـا لـذلك قـد خُلّـدتِ فـي خلَـدي
أنـت الجميلـة فـي التطـوير أجمَعِـهِ أنـت المفيـدة للأحفـاد والولـد
كـم أنـت بعـد إلـه النـاس حارسـة ونحمـد الله حمـدا غيـر مقتصِـد
أصـلحتِ مجتمعـاتٍ شـبهَ فاسـدة وكنـتِ أنصـعَ تـاريخ ومسـتندِ
لـولاك بعـد إلـه النـاس لـم أكـدِ أقنـي لنفسـيَ مـا يحتاجـه أوَدي
سـبحان خـالق أنثـى كـم ترفّهنـا تـدعى الرفاهـة فعـلاً صـادقَ المددِ
وهـي الـرؤوم التـي تنهـي متاعبنـا وهي التي في الوغى أسطورةُ الأسَدِ
هـذي الرياديّـةُ العصـماءُ تبهرنـي بمـا لـديها مـن القـدرات والعُـدَدِ
كـم أنجَـدتْني وعـين الله تحرسـها من أزمة حطمتْ روحي على جسدي
الحمـد لله ثـم الـزوج صـائنتي مـن المآسي ومـن غـدر وكسْـر يـدِ
الـرب يعلـم كـم جَـوْري يعـذبها لكـنْ تعـاملني بالصـفح والرَّشـدِ
لـيس الـدعاء بكـافٍ للوفـاء ولا بـذلُ الـدماء لهـا يـا خـالق البلـدِ
يـا رب صـنها ولا تكسـر خواطرنـا وامـنن علينـا ببُقياهـا إلـى الأبـدِ

استبشري يا زوجتي أنا قادمٌ

استبشري يا زوجتي أنا قادمُ هذا الصباح وفي يديّ براعمُ
سأراك تحتفلين بي بحفاوة لا يستطيع يَعيث فيها العالَمُ
هذا الصباح فطورنا هو قبلة وتفاهمٌ لا كِرْشةٌ ومقادمُ
يأتي التفاهم باحترام دائمٍ والاحترام هو الغرامُ الداعمُ
غضّي انتباهك عن طبيعة شاعرٍ إلهامه حبُّ الذين يراهمُ
هل ترغبين بموت شعري أو أنا؟ أو موت غَيرتكِ التي تتفاقمُ؟
أرجوك أن تستعملي عقلاً ولا تستعملي ما للصفاء يهاجمُ
فمتى نثوب أيا رفاه لرُشْدنا هل نَحرق المحصول أم نتقاسمُ؟
رأيي ورأيُكِ يا حبيبة صائبٌ أمّا كلام الناصحين مزاعمُ
إنّا لمعذوران في تعصيبنا ما دام وسواسٌ علينا حائمُ

مرآكِ

مرآكِ قبل عبيرك المُنْسابِ هو راحة تهمَى على أعصابي
عَرَقُ القرينة فوق كل مصانع للعطر في قلبي وفي أثوابي
لمَّا أراك تزول كل عوارض لليأس في نفسي مدى الأحقاب
أوَ ما اسمكِ الغالي رفاهٌ كي أعي كم عيشتي برفاهة وشبابِ
حيويتي لك في انتعاش دائم من طيفك المِعْطارِ والوهَّابِ..

هي مَجْدي

أمُّ المكارم زوجتي هي مَجْدي ... لولا إدارتُها لقد أستجدي
بُعْدُ البصيرة عندها متفوِّقٌ ... تدري بما لم أَدْرِهِ أنا وحدي
شِبْه النعيم وجُلَّ تجسيد المنى ... قد حققتْهُ بدقة وبجَهدِ
زوج شريف دون أي تزوُّق ... يزهو لديها الورد فوق الخدّ
بالرغم من بِرِّي بها بمحاسني ... كنتُ المسيءَ بفكريَ الْمعْتَدِ
من كثرة الحب الشديد كسَرْتُها ... واليوم تُبْتُ وعفتُ أي تَعَدّ
زوج غفور كم هتكتُ عهودها ... بجهالة، وحمتْ حصانة عهدي
أستغفر الله الكريم لعله ... يعفو لأجل قرينتي عن جحْدي
أرجوك يا ربي تنادي: كنْ، يكنْ ... وتعيد قوَّتَها لأعظم حدِ
يا رب ساعدني وخفف حسرتي ... لأعوِّضَ الزوج الحنون وأفدي
زوج أرى الزوجات مثل ظلالها ... وتعينهنَّ للارتفاع المُجْدي
تبَّتْ رُؤى عينيَّ إن رَنَتَا إلى ... أخرى سوى زوجي ولو في الخُلْدِ
من أجلها كان الإله يعينني ... ولأجلها سيزيدُ رفعةَ مجدي
أزهار أوربا وكل حِسَانِها ... تبدو أمام جمالها كالقِردِ
هي قمة الأمجاد حتى أصبحت ... عقلا.. مليكة عالمي لا وحدي
إني أتوِّجها بكل إرادتي ... لسيادة الدنيا كأوفى ردِّ
إني أتوِّجها انتخاباً فالحاً ... رغم الألَى جهِلوا معاني الوُدِّ

حوار بين نجم وقمر

خالـد:

كـــم يعــــاني الكـــون مـــن مليـــون عيـــبٍ واخــــتلالِ
مـــا عـــــدا أنثـــى أرْتقـــت مـــــتنَ الكمــــالِ
هي زوجٌ لي ويحلو كل معنىً في مُحَيّاها أبي العقلِ المثالي
هـــي أنثـــى وَفْــق مــا ترجــوه روحـــي وفــؤادي وخيــالي
إنهـــا زوجـــةُ عمـــري ولهـــا نفـــسُ خِصـــالي
أحمـــــد البــــاري تعـــالى أنهـــا نفـــسُ ســـؤالي
نَشِــــطَتْ دينـــاً وخُلْقـــاً وبنـــاءً للمعـــــالي
أحمـــــد البــــاري تعـــالى أنــــه حَسَّـــن حـــالي
كــلُّ شــكري كــلُّ صــومي وصــلاتي وصــيامي وابتهــالِي
لا يُــوَفي الشــكرَ لِلبــاري علــى مــا أنجبــتْ لــي مــن عيــال

قالت لي رفاه:

فَــتَح اللهُ فــؤادي لــك يــا زوجــي وفـــي الحـــالِ انغَلَــقْ
فـــي بحـــاري أنـــت تحيـــا ســـمْكة لا تختنِـــقْ
حيـــث فيهـــا أكســـجينٌ دائـــمُ الـــوَفرةِ فـــوّاحُ العَبَـــقْ
إنمـــا إنْ شـــئتَ تغييـــرَ بحـــاري تختنِـــق

سوءُ تفاهم حدثَ بيننا

رفـــاه تقول:

سَــقِّرني يـــا زوجـــي سَــفِّرْ ماعـــدتُ علـــى قربـــكَ أصـــبِرْ
وَتَـــزَوَّجْ مـــن أخـــرى غيـــري لســـتُ الغَيـــرَى بـــل أستبشِـــرْ
لـــن أمكـــثَ عنـــدك ثانيـــةً أو ســـوف أُجـــنُّ وَأَسْتَنْسِـــرْ
أو ســـوف أمـــزِّقُ أثـــوابي وأثيـــر فضـــائح تتطـــوَّرْ
اِســـتخرجْ تأشـــيرةَ رَحْلـــي لأجـــدد عمـــري أو أُقْبَـــرْ
حرِّرْنـــي ربِّـــي مـــن مُسْـــتَعْمِرْ لـــم يجعلنـــي يومـــاً أُحْبَـــرْ

خالـــد:

مادمـــتِ تريـــدين السَّـــفرا هـــاكِ التأشـــيرةَ والمَطَـــرا

رفـــاه:

أنـــا لســـتُ أريـــدُ ولا قرشـــاً بـــل لـــن تعـــرف عنّـــي خَبَـــرا
قـــد أرجـــع أُكْمِـــلُ تعليمـــي قـــد آوي الغابـــةَ والخَطَـــرا

خالـــد:

رُوحـــي، لا أطلـــبُ أخبـــارَكْ لا أرضَـــى ألمـــحُ آثـــارَكْ
وخـــذي غضـــبي وصـــغارَكْ وليقصِـــفْ ربـــي أعمـــارَكْ

رفـــاه:

بـــل أتْـــرُكُهُمْ فـــي بيتِـــكْ كـــيلا تَسْـــعَدَ مَـــعْ (مَرْتِـــكْ)

مهاتفة خالد لرفاه

آه، لا بـأسَ تَعَـالَيْ عَـنْ كَثَـبْ وأهْجُـري الغَيْـرَةَ مـن دون سَبَبْ
إنمـا الغَيْــرةُ نيــرانٌ تَشُــبُّ تأكـلُ اليـابِسَ والعقْـلَ الخَـرِبْ
حينمـا يُخْبِـرُ زوجٌ زوجـهُ عـن أيِّ سِـرٍّ لـيس فـي هـذا عَجَـبْ
إنمــا هــذا وثــوقٌ وهيــامٌ بـالتي أَخْبَرَهـا، يـا زوجُ ثُـبْ
حين عبَّرتُ إليكِ عن ضميري عـن أمورٍ طـرأتْ فـالبوحُ حُـبٌّ
بـل إذا أخبـأتُ شَيئاً فهـو حُـبٌّ وإذا صَـرَّحتُ شيئا فهـو حُـبٌّ
حينمـا اخترتـكِ، أعنـي أننـي كنـتُ آثَرْتُـكِ، والشـكرُ وَجَـبْ
فـأفهمي قصدي وإني حُرُّ نفسي بـل إذا اختـرتُ الأنانيَّـةَ حُـبٌّ
تصبحُ الأنثـى بـلا عقـلٍ إذا مـا جاءهـا الـزوجُ بِسِـرٍّ لا يُحَـبّْ
تجعـل البيـت جحيمـا ملتهـبْ ردُّ فعـل لغـرامٍ مضـطربْ

جواب رفاه لخالد

يمكـن الإغْضـاءُ عـن كـلِّ سَـبَبْ منـك يـا زوجـي سـوى هـذا السَّبَبْ
تصـبحُ المـرأة حَقّـاً دون عقـلٍ عنـدما الغَيْـرَةُ فيهـا تَلْتَهِـبْ
هـا هنـا نحـن بحـقٍ ناقصـاتُ الـ عقـلِ والـدينِ، وفـي ذا لا عَتَـبْ
مَـن لـديها الصـبرُ أن تبقـى بعيـداً حـين تـدري أنَّ أخـرى تقتـرِبْ؟
أيّ عقـل يتبقَّـى فـي فتـاةٍ زوجُهـا يومـاً عليهـا ينقلـبْ؟
كـلُّ شـيء منـك يحلـو يـا حبيبـي مـا عـدا بـوحٍ مثيـرٍ للغضـبْ
كـلُّ شـيء يَعْـذُبُ الإفْصـاحُ عنـه مـا خـلا هـذا الـذي فيـه الرِّيَـبْ
كـلُّ سـرٍّ مثـل هـذا يـا حبيبي فـي اعتقـادي هـو إثـمٌ مرتَكَـبْ

أصـطفي المـوت ولا أسـمعُ هـذا | بـل أرى السُـمَّ علـى نفسـي أحَـبْ
وإذا مـا رجـلٌ ينـوي يُثَنِّـي... | لا يَـبُحْ، أو يشـهدُ البيْـتَ خَـرِبْ
بينمـا الزيجـةُ فِعـلاً دون قـولٍ | هـي خيـرٌ مـن مقـالٍ لـو كَـذِبْ
إنمـا التهديـدُ بالفعلـةِ أقسـى | مـن إقـامِ الفعـلِ يـا زوجـي فَتُـبْ
لـن تُقيمُـوا العدلَ فينـا، ذاك عِلْمُ الـ | ـله بالإنسـانِ فـاقْنعْ واحتَسِـبْ

عتاب مذيبٌ للرواسب

رفـاه:

لــولا أخشـى أن تتـزوجْ | يـا خالـدُ غيـري لـم أزْعَـجْ
الأنثـى أخلـصُ بهواهـا | مـن زوج إخلاصـهُ أعـرَجْ
لا يزعجهـا شـيء أبـداً | أكثـرُ مـن أن يتـزوجْ
فـي هـذا تكمُـن غَيرتُنـا | فينـا نحـن (الضـلعُ الأعـوجْ)
الأنثـى تبقـى مخلصـةً | وتظـلُّ مـداركُها أنضَـجْ

***

إنْ سـقطتْ فـي الألـف فتـاةٌ | لـم يَشْـرُفْ فـي الألـف غُـلامُ
ولِضَـعْفِ الأنثـى سُـمْعَتُها | تتشـوّهُ دومـاً وَتُضـامُ
والأنثـى أشـرفُ مِـن رجـلٍ | أغواهـا وهـو القَـوَّامُ

الصحوة

أخشـى الحماقـة دائمـاً أخشـاها | يـا ربِّ جَنِّبْنِـي أذوق أذاهـا
دعنـي أعـش مـع زوجتـي بقناعـة | مـن دون أطمـاع تفـك عراهـا
لا أبتغـي فعـلاً أنانيـاً، ولا | أرجـو الهنـاء علـى حُطَـام أسـاها

تجاوب الحب

مقدارَ ماتعطي الطبيعة من جَنَى ... مِقدارَ ما نعطي لبعضٍ حبَّنا
مقدارَ ما في غابةٍ مِنْ نَضْرَةٍ ... مقدارَ توزيعِ المحاسنِ بيننا
لولا هوانا مَن يُوحِّدُ شملنا ... في غربة سَحلَتْ مكامنَ أُنْسِنا؟
كلُّ الزنابقِ والحدائقِ والرُّبى ... تأكيدُ حُسْنَيْنا وديكورٌ لنا
غنَّيتِ لي فانسابَ موجٌ سارحٌ ... يحدو النسيمَ العَذْبَ يُنْعِشُ جَوّنا
لولاك ما الأطيار يُبْهِجُ لحنُها ... روحي وروحَكِ بل فَقَدْنا سَعْدَنا
الطيرُ تنقرُ حولنا حَبّاً مَشَتْ ... بجوارنا مسأمناتٍ مثلَنا
يا نعمةً من ربنا دَعَمت يدي ... ودَعَمْتُها حتى تَماسَكَ مَجُدُنا
ما شَعرُكِ الفتّانُ مربوطاً على ... عرش الجبين سوى مُؤسِّسِ عرشِنا
ما حبُّك المطواعُ لي إلّا رِضاً ... من ربنا نَشَرَ الملائكَ حولنا
محبوبتي إنْ مِتُّ أسألُ ربنا ... يرعاكِ أو يُحْييكِ عنّي في غنى
إنَّ السُّلُوَّ وسيلةٌ لتهَرُّبٍ ... من نكبةٍ لا بد تضرب بيننا
يرعاك ربُّ الناسِ يا محبوبتي ... حتى نُقضِّي العمر أجمعَ في هَنا
البحر يرقص تحتنا وأمامنا ... ويدور في زبَدٍ كأزهارِ المنى
والبدر في أعلى الفضاء صديقُنا ... يُذْكي اندفاقَ البِشْرِ عبْرَ قلوبنا
سعفُ النّخيلِ جوانحٌ تعلو بنا ... لجِنانِ عدْنٍ حيث مأوى حُلْمِنا

حوار زوجين

هي :

إن كنـتَ تكرهنـي فـالكُرْهُ يظلمنـي … قل يـا حبيبـيَ هل من يكـره القمـرا؟

هو :

لا تظلمينـي فـإني فيـك مـرتبط … نفسُ ارتبـاط ضيـاء يرشـدُ البصَـرا

هي :

إنْ كنتَ تعني الذي ترويه من غزلٍ … فـإنّ حبَّـك غيـري كـذّب الخَبَـرا

هو :

الشـمس تنظـر للأكـوان أجمعِهـا … لكنهـا تنتقـي مـن يملـك النَّظَـرا

وأنـتِ وحـدكِ مَـن أجّجْتنـي حِمَمـاً … وأنـت وحـدك مـن أعطيتُهـا العمُـرا

صَـيّرْتني دميـةً مهمـا عبثـتِ بهـا … لا تشـبعين ولا تحمينهـا الخَطَـرا

مـن كـل لمحـة وجـهٍ تصـنعينَ دُمـىً … مـن بعـدها تخلعـينَ الـرأس والظُّفُـرا

يـا نـاس هل قد سـمعتم طفلـةً شبعتْ … من الـدُّمى سِيَّما إنْ أصبحتْ بَشَـرا؟

الحـب يُشـعل فيهـا ثـورةً أبـداً … كراكـب المـوج لا تلقـاهُ مُسْـتَقِرا

مهمـا حَسِـبْنا بـأنّ الأرضَ خامـدةٌ … يكـون فـي جوفهـا البركـانُ مسـتعرا

والكـونُ نِفـطٌ وأنـت النـار أجمعهـا … وَلَـنْ تَقَـرّي إذا لـم تُشـعلي الحَجـرا

هي :

بالشـعر تغلبنـي دومـاً وتنعشـني … وتمحـق الهـمّ مهمـا كـان منتشـرا

زوجـي حبيبـي حيـاتي دمتَ يـا أملـي … يـا من بدونك لـم أعـرفْ خـلا الكَدَرا

أرجـوك تمكـث قربـي طـول عيشـتنا … إنّ ابتعـادك عنـي قَصّـر العُمُـرا

روحـي فداؤُك يـا جـاهي ويـا سندي … على الخطـوب ودمتَ الدّهر مزدهرا

الكـون أنـت وأحـدو نـوقَ قـافلتي … لكـي تغيثـك مـن أن تشـهدَ الخَطَـرا

أرجـوك عِشْ بجـواري دونمـا شَـطَطٍ … كفـى عـذاباً فـإن العمـر قـد قَصُـرا

هو :

هـــذي إرادة ربٍّ شــــاءَ غربتنــــا ... ونســـأل الله يبقـــي الشـــمل مُنْجبـــرا
إنـــا ســـنبقَى ســـويّا طـــولَ عيشـــتنا ... وأهجر البحث عن شغل لدى الأُمَرا

هي :

هذا الذي أرتجيهِ - دمتَ - من زمن ... فــلا تُقَطِّـعْ زهــوراً كــان أو شــجرا
تعـــالَ نســـكنْ ببيـــتٍ فيـــه أُسْـــرَتُنا ... تـذوي اشتياقاً إلـى مَنْ عَطَّر الزَّهـرَا
تعـــال كـــلُّ طيـــورِ الغـــابِ باكيـــةٌ ... لأن بعـــدك عنْهـــا جفّـــف المَطَـــرا
ولـــيس ينفـــع دمـــعٌ مـــالحٌ أبـــداً ... حتـــى يُعَـــيِّشَ إنســـاً كـــان أو بقـــرا
تعـــال إنـــي أدور الكـــونَ حاملـــةً ... إيـاكَ فـوقي وأطـوي البيـد والجُـزُرا
القلـــبُ أنـــتَ شـــراييني وأوردتـــي ... تجـري إليـك وتُهـدي العـزمَ والفِكَـرَا
أنـــتَ الحبيـــب الـــذي مـــا بعـــده أحـــدٌ ... وقـدْ هَوِيتُـكَ مُـذْ أن كنـتَ مشـتهِرا
كشـــاعرٍ تعشـــق الأطْيـــارُ نغمتَـــهُ ... ويُـرقِصُ المـوجَ فـوق الشـط مقتـدرا
عـشْ يـا حبيبـي معـي لا تغتـربْ أبـدا ... إن التغـــرُّبَ لا يُبقـــي لنـــا أثـــرا
كـــم قـــد حرقْنـــا كُريَّـــاتٍ بصـــحتنا ... جـرّا اغْتـرابٍ يُبيـدُ المـالَ والعُمُـرا
نحـــن اكتفينـــا ورزقُ الله حاوطنـــا ... إنَّ القناعـــةَ تهـــدي المهتـــدي ثمـــرا
المـــوت قربـــك أشـــهَى مـــن تباعُـــدنا ... ما كنتُ أحسبُ هذا الحبَّ سوف يُرى
امكـــثْ حبيبـــي بقربـــي إننـــا سَـــكَنٌ ... لبعضـــنا صِـــيتُنا فـــي العـــالم انْتشـــرا
أَلِّفْـــتَ فِـــيَّ دواوينـــا مُعَـــدَّدَةً ... فكنـــتَ فتحـــاً جديـــداً أَكْـــرَمَ الأُسَـــرا
لم يعرف الشعرُ هذا القدرَ من مِدَحٍ ... للـــزوج قبلـــك . ثوبـــوا أيهـــا الشُّـــعَرا
قـــد زاد حبـــك لـــي مـــن بعـــد زيجتنـــا ... وذلـــك الحـــب للأجيـــال قـــد ذُخِـــرا
أبشـــر حبيبـــي فقلبـــي كـــل ثانيـــة ... يبقـــى رفيقَـــكَ يرعـــى حبّنـــا النَّضِـــرا
أُشـــاهدُ المـــوت أحلـــى مـــن تباعـــدنا ... فـــافرح فإنّـــا معـــاً نســـتعلم الخبـــرا

قالوا:

الثمرة الفاسدة تُفسدُ غيرَها

إيـاكِ تفكيـراً يكـون بمعْـزلِ ... عنـّي لئـلا تعبثـي بالمنـزل

هـل فـي تـدهْوُرِ جيلنـا أثـرٌ علـى ... تفكيـرك الهـاوي لقـاعٍ أسفـلِ؟

كوّنـتِ مفهومـا رديئـا منـذ أن ... عاشـرْتِ مجتمعـا بحقـدهِ يغتلـي

فسـقطتِ خيـرَ ضحية لتخلـفٍ ... بعقولهـم متحجّـرٍ كالجنـدل

مـا عـدتِ نفسَ حبيبتـي وصفائَها ... حقِنـوكِ بالتشـويش كـي تتبدَّلي

أنـا لست أيأس من إعادة زهرتـي ... لهـواي والتفـويحِ قـرب الجـدولِ

فيـك البـراءة لـن يدنِّسَـها فـمٌ ... نشَـرَ السـخافةَ فـي النُّهـى كالفلفل

لعبـوا بعقلـكِ وهـو غيـرُ مغفَّـل ... وأرَوكِ مِنظـاراً كَلَيـلٍ ألْيـلِ

لـيس النسـاء عقـولهنَّ صـغيرةً ... عقـلُ الرجـال كـذلكم يـا بلبلـي

هم يحْصرون العيبَ في عقل النّسا ... ينسُـون أنفُسَـهم بـدون تعَقُّـلِ

إنـي أدافـع عـن حقيقـة أمَّتـي ... وأظـل فـي نصـرِ النسـاء الأوَّلـي

ليسـت تـؤخرني التعاسـة خطـوة ... أسـعى لـدعم الحـق مهْمـا أبْـذلِ

عودي إلـى البيت المُضمَّخ بالشذا ... مـن منخريك أيـا هنـائي أسْتعجلي

فعسـى نُجيلُ الشـرَّ خيـرَ بدايـة ... لعلاقـة تجـري بنـا للأفضـلِ..

يستلهم الشعر

فَلْتغفـــري لحبيـــبٍ أنـــتِ زوجتَـــهُ   خِطئـاً جمالُـكِ قــد أودى بحكمتِـهِ
لا يعــرف النـــومَ إلّا بعــد ضــمّتِهِ   لجسمك العذب في ساعات نشوتِهِ
يستلهم الشعر من نهدين قد قفزا   إلـــى جـــواره إرضـــاءً لرغبتِـــهِ
لا يتــرك اللمــس لا يــألو مداعبــة   لِلَحْمـك البضِّ فـي أعمـاق كعبتِـهِ
يرضي أمانيك في جنس وفي رَغَدِ   وبابتســامٍ مُضِــيىء قلــبَ حلوتِــهِ
أيـن المعامـل مـن أعمـال غائصـها   مسـتنبتاً مـن سـناها مجـد جَنَّتِـهِ
يرضـــي جميـــع أمانيهـــا بقوّتِـــهِ   كأنـــه الله فـــي تسيير زوجتِـــهِ
أيُّ التقـــاء مَجِيـــدٍ بـــين جـذوتها   وبـين حَـرْقِ وَقـود مـن محبَّتِـهِ
أيُّ التصـــاق رهيـــب بـــين بـــاخرة   وبـين بحـر تعـالى أوجُ موجتِـهِ
ما أروع الحب في جسمين من لهبٍ   كلاهمـــا بـــاذل أقصــى مودّتِـــهِ

يا حبيبة

يـــا حبيبـــةُ رغـــم حزنـــي أنـــا أهـديك وُشـوماً

مـــــــــــن هنـــــــــــــائي

شـــــابَ عمــــــري ألـــــفُ علّـــــةْ

و قريبـــا نلتقـــي فـــي عمـــق جبلـــةْ

نتهــــــادى الحــــــب قُلّـــــــةْ

هـل سـمعتم يـا رفـاقي أصـبح الحـجُّ بجبلـةْ؟

فامنحوهـــــــا ألـــــــف قُبلـــــــةْ

هل رأيتم خير فلّةٌ؟

نبْتها الأصليُّ جبلة

اسمها الأول:

رفاه،

اسمها الثاني وهيب

كلما فتّحتِ عينيكِ اْذكريني

حيث أقضي طول وقتي في الحنينِ

اذكريني كلما الليل ينادي للنيام:

اهجروه، أنت مولاتي احضنيني

اذكريني كل صبح ومساءْ

أكرميني بالدعاءْ

واحذريني أنا مجنون كسلْ

غير معْنِيٍّ بما يدعى عملْ

عند شط الشغْلِ يعروني الشللْ..

كيف تحيَيْن بأمن وجذلْ

معَ عقل فوضويٍّ ذي خبلْ؟

معَ سلبيٍّ هُروبيٍّ ثمِلْ

وعلى اللاشيءِ كان المتكلْ

صور أشواق زوجتي إليّ

ازدهرْ في حضن تحناني أزدهرْ … دُمتَ دوماً في دمائي تنصهرْ

ازرعِ العينين بي مبتسما … تنشرِ الغيماتِ حولي كالدُّرَرْ

إنّ بَسْماً منك يُحْيِيني مُشيداً … بي نُهوراً وبحوراً وجُزُرْ

ابتسم لي يدفقِ الشلال دفقا … تكتسبْ أبصارُنا أغنَى الصُّورْ

يا حبيبي فوقنا غيماتُ ثلج … ناصعاتُ اللون نجلاءُ الحَوَرْ

نَبتني فيها قصورا شامخاتٍ … نحوها نعلو بأمواجِ الوترْ

فَجِّرِ الشلال من أعماقنا … لا يلذّ العيش إلا في الغُدُرْ

ولْنسارعْ في زراعاتِ الزَّهَرْ … تسرعِ الأشجارُ في منح الثمرْ

وامخر القلبَ بعينٍ من خَفَرْ … إنما عَينُكَ تدني لي القمرْ

وتهيأ يا قريني ننصهرْ … يغْدُ حياً كلُّ سكانِ الحُفَرْ

يا حبيبي يسبح النور بعيني … في فؤادي في سمائي في الوطرْ

يسبح النورُ لدينا في ضلوع … وفؤاد ومآق تستعرْ

يا حَليلي آتِ بالله أغثني … بزهور وورود وثمرْ

يا حبيبي فجِّرِ الشلال عندي … زبدَ البحرِ وأسرارَ الغدُرْ

يا حبيبي يعلم الله ابتهاجي … حينما يصبو فؤادي للمطرْ

يا حبيبَ العمر يا معنى وجودي … أنت أيقظت كياني من سَكَرْ

أنت فجرُ النور في ليل الدياجي … يشتهيك التُّرْبُ مني والحَجَرْ

ساكنٌ أنت خيالي وحياتي … يا حبيبي لا تلم شوق النَّظَرْ

حينما ألقاك أغدو نبعَ حُسْنٍ … آلةَ التصوير أغدو والدُّررْ

يا حبيبي لا تلمني حين أرنو … في مآقيك وألتذّ السَّفرْ

أنت يا عمري معانٍ همت فيها … أنت لي جوٌّ أنيقٌ مبتَكَرْ

أنت يا ذاتي حنانٌ أرتجيه … أنت إحساسٌ رهيفٌ مستعرْ

ازرع الإلهـــام بـــي مِـــن دون لأيٍ دون مـــنٍّ ، أنـــت كنـــزي المـــدَّخَرْ
فـــي سـنا عينيـك أحلامـي وهَـدْيي وأنـــا لولاهمـــا أعمـــى البصـــرْ
إنمـــا مـــرآكَ يـــا مســـعدَ روحـــي تُوْصِـــلُ الـــروح لأعمـــاق الـــوطرْ
فـــي فضـــاء كلــــه آيـــات نـــور يشـــرح الصـــدر شـــذاه المفتخَـــرْ
إن أنفاســـي اســـتحالت يـــا حبيبـــي أوكســـجينا عـــاطراً فـــاق الزهَـــرْ
لست أدري وصف قلبـي يـا حبيبـي جـــوُّه يشـــبه أجـــواءَ المَطـــرْ
وخيـــالي يجعـــل الألـــوان تســـري فـــي دم الآفـــاق إبّـــانَ السَّـــحَرْ
دمـــتَ ســـامحني أيـــا زوجـــي لأنـــي أنـــا فـــي معنـــاك ضـــيعتُ الفِكَـــرْ
فـــازرعِ الـــوردة تزهـــرْ فـــي عيـــوني أو حبيبـــي رقّهـــا قـــرصَ قمـــرْ
دمـــت دومـــا هكـــذا مـــأوى ســـرور وحيـــــاةً ذاتَ نـــــبضٍ مقتـــــدِرْ
دمتَ يـا زوجـي معـي فـي خُلـد عدْنٍ تطلـــق الأطيـــار فـــي أفقـــي النَّضِـــرْ
يـــا لَعينيـــك اللتـــين صـــاغتا خيـــرَ أحـــلامٍ كســـتْ عينَـــيْ بشـــرْ

تناشدني:

أرجوك أن تحبَّني يا خالداه لأغتني

من شِعرك المستحسَنِ

وتكون خيرَ مُدَوِّنِ

لجماليَ المتحسّنِ

أرجوك أن لي تُخْلصا

ترعى يدي والإخمصا

هيّا فلن تَتَخلصا من حبِّ قلب أعْوَصا

تحضنني زوجتي قائلة:

أحـــق النـــاس بـــي أنتـــا | فخـــذني أينمـــا شئتـــا
وغـــص بـــي كيفمـــا تصـــبو | فـــداؤك مـــن تزوّجْتـــا
حبـــاني الله أحلامـــــي | جميعـــاً مـــذْ تفهّمْتـــا

تناجيني زوجتي قائلة:

أحـــن لخالـــد زوجـــي المفـــدّى | حنـــين الأرض يســـقيها الســـحابُ
فمـا زوجـي سـوى الـدنيا جميعـاً | بعينـــي والخلـــودُ المســـتطابُ
ضياء الشمس قد صحّى انتباهي | فتحـــتُ لـــه الفـــؤاد فـــلا انسـحاب
وضـعتُ عليـه أضـلاعي قيـوداً | تحاصـــره فمـــا يُنْجيـــه بـــابُ
حبيبـي لـم يحبـك فـوق حبـي | ولا أبـــواك ... مـــا قَـوْلِي ســـرابُ
حملتك فـي الفضـاء علـى جناحي | وإحساســي فـــأين هـــو التّـــرابُ؟
حملتـك فـوق أجنحتـي وظهـري | لعـــدْنٍ، يـــا حبيبـــاً لا يُعـــابُ
جميع الكـون أصـبح رهـن لمـس | بـــأمرك كـــي تلـــين لنـــا الصـــعابُ
ومـا صـعب علـى الأحبـاب شـيء | بـــأمر الله إن عزمـــوا و طـــابوا
ومـــا رحـــلات قلـــب شـــاعريّ | تُضِـــرّ وإنمـــا فيهـــا الرّغـــابُ
دعـائي حامـلٌ لـكَ فـي شـعوري | كمـــا حملـــت ولائـــدها العُقـــابُ
حبيبـي قـد أطلـتُ بكـم ذهـابي | وهـــا يـــا طـــائري أزِفَ الإيـــابُ

من زوجة إلى زوجها

لــم أعــرف قبلــك مِــن وُدِّ	لــن أعــرف بـعــدك مِــن مَجْــدِ
مــع هــذا تـتـركنـــي وحــدي
فـارقـتــنِ يــا زوجــي الـغـالــي	لـكــن ستـعــود لأطـلالــي
وتـحـــنُّ لـحـبّــي فـــي شــوقٍ	أقــوى مــن صـخــر الأجبــالِ
وسيصحـو حبّـك لــي يومــا	مــن بـعــد الـنــوم المتـوالــي
وتـعــي أنـــي أوفَـــى زوجٍ	مــا كنــت لغيــرك بجمالــي
جوهـرةٌ مُـذْ عشـتُ مصـونٌ	لــم تـعــرف غـيــرَك أذيـالــي
أنــا كنــت لشـوقـك لا أكـفــي	لـهـفـاتــك فـــي الأوج الـعـالــي
رغباتُـــك أمـــواج تطـغَـــى	لمّــا تـهــدأ عُـــدْ فـــي الـحــال
فأنـــا أمٌّ بنـيـــكَ الأولـــى	وأنــا الأحـلـى لــو تبـقـى لــي

يا زوجي

إن كنـت يـا زوجـي تُريـد سعـادتي	أرجـوك فـوراً أن تعـود لِجَنَّتـي
ما العمر عمر بعد أن ضرب الدُّجى	عينـي وصـرت تعيسـةً فـي وحدتـي
حسْبي رضـاؤك نعمـةً ميمونـةً	تبنـي هنانـا يـا معيـلَ الأُسْـرةِ
أنـت امـرؤ تعفـو بكـل رحابـةٍ	عنّــي ولا تهفــو لأيّــة هفــوةِ
لـم يبـق لـي إلا حنانُـك مصـدراً	للعـيـش فــي أمــن ودفءٍ مُنْبِـتِ
الله أكبـر مــن جمـيـع مصـائـبـي	وغــداً يزلزلـهـا بــأبـرعِ ضـربـةِ

كم أنانـــيّ أنــا

كـــم أنانـــــيّ أنـــــا مزعـــــجٌ زوجَ ألهنـــا
وحـــدها تــــدفع عنـــي كـــل شـــــرٍّ وعَنـــا
وأنـــا عنهـــا بعيـــد فـــي إمــــارات ألسنـــا
وهـــي تقضـــي فتـــرات بأمـــوري فـــي اعتنـــا
أرتجيهـــا العفـــو عنـــي ليتنـــــي أن أدفنـــا

أقسى حياتي

أقســى حيــاتي يــا رفــاه نــواكِ هـو مثـلُ بتـرِ جـوارحي فهلاكـي
إيــــاك تــــأخيراً فمــــا عمليّـــة طالـت سوى فشلتْ تعيش يـداكِ
طيـر الحمـام أنـا وأنـتِ حمامـة نــوّاحُ بعــدك ســـاجعٌ بهــواكِ
كــم هامـــةٍ نكّسْـتِها بِنَــواك لكنهـــا ارتفعــتْ بيــوم لقـــاكِ
أصـبحْتُ شيخاً لا تُجَبَّـر أضـلعي كُفِّـي عـن الترحـال كـي أرعـاكِ
كيف الهروب وأينَ ممّا انتابني؟ لا شـيء يجذبني سـوى ريَّـــاكِ
كَسْـرٌ علـى كَسْـرٍ يشـلّ منـاعتي حتــى أصـير بـدون أي حـراكِ
عـودي إلـيّ مع الصـغار بسرعة مــا طَعـمُ رحلـتكم بـدون فتـاكِ؟
تــاللهِ آخــر مــرة أنــا ســامح لـك بـالنوى فَخُطـاي نفس خطـاكِ
تبقِين حيث بقيتُ أو نمضـي معـاً مهمـــا قُـــذِفْتُ بصـــائد وَشِـــبَاكِ
بِـدَمِي المحبـة للجميـع وسـيَّما لـكِ أنـت يـا أم الرفـاه البـاكي
وإذا توقّـــاك الإلـــه فـــإنني إنْ لـم أمُـت أحيـا علـى ذكـراكِ

تصوُّرُ رحيلها والأطفال للشام

هيا ارحلي يا حلوتي يحمي المُعينْ ... مَسْراك كي يعطيك ما تتوقعينْ
يا مهرتي يرعاك مني الدمع طو ... لَ فراقنا أجراً على ما تبذلينْ؟
يا بجْعتي كتَبَ الإله ضياعنا ... وفراقنا مهما كدحنا خائبينْ
سيروا فعطف الله يشفي جرحنا ... مرحَى لقافلة البناتِ وللبنينْ

مصادر السعادة

مالي مَصادِرُ للسعادة غيرُكِ ... عودي فإني كِدْتُ أَبْلَى بَعدَكِ
أنا في اْشتياق أن أمارسَ خدمة ... لكِ كل يوم مع جحافل نسلكِ
ووداديَ الأبويُّ يغمر أسرتي ... نايا وآنا والفراسَ ووجْهَكِ
حبي لكل الناس مصدره هوا ... يَ لأسرتي ذات العلا في المسلكِ
العشُّ خال في اْنتظارك نلتقي ... فيه فإن الهمّ خرّب عُشَّكِ
لا شيء في بيتي يعيش بصمته ... لكن ينادي يا رفاهي باْسمِكِ
وتحِنّ للأطفال غرفةُ نومهم ... ويضيء في شوق سناها الليلكي
ونطير في "البلكون" كلُّ حمامة ... ظمأى إلى الأطفال تنقر قمحكِ
وتهبّ أشواق الطبيعة أنسما ... تشدو إليك لكي تقبّل ثغركِ
وتنطّ أفلامٌ بأروع لونها ... تدعو: هنادي أقبلي معَ أهلِكِ
والمنزل المسكون بعدك موحشٌ ... لا يرتضي أحداً سواك ونسلكِ
يشتاقك "الصالون"، كل أريكة ... والمطبخ المهجور يرجو طبخكِ
كل الملاعق باسماتٌ ترتجي ... منك اْبتسامات تشهّي أكلَكِ
و"الفدِيو" المحمومُ أخرسَ صوتَهُ ... حزناً ولن يحكي سوى مع عَوْدِكِ
لا شيء في بيتي سعيداً دونكِ ... إن عدْتِ لا شيء يعودُ لِيَشْتَكِي

بين تنمية أطفالي وبين ذبولي

سـعيدٌ باكتمــالي بالحليلــةْ متـى سـتعود لـي هـذي الجميلـةْ؟
لتغمرَنــي بترحــاب غزيــرٍ كمـوج البحـر أو طيـر الخميلـةْ؟
تعـالَيْ لـي قريبـا قبـل مـوتي حيـاتي فـي بعـادك مسـتحيلةْ
هلُمِّـي لـي ويكفيـك اصـطيافا مـع الأطفـال فـي الأرض الظليلـةْ
لأجــل هنـائهم أبقــى بعيـداً طـوال الصيف مـذْ يُلقـي سـدولهْ
ولــولا مــن ظـروف حاربتنــا لكنّــا لا نفــارق لــو قليلــهْ
ظـروف العـيش تحرمنـا كثيـراً مــن اللقيـا وتُحْـبِطُ كـلَّ حيلـةْ
نَعـيشُ العمـر صـبرا واحتسـابا لعــل الله يمنحنــا قبولــهْ
نضـحي فـي سـبيل النسـلِ حتّـى ينمّـي الإصـطيافُ بهـم رجولـةْ..

إن لم تعرفي

كـي أقطـع الأوقـاتَ فـيمَ أحبّـهُ وقـت الـدوام بـديل شـغلي المقـرفِ
ألجـا إلـى الأشـعار أركـب فوقهـا فكأنهـا الأجمـالُ فَـوق النَّفنَـفِ
لـولا انطلاقـي فـي فضـاء تخيّلـي لَمَرِضتُ أو لَجُنِنْت إن لـم تعرفـي
لـو تنصفين فتـاك قلـت لـه ارتحـل معنـا طـول العمـر لا تَتَخلَّـفِ
لكنْ أجبتِ: مِنَ الخَصاصـة نسـلنا سَيُضام فاصبرْ، واْقتنعتُ فكفكفي

إني ذكرتُكِ

هـل تتـركين حبيبـك المشلـــولا ... يفنيـه بُعْـدُكِ يـا رفـاه طويـــلا؟
يرجـو مجيئـك كـي يعـود لمجـدِهِ ... يحتـاج عطفـك كـي يعـود جليلا
الـدهر فرقنــا وزدتِـه فرقـــةً ... لا بــد أنــي أرفـض التأجيـــلا
نسـيتْ رفــاهُ حبيبهــا فــي شـيبها ... وتمـــزّقتْ مثــل الشـــآم فلــولا
أ أمـوت دون لقــاك سـتة أشــهُر؟ ... لـولا رجـوعك لـي سـقطتُ قتيــلا
تــالله مـــا شــاهدتُ أنثـــى حلـوةً ... إلا ذكرتــك وانصـــهرتُ ســيولا
الحمــد للمـــولى علـــى إنعامـــه ... لـي زوجـة عظمـى تفيض عقـولا
إنـــي ذكرتـــك حـين أحســو قهـوة ... متصفحـــاً تذكارنـــــا إنجيــــلا
لــم أسـتحمَّ ببحــر حبـك منــذ أن ... بارحــتِ بيتــي واغتــديتُ عليـلا
إن جئتِ أشفَى يا رفاهةُ من جوَىً ... وأصـير جبــارَ الهـوى مسـؤولا
إن جئـتِ تجعلنــي الأنوثــة قائـداً ... سيفاً يكـِـرّ علـى الأسـى مسـلولا
وأقـوم منتفضـا مـن الشـلل الـذي ... هو فـي دمـاغي قد أشـاع خُمـولا
وأعـــود إنســـانا يغنِّـــي قلبـــه ... مع زوجـهِ فرِحـاً يعيش طويـــلا
يجتـــاز أوديـــةً، جبـــالا، أنجُمـــاً ... ويطيـــر فـــوق العـــالمين جلـــيلا

أقضي الحياة بدون زوجي تاعسا

مستوحش يا سيدي محبوبُكم وبحاجة للقائكم كي يأنسا
أقضي الحياة بدون زوجي تاعسا وعسى تجيء ليَ الأميرةُ في المسا
أتكبد المنأى بدون إرادة منِّي فهل جئتُ الحياة لأتعسا؟
أرجوك أرسِل مُخْبِرا مستكشِفا ماذا يؤخر زوجتي ماذا عسى؟
أَفْلستُ من صبري وخِلْت بأنني بطلُ التصبُّر قادر أن أجلسا
وعرَفتُ أني في التنائي عاجز عن صنعة البسمات من دهر قسا
ويلي وويلي يا منارَ سعادتي لولاك بعد الله ذبتُ من الأسى

الكهل الرضيع

أنا الكهلُ أصبحتُ طفلاً رضيعا وأحتاج أمّاً رؤوما وَلُوعا
وألتمس العطفَ في زوجة لي وهيهاتِ ألقى المُرادَ المنيعا
كثيرةُ حبٍّ قليلةُ عطفٍ وأحيا بهذا وأهوي صريعا
لقد قسم الله رزق البرايا وقسّم حظي الجديبَ الشنيعا
لكلٍّ مزايا وبعضُ عيوبٍ كذلك لستُ الملاكَ الرفيعا
فشكراً على ما حبانا الإلهُ وكم نتمنَّى ولن نستطيعا
ولو وَجَدَ الزوجُ كلَّ الكمال من الزوج لا بدَّ يَبْقَى طَموعا

يا ربِّ عوضها

أنا مجرمٌ في حقها عذبْتُها ضيَّعتُ صحتها ورونقها البَهي
عوضْ إلهي مسرعاً تعذيبها بسعادة لا تنتهي
وبصحة وبخير حال تزدهي
يا ربِّ سامحني على ظلمي لها وامسح عذاب تأوّهي
أرجوك تسمعني وتمنح زوجتي ما تشتهي
من فرحة وتنزّهِ
ضد الزمان الأكرهِ

ألمي عليها

ألمي عليها في الحشَا يتغلغلُ — يا رب ساعدها فما تتحملُ
لو شئتَ في جذل لَكُنّا نجذلُ — وأنا الحزين لأجلها وأوَلْولُ
لهفي على زوجي التي هي مِفْصلي — كيف المسير إذا تهاوى المفصلُ؟
قلبي يرِقٌّ على شجاها والونى — ويرِقُّ عظمي نحوها والجندلُ
إني امرؤ أخشى عليها من أذىً — كبلبيلٍ يخشى عليه البلبلُ
ربِّ استجب لقرينتي ودعائِها — هي لا تحيد عن الهدى أو تغفلُ
يا رب حقق بالسعادة مأملي — ما خاب عندكَ يا كريمُ المأملُ
واجبر خواطرنا وبدِّدْ خوفنا — وعليك وحدك ربَّنا نتوكلُ

إلهيَ ساعد قرينة عمــري

إلهــيَ ســاعد قرينــة عمــري أفاجئهــا كــل يــوم بِشَــرِ
أنــا الطفلُ ألعب فـوق الـدروب وتُرجعنـي البيـتَ خَشْـية ضُـرّي
وأرجـع أفْلِـتُ منهـا وأجـري وتصـدم روحـي حـوادث سـيْرِ
أنــا سـيىء يـا إلهـي كثيـراً أمــزِّقُ أمنــعَ حصْــن وســترِ
وإنــيَ أصـبحتُ أخجـل منهـا أعــذبها كــلَّ يــوم بــأمرِ
تحيـل انهزامـي لنصـرٍ مبـين وأمنحهـا بعـد حمـدكَ شـكري
حبيبــةُ إنــي أتــوب تمامــا فقَــرّي عيونــاً وكــوني بخيــرِ
لأنــيَ أتْلفْــتُ نصــف قــواك وكانـت تصـان لتحقيـق نصـري
ولــولا وفــاتي تبيـد قــواك لكنــتُ تمنّيــتُ أسـكن قبـري
ولكـنَّ أثمـنَ مـا فـي الوجـود برأيـك يـا حلـوتي هـو عمـري
أيــا رب أكـرِمْ طـوال الحيـاة قرينــة عمــري بــأعظم أجـرِ

أجثو على قدميك أرجو الأمنا

أجثو علـى قدميك أرجو الأمنـا أمَّ الفــراس أيـا ذراعـي اليُمْنَـى
أرجو أعيش بكل شبرٍ شِدْتِهِ لي في الشآم فنحن قيسُ ولبنى..
أرجو إلـه الناس يوْصِلنـا إلـى آحلامنـا العظمـى التـي لـن تفنـى
أتلمس الـرزّاقَ يكسو هيكلـي لحمـاً وعظمـا صامــدا لا يُحْنَـى
لا زوجَ أكثرَ منك تسعِدُ عائلاً أثنــى عليـك فــؤاده مــا أثنــى
إن مات بين يديك مات مُكَرَّمـاً لـم يلْق منك أيا رفاه أحَنّـــا..

نقلنا ظالمٌ بمطامعه من فيلا لحجرة تحت الأرض فكتبت:

في حجرة كجحر

عصفورتي، ما حجرتي مأوى يليـ قُ بزيجتي وبخَفْقِ قلبِ قرينتي
أخشى على عينيك من ظلمائها فيضيع حُسْنُكِ في قبيح البيئةِ
زوجاهُ أنت الصَّقْرُ تسكن عَبْرها ما دمتِ قربي إنها كالجنةِ
الجُحْرُ في هذا الزمان منازل ترمي الصقورَ إلى الغنا في الظلمةِ
ما العيش دونك في الفضاء بِمُسْعِدٍ والعيش يُسْعِدُ حيث كنتِ بصحبتي
وطيورنا، أطفالنا، يا زوجتي كيف النموّ لهم بهذي الحجرة؟
يتحولون إلى بهائمَ أو دُمىً ليست تحاكي أصْلَها في القوةِ
زوجاه كيف نطير في أجوائنا وبها اللظى يشوي طيورَ العزّة؟
يا زوجيَ أصْبر ريثما يحمي الهدى خفقاتِنا ويعيدنا للرفعةِ
نبني أيا زوجي دعائمَ عشنا في عزة في موطن من رحمةِ
قالوا: الغنى وطنٌ لكل مُهاجرٍ والفقر في الأوطان أسوأُ غربةِ

يا رب وفّقْ زوجتي بأمورها

يا رب وفق زوجتي بأمورِها وامنح لها روحي لدعم سرورِها
تدري بما عذبْتُها بمحبتي لإناث كل الكون رغم حضورها
يا رب هذي زوجة صبّارة أرجوك تمنحها جزيل أجورها
يا رب سامحني على إزعاجها وامنح لها التعويض عن تدميرها
وتعيش بعد الموت في عدْنٍ معي متمتعاً بحليلتي وبِحُورها

لِمَ تقطعين الغاب؟

لِمَ تقطعين الغاب ساعةَ أطلب ... وأرى جبينكِ من جديدٍ يخلبُ؟
قممُ الأمومة والأنوثة والهوى ... ونموٌّ مالم يدْرِهِ المتحبِّبُ
هذا التحمْحُمُ من فؤادك هادلٌ ... بجوارحي ومسامعي متغلبُ
هو سيمفونياتٌ وبحرٌ هائج ... وزنابقُ الآذان منها تطربُ
كالغيم كالأشجار كالبحر الذي ... من فضة، إستبرقٍ.. بل أغربُ
تمشين مثل زُرافة ونَعامة ... أو ناقة وبها فؤادي مُعْجبُ
سيري أيا جبلي أيا جمَلِي فما ... في الناس من صدق كصدقك يُطلبُ
من دون روتوشٍ وأية صبغة ... تحيين لي وكأنَّ وجهك كوكبُ
إني أحب بداوة في زوجتي ... بل حُسْنها فوق البداوةِ مُعْجِبُ
لا حُلْيةٌ في صدرها منعتْ يدي ... من أن تسوح كما الإرادة تطلب
لا تبر يغريها ويأخذ عقلها ... ما من أساورَ عندها تتذبذبُ
إنَّ الطبيعة كلها في طبعنا ... ونرى الجمال الحقَّ فيها يَخْصُبُ
جَمَلٌ مسيرُ قرينتي لي، إنني ... أهوى الجَمال من الجِمال وأشرَبُ
يا ناقةً حملتْ جواهر أرضها ... وسمائها، قل كيف لا أتشبَّبُ؟
أهوى الجَمال مع الجبال مع النَّعا ... م، مع النسور، بكل لحْنٍ أُطْرَبُ
جَمَلٌ جَمالُ قرينتي، طينٌ، سَنىً ... إبريقُ فخَّارٍ، وعطرٌ يُسْكَبُ

انهيار

خَـدِّروني ريثمــا الأيــام تمضـي ... ويعـود الأهـل حتـى يوقظـوني
بقيـــت خمســـة أيـــام ليـــأتوا ... وطيـورُ الشـوق تجتـاح عيـوني
أصـعب الأشـياء تعـدادٌ يسـمى ... بـالهبوطيِّ، فمـن منـه يقينـي ؟؟
خَـدِّروني إنمـا التخـديرُ نـوعٌ ... مـن عـلاجٍ للفتـى الـدامي الحنـينِ

نزهات في سيارة خالية

أ يُمكـن أن أسـوح بـدون أهلـي ... وأسبح في الرياح وفي الفضاءِ ؟
علـى سـيارتي فـي كـل يـوم ... بـدون تشـوّق وبـلا بكـاء ؟
أ أسبح في الشـواطئ دون أهلـي ... وأسـعد فـي الحيـاة بـلا التقـاء ؟
فـأيم الله جـرحٌ فـي فـؤادي ... وجرحٌ في الجَمال وفـي الـرُّواءِ
أسوح وفـي الضلوع أنينُ شوقٍ ... فمــا داءُ المحـرّك مثـلَ دائـي
وأسـهو فـي طريـق لـيس يسـهو ... يصـحّيني إلـى النحـوِ السَّـواءِ
جميـع الكـون منـتظم ولكـنْ ... أعـيش بـلا انتظـام أو هنـاء
جميـع الكـون خيـرٌ مـن كيـاني ... لأنّ الكـون دومـاً فـي ارتقـاء..

مقدَّسَـــة رفاهي أمُّ عمـــري

مقدَّسَـــة رفـاهي أمُّ عمـــري ... وأمُّ سعادتـــي فـــي كـــل أمْـرِ
بـدنيانا وفـي الأخـرى وعـدْن ... كما في الأرض كانت كلَّ ذُخْري
تَكسَّر نصفُ ظهري في نواهـا ... وأخشى إنْ دَرَتْ في الحال تجري
ولـم تُكمِـلْ حلـــولاً للمآســي ... بـأرض الشّام حيث النار تسري

عِلاقات رقيقـة

بيننـــا أحلـــى عِلاقـــات رقيقـــةٌ   بيننـــا أجمـــلُ حِـــسٍّ يـــا رفيقـــةْ

بيننـــا ســـرٌّ تعـــالى فـــي الخليقـــةْ   نحـن فعلُ الـدهر في الـروح الطليقـةْ

****

بيننـــا يـــا زوجُ بركانـــاً لهيـــبِ   فاحترقنـــا مـــعَ بعـــضٍ يـــا حبيبـــي

إن شـــوقي لـــك قـــد نمَّـــى خطـــوبي   لـــيس يُنهيهـــا ســـوى ربِّ الغيـــوبِ

بيننـــا حلـــم وغـــيم وعطـــورْ   بيننـــا شـــمٌّ وضـــمٌّ وابتســـاماتُ زهـــورْ

بيننـــا يـــا زوجتـــي لحـــن أغـــنّ   ينقـــذ الأعمـــاق مـــن لُـــجِّ الشـــجنْ

بيننـــا فـــي بســـمنا فـــي عيننـــا فـــي   رقصـــنا فـــي شـــدونا كُنْـــهُ الـــزمنْ

بيننـــا يـــا زوجتـــي فـــي عشـــقنا فـــي   شـــوقنا فـــي نســـلنا يُبنـــى الـــوطنْ

بيننـــا فـــي كـــل أحـــداث الـــدُّنا   نلتجـــي نحـــن لـــبعض فـــي سَـــكَنْ

بيننـــا فـــي كـــل مـــا نســـعى إليـــه   مـــن أمـــانيَّ انتشـــى الـــروح الرشـــيقْ

بيننـــا فـــي نـــور عينينـــا البريـــقْ   وعلـــى خـــديكِ ريعـــان الشـــروقْ

وورودٌ رائعـــاتٌ تســـتفيقْ   حولنـــا بـــالعطر والشـــمِّ العميـــقْ

كلمـــا تلـــثم حبـــاً شـــفتانا   ينـــبض اللحمـــان بالشـــوق العريـــقْ

يقـــرع النـــاقوس أو تبْـــدا الصـــلاةْ   فـــامكثي عنـــدي إلـــى يـــوم الوفـــاةْ

يـــا رفـــاهي كـــل لحـــن يتغنَّـــى بهـــواك   يـــا حبيبـــي كـــل حـــسٍّ يتهنّـــا ببهـــاك

يـــا حبيبـــي كـــل نـــور فـــي عيونـــي   يتشـــهَّى طـــولَ عمـــري أن يـــراكْ

وإذا اللحـــم علـــى اللحـــم التصـــقْ   يصـــبح العمـــر هشـــيماً محتـــرِقْ

يـــا حبيبـــي كـــل حـــس فـــي كيـــاني يشـــتهيكْ

بيننـــــا يــــا زوجتـــــي نــــار الســــعيرْ

عيشـــــنا ضِـــــحْكٌ ورقـــــصٌ ودعابـــــةْ

وغـــــرامٌ وانســـــجام وصـــــبابةْ

وانتصـــــارات علــــى جــــيش الكآبــــةْ

وكلانــــا مِشــــعَلٌ يُــــوْرِي التهابــــهْ

كلنــــا فــــي الحــــب حلــــوى وذبابــــةْ

كلمـــا اللحـــم علـــى اللحـــم انغـــرسْ

كلمـــا الإصـــبع فـــي الشـــعر انغمـــسْ

نغمــض العينـــين فـــي أنعـــش حِـــسّْ

ينفـــث البركـــانُ آبـــارَ الـــدَّنسْ

يــــا حبيبــــي كلمــــا ثغــــري اختــــلسْ

قبلـــة مـــن ثغـــرك العـــذب انـــبجسْ

ألـــفُ ينبـــوعٍ ســـخيٍّ منحـــبسْ

يومَهــا نعـــرف مـــا معنـــى الوجـــودْ

تســـبح الـــروح وتبقـــى فـــي خلـــودْ

يـــا حبيبـــي أنـــت تُنهـــي مَرَضِـــي

فـــي غيـــابي أنـــت تبْقَـــى عِوَضِـــي

إنَّ إخلاصـــك للـــزوج فريـــدْ

يـــا حبيبـــــي يـــوم أن زَنـــدي انكَسَـــرْ

مَـــن شـــفاني غيـــرُ لمســـاتِ يـــديك؟

يـــا حبيبـــــي عنـــدما لحظـــي التَـــقَى

مـــع عينيـــك اختفـــى كـــلُّ الشـــقا

يـــا رفـــاهي هـــذه الجنـــة أضـــحت ملتقـــى

لحبيبـــــــين لخيـــــــرٍ وُفِّقـــــا

وختامـــــاً لـــك شـــوقي المغْـــدِقا

وقريبـــــاً ســـيكون الملتقـــــى..

طمْأنْتِني يا حلوتي عن موطني

طمْأَنْتِني يا حلوتي عن موطني

عن صحة لك بالسعادة تغتني

طمأنِتني بالهاتف المتفنَّنِ

أنَّ الطيور إلى العرائش تنثني

أهوى رفاه المجد فهي قرينتي

وحبيبتي ومنيرتي ودوافعي للأحسنِ

المستحيل هو الوصول لوعدنا

القَــرُّ يلســعني بغيــث دائــم ... يُحْيِـي يُميـت يـذيب مخـي والبِنـا
الــثلج فــرّق يــا رفيقــة بيننــا ... غَضَــبُ الطبيعــة بالجليــد أمَدّنــا
المســتحيل هــو الوصــول لوعــدنا ... هــذي الريــاح الهُــوجُ تفصــل بيننــا
سيّــــارة لا تســـتطيع تقدمــــاً ... طيــارة؟ لــيس المطـــــار بقربنــا
الكُبَّــة المقليَّــة الحزْنَــى انــزوت ... لا تســـتطيع اليــوم تــدخل جوفنــا
وعســى الزمــان يجــود مختــرَعــاً لنــا ... فــي لمحــة يُلقــي بكــم فــي صــدرنا
الجــوُّ يُعْميــهِ الضــبابُ فــلا نــرى ... بعضــاً ســوى فــي واقــع يــزري بنــا
حــولي تنــوح الــريحُ تهتــكُ بيننــا ... وتقــوم فــي طــرد الحــرارة والهنــا
دومــا تتــيح لنـــا الطبيعــة مُلتقــى ... بــالوهم أقــوى مــن حقيقــة وَصْـلِنا
وأشَــدُّ مــا يــؤذي المشـــاعر أننــا ... نأســى علــى بعــض ونرثــي بعضــنا
وأشَــدُّ مــا يُــدمي الفــؤادَ تحَــنُّنٌ ... منــي عليــك ونحــن نلفــظ نحبنــا
قد تعجز الأجسادُ عن وصل ومــا الــ ... أرواح تعجــز عــن تواصــل حبنــا
الــدُّبُّ جــاء يقــيم حفــلاً حولنــا ... ونـــراه أكثــر رحمــة مــن بَرْدِنــا
صــرنا لــه كمثلّجــاتٍ روعــــةٍ ... هطلــت لــه كغنائـــمٍ مـــن ربِّنــا
ســنقدم اللحـــم الشـــهيَّ لجوفـــهِ ... ونصــيرُ جُثمـــانَيْنِ شُقّـــي عظمنــا

حقا جميع الكون ينشط ضدَّنا

الثلج يعزلنا

هــذي الطبيعــة يــا رفــاهي ضــدنا   الــثلج يعزلنــا ويمســح وعدنــا

الــثلج يأمرنــا بإلغــاء اللقــا   لا مــاءَ بــل لا كهربــاءِ ببيتنــا

هـذي الطبيعـة أصـبحت ضـد المنـى   ليســت تتـيح لنــا الوصــالَ بغيرنــا

الــثلج يدفــع أيَّمــا ســيارة   تمشــي عليــهِ أن يــزولَ مــن الــدُّنا

الــريح ناحــت يــا حبيبــة حولنــا   لا خـوفَ مـا دمنـا هنـا معَ بعضـنا

إنْ دامَ هــذا الــثلج شــهراً كــاملاً   سنموت مـن جـوع ونرثـي بعضـنا

أنعــمْ وأكــرِمْ يــا رفيقــةُ أبشــري   فــالربُّ يُرجِــع عـن قريـب أمْننـا

جاء الزكامُ يزيدنا تفريقا

جـــاء الزكـــام يزيـــدنا تفريقـــا   هــذا الــذي لـم يلـق عنـدي سُـوقا

فــي مــرة كــلُّ الشــآم بــه ارتمــت   إلا أنــا قــد عشــتُ منــه طليقــا

بيتــي "بِحلبــوني" مكــانُ شــبيبتي   يســـتنبتُ النـــارنج والموســـيقى

إذْ إنَّ نارِنْجـــاً أعـــيش بعُشِّـــهِ   وأحــوز منــه مناعــةً وبريقــا

يبـدو بـأني قـد فقـدتُ منـاعتي   وصـلَيتُ نصـف الشـهر منـه حريقـا

أعـديْتِني يــا زوجتــي أضـعَفتِني   وفتحـتِ لـي نحـو الوفـاة طريقـا

الــدهر مثلــك يــا رفــاه محــارِبي   ومنعتُمــا عــن مقلتــي التشــريقا

بـالهجر داومـتِ الضـغوط علـى دمـي   وأبَيــتُ عمّــن لا يكــون لصـيقا

الهجــر يقتلنــي ويُــذْكي قســوتي   فأصـير شـانئَ مـن يكـون عشـيقا

لا يســتطيع يحــوز منــي غاصــبٌ   أبــداً بســاحات الخصــام حقوقــا

لكنمــا الأصــليُّ يملــك هــامتي   ولــديّ بوصِــلةٌ تعــي التــدقيقا

إني لأخضع تحت ظلّك زوجتي

بمناسبة ذكرى فرحة مولدها المبارك السابع والستين المصادف في ٢٠ آذار مارس ٢٠١٥م. ، وغداً سيجتمع يوم عيد الأمّ الميمون مع ذكرى يوم ميلادها..

إنـي لأخضـع تحـت ظلّـكِ زوجتـي ... أبكي عليكِ من العذاب الأعنـتِ
أبكـي عليـك مـن الشقـاء المنتشـي ... مِـن شـقوتَينا والنـزوحِ الأزفـتِ
أبكـي عليك مـن الـدياجي والضـنا ... وأقـول يـا ربـي أعِنْهـا بـالتي...
أبكـي علـى وضـعٍ تعـيسٍ صـادمٍ ... ومفتِّـــتٍ حلُـمَ المَـلا ومُفَتتـي
قلقــي عليهــا دائـــمٌ قلقــي علــى ... أمّــي إذاغابــت بعهــد طفـولتي
أخشــى عليهــا مــن فجـاءات الأذى ... من خارجٍ عن منزلـي أو قدرتـي
فــي عيــدِ مـيلادٍ لهــا مصدوعــةٌ ... أطرافُهــا مــن غسْـلة يدويّـــةٍ..
من رُبع عـام وهـي فـي فـكّ الشقا ... فـــي شقـــة مكسُـــوّةٍ بالعُتمـــةِ
فـي كـل شبــر مـن دماهـا عقصـــةٌ ... لبعوضـــة تمتصــهـا كالزهــــرةِ
وتقـــوم بالتنظيـــف دون هـــوادة ... بــالرغم مــن شـيخوخة عظْمِيّـــةِ
وتقوم فـي حفظ القصـيد من العَفـا ... كحريصـة عظمــى لأعظـم ثـروةِ
لــم تشـبع الأشـعار مــن أوصـافهـا ... لتكـون للأجيــال أعظــمَ أسْــوةِ
وهيامهــا بــي لـيس معجـزةً فــذا ... مــن تربيــات المُحْصَـنات بجبلـةِ
ومحبتــي لقرينتــي قــد أنتجَـــتْ ... أقوى دواويـنٍ بَنَـتْ لـي شـهرتي
لــو أن دولتنــا بهــا تـــدري بنَــتْ ... تِمثالَهـــا العمــلاقَ فــوق الدولــةَ
وعلـى الأقـلّ تحـوز عـرش وزيـرة ... طـــول الحيـــاة لنفعهـــا للأمّــةِ

إنـــي أزكّيهــا لأعلَـــى منصـــبٍ		لرئاسـةِ الـوزراء أو للقِمّـةِ
الأرض تهتـف بأسْـمِها وطيورهـا		والبحـر يهـدر باسـمها وتحيَّتـي
والـدمع يهطـل بالوفـــاء لفضـلها		ولحملها عبئـي وعـبءَ الأسـرةِ
ولحفظهـا عَرضـي ومـالي والحِمـى		ورعايــة الأيتــام فــي سِرِّيَّـــة
وتقـوم فـي حفـظ الحقـوق لأهلهـا		تؤتي الزكاة لكل صاحب عُسْرةِ
وتقـوم فـي مـنح الزكـاة عـنِ ابنهـا		هـذا وهـذا وفـق أمــوالِ ٱلفَتِـي
هـي خيرُ ثرواتِ أتت مـن فضلـه		ربـي تعـالى فهـو يعلـــم نيّتـي
أخشى من الموت الرهيب ولم أزل		أشـتاق مرآهــا بأعيـن مهجتـي
هـي مثلُ أمّـي طبـعُ أمـي جاهدتْ		ببطولـــة وحصافـــة ومحبّـــةِ
وإذا تـوارتْ سـوف أسـكن قبرهـا		أبكـي تواريهـا بأقصـى شقوتـي
وأسَـمّرُ العينـين فـوق طيوفهــا		فتخفف الأطيافُ وطـأة صـدمتي
وتصـدُّ بسمتُهــا الـرؤومُ تفتّتـي		وتقـوم أجهـزة الخيـال بخـدمتي
وأريد يوم أموت أن تنسى الأسى		مِـن فورهــا فـالله رب القـدرةِ
أرجـوك يـا ربـي احمهـا وبلادنـا		وارحم فؤادي المستهامَ بزوجتي
واعْضِـدْ مواليـدا تمـوت بحبّهـا		أضعاف والدِهِمْ سخِـيّ الدمعةِ

هلال ونجمة

شعار الجمال هلالٌ ونجمُ   به طول ليلي أنا أستجمّ
متى ما رنوتُ لأعلى أحِسُّ   بحسّ الصقور فأقوى وأسمو
أرى البدر يشبه جفناً جميلا   يوشّيه حُسْنٌ جواره نجمُ
فذا مشهد مِنْ مُحَيَّا (رفاهي)   بهِ أتوضأُ أو أستحمُّ
هلال مع النجمِ نِصْفُ مُحَيّا   (رفاهي) فأبكي الرؤى وأضمُّ

***

لقد تركتْ ليَ نصفَ رؤاها   ويُكْمِلُها بي خيالٌ ورسمُ
أشيم الهلال كدمعة زوجي   طوال نواي بها تستحمُّ
فلا تحسبيني تعيسا رفاهي   فإني من أسمك للعز أسمو

***

متى تنجلي عنك هذي الهموم   لألقى الهلال توشّاه بَسْمُ؟
لقد بثَّ وجهُك لي أوكسجيناً   وقد كان ينهك صدريَ فحْمُ
أقَبِّل ذا النجمَ فهو شبيهٌ   بثغرك أشتاقُهُ وأهِمُّ
نعم أستطيع احتضان الوجود   أحيله مثلك زهراً يُشَمُّ
وأفرغ فيه جميع اشتياقي   كما مَخَرَ الليلَ في الليل نجْمُ
وأمْلي على الريح تلمس ثوبي   فَيَشْبَعُ باللمسِ عِنْديَ حُلْمُ

نجم يسبح

أيُّ موج في الشواطي يسرحُ   لك فيه نفحة أو مطرحُ
كل أسماك المحيطات تغَنّي   وسناك اليوم نجمٌ يسبحُ
ملأت روحي رفاهي فتولت   تقتل الحزن وراحت تمرحُ
مهجتي طارت شُعاعاً طرباً   لم تدعْ أي شعور يُذْبَحُ

بسرعة الإشعاع

اليـوم عـدت بسـرعةِ الإشـعاعِ أذْهَلْتِنـــي أ رَفَــاهُ بالإســراعِ
اليـوم عـدتِ كريمـةً ، وحريصـةً أن لا أظـل بحيْـرةٍ وضـياعِ
قـد كنـتِ أسـبابَ السَّقامِ جميعِـهِ وغـدوتِ شـافيتي مـن الأوجـاعِ
إنَّ الـدواءَ منفِّـرٌ لـو قـد شـفَى لكـنْ دواؤك أنـت ذو إمتـاعِ

أرى زوجتي في قلب حاسوبي

يا زوجتي لولا اعتزلتُ الشِّعرَ كنت سأحتفي
بروى مُحَياك الصَّفي
في قلب حاسوبي الخَفي
لكن تركتُ الشعر حتى أصطفي
حفظي لعزمي في ختام المصحف
محبوبتي مهما أصِفْك فلا يمثل كل وصفي دُرّةً من مُتْحَف
محبوبتي مهما رنوت إليكِ لستُ بِمُكتفِ
سيدتي عودي إليَّ فكم رثا لك شرشفي
ووسائدي وتطلُّعي وتلهُّفي
محبوبتي أنت الزمان وكنهُهُ وإذا ذهبتِ سيختفي
أرجوك عودي لي بأقصى سرعة وتعطّفِ
كيلا أبورَ من الأسى ولْتسْعِفي...

هيا تعالَي لي أيا مستقبَلــــي

هيــا تعــالَي لـــي أيــا مســتقبَلي
يــا أمَّ نسـلي يــا حبيبــة منزلــي

يـا مـن وفـاؤك حسْبَ رأيـي يُحتـذَى
مــا زاد عنـك ولا وفــاءُ سَــمَوْءلِ

لا أسـتطيب العــيش دون تــذكري
لـرنين صـوتك ذي الحنــان المذهِلِ

جمّعـــتِ طيبـــةَ والـــديك ســويّةً
وغـــدوتِ للإلهـــام أغـــزرَ منهـــلِ

مــا لاحظــتْ عينـــي عليـك تلوُّنــاً
وتخابثـــاً، وعلـــى الإلـــه تـــوكّلي

هـــذا قـــوامُ وسِـــرُّ إعجـــابي أيـــا
عــن طيبـــة الأبـــوين لــم تتحـوَّلي

جِنّـــي علـــيَّ وأنقـــذي تهيامنـــا
لنعــيش مــع بعــض بعُــشّ البلبــل

المرأة التي أحبها

زوجـــة بالمجـــد والأخـــلاق تســـمو والنضـــوجِ

ذات وعــــي واتـــزان وهـــدوءٍ لا ضـــجيجِ

هـــي نحـــو الكـــل خيـــرٌ وســـلامٌ كـــالمروجِ

شـــرف أنقـــى مـــن الغـــيم ومـــن نفـــح الأريـــجِ

معجبٌ حتى نخاعي بفتاة ذات تدبير ومن أرقى نسيجِ

زوجـــةٌ مـــدَّت كيـــاني بوفـــاءٍ وبإيمـــان الحجـــيجِ

كم تنزَّهْنا سوياً ومَرِحنا وسهِرْنا مَعَ أنسامِ الخليجِ

كم سرحنا نحن حَفيانين فوق الرملِ في حسٍّ بهيجِ

حبُّنـا الصـادق يغْـلي قـوة الـروح إلـى أعلـى البـروجِ

فَتَحَ المُنَجِّمْ

(شعر حر)

عزيزتي رفاه
قد فتح المُنجِّمْ
بأنني سأعيشْ
لِعُمْرِ الثمانينْ
وأنت للسبعينْ
وإنني بكيت
لأنني أريد
لشخصك الخلود
وإنني حزين
لا أبتغي الممات
من بعد زوجتي
ولكن قبلها
لا أقدر أن أراك
من دونما حراك
أخشى من الهلاك
وشبح الظلام
والموقف الغريب
جنازة الحبيب
وفتَحَ المُنَجِّم
بأنني منصور

مهمـــــا طغــــــى الديجـــــور

وبـعـــــد طـــــول عِـــــراك

سـأهــــــــزم الـعـــــــدى

وأقــهـــــــر الـهـــــــلاك

وداعـــــاً يـــــا حـبـيـــــب

وإلــــــى اللقـــــا القريــــــب

وكـــــذب المُـــــنجّمْ مهمـــــا لنـــــا يتـــــرجمْ

لقاءٌ وداعيٌّ ووداعٌ لقائيٌّ

زوجــي أَوَدّعهــا بــرغم إرادتــي
هي فوق سيطرتي وفوق إدارتـي

زوجــي أراقــب شـكلها بمحبــة
لا تنتهــــي بتشـــوّق وســـعادةِ

زوجـي التــي ترنــو إليهــا مقلتــي
وجــوارحي وتنيـر ليـل تعاسـتـي

بــالروح أفــدي زوجــةً حســناتُها
لا تنتهــي كجمـــال هــذي الغابــةِ

قــد أشـبعتْ عينــي بجــود جمالِهــا
وصـــفائِها وحنانِهـــا المتهافــتِ

هــي نجمــة بزغــتْ بِليـلٍ دامــسٍ
هـــي أرْزةٌ نبتـــت أعـــزَّ منابـــتِ

قلبـــي لهـــا متـــودد متفجــــر
كتفجــر الأمطـــار تحـــت ســحابةِ

أهديك يـا زوجـاه صَفْوَ مشـاعري
لــولا المشــاعر كنــتُ دون مكانــةِ

حُسْنُ المشـاعرِ يــا قرينـة نعمـة
تُتْلـــى كآيـــات الكتـــاب الثابــتِ

يــا ليـت مـا فـي القلـب أقـدرُ كلَّـه
إبلاغَـــــهُ بهواتــــف نقّالـــــةِ

أنــت التــي يشــدو إليهــا خــافقي
شَـدْوَ البحــار وزهوهــا بسـباحتي

أرجــوك واســيني فــإني شــاعرٌ
شـحّاذُ لطـفٍ يــا أقاصــي غــايتي

مودة ورحمة

مَـن ذا يوافـق أن يُحَطِّـم زوجـةً   مـن أجلـه تغـزو الـبلاد وأهلَهـا
أَ جَـزا المحبـةِ والـولاء تنكُّـرٌ؟   كـلا فـإني لـن أمـزق شـملَها
سـأعيدها لحمـايتي ورعـايتي   وتـآزري مهمـا أواجـهْ دلَّهـا
تعبيـرُ "منـهُ إليـه" منطبـقٌ علـى   روحٍ حنـونٍ لـن أشـاهدَ مثلَهـا
هـي دولـة عظمـى ومـوئـلُ أمـة   وبهـا اكتملـتُ وكـم أقـدِّر نُبلَهـا
مـا شـغْلُها إلا لأجـل سـعادتي   والجهـلُ منـي أن أُعـاديَ شـغْلَها؟
لا ينكـرُ الأفضـالَ إلا جاحـدٌ   أو عـينُ أعمـى لا تشـاهد فُلَّهـا
مهمـا تَغَـرْ علنـاً لأي ذريعـة   جهلاً ووهمـاً لستُ أجهل جهلَها
إنْ جَوُّهـا ألقـى علـيَّ صـواعقا   مِـن غِلِّهـا أهْـدأ وأرحـم غِلِّهـا
مهمـا تكـنْ عصـبيةً ومُدِلَّـةً   ومُدِلَّـةً سـأكون لسـت مُـذِلَّها..
سـأكون أكثـرَ رقـة ودماثـة   معهـا وأسـعِدها وأسـعِد نسـلَها
سيزيد وعيي كي أعي حسناتِهَا   وأزيـد تثقيفـي لأفهـم عقلهـا
وأشـنها حربـاً ضروسـاً ضـد مـا   يلقـي علـى عينـي الـدجى لِيُضـلِّها
هـي قمـة الإصـلاح صـالحةٌ كمـا   شـاء الـذي وفقـي يفصِّـل كلَّهـا
لا أسـتطيب العـيش يومـاً بعـدها   بـل لا أعـدُّ العمـر يومـاً قبلهـا
لا بـارك الـرحمن يومـاً خافضـاً   مـن شـأنها وأناخـهُ ليُجِلَّهـا
عطفـي عليهـا قـادر أن يرتـوي   منه الوجود فكيف أرضَـى مَحْلَها؟
لهفـي عليهـا وهـي تحمـل طِفلَهـا   فالعـدل يـدعوني لألـثم نَعْلَهـا

لماذا أحبكِ؟

لمــــــاذا أحبــــكِ أســـــأل نفســـــــي؟
لأنـــــك تعطينـــــــي خيــــــرَ حِــــسّ
لأنـــك يـــا زوج مثـــل الغيـــاث يُغيـــث الزَّهَـــرْ
أحبـــك مهمـــا تَرَيْنـــي قميئـــا أقـــزّزُ فيـــكِ شـــعاعَ القمـــرْ
أحبـكِ مهمـــا أقُـــل لا أحبـــكِ.. ذلـــك قـــولٌ قصـــيرُ النَّظَـــرْ
لهـــــذا أتيـــــت لكــــــي أعـــتـــــذرْ
ومهْمـــــــا أجاهـــــدْ لكـــــي أبـتكــــرْ
كـلامـــــاً جديـــــداً يُصِبْنـــــي الخـــــوَرْ
أحبكِ كالبحر يهوَى الشطوطَ ومثلَ الصّحافةِ تهْوَى الخبَرْ
أحبـــك واللهِ أعـــرف مقـــدار حبـــي الـــذي قـــد يغـــيظ البشَـــرْ
أفيـــئ لظلـــك فَيْـــىءَ الكـــلاب لمُطْعِمِهـــا وكَفَـــيءِ الهِـــررْ

إلى مجد الجمال

إنـــي إلـى مجـد المحاسـنِ أنحنـي
زوجي التـي زُرِعَتْ ببؤبؤ أعينـي

إنـــي لأعشـق زوجـة لـم تنسَـني
وأسوجُ في صدرٍ لها من سوسنِ

كم قد دفعتُ الروح تحت جناحها
ولثمـتُ وجنتهـا وكنـتُ المُعتنـي

يـا خيرَ زوجٍ فـي الوجـود حبيبـةٍ
لمشـاعري وكريمـةٍ بـالمُمْكِنِ

كيـف الوفـاء إليـك إلا بالـدُّعا
أن ترتقـي مـن أحسـن للأحسـنِ

يامن خلقتَ ليَ الرفاه

يا من خلقتَ لـيَ الرفاهة فوق ما　　　يتصـوّرُ الوِجـدانُ مِــن إمكــانِ
أ لَـديكَ يـا ربَّ البريَّــةِ غيرُهــا　　　تختصُّــني بالحــب والإحســان؟
إنـي امرؤ جـاوزتُ قدْري عنـدما　　　بايعــتُ خيــرَ مليكــةً ترعــاني
هــذي الرفاهــة كـلُّ أملاكـي لهـا　　　وغــدوتُ أدمِــنُ حبَّهــا الربّــاني
لا تبْســمُ الأوراد بســماً دائمــا　　　كجمالهــا، وبهائهــا النــوراني

خيرُ حُسْنٍ

على الأوراق أعصـر كـلَّ حزنـي　　　وإلهــامي إلــى حبــي الأغَــنِّ
لمحبـوبي الــذي يــأوي بــذهني　　　لمَن مِن نصف قرن كـان حِصني
لإخــلاصٍ فريــدٍ ظَــلَّ ذُخْــري　　　مــدى الأيــام حتــى حــاز فنـي
أحـب مَلاكـيَ الأسـمَى المُـوالي　　　لعــاطفتي مزيــلَ الهــمِّ عنــي
هـــو العقَّــار للأســقام طــرّاً　　　وينقلنــي إلــى جنــات عــدْنِ
فشــكراً للرفــاه وألــفَ مرحــى　　　لهــذا الحُسْــنِ والقلــب الأحــنِّ

بالراء بَدْءُ اسم الرفاه

بـالراء بَـدء اسـم الرفـاه وخائهـا　　　حرفــان يحتضــنان كــلَّ مَجيــدِ
إنْ قِـيس نـور النيّـرات بنورهـا　　　لــم يبــقَ للنجمــات أي وجــودِ
لكـن نُشــبّه بــالعظيم صــغيرنا　　　لنقـــوم بالتســـهيل للتعقيـــد

حبٌّ تفوّقَ على الأساطير

عمُــرُ الهوى ما بيننـا لا ينتهـي ... مـا كـــان إلا بالسعـــادة يزدهـي
هل ظلَّ زوجٌ في الهوى معَ زوجِهِ ... طـولَ الحيـاة كحالنـا هـذا البَهِـي؟
حتـى ولا قـيسٌ وليلـــى مثلُنـــا ... والخَلْــقُ مهمــا يجتهــدْ لِتَشبُّـــهِ
بـل حبنـا يـزداد يوميّــاً عُـــلاً ... مـا دُلِّهــوا أبــدا كمثـل تـدلّهي..
مهْمـا يوجِّــهْ فنُّهُــم أبصـــارَه ... لـن يستطيع السَّـبْرَ مثـلَ تـوجُّهي..
هــذا القصيــد منبِّـــهُ أجيالنـــا ... عــن حبِّنـــا المتفاهـــمِ المتنــزِّهِ
عـن فلتـةٍ فـي الحـب بـل أسطورةٌ ... هــي حـــبٌّ خالــدَ للرفـاه الأرْفـهِ
مهمـا يقـــارِنْ أيُّ حــب نفسَـــهُ ... بمحبتـــي سـيكون أتفــهَ أتفَـــهِ..

شوق زوجين

مثــلُ ابتهـاجِ الطفـل فـي ألعابِـهِ ... مثـلُ ارتيـاحِ المرء من أوصابِهِ
وكعائـــلٍ دفــعَ الــديونَ جميعَهــا ... فَرَحـــي بلقيـــا حُبِّهـــا وشـــبابِهِ
هيّـــا تعـــاليْ ولْـــيَكُنْ مـــالم يَكُـــنْ ... لـــو (بعبـعٌ) نـــأوي إلـــى أنيابِـــهِ
متـــأقلمَيْنَ مـــعَ الســعادةِ والشَّـــقا ... مســـتمتعَيْنِ ببـــدرنا وغيابِـــهِ
مـــاذا تَبَقَّـــى يـــا رفـــاهُ مـــن الأســـى ... ومن الهنا من دون خوضِ عُبابِهِ؟
هيـــا تَعـــالَيْ إنْ وَجَـــدْنا...نرتوي ... وإذَا طُرِدْنـــا ننتشـــي بســـرابِهِ
سِـــيّانَ ليـــلٌ أو نهـــارٌ عنـــدنا ... مـــا دامَ فينـــا مَـــنْ نلـــوذُ ببابِـــهِ
هيـــا تعـــالَي وابْسِـــمي لـــي واغبســـي ... كالغـــاب أنـــتِ جميلـــةٌ بِضَـــبَابِهِ

بكل حنان

زوجـي تعـاملني بكـلِّ حنـانِ — فيزيـلُ بؤسـي عطفُهـا الرّبـاني
زوجي تغارُ من السرير فدائماً — تُلْقـي بأشـرعتي علـى الأحضـانِ

***

ما إنْ نضبتُ وكان لي نبعٌ سَقَى — أعلـى الربـى وأسـافلَ القيعـانِ
عوّضْتُ بالتخييلِ عن عزم مضى — ونجحـتُ بـالغَزَل الـذي قـوّاني

بعين الاعتبار خذي أحتياجي

بعـين الاعتبـار خـذي أحتيـاجي — كحاجـات الـدّيوك إلـى الـدّجاجِ
عليـك تفهّمـي بالعَـوْدِ فـوراً — ولـيس عليـك تفنيـدُ احتجـاجي
هوايتـك السـياحة فـي الأقاصـي — وأبقـى لستُ أبـرح عـن سياجي
سأنشـر بـين أبنـاء الحـواري — بأنـه فـي مسـاءِ غـدٍ زواجـي
بهـذا تـرجعين إلـيَّ فـوراً — وتُشْـعِرُكِ العروسـة بانزعـاج
سـلاح الغيـرة الكبـرى بكفّـي — وأكسـر مقدراتِـكِ كالزجـاجِ

عالَم الحب

حتـى الطيـور تحبنـا وتريـدنا — وتطيـر مـن أضـلاعنا وجلودَنـا
وتقـول: حبُّـك لـي حنـان خالـدٌ — مـا مُسْـعِدٌ كشـذاك طـوّق جيـدَنا
الشـمس بعـضُ أشـعة مـن روحنـا — تـروي وتهـدي زهرنـا وخـدودَنا
يـا زنبقـي يـا نرجسـي يـا أبيضـي — فـي صُـلْبِهِ شمسٌ تضـيء وجودَنـا

حلقاتُ البحر الدرّيّةْ

حلقاتُ البحر الدُّرِّيَّةْ

وليالي البحر الصيفيّةْ

ودموعُ البحر تئنّ عليك تُرَجّي عودتك الفوريَّةْ

وتنطّ السَّمْكة من عمقٍ لمياه البحر السَّطحيةْ

فتفيض دموعي من شوق .. أتشهَّى لو نحن سويّةْ

ويشاركني أشواقي أهلُ مياهٍ جوفيَّةْ

كالعاج الطاهر مخّ عظام حليلة عمري الأبديةْ

ما لامَسَ أحدٌ إصبعَها وتسامتْ فوق البشريَّةْ

زنبقة الأرض

على شفتيْكِ أزَحْلِقُ شوقي — وأطْلِقُهُ بعد سطحٍ لِعُمْقِ

أُقبِّلُ أنفَكِ خدَّكِ صدْرَ — ك أَطْلَعُ من بعد عمقٍ لفوقِ

أخيط ثياباً تُغطّيك تحمي — إهابكِ من كل غرب وشرقِ

ويزدادُ حبُّكِ لي ألفَ ضِعفٍ — تقولينَ سبحان من زاد رزقي

فنحن مثالٌ لقول تعالى — سَكَنَّا لبعضٍ بودٍّ ورفقِ

رأيتُكِ زنبقةَ الأرضِ طَرّاً — لأنكِ أحلى زنابقِ عِشْقي

ذكاؤك

ذكاؤك أنت الضيا المُرْهَفُ	علـيّ تَنَـزَّلَ يستهدفُ
يكــرر قولــه لا تتَخَـلَّ	فمِـن سيـف حبـك كـم أنـزفُ
رفـاه اطمئنـي فلست الرديءَ	ومـا أنـا أخـدع أو أُخْلِـفُ
فيـا خيـر أنثـى بهـا أحلـفُ	ويـا مـن لهـا وحدها أهدفُ
فـداؤك مـا تشـتهين خُـذي	لأنَّ غرامَـك لــي يلهـفُ
ومـا النـاسُ إلا هـمُ الجِيَـفُ	إذا بالمحبـــة مـا نُظِّفُـوا

****

فَمَـنْ يا حبيبـةُ عنـك يحيدُ	وأنت الفـؤاد وأنت الوريـدُ ؟
وأنـت الغـرام الصـحيحُ العميـقُ الـذي كـلَّ يـوم نـراه يزيـدُ؟	

****

حضَنْتُكِ في الليل والصبح حتى	تفـوحَ العطـورُ وتزهـو الـورودْ
وهـا هـو ذا كـلُّ شـيء يميـدُ	يهـزُّ المشـاعرَ والعُمْـرُ عيدْ
تعـالَيْ أحبُّـك حبّـاً مَجيـداً	غرامـك لـي يـا رفـاهُ مفيدْ

****

تخـافين أن تفقـدي لـو ظلالـي	لكثـــرة حبـكِ والابتهـالِ
ولسـت أخـافُ عليـكِ لأنـي	أنـا واثـقٌ مـن هـواكِ المُسَالِ

****

أحـنُّ إليـكِ وأبكـي عليـكِ	فـلا تحزنـي فاللقـاء قريـبُ
ومـا أنـا مـن دون حبـك إلا	غريبـاً كئيبـاً شـواهُ اللهيـبُ

٥٩٢

أنا معجب بك

أنا معجبٌ بك فوق ما تَتَصَوَّرِينَ وإنـكِ الأغلـى عَلَـيَّ مِـن البشـرْ
مـا زلـتِ فـي عينـي أعـزَّ ذخيـرةٍ وازددتِ عنـدي قيمـةً فـوقَ الـدُّررْ
لو لم أكن من أطيب البشر الكِرا مِ لَمـا يُزوّجنـي مزايـاكِ القَـدَرْ
تِلـدينَ لـي مـا أبتغـي تبنـين لـي مـا أرتجـي أنـا مـن بنـاء أو أَسَـرْ
يـا زينـةَ الأكـوانِ بـل وفَخَارُهـا وغزالـةٌ تعـدو إلـى شـطِّ النَّهَـرْ
يا مَن ملأت الأرض أجمعَها إلى قلبِ الفضـاءِ مع الكواكب والقمرْ
ووقفتِ لي مثل النهار على الجدا ر سَقَى الطبيعة بالوضاءة والبَصَرْ
عينـاكِ تبتسـمان لـي بمبـاهجٍ ابديـة باسـم العزيـز المقتـدِرْ
هيّـا نَجُـبْ كـل الوجـود فإننـا طيْرانِ مَحْميّـان مـن كـلّ الخطـرْ
مـا مشبه لـك غيرُ لـون الفجـر أو أحـواضُ قطـنٍ وابتسَـاماتِ الزَّهَـرْ

****

تَقِفينَ لـي وكـأنّ كـلَّ الأرض أنـ تِ مـن الجبـالِ إلـى السفوحِ إلـى
وكـأنَّ لا دربـاً إلـيّ سـواك أنـ تِ ولا مفرّاً منك، يـا أوفـى مقرْ
فـي كـل معنـى مـن عيونـك نجمـةٌ وبكـل فجـرمن هيامـكِ لـي سـحَرْ
وجـهٌ صـبوحٌ باسـمٌ متمسّـحٌ بـي مثـل منقـارٍ يغـرّد فـي الثّمـرْ
مـا الغـيم إلا مـن حنانـك كـائنٌ يهمـي ويسقـي كـل أنـواع الخُضَـرْ
لا تطلـع الأضـواء إلا مـن ثنـا يا كفّكِ البيضـاءَ تبدعُ فـي الصُّوَرْ
تجثـو الطبيعـة والجـوارح ترتـوي مـن بسـمة لـك قـد تَشَـهّاها القَمَـرْ

****

وبلغتِ في الإخلاصِ أسمى رتبةٍ بُويعتِ فيها زوجةً طولَ العُمُرْ
أوَ ما ابتسامتك الجميلة حافزي لسعادةٍ مثل الحدائق تزدهرْ ؟
أحنو على نهديك أصبح طائراً كُرَةً إلى أعلى السماء وأنحدرْ

****

ونطير عصفورَيْنِ أو فِيلَيْنِ فو ق الكونِ لا نُبقي الأساةَ ولا نذَرْ
نحيا بتنكيت و تبكيت معاً وكأننا المصفاةُ تَطْرحُ الكدَرْ
حمداً لرب الناس من أهدى لنا هذا الزواجَ الشاعريَّ المُبتكرْ
بالصبر صيّرنا الجحيم فرادساً ولقد جعلْنا همَّنا نفعَ البشرْ

من الزهر وضوء القمر

من الزهرِ صيغتْ وضوءِ القَمَرْ رفاهُ الجميلة ذاتُ الحَوَرْ
فها هي غنّاء مثل الرُّبَى وها هي وهّاجة كالدّررْ
مع الفُلِّ شبت مع الياسمينِ مع النهر والبحر والمنحدَرْ
تبارك خالق أحصف عقلٍ وأجمل رسم وأبهى صورْ
لها طيبةٌ لم أجد مثلها بأهل القرى وبأهل الحضرْ
وإني أهيمُ بأخلاقها هوَى والهٍ قد رأى ما يسُرّْ

تمدين كفيك

تمـــدّين كفّيــك رغــم التنــائي ... لكفِّـــيَ مثلـــي لمحـــو التنـــائي
سـبحنا علـى الأفـق مثـل مَـلا ... كَـيْنِ يجتهـدان لأجـل اللقــاءِ
سَــبَحْتُ إليـك وعينــيَ ترنــو ... إليـكِ بوسـع الفضــا والســماءِ
كمــا استمسـكَ المسـلمون بمــ ... ـــكة فيك تمسّكْتُ قصد النَّجَـاءِ
وإنــك أحــســنُ زوج بــرأيـــي ... وتَغْـــبط مَجْـدَك كــلُّ النســاءِ
رأيــتُ النســاءَ أشــدّ وفـــاء ... مـن الـزوج فـي نعمـة أو بـلاءِ
وهـــنّ كثيـــراتُ عفــوٍ وبـــذْلٍ ... وأمـــا الرجـــالُ قليلـــو افتـــداءِ
وحقـــاً أنـــا معجـــبٌ بـــإلهي ... لخَلْـــقِ النســـاء بهـــذا العطـــاءِ
يَصُــنَّ الرجــالَ ، ولـيس الرجـال ... يصـــونون أنفســـهم فـــي الخفـــاءِ
فلسْــنَ يفــرِّطْنَ فــي أي عهــدٍ ... ونحــنُ نُفَــرِّط فــي كــل مــاءِ ...
ســقوطُ النســـاءِ قليــلٌ ولكــنْ ... ســقوطُ الرجــال كَعَــدِّ الــدِّلاءِ

شَغُوفٌ باندفاعك لانتشالي

شَــغوفٌ بانــدفاعك لانتشـــالي ... بوِجـــدانٍ أنُـــوثيٍّ مِثـــالي
فصــارَ الغَــثُّ فــي عينــي ثمينــاً ... لكثـــرة مـــا هـــو المســـرورُ بـــالي
وقـد أصـبحتُ أحيـا رغـم شـيبي ... شـــباباً ســـعْدُهُ فـــوق الخيـــال
فكم ضـاعت حيـاتي فـي المهـاوي ... وقـد أصـبحتُ فـي أعلـى الأعـالي

الزوجة (الزوجاء)

أنــا فــي أمَـسِّ الحاجــة الحَــرَّاءِ　　لقرينـــــةٍ مِطواعـــــةٍ لنــــدائي
لقرينـــــةٍ مخلوقــــةٍ كتخيلـــي　　وتطلعـــي وتـــأزمي ورخـــائي
فــوق المطالــبِ والدرايــةِ والمنــى　　أحْنَــى مـــن الأُمَّـــاتِ والآبـــاءِ
تلقـــي علـــيَّ تحيـــةً ممطـــارةً　　تحيـي الربيـعَ ولـو بفصـل شـتاءِ
لحبيبــةٍ ليســت تفــارقُ عينُهــا　　وجهــي تُمــرِّغُ رأســها بردائــي
لا تحجــبُ التفكيــر عنــي لحظــة　　وتكـون وفـق مطــالبي الهوجــاءِ
لا أرتضــي نظراتِهــا إن لــم تكــن　　بلغــتْ حــدودَ المـوتِ والإغمــاءِ
أرجـــو تكــون مكائنــاً مِطواعــةً　　لملامســـي برهافـــةٍ عصـــماءِ
مهمـــا أردتُ فواجــبٌ تحقيقُـــهُ　　مِــن فَورِهــا بــتمكُّنٍ ومَضــاءِ
وتكون نوري في غموض مشاعري　　وتطيـعُ سـيف مـدائحي وهجـائي
إن وجَّهـتْ أنظارهــا عــن وِجْهتــي　　فــوراً تواجــهُ وجهَهــا أنــوائي
وإذا انــزوتْ للبعــد عنــي لحظــةً　　فــوراً أجازيهــا أشــدَّ جــزاءِ
إيّــا الحبيبــة أن تفــارقُ عينهــا　　عينـــي وإلا فهــي مــن أعــدائي
يــا ويلهــا لمــا تقــوم بعبســةٍ　　ضدي ولـم تسـرع إلـى استرضـائي
لمــا أغــادرُ منزلــي أرنــو لهــا　　مــن خَلْــفِ شُــبَّاكٍ وخلْــفِ خِبــاءِ
لأرى مــدى تــأثير بُعْــدي عنــدها　　هــل ســوف تبكينــي أشــدَّ بكــاءِ ؟
أمّــا إذا ضــنَّت بــذرفِ دموعهــا　　يــا ويلهــا مــن غضــبتي ومضــائي
يــا ويلهــا إن تبتســمْ فــي غيبتــي　　فالضّـحْكُ ممنــوعٌ يكــون ورائــي
أنــا لستُ أعطــي مهجتــي وجوانحــي　　إلا لذارفـــة البكـــاءِ الطـــائي
وأريــد تبكينــي وتضــحكني معــاً　　وتمـدّنـــي بالـــــداءِ والأدواءِ
وإذا غضــبتُ بــدت عليهــا رهبــةٌ　　وتوسَّــلت لــي أن أعيـد رضـائي
وإذا عبســتُ بهــا رجتنــي بســمةً　　واســترْحَمَتني أن أزيــل جفــائي

وأريـدُ منهـا إنْ أعـذّبْها تقِـفْ   وتظـلّ ترمقنـي كضـوءِ ذُكـاء
وتجيـد لـثمَ يـديَّ دون هـوادة   وأزيد من "دلعي" ومن خُيَلائـي..
فأحبهـا وأزيـد تنميـةَ الهـوى   مـا بيننـا وتضـمُّها أشـلائي
مهمـا أُجنِّنْهـا بسـيل مطـالبي   تتحمـل الأعبـاءَ دون عيـاءِ
وتجيبنـي لـو شئت عَشْرَ مطالـب   فـي أصـعبِ الأوقـاتِ والآنـاءِ
وتكـون خيـر ضـحية "لتفشفشـي"   مـن خيبتـي فـي الشـغل والآراءِ
تبت يدا زوجـي إذا لـم تضـطرِبْ   بنسـيم مـا أُومِيـهِ مِـن إيمـاءِ
تبـت يـدا زوجـي إذا لـم تصـطبغ   بصـباغِ مـا أوحيـه مـن إيحـاءِ
تبـت يـدا زوجـي إذا هـي لـم تكـن   ظلـي ونـايي وفْـق نفـخ هـوائي
أنقـى مـن الـثلجِ المكدَّسِ فـي السَّما   أسـمى مـن الشـرفِ الرفيـعِ النـائي
يـا أمـة الـدنيا هَلُمِّـي درِّبـي   مـا أرتجـي مـن زوجـة زوجـاءِ
مـا أتعـس امـرأةً تُـزَوجُ شـاعراً   مهمـا تكـن مرهافـة الأضـواءِ
يـا ويلهـا إن لـم تكـن مرآتَـهُ   وتبـث صـورة عقلـه كـالرائي

***

استدراك:

ومواصـفات قرينتـي أدنـى إلـى   مـا أرتجيـهِ مـن ضـروب هنـائي
أوصـافها أضـعافُ رأيِ مطـامحي   هـي ذات أخـلاقٍ وذات ولاءِ
العيـب عنـدي لـيس عنـد قرينتـي   ذاتِ الكمـال خصـيبةِ الآلاءِ
الله أتقَـن عقـل كـل عبـادهِ   لكنـه اسـتثنى نُهـى الشـعراءِ
فـإذاً علـيّ الاعتنـاء بشخصـها   مـا الظلـمُ إلا شـيمة الجهـلاءِ
عقَّـدْتُها عُقَـدي فمَـن مِـن غيرهـا   أحظـى بهـذا الحـب والإيفـاءِ ؟
الحـور عـاجزة عـن استرضـائي   وأريـدُ فـوقَ الحـور مـن أشـياءِ
حتـى ولـو خلـق البصـير فريـدة   مـن نوعهـا لـيس تحـوزُ رضـائي

شُغْلُها خدمة الأوطان

زوجي مرَقَّعَـــة لأرفــــــع شان   مــا فوقهــا أحــدٌ مــن الإنســانِ
وتجيــد أنـــواع القيــادة شــغْلُها   هـــو خدمـــة الأوطـــان والإنســانِ
ســبحان خـــالق زوجـــة ميمونـــة   ســبقتْ نظائرَهـــا مـــن النســـوانِ

أبيات في والد زوجتي وفيها

أرجــوك تزويجـــي فتاتـــكَ تســـتقمْ   كـل الأمــور بهــا طــوال حيــاتي
لـــو أنكــم تعطونهـــا لـــي فـــي غـــدٍ   ســـيحُلُّ هـــذا معظـــمَ الأزمـــاتِ

***

لـو كنـتُ أعـرف أنّ قلبـك يحـزنُ   مِنّـي لمّــا يومــا أسـبُّ وألـعنُ
لكنّنـــي يـــا زوجتـــي "متفشـــفش"   مـن شقوة الـدنيا وأنـت المخـزنُ

***

أعطيتنـي عطفـاً شديداً لم يكـن   في وُسع قلبي غير أن يتحـرّقا
الشـــهد مـــن عينيـــك يـــدفق غيمـــة   فـي الجـو أشـربها شـعاعاً ريِّقـا

***

مليـــونَ شـــكر يـــا حبيبـــة روحـــي   يــا زهـرة تمحـو همـوم نزوحـي
شـــرفتِ قلبـــي يـــوم أن آويتـــــِـه   في صـدرك الصـافي بلا تصـريح

****

بســـمات زوجـــة عيشـــتي كالبـــدرِ   أو كالـدّوائر فـوق سـطح النهـرِ

ذَوَبـــانُ تِبْـــرٍ أو بحـــارُ زبرجـــدٍ تمضـــي تُرقّينـــي لأرفـــع قـــدْرِ

****

ولـــن أرفـــع السّـــوط يومـــاً عليهـــا ولا الصـــوتَ كـــيلا تقاســـي الضـــنا

فكـــم رفعـــتْ صـــوتها ضـــد عـــادٍ عـــلا صـــوته فـــوق صـــوتي أنـــا

****

رفـــاهٌ فـــي جـــواري أمـــسِ كانـــتْ وكـــم نفســـي بمنآهـــا اســـتكانتْ

رفـــاهُ أســـيىء يوميّـــــاً إليهـــــا وعشـــتُ بـــدونها أبكـــي عليهـــا

****

اِحمـــلِ الرحـــلَ رفيقـــي ســـوف نمضـــي فـــي الغمـــوضْ

مـــا لـــدينا أي مـــال بـــه تســـديدُ القـــروضْ؟

****

وأعـــرف أنهـــا مثلـــي جميـــع رجائهـــا ولّـــى

ومثلـــي شبـــه يائســـة مـــن التحليـــق للأعلـــى

****

أرجـــوكِ يـــا زوجـــي سُـــلُوَّ مُحِبّـــكِ كـــيلا أرى الـــدَّمعاتِ تحـــرق خـــدَّكِ

صـــعْبٌ علـــى عينـــي تـــراكِ حزينـــةً تتحســـرين علـــى تفكّـــكِ مَجْـــدِكِ

****

حَضنْتُـــكِ فـــي الضـــميـــرِ فـــلا تـــ لأنـــي يـــا رفـــاه إليـــك وافِ

بـــأموالي ، وأعمـــالي ودأبـــي علـــى سَـــقْيِ المحبـــةِ والقـــوافي

****

تعـــالي لنفْنَـــى معـــاً ، حيثمـــا تكـــونين قربـــي يلـــذّ الممـــاتْ

تعـــالي فبســـمتك الخيـــرُ طـــرّا وإنْ خمـــدتْ لـــيس تبقَـــى الحيـــاةْ

معلومات عن الشاعر

السيرة الذاتية للشاعر / خالد مصباح مظلوم (أبو فراس):

الجنسية : عربي سوري – من مواليد ٢٩ تموز/يوليو ١٩٤٠ م. في مدينة اللاذقية التي وصفها بأنها الجنة الزرقاء حيث يلتقي البحر بالسماء وبعينيْ حبيبته أمّه القمراء، بل وبعينيْ كل أنثى رآها ذات بهاء ودون بهاء. أبوه الحاج مصباح من مواليد جبلة وجدُّهُ والد أبيه هو الحاج حسن علي مظلوم، وجدته الحاجة نظيرة مكية، أمَّا جدُّهُ والد أمه فهو المجاهد التاريخي الوطني محمود آغا موسى وجدته عزيزة بنت المجاهد عزيز آغا هارون التي سميت ابنة خالته الشاعرة عزيزة هارون باسمها، هو أبٌ لثمانية هم أربعة ذكور مات أحدهم وهو رضيع في الرياض، وأربع بنات.
عاش وترعرع في سورية ثم سافر إلى مصر لدراسة الأدب العربي ملبياً رجاء والدته في الحصول على شهادة جامعية، وبعد تخرجه عاد إلى سورية وبقي ثلاث سنوات بلا عمل إلى أن تزوج من قريبته رفاه مظلوم ملهمته الكبرى التي على وجهها رزقه الله وظيفة في السعودية كمدرس في معهد اللغات العسكري في الرياض، ثم بعد ذلك بسنوات عمل في البنك الإسلامي للتنمية في جدة، وعاش في المملكة العربية السعودية سعيداً زهاءَ ثلاثة وثلاثين عاماً هي أسعد وأرغد وأمجد سنوات حياته، ولا يعيش قلبه وعقله إلا فيها، ولا يرجو إلا العودة للعيش والموت فيها، ثم غادرها مرغَماً ليعود إلى وطنه سورية، قبل أن يضطر إلى تركها قبل بدء الحرب بشهرين في سورية عام ٢٠١١م. فلجأ إلى العيش مع ابنه الأكبر في دولة الإمارات العربية المتحدة إلى أن ترك ابنه العمل فيها، ثم رحل إلى جمهورية مصر العربية وهو يعيش الآن مع زوجته في بلدة شاعرية اسمها مرسى مطروح ريثما تتخلص سوريا من حربها المدمرة.

المؤهل الدراسي وتاريخه:
ليسانس آداب من جامعة القاهرة عام ١٩٦٢-١٩٦٣ م. في اللغات الشرقية والأدب العربي بتقدير ممتاز في مادتي الأدب العربي والنحو العربي.

المدير المسؤول في مجلة الغربال..
عضو اتحاد كتّاب وأدباء الإمارات – وعضو اتحاد كتاب مصر..
أصدر العديد من الدواوين الشعرية والكتب القصصية والنثرية التي تخطت المائة كتاب مطبوع خاص أبرزها غمارَ الوجدانيات والتربية الإنسانية العالمية الخيِّرة وتناولت معظم قضايا الحياة المهمة بثقافة تكاد تكون وحيدة هي صدق إحساسه الذي

كان المنبع الثر لإبداعاته التي تحقق أهدافاً تفيد الإنسانية قاطبة بفضل انسجام طبيعته مع قوله تعالى (وكونوا مع الصادقين).

<u>أحداث مهمة في مسيرته الأدبية:</u>

ديوان: قمم الحب عام ١٩٨٠ م. الذي يعدُّ أول ديوانٍ شعري مطبوع له على مستوى المملكة العربية السعودية.
قصة: أسطحة وأجنحة ١٩٨٣ م. أول قصة مطبوعة له.
ديوان: هياج الأحزان ١٩٨٦ م. لقبته الصحافة السعودية بشاعر الأغنام لدفاعه عن الأغنام وتفنيده لتقصير المسؤولين في حسن رعايتها في مواسم الحج لسوء المناخ ولعجزهم عن أن يبردوا الحظائر والماء للأغنام كما يبردونها للبشر، فمن فور أن تضع الأكباشُ ألسنتها في المياه تنسلق وتسحبها متألمة فيموت أكثرها عطشاً ويكتبون ماتت مرضاً، يقول الشاعر:

مذاق اللحم من كبشٍ سعيدٍ   ألذُّ لكُم من الكبش التعيسِ

ديوان: طفل من سراييفو والصومال عام ١٩٩٢ م. طبع مرتين وبيعت أكثر من مئة ألف نسخة منه وتحدثت عنه الكثير من القنوات التلفزيونية والإذاعية ولقِّب يومئذٍ بشاعر البوسنة والهرسك..
ديوان: الرسول العالمي عام ٢٠٠٧ م. يصف السيرة النبوية وديوان رحلات دينية تغنَّى ببعض أبياته المغني السوري محمد باش في ألبوم ديني بعنوان (يا مَن) عام ٢٠١٢م.

له كم هائل من المشاركات الصحافية والكتابات الأدبية التي نشرت في المجلات والصحف وأجريتْ له شتى المقابلات الإذاعية والتلفازية والصِّحافية والندوات الثقافية والأمسيات الشعرية في مختلف الدول العربية كمصر والسعودية والإمارات وسوريا وغيرها.

للتواصل عن طريق البريد الالكتروني الرجاء الإرسال إلى:
خالد مصباح مظلوم
البريد الالكتروني: khalidmisbahmazloum1@hotmail.com

تراث خالد مظلوم
البريد الالكتروني:turath7@gmail.com

أو turath7@hotmail.com

المراجع

جمعت قصائد هذا الديوان من مؤلفات جديدة للشاعر قيد الطباعة بالإضافة إلى معظم دواوين الشاعر المطبوعة والمدرجة في هذه القائمة:

فهرس الفصول

Printed in Great Britain
by Amazon